Margarete Wein

Das kleine Schwarze – ein rotes Tuch

Margarete Wein

Das kleine Schwarze – ein rotes Tuch

Ein Spaziergang durch die Welt der Farben

EDITION
Noack Block

Umschlagabbildung © robin_ph – stock.adobe.com

ISBN 978-3-86813-107-9
ISBN E-Book 978-3-86813-917-4

Herstellung durch Frank & Timme GmbH,
Wittelsbacherstraße 27a, 10707 Berlin.
Gedruckt auf säurefreiem, alterungsbeständigem Papier.

www.noack-block.de

Dank

Trotz mancher Widrigkeiten und später als gedacht, erscheint dies Buch am Ende doch. Zum einen weil ich es will, zum anderen verdanke ich das meinem Mann Volker Wein, der ein gerüttelt Maß an Material und Ideen, ja ein ganzes Kapitel beigesteuert hat, und meiner Lektorin und Freundin E. H. – sie begleitet meine Bücher seit über zehn Jahren mit hilfreichen Hinweisen und kritischer Kompetenz.

Auch Astrid Matthes und Oliver Renner von der Edition Noack & Block sei vielmals gedankt: für die aufmerksame Lektüre, in deren Folge noch manche Unachtsamkeit beseitigt werden konnte, und für das gelungene Layout.

Halle, im September 2020 Margarete Wein

Inhalt

Binsenweisheit am Beginn

Braucht ein Buch über Farben Bilder? Nein, wer Fantasie hat, liest es auch ohne mit Gewinn. An Fantasie aber mangelt es Ihnen nicht; sonst nähmen Sie kein Buch ohne Bilder zum Thema Farbe zur Hand, das weder ein Roman noch ein Fach- oder Sachbuch ist, sondern einfach nur gelesen werden will.

Ihr Lieblingsleseplatz – der wildlederne Wellnesssessel, die grasgrün gestrichne Gartenbank, der bemooste Baumstamm am Bach – ist goldrichtig für diese Lektüre: Vor Ihrem inneren Auge werden die Worte in allen Farben strahlen, die Welt wird so bunt und farbenfroh sein, wie sie nie zuvor war.

Farbe macht glücklich! ist mehr als ein Werbeslogan[1] – es ist die reine, lebenslang gültige Wahrheit für jeden, der sehen kann.

Stürzen Sie sich ins Abenteuer Farbe! Lassen Sie sich überraschen, wieviel Sie schon immer wussten und was es neu zu entdecken gibt!

Leo und Leonie aus Halle an der Saale, nebst Tante Alma posthum, bieten Ihnen bei dieser Lustreise mit Vergnügen ihre Begleitung an.

▲ LEO Meine kleine Löwin lacht und lacht und hört nicht mehr auf. Dabei weiß sie, wie zuwider mir grundlose Heiterkeit ist. Doch Leonies Gelächter hat einen Grund. Wir wollen heute Abend mit Freunden ins Kabarett, und eben zeigte sie mir eine Auswahl an Outfits: die petrolgrüne Hose mit dem cognacfarbenen Seidenblazer, die perlgrauen Leggins zu der Tunika in Terrakotta, ein hautenges goldbraun getigertes Catsuit, Blusen, Pullis und Röcke in diversen Schnitten, Mustern und Farben, das neue knallbunte Patchworkgestrick und und und … Zuletzt lächelte sie geheimnisvoll, hielt einen Kleiderbügel hoch und sagte verträumt:

Am liebsten wäre mir das – als Kontrast zum bunten Programm.

Ich atmete tief ein und aus. Einmal. Zweimal. Dann sagte ich ruhig und leise:

Du weißt doch, Liebes, das kleine Schwarze ist ein rotes Tuch für mich![2]

Und nun lacht sie und findet kein Ende.

* * *

▼ LEONIE Tante Alma ist tot! Ich mag es nicht glauben, sie war immer so lebendig! Alles hängt an uns, wen hatte sie sonst? Die Reise ans Meer können wir vergessen. Ich denk, Leo wird das verstehen. Vorgestern erst haben wir uns fast gestritten, als ich überlegte, was ich am Abend anziehen soll, und Leo wieder mit seiner irrationalen Abneigung gegen alles Schwarze kam … Wie unwichtig sind derlei Querelen jetzt! Im Gegenteil: In wenigen Wochen werden wir beide Schwarz tragen – auf Tante Almas letztem Weg.

Leos Horror vor Schwarz hab ich nie verstanden. Ich lieb diese Farbe, man kann sie mit fast allen andern kombinieren. Traurig wirken muss das gar nicht. Manche der Gothic-Fans, die sich jedes Jahr zu Pfingsten in Leipzig treffen, sind patente Typen – auch wenn ich selber den Look nicht mag.

Schwarz als Farbe von Trauer und Tod, das gilt doch vor allem in Europa. Bei den Mogulkaisern waren Schwarz und Blau die Trauerfarben; später und bis heute war für Hindus in Indien die Farbe der Trauer Weiß. Ich las mal einen Krimi, der hieß *Das blaue Siegel*,[3] da ging es ums Taj Mahal, dies Prachtmausoleum, das der Großmogul Shah Jahan nach dem Tod seiner Lieblingsfrau Mumtaz Mahal 1631 aus weißem Marmor am Fluss Yamuna erbauen ließ. Farbige Intarsien aus Halbedelsteinen wurden in den Marmor eingelegt. Orange, Safran und Ocker waren Symbole für die Erde, für den Frühling stand Gelb, für die Liebe Rot. Der Legende nach plante Shah Jahan am Ufer jenseits des Flusses ein gleiches Bauwerk aus schwarzem Marmor, da wollte er selbst einst bestattet sein. Von 1639 an ließ der Herrscher der Welt in Shahjahanabad (Altstadt von Delhi) als neue kaiserliche Residenz das Rote Fort ausbauen, das auch der Sicherheit der Stadt und ihrer Wasserversorgung dienen sollte, eine gewaltige Festungsanlage aus rotem Sandstein, zwei Meilen vom Taj Mahal entfernt. Weil sich aber Muhammad Aurangzeb Alamgir – ein Sohn des Herrschers auf dem Pfauenthron – 1658 auf grausame Art seiner Brüder entledigte, die Macht an sich riss und seinen Vater verbannte, wurde nichts aus dem schwarzen Spiegelbild des Taj Mahal. Der legendäre Liebende starb 1666 im Roten Fort.

Nicht nur in Indien, auch in China und Nepal und in der islamischen Welt ist Weiß die Trauerfarbe. Im Reich der Mitte bleiben Haushalts- und Küchengeräte mit weißem Gehäuse oft Ladenhüter.[4] In traditionsbewussten chinesischen Familien sind Kinder und Schwiegertöchter in der Trauerzeit schwarz gekleidet, für Enkel ist blaue, für Urenkel hellblaue Kleidung Pflicht.

All das muss man nicht wissen, interessant ist es doch. Mir gefallen eher afrikanische und südamerikanische Trauerriten. In Afrika hat Schwarz nichts mit Trauer zu tun, die Farbe ist Symbol der Schönheit und Fruchtbarkeit – kein Wunder, denkt man an die Hautfarbe und das Leben spendende dunkle Land. Bei den Aschanti[5] im heutigen Ghana in Westafrika ist die Trauerfarbe Rot.

Irgendwann sollt ich mal mit Leo nach Kassel fahren und das Begräbnismuseum[6] besuchen. Ich kenn es von einer Schulfahrt vor dem Abi. Dort erfuhr ich zum ersten Mal etwas über das andere Verhältnis zwischen Lebenden und Toten und zu den Ahnen in Südamerika und Afrika. Dort ist der Tod kein Tabu, sondern Teil des Lebens. Zu Geburtstagen und andern Festen werden die Ahnen eingeladen, der Tisch wird für sie mit gedeckt. Begräbnisse können sehr lustig sein, wenn etwa der Sarg für einen Automechaniker aus dem Senegal wie ein bordeauxroter Mercedes aussieht, ein kongolesischer Fischer in einem blau und grün fantasievoll bemalten Boot bestattet oder eine nigerianische Krankenschwester in einer überdimensionalen silberfarbenen Spritze aus Holz zu Grabe getragen wird. Ach, Tante Alma …

* * *

▲ LEO Tante Alma war Messi. Ich bin froh, dass meine Löwin das Sammel-Gen nicht in sich trägt – ihre Mutter aber, die Schwester der Tante, und ihre Großmutter hatten es voll abgekriegt. Das weiß ich aus Leonies Erzählungen, kennengelernt habe ich die beiden nicht mehr. Nun ist Tante Alma tot und wir müssen uns um alles kümmern, denn weitere Verwandtschaft gibt es nicht. Zum Glück wohnte sie nur in einer kleinen Wohnung zur Miete. Bis zur Übergabe haben wir drei Monate Zeit.

Möbelbörse, Kleiderkammer und das Städtische Hilfswerk für Bedürftige werden für das meiste dankbare Abnehmer sein. Aber der Papierkram! Im Schlafzimmer der Tante, wo ihr Schreibtisch steht, und auf dem Dachboden gibt es zahllose Kartons voller Schreibblocks, Hefte und Hefter. Leonie besteht darauf, dass jeder Zettel geprüft wird, um zu entscheiden, ob er aufgehoben oder entsorgt werden soll. Das muss sie selber machen. Ich kümmre mich lieber um die praktischen Dinge …

* * *

▼ LEONIE Ausgerechnet jetzt, da es Frühling wird! Ich wär viel lieber im Grünen anstatt hier im muffigen Zimmer zu hocken und lauter altes Zeugs durchzublättern. Es ist schon interessant, diese vergilbten Fotos mit gezacktem Rand, zum Beispiel Großvater als Baby nackt auf einem schneeweißen Eisbärenfell, Oma mit ernstem Gesicht im schwarzen Konfirmationskleid mit weißem Spitzenkragen, Mama und Tante Alma am ersten Schultag …

Tante Alma hat alles aufbewahrt! Bei ihr gab es keinen Papierkorb. Jedes Stück Papier hat sie einsortiert, abgeheftet oder einem Stapel einverleibt, der in einem ordentlich beschrifteten

Pappkarton seine letzte Ruhe fand. Alle Briefe, die sie je bekam, hob sie – mit roten, blauen oder grünen Bändern gebündelt – in mausgrauen Kunstlederköfferchen auf, ein Päckchen mit schwarzer Schleife enthielt Nachrichten über Todesfälle. Die Schlüsselchen für die Köfferchen lagen in einem jadegrünen Schälchen mit Deckelchen hinten im obersten Schreibtischschubfach.

Ob ich das alles lesen werde? Ich denk nicht. Wegwerfen möcht ich es trotzdem nicht. Hab ich es etwa doch, das vermaledeite Messi-Gen? Bisher war ich sicher, nein. Von unnützen Dingen trennte ich mich ohne Zögern, als Schülerin schon. Eher schmiss ich was weg, das ich später gut hätt brauchen können.

Die Briefe also nicht. Aber da sind auch Kartons mit der Aufschrift *SPÄTER*, das rührt mich. Wollte Tante Alma ewig leben? Sie war schon fast 70 – und hatte immer noch Pläne … Ich glaub, es war an ihrem 60. Geburtstag, als sie mir verriet, sie würde gern ein Buch über Farben schreiben. Später, wenn sie nicht mehr arbeiten müsse und mehr Zeit hätte. Die Arbeit als Lehrerin war ihr Ein und Alles. Sie liebte jedes ihrer Kinder – obgleich sie selbst nie eins hatte. Sie unterrichtete Musik und Kunst, manchmal vertretungsweise Deutsch. Ihr Credo war *Hab ein Bild vor Augen und ein Lied im Ohr, so wirst du nie einsam sein!* Eine alte Jungfer war sie sicher nicht, aber ihre Unabhängigkeit muss ihr wichtig gewesen sein. Sie lebte in ihren vier Wänden immer allein – darum ist für Leo und mich diesmal der Frühling gestrichen.

Schade, denn das erste Grün war immer ein Highlight für uns. Vor ein paar Jahren las ich einen Artikel, der mir wie von selbst jedes Frühjahr wieder in die Hände fällt:

Schon seit längerem wissen wir, dass uns kurzfristig nichts so schnell entspannt, ermuntert und wieder aufrichtet, wie ein kleiner Gang durchs Grüne […]

Neuerdings wird dem Grün laut einer Studie der Universität München noch mehr positiver Einfluss […] bescheinigt: Dieser Farbton beflügelt nicht nur die Stimmung, sondern auch unsere Gedanken – er macht kreativ.

Blickten studentische Teilnehmer an der Studie vor einer kreativen Aufgabe auf eine grüne Fläche, schnitten sie besser ab als bei einer weißen, grauen, roten und blauen Farbfläche. […]

Die Forscher vermuten, dass es neben den ästhetischen und psychischen Aspekten des Grüns noch andere Zusammenhänge geben muss, die diese Farbe geistig stimulierend wirken lassen. Möglicherweise aktiviert sie urzeitliche Prägungen unserer Wahrnehmung und regt an, unsere Gedanken wie bei einem Spaziergang durch die Natur schweifen zu lassen. Dabei finden wir dann auch neue Ideen, auf die wir, eingesperrt in graue Mauern, nicht gekommen wären. […]

Oder wie der Berliner zu sagen pflegt: „Nehm'Se jrün, det hebt".[7]

Und auf all diese wissenschaftlich erwiesenen, wunderbaren Wirkungen auf Geist und Leib verzichten wir in diesem Jahr!

Schon in der Grundschule zeigte man uns Werbefilme aus einem süddeutschen Puppentheater für den Grünen Punkt, das markante weißgrüne Piktogramm für das duale deutsche Mülltrennungssystem. Immer kamen dabei die Trickfilmfiguren Hugo und Egon vor, eine gelbe Tonne und ein gelber Sack.[8]

Bis heute verbindet man alles, was auf Umweltschutz zielt, mit Grün. Manchmal sah ich in unsrer Straße ein Auto der

Stadtwerke Halle, auffällig in Blau und Grün und Weiß, mit der Aufschrift www.neogruen.de. Was mochte das sein? Im Internet fand ich die Grüne Mobilitätskette in Sachsen-Anhalt und Thüringen, eine Initiative zur Förderung der Elektromobilität, als Teil davon die Kampagne neogrün. Ob dadurch mehr Leute Elektro-Autos gekauft haben als vorher, stand nicht dabei.

Letztes Jahr stießen wir bei der Urlaubsplanung auf www.bluegreenusedom.de. Mit dem Weblink waren nicht nur das Meer und das grüne Hinterland gemeint, ebenso grüne Leihfahrräder und die Farbe von Mietautos mit Elektroantrieb. Auch Segway-Touren und Ferienwohnungen wurden angeboten. Doch wir buchten lieber eine Rundreise auf der grünen Insel, denn Irland kannten wir noch nicht. Auch der Link www.bluegreen.de, der seit 1996 für Nahrungsergänzungsmittel aus Mikroalgen wirbt, interessiert uns nicht. Wir essen lieber Gemüse und Obst.

* * *

▲ LEO Gestern schleppte Leonie uns die ersten fünf Pappkartons ins Haus. Notizen ihrer Tante, die vor hatte, ein Buch zu schreiben. Das alles will meine Löwin lesen! Ich fürchte, sie spielt mit dem Gedanken, dies Buch tatsächlich entstehen zu lassen, quasi als Tante Almas Vermächtnis.

Leonie möchte das aber nicht in der dunklen, bereits halb ausgeräumten Wohnung durchsehen, sondern hier, wo sie sich bei der Lektüre jederzeit einen Cappuccino machen und sich damit in ihren gelben Korbstuhl mit den blauen Kissen neben der Terrassentür kuscheln kann. Der Blick in unser Gärtchen ist viel erfreulicher als alles, was man von Tante Almas Wohnung aus, deren Fenster auf eine Tag und Nacht vielbefahrene Hauptstraße gehen, zu sehen bekommt.

***

▼ LEONIE Papier, Papier, Papier! Hefte, Zettel, Blocks, das meiste von Hand eng beschrieben, in großer steiler Schrift, die gut lesbar ist. Eine Lehrerin halt! Auch ein paar Computerausdrucke sind dabei. Der neumodische Kram war ihr lange suspekt – bis sie erkannte, dass er die Arbeit effektiver macht. Der theoretischen Erkenntnis folgte der praktische Schritt, so ein Gerät selbst anzuschaffen. Trotzdem schrieb sie private Briefe, Stundenvorbereitungen und vieles andere weiter mit der Hand. Das Klappern der Tastatur störe beim Denken, behauptete sie.

Ich hab keine Ahnung, wie lange es dauern wird, alles zu sichten … Unmengen von Ausschnitten und Ausrissen aus Zeitungen oder Illustrierten, Veranstaltungskalender, Werbeprospekte oder -kataloge, Kino- und Theaterprogramme, Visitenkarten etc. pp., die alle im Zusammenhang mit Tante Almas Thema stehn.

Was womöglich daraus folgen wird, weiß ich nicht. Jedenfalls bin ich froh, dass Leo die praktischen Sachen übernimmt. Früher dachte ich nie drüber nach, was alles dranhängt, wenn jemand stirbt. Sah ich Möbelwagen, auf deren Seitenflächen die Dienste der Firma für Umzüge nah und fern oder Haushaltsauflösungen angepriesen wurden, kam mir nicht in den Sinn, was das in letzter Konsequenz bedeutet: Jemand, der gelebt hat, ist nicht mehr da. Was sein Auf-der-Welt-sein ausgemacht hat, woran sein Herz hing, ist für die Hinterbliebenen ohne Belang. Es wird, ob mit oder ohne Bedauern, restlos entsorgt. Aufgelöst in nichts, wie alle Hoffnungen, Ängste und Träume des Verblichenen.

So radikal soll es für Tante Alma nicht sein! Als ich das letzte Mal zum Tee bei ihr war, erwähnte sie, nun wolle sie endlich mit einem Verlag Kontakt aufnehmen, um ihr Herzensprojekt, das Buch über Farben, in die Tat umzusetzen. Kein Fachbuch, beileibe nicht! Davon gibt es übergenug, meinte sie. Nein, eins für jedermann und jedefrau, für Kinder auch, das Lust macht, sich dem Phänomen Farbe zu nähern … Denn ob wir es merken oder nicht, neben vielem anderen, das täglich auf uns wirkt, tun Farben dies ebenso. Meine Tante war sicher, sobald wir uns diesen Einfluss klar machen, leben wir bewusster und können Schönes intensiver genießen.

Recht hat sie! Ich hab meinen Kaffee wieder im orangeroten Becher aufgebrüht: Da schmeckt er kräftiger und bleibt länger heiß als in einem weißen. Selbst wenn das nur Einbildung ist – ich fühl mich besser so.

Und jetzt geht's los! Im ersten Karton obenauf liegt ein datiertes Blatt aus der Zeit zwischen den Jahren. Hatte sie schon mit einem Verlag gesprochen? Ein Dutzend Buchtitel notiert man doch kaum, solange es noch nicht ernst ist, oder?

TITELVARIANTEN

- *Kreise, Fächer, Paletten – alles über das Phänomen Farbe*
- *Kirschgrün • Pechschwarz • Blütenweiß*
- *Pflaumenblau, Quittegelb und Himbeerrot*
- *Vom Alizarinblau bis zum Zwickauer Grün*
- *Zwischen Preußischblau und Tschitscheringrün*
- *Siebzehn mal Weiß und unendlich viel Grün*
- *Weiße Nächte und Schwarzer Humor*

- *Weiße Flecken auf dem Schwarzen Brett?*
- *Immergrüne Fragen auf regenbogenbuntem Grund*
- *Ein Greenhorn auf der Fahrt ins Blaue*
- *Von schwarzweiß bis bunt. Eine vielfarbige Plauderpalette*
- *Pink passt prima!*

Fantasie hatte sie … Die Farbe Preußischblau gab es in meinem Schultuschkasten auch; und meine Großmutter benutzte das putzige Wort Tschitscheringrün durchaus. Aber von Alizarinblau und Zwickauer Grün hab ich noch nie was gehört.

* * *

▲ LEO Zum Bestattungsinstitut kam Leonie nun doch mit. Sie traute mir nicht zu, die Urne für Tante Almas Asche allein auszusuchen. Ich war froh, denn ich ahnte nicht, welche Auswahl es gibt: an Materialien, Dekoren, Farbstellungen. Was das Ganze kosten wird, ist egal, Tante Almas Erspartes reicht bestimmt. Die Trauerfeier soll gediegen und stilvoll sein. Dazu gehört eine Urne, der man ansieht, dass die Wahl mit Liebe und Bedacht auf sie fiel.

Eine ganze Stunde lang wälzten wir Werbeflyer und Kataloge und ließen uns von einer Fachfrau beraten. Ich wäre absolut überfordert gewesen. Mehrmals schien die Entscheidung gefallen – bis Leonie sie im letzten Moment widerrief. Ich hätte zehn Minuten gebraucht. Oder dreimal so lange. Ich weiß es nicht.

Tante Alma wird der Trauerrede und den Comedian Harmonists – die Musik hat sie vor langem testamentarisch festgelegt – aus einem regenbogenfarben glasierten Keramik-Gefäß lauschen, das ein himmelblau glänzender Deckel verschließt.

Links daneben soll ein koloriertes Sommerfoto aus jungen Jahren stehn, rechts ein Strauß lachsfarbener Rosen in einer schlichten Vase aus Glas.

Meine Löwin hegt keinen Zweifel, dass Tante Alma, könnte sie es sehen, dieses Arrangement nicht nur gebilligt hätte, nein, begeistert würde sie sein!

* * *

▼ LEONIE Gleich unter den Titelnotizen lagen andere zum Aufbau des Buches. Es sollte ein Lesebuch werden, das man wahllos hier und da und dort aufschlagen und doch stets den roten Faden wiederfinden und sich mit Vergnügen festlesen kann.

Wie sollten die Kapitel gegliedert werden? Die Farben nacheinander abzuhandeln, Bedeutungen, Nuancen, Benennungsvarianten, Erkenntnisse über ihre Wirkungen aufzuzählen, wäre zu wohl dröge und würde die Leser ermüden. Ähnlich sähe es mit Anwendungsbereichen aus: Farben in der Malerei, in Musik und Literatur, in der Tier- und Pflanzenwelt, in Politik und Geografie, in der Mode und Werbung und so weiter und so fort. Über Themenfelder hatte die Autorin in spe konkret nachgedacht:

MÖGLICHE KAPITEL IM FARBBUCH

- *Farben in der Literatur (Buchtitel und Zitate)*
- *Farben in Musik und Film*
- *Farbbezeichnungen in Politik und Sport*
- *Farben in geografischen Namen (Flüsse, Meere, Städte, Berge …)*

- *Farbwirkungen in der Architektur*
- *Farben in Firmennamen und -logos*
- *Farbwirkungen bei Gebrauchsgegenständen, Möbeln und Haushalttechnik, auch bei Autos (Produktdesign) und Bildschirmfarben (das WordPerfectBlau)*
- *Farben in der christlichen Liturgie, vielleicht auch in anderen Religionen*
- *Farben im Tier- und Pflanzenreich, meist mit Signalwirkung*
- *Farben in der Astronomie (der Rote/Blaue Planet)*
- *Farben in Idiomatisierungen resp. Redewendungen*

Ob Tante Alma jeden ihrer Einfälle ausgeführt hätte oder ob das nicht viel zu viel geworden wäre – wer weiß? Ich denk, sie hat erst einmal alles gesammelt, jahrelang!

Bei ihren Kapitelüberschriften kommt mir aber eine Idee. Verlangt nicht einiges – im traditionellen Rollenverständnis – nach einem männlichen Blick? Beispielsweise die Farben in Firmennamen, in Politik und Sport, in Technik und Produktdesign, in Public Relations und Religion … Ich werd Leo einiges zum Lesen geben.

Übrigens hab ich mal das Tschitscheringrün gegoogelt, diesen kuriosen Farbnamen, den meine Oma immer dann im Munde führte, wenn sie ein grünes Kleidungsstück ganz und gar geschmacklos fand. Bei Wikipedia heißt es:

Als Tschitscheringrün bezeichnet man umgangssprachlich verschiedene undefinierbare *Grüntöne. Da der Farbton nicht genau festgelegt ist, wird der Name für alle möglichen mehr oder weniger grünen Farbtöne verwendet […] Verbreitet war das Wort ins-*

besondere im thüringisch-obersächsischen und Berliner Sprachraum.

In der DDR wurde der Begriff [...] für den Farbton des hellgrünen Trabant und für die Farbe der Uniformen russischer Soldaten verwendet. / Nach landläufiger Meinung geht die Bezeichnung auf den russischen Politiker Georgi Wassiljewitsch Tschitscherin zurück, der 1922 bei der Unterzeichnung des Vertrages von Rapallo einen auffälligen Anzug mit ungewöhnlicher Farbgebung getragen haben soll. Dies ist jedoch falsch, da der Begriff bereits 1895 in einer Sammlung mundartlicher Ausdrücke aus Thüringen erwähnt wurde und dort auf das italienische Wort ciceri (= Erbse, Aussprache: tschitschéri, vgl. Cicero und Kichererbse) zurückgeführt wird.

* * *

▲ LEO Ich hätte nicht gedacht, wie spannend das sein kann. Zuerst wollte ich mir den Farbkram vom Halse halten, dann habe ich mich breitschlagen lassen ... Leonie weiß, wie sie mich kirre macht. Mit Blümchen oder Sprichwörtern hätte sie mich nie rumgekriegt, sie warf den Technik-Köder aus und säuselte:

Schatz, von Autos im Allgemeinen hast du ja viel mehr Ahnung als ich, doch wusstest du, wie viele Frauen sich bei der Farbe des Gefährts durchsetzen?

Ich wusste es nicht – und Leonie bewies mir, dass diese Entscheidung mindestens jede dritte Frau trifft, ohne ihren Mann auch nur zu fragen![9]

Simpel ist ein Autokauf nämlich nicht. Wie bei diversen Extras steht man in Sachen Farbe vor der Qual der Wahl, auch wenn man genau zu wissen glaubt, was man will. So ging es uns vor einem Jahr. Leonie war dabei nicht die dritte, sondern die erste oder zweite Frau, das Machtwort sprach ich. Sie hätte sich lieber in cremefarbener Karosse auf Bordeauxrot geaalt, nun fahren wir einen olivfarbenen Wagen mit Kunstlederpolstern in Dunkelblau! Umso mehr amüsiert mich ein Artikelchen aus Tante Almas Fundus, das in der Rubrik *Ansichtssache* der Lokalzeitung gedruckt und mit dem Archiv-Farbfoto eines Kleinwagens illustriert war. Die Bildunterschrift lautet: *Könnte Flash-Rot oder Hot-Orange Metallic sein.* Der Text geht so:

Kommt ein Mann zum Autohändler: „Guten Tag, ich möchte einen Wagen kaufen. Es soll ein blauer sein." „Kein Problem", sagt der Verkäufer. „Darf es Inky Blue mit Perleffekt, Mercato-Blau Metallic oder lieber Ultramarin-Blau sein? Also ich finde ja auch Ozeanblau und Tiefseeblau ganz aufregend." „Oh, so viel Blau. Vielleicht entscheide ich mich dann doch für Schwarz."

„Kein Problem. Wir hätten da Azuritschwarz, Rubinschwarz, Saphirschwarz – alles metallic natürlich – und Schwarz Uni zur Auswahl. Ich könnte aber auch dienen mit Graphitschwarz, Black …" Ganz schön verwirrend.

Und die Bezeichnungen der Farbkreationen, da muss man erst mal draufkommen. Wobei mancher Begriff nicht wirklich schlauer macht. Wer weiß schon etwas mit der Farbe Faded Denim (M) eines japanischen Herstellers anzufangen? Ist die Karre nun eher weiß oder grün oder was? Und wer kann den Unterschied zwischen Ozean- und Tiefseeblau erklären? Zumal sich die Tiefsee ja quasi mitten im Ozean befindet.

Und wie würde ein Schwarz-Meer-Blau aussehen? Schwarz? Blau? Blau-Schwarz? Ach ja, das waren noch Zeiten, als Schwarz

Schwarz war, Grün Grün und Rot Rot. Damals klang das Samtocker (für den Wartburg, erinnerte an Senf) geradezu exotisch.[10]

* * *

▼ LEONIE Er hat angebissen! Als er den Zeitungsartikel über die Autofarben las, hab ich ihn laut lachen hören. Dabei sind die dort aufgelisteten Farbnamen nur ein Bruchteil dessen, was Jahr für Jahr an Farben erfunden wird. Wollte jemand alle je im Deutschen verwendeten Namen für Farben aufzählen, würde er wohl nie fertig … Im Karton Nummer 2 fand ich das Grüne Kapitel. Ich glaub, Tante Alma war noch unschlüssig, wie sie – nach Häufigkeit, Bedeutung und Wirkung (gewünschter oder wirklicher) – alles ordnen sollte, um es anschaulich zu präsentieren.

Auch die Frage der Illustrationen muss noch unklar gewesen sein. Es gibt viele Bilder in allen Kartons, Farbfotos mit Bergen, Flüssen, Meeren, Nordlichtern, Pflanzen und Tieren, Buchcovern, Konzertplakaten, Klamotten, Fahnen und Wappen … Kann Tante Alma so weltfremd gewesen sein nicht zu wissen, dass Abbildungen, farbige zumal, die Herstellungskosten eines Buches vervielfachen?

Jetzt reizt mich erst mal das Grüne Kapitel:

Es grünt so grün, wenn Spaniens Blüten blühen ...

In dem bekannten Lied aus dem Musical My fair Lady *geht es nur am Rande um die Farbe Grün – vielmehr will Professor Higgins seinem Geschöpf Eliza Doolittle eine Aussprache vermitteln, die dem von ihm gepflegten Verkehr in gehobenen Kreisen angemessen ist. Man spürt den Frühling, sieht ihn, schmeckt ihn, riecht ihn, wenn man dieses Lied hört. Allein das Wort steht für Sehnsucht und Erfüllung, nimmt uns gefangen, lässt uns träumen und beschert uns ein Glücksgefühl. Und wie mit Grün ist's mit allen Farben: Ohne sie zu sehen, weckt allein ihr Name Empfindungen. Ein Übriges tut die Fantasie, die aus der Erinnerung schöpft, die mit Farben verknüpft ist, aus Bildern, die jeder in Gedanken vor sich sieht.*

Der Liedtitel von Frederick Loewe wird gern zitiert, so im Titel eines Berichts über die Leipziger Buchmesse 2011 – Es grünt so grün –, *der Autor schrieb:* ... Der Himmel über Leipzig mag grau sein, die Buchmesse ist es nicht. Will man dem literarischen Saisonmarkt [...] eine Farbe zuordnen, dann ist es diese: Grün. Das ist der Farbton der politischen Stunde. Kohlrabigrün. Moosgrün. Wald- und Wiesengrün. So wie die Autorensehnsucht nach dem besseren Leben auf dem Land.[11]

Grün ist überall – die Entscheidung, was am Anfang sei, fällt schwer. Bringen wir als Erstes die grünen Farbtöne zum Klingen: Apfelgrün, Giftgrün, Grasgrün, Lindgrün, Malachitgrün, Meergrün, Moosgrün, Olivgrün, Tschitscheringrün ... [Aha, da ist sie wieder, die unaussprechliche Farbe!] *Bei allen genannten stellt sich jeder etwas anderes vor – es sei denn, er oder sie hat beruflich mit Farben zu tun; dann ist ihm oder ihr natürlich zu jedem Ton das spezielle Mischungsverhältnis der Bestandteile bekannt. Wer sich dafür interessiert, findet einschlägige Angaben in professionellen Farbfächern oder -paletten. Damit kann man jeden Farbton fehlerfrei herstellen – doch über die individuellen und emotionalen Komponenten ist noch nichts gesagt. Denken wir nur an die vielen verschiedenen Arten Grün von Gräsern und Moos!*

Namen von Grüntönen begegnen in Ortsnamen, von denen fast jeder seine eigene Geschichte hat, die man in Büchern oder im Internet findet. Was mag das wohl sein: Baseler Grün, Bremer Grün, Braunschweiger Grün, Kaspischgrün, Kölner Grün, Münchener Grün, Neuwieder Grün, Pariser Grün, Oberpfalzgrün, Russischgrün, Saalfeldgrün, Sächsischgrün, Schweinfurter Grün, Südseegrün, Taigagrün, Veroneser, Würzburger oder Zwickauer Grün? Sollten Sie an/in einem dieser Orte zu Hause sein, kennen Sie die Story vielleicht – wenn nicht, googeln Sie das mal![12]

Ein paar Beispiele für die Weisheit aus dem Web:

- **Braunschweigisches Grün**, auch Braunschweiger Grün genannt, ist eine Maler- und Anstreichfarbe, von Johann Heinrich und Christoph Julius Gravenhorst in Braunschweig ab 1767 in großer Reinheit und Menge fabrikmäßig hergestellt. Die tief dunkelgrüne, fast schwarz erscheinende Metallfarbe ist anders als vorher übliche Farben auf Pflanzenbasis erheblich licht- und wetterbeständiger als diese. Im 18. und 19. Jahrhundert wurde sie aufgrund ihrer hohen Qualität in vielen Ländern zum Gattungsbegriff für diese Art von Grün. Im anglo-amerikanischen Sprachraum bildet Brunswick Green die Grundlage des British Racing Green. Ähnlich ist das Peinsche Grün, um 1768 entwickelt von dem Apotheker Pabytzky in Peine.

- Das **Neuwieder Grün** ist eine schöne grüne Farbe, wesentlich aus arseniksaurem Kupferoxid bestehend, aus Kupfervitriol, Weinstein, Arsenik und Kalk bereitet und mit geschlämmtem Schwerspat versetzt, erfährt man in Heinrich August Pierers (1794–1850) Universallexikon der Gegenwart und Vergangenheit (1. Auflage 1835–1836).
- Den Ausdruck **Sächsischgrün** findet man zuerst in der von Johann Georg Krünitz (1728–1798), Arzt und Naturwissenschaftler, Absolvent der Alma Mater Halensis, begründeten deutschsprachigen Oeconomischen Encyclopädie, deren 242 Bände zwischen 1773 und 1858 erschienen und die als wichtige Quelle zu Wirtschaft und Technik in der Zeit zwischen Aufklärung und Industrialisierung gilt.

  In Martin Heinrich Klaproths und Friedrich Wolffs Chemischen Wörterbuch von 1807 heißt es: Zum *sächsischen Grün* siedet man das Tuch wie zum Waufärben an, wäscht es aus, thut in dasselbe Bad zerschnittenes und in einen Sack gebundenes Gelbholz, läßt es anderthalb Stunden kochen, nimmt es heraus, kühlt das Bad soweit ab, daß man die Hand darin leiden kann, gießt auf jedes zu färbende Stück Tuch von 50 Ellen etwa zwei Pfund Indigoauflösung in das Bad, wendet das zu färbende Zeug Anfangs schnell, nachher aber langsam um, und nimmt es heraus, ehe das Bad in's Kochen kommt [...]
- **Schweinfurter Grün** – auch als Pariser Grün, Patentgrün oder Mitisgrün bekannt – enthält Kupfer, Arsen und das Anion der Essigsäure. Entdeckt hat das Pigment 1805 der österreichische Techniker Ignaz von Mitis in Kirchberg am

Wechsel – es heißt auch Kirchberger Grün. Zuerst industriell gefertigt wurde es in Schweinfurt. Im 19. Jahrhundert schätzte man es wegen seiner Farbintensität und Lichtechtheit als Tapetenfarbe sehr, obwohl seine Giftigkeit früh bekannt war. In der zweiten Hälfte des 19. Jahrhunderts bis etwa zur Mitte des 20. Jahrhunderts diente es als eines der ersten Pflanzenschutzmittel. Schweinfurter Grün soll sogar schuld sein an Napoleons Tod! Während der Verbannung auf der Insel St. Helena von 1815 bis 1821 hielt er sich oft in einem grün tapezierten Zimmer auf und schrieb an seinen Memoiren. Er starb zwar an Magenkrebs, doch bei der Untersuchung einiger Haare Napoleons in den 60er Jahren des 20. Jahrhunderts stellte man fest: Sie enthielten Spuren von Arsen! – Liegt hier der Grund für die Farbbezeichnung Giftgrün?

- **Veroneser Grün** (oder Grünerde) ist ein Glimmer-Mineral aus der Gruppe der Silikate und wurde schon in der Antike wie andere Erdfarben (Ocker, Umbra, Rötel, Zinnober) in der Malerei verwendet. Das bekannteste Vorkommen lag am Monte Baldo bei Verona; außerdem wurde Grünerde auf Zypern, in Kadaň bei Aussig im heutigen Tschechien, auf Island und auf den Faröer Inseln abgebaut. Es ist im Prinzip das Gleiche wie Seladonit. Von Seladongrün hatten wir indes bis vor kurzem noch nichts gehört und waren unsicher: Was war zuerst da, Seladon oder Seladonit? Das Internet gab Teilantworten preis: Der Erste, der Seladonit 1847 beschrieb, war der Mineralogieprofessor Ernst Friedrich Glocker; aufgrund seiner charakteristischen Farbe benannte er das Mineral nach dem französischen Wort céladon = Meeresgrün. Der Farbname Seladongrün bezeichnet die graugrüne

Glasur einer bestimmten Art chinesischer Keramik (vom 9. bis zum 15. Jahrhundert), von der einzelne Stücke auf alten Handelswegen bis nach Mitteleuropa gelangten; andererseits war Seladon der Name der Hauptfigur im 1610 erschienenen Roman *L'Astrée* von Honoré d'Urfé: Das mattgrüne Gewand des Schäfers Céladon war eine Zeit lang Mode und prägte so den Namen der Farbe. Über 100 Jahre lang war der Ausdruck zärtlich wie Seladon ähnlich beliebt wie schön wie Adonis oder stark wie Herkules.

Auf andere Weise nach einer Person benannt ist Rinmans Grün: Das türkisfarbene Pulver, auch Cobaltgrün oder Zinkgrün genannt, ist eine feste Lösung von Cobalt- und Zinkoxid, die für Öl- und Zementfarben verwendet wird; 1780 entdeckte es der schwedische Mineraloge und Chemiker Sven Rinman (1720–1792).

Manchmal entstehen kuriose Wortschöpfungen aus einem Irrtum heraus, etwa das Oberpfalzgrün, eine Farbe, die es nicht gibt. Hier zeigt sich, sogar das Internetwissen hat Grenzen: Der vermeintliche Farbname entstand auf unerklärliche Weise aus dem Ortsteil Grün des Städtchens Konnersreuth in der Oberpfalz! Südsee- und Taigagrün indes existieren wirklich. Als konkrete Fantasieprodukte von Werbestrategen in der Autoindustrie. Ihre Kollegen in der Sanitärkeramik erfanden das Kaspischgrün …

Die Farbe Grün steht für Gesundheit und Natur. Im Sommer 2012 stand dazu in der Mitteldeutschen Zeitung ein denkwürdiger Report. Hätten Sie gewusst, dass vor über 100 Jahren in der Nähe von Stapelburg im Harz eine Kuranstalt namens Jungborn begründet wurde? Adolf und Rudolf Just realisierten dort ab 1885 ihre Vision einer alternativen Naturgesellschaft mitten im Wald und riefen damit die erste ökologisch ausgerichtete Kommune Deutschlands *ins Leben. Berühmte Gäste besuchten den Ort: etwa Marika Rökk, Hans Albers und Franz Kafka; auch die lokale High Society verkehrte hier, so der Landadlige, Weltreisende und Kolonialschriftstellers Stefan von Kotze aus Klein Oschersleben, der die Asiaten als* gelbe Gefahr *ansah …*

Über das Harzareal indes war zu lesen: Hier lebte Just nach seinem Leitspruch „Kehrt zurück zur Natur", unter dem er auch eine Art grünes Manifest publizierte.[13] *Ob man damals schon vermutete, die Zeit vergehe subjektiv schneller bei Grün als bei Rot und Geräusche wirken in grünem Umfeld weniger laut?*

Grün wirkt oft als Verlockung oder Versprechen, manchmal als Warnung, es kann ein Aufruf sein, simple Information oder probates Mittel im Sinne des Kommerz, um die Kauflust zu stimulieren. Bereits 1935 sah man in Berlin beim Schaufensterbummel durch die Leipziger Straße am Dönhoffplatz, wie Werbeexperten des Kaufhauses Hertie ihre Kundschaft mit der Weisheit GRÜN. Die schöne Winterfarbe *köderte.*

Als ebenso humorvolle wie feinsinnige Idee empfanden wir den Grünen Mauritius. So heißt eine 2014 von der Katholischen Akademie des Bistums Magdeburg und der halleschen Universität kreierte Veranstaltungsreihe, die Gläubigen und Ungläubigen spannende und kontroverse Gesprächsthemen in Hörsaal und Garten *offeriert.*[14]

Vorsicht schien von jeher geboten, sobald eine Grüne Minna[15] *naht – eilt ihr zu Recht der schlechte Ruf voraus? Die Antwort heißt eindeutig* Jein. *Ein pensionierter Polizeihauptkommissar a. D. aus Nordrheinwestfalen,*[16] *dem eine polizeihistorische Sammlung in Hamm zu verdanken ist, weiß warum: 1866 erstmals erwähnt, führte die Polizei in Berlin Gefangenentransportwagen ein, zunächst ein grün gestrichenes, geschlossenes Pferdefuhrwerk mit Luftschlitzen. Zur gleichen Zeit war die Redensart* jemanden zur Minna machen *– wie ein Dienstmädchen, grob und herabsetzend behandeln – im Gebrauch. Der Volksmund fand flugs die plausible Verschmelzung Grüne Minna für den Gefangenentransport. Nicht belegt ist eine volksetymologische Verbindung zum rotwelschen Greaner (= Gauner).*

Später wurden, ebenfalls grüne, motorisierte Gefangenentransportwagen eingeführt. Selbst in einem Kinderbuch taucht die Grüne Minna auf. In Erich Kästners Emil und die Detektive *(1929) wird der Gauner (!), Herr Grundeis-Müller-Kießling, nach seiner Festnahme in die Grüne Minna verfrachtet und zum Präsidium am Alex gebracht.*

1919/1920 gab es in Deutschland grüne Sipos oder eine grüne Polizei, eine nach dem Ersten Weltkrieg erlaubte, paramilitärische Polizeitruppe, eine kasernierte Schutzpolizei. Die Farbe ihrer Uniformen unterschied sie von der regulären, blau uniformierten Polizei der Weimarer Republik. Nach Protesten aus Frankreich wurde sie schnell aufgelöst und in den meisten deutschen Ländern, auch in Preußen, in bewaffnete Schutzpolizei überführt (die nach der Uniformfarbe Blaue Schupo hieß).[17]

*Auf die grüne Uniform der DDR-*Volkspolizei *zielt ein bitterer Prosatext von Rainer Kunze. Darin agieren …* Posten, die dastanden wie schnell gewachsene Gehölze. Polizeigrün. Immergrün.[18]

Im englischen Sprachraum heißt der Gefangenenwagen übrigens bis heute Black Maria oder Paddy Waggon.[19] *Eine russische Entsprechung, besonders in der Stalin-Ära gebräuchlich und vielfach in Literatur und Musik präsent, war oder ist Tschorny Woron, der Schwarze Rabe.*[20]

Je nach Befindlichkeit, (Un-)Kenntnis komplexer Zusammenhänge und politischen Prioritäten differieren Meinung und Haltung zu den Grünen als Politiker und/oder Naturschützer. Für die einen ist allein die Nennung der Grünen ein knallrotes Tuch, andere hinterfragen (kommunal-)politische Forderungen, solange sie von Grünen kommen, prinzipiell nicht; zwischen beiden Seiten liegt ein weites Feld …

Ohne Zweifel will die Farbe Grün eine positive Konnotation vermitteln und setzt klare Signale: grüne Architektur, grüne Berufe, grüne Politik, grüne Revolution …

Allerdings ist nicht überall, wo Grün draufsteht, Grün drin. So ist Grünfärberei, neudeutsch Greenwashing genannt (wörtlich: grünwaschen oder sich ein grünes Mäntelchen umhängen) eine Analogiebildung zum englischen Whitewashing, das seinerseits der urdeutschen Schönfärberei entspricht. Der positiv anmutende Begriff kaschiert PR-Methoden übelster Art, von weltweit agierenden Konzernen praktiziert, um in der öffentlichen Wahrnehmung ein gutes Image zu erlangen. Der Allgemeinheit wird suggeriert, man ginge umweltfreundlich und verantwortungsbewusst mit den Ressourcen um, wende ökologische und klimaverträgliche Produktionsmethoden an, wolle fair handeln, stelle Bio-Produkte her oder sei an nachhaltiger Umweltpolitik interessiert … Oft entbehren derlei Behauptungen jeder Basis, aber die Manipulation wirkt! So gab Mac Donald's Ende 2009 für Europa – als Bekenntnis zu Natur und Umwelt – den Wechsel der Firmenfarbe von rot auf grün bekannt. Aber gerade diese Fast-Food-Kette wird wegen des Verpackungsmülls seit langem kritisiert!

Umso wichtiger ist es, wenn umweltfreundlich produzierte Produkte an eindeutigen Symbolen erkennbar sind. Dafür werden gern die Farben Grün, Blau und Weiß verwendet: Der Glo-

bal Organic Textile Standard (GOTS) zeigt ein weißes Hemd im grünen Kreis; als Zeichen für Fair Trade steht ein grünes Blatt mit blauem Tropfen; das europäische Umweltzeichen ist eine grüne Blume mit Europa-Sternenblättern, auch Euroblume genannt.

Damit man nicht doch das Nachsehen hat, bleibt im Dschungel der Werbung – dem wir ein eigenes Kapitel widmen – Vorsicht oberstes Gebot. Jüngst fand die Nürnberger Spielwarenmesse unter dem Motto Toys go green – natürlich spielen *statt, obwohl es Gütesiegel dafür gar nicht gibt.*[21]

Grün steht also für die Zukunft unserer (Um-)Welt, und der Schreiber beabsichtigte wohl kaum, die Leser zu verunsichern – doch ein wenig gedankenlos mutet es schon an, wenn man bei der Zeitungslektüre auf den fetten Titel Grün war gestern *stößt. Sollen wir den Müll nicht mehr trennen? Sind Tütensuppen gesünder als Bio-Reis? Ist die Grünenbewegung am Ende? Alles falsch. Nur die Forderung führender Bundespolitiker von CDU und FDP nach Kürzung der Solarförderung – ab Januar 2012 um 15 Prozent – war gemeint. Die Sorgen und Proteste der (damaligen) sachsen-anhaltischen, thüringischen und sächsischen Ministerpräsidenten bezogen sich ausschließlich auf die Solarförderung, nicht auf grüne Politik als Ganzes.*[22]

Eine der bemerkenswertesten Konsequenzen grüner Politik ist das größte Aufforstungsprojekt in Afrika. 1977 gründete Wangari Maathai,[23] *die in den USA und Deutschland Biologie studierte, die Green Belt Movement (Grüngürtel-Bewegung). In dieser panafrikanischen Aktion wurden Hunderte von Baumschulen eingerichtet und 40 Millionen Bäume gepflanzt. Bereits 1971 wurde die Wissenschaftlerin als erste kenianische Frau an der Universität Nairobi promoviert und zur Professorin ernannt. Seit 2002 stellvertretende Ministerin für Umweltschutz in Kenia, erhielt sie*

2004 für ihr Engagement den Friedensnobelpreis. Ihr Beiname ist Mama Miti (auf Kisuaheli Mutter der Bäume) – vor uns sehen wir die endlos grünen Weiten des Urwalds auf dem Schwarzen Kontinent …

Ebenso programmatisch wie die Green Belt Movement in Afrika wirken seit 1979 die Aktivisten der Organisation Greenpeace global.

Die grüne Faszination wirkt immer und überall. Für Kinder und Jugendliche werden Grüne Klassenzimmer angeboten: Unterricht im Freien durchbricht mit Fragen von Umwelt und Natur den Schulalltag. Schulen und Universitäten, Städte, Gemeinden, Bundes- oder Landesgartenschauen und andere Einrichtungen sind in Grünen Klassenzimmern aktiv. Für die Baden-Württembergischen Landesgartenschauen mbH entstand 1987 eine Förderungsgesellschaft (www.bwgruen.de), zu deren Projekten die Grünen Klassenzimmer zählen, die es dort seit 2009 auch bei kleineren Gartenschauen gibt. In Nordrhein-Westfalen erwuchs die Bewegung bei der Regionale 2004 aus einer Diskussion im Grünen Zentrum Saerbeck. Wenig später startete die Natur- und Umweltakademie NRW im Münsterland, zu beiden Seiten der Ems, die Aktion 100 Grüne Klassenzimmer (www.100gruenek-lassenzimmer.de). Seit kurzem gibt es auch in Halle ein Grünes Klassenzimmer. Schüler und Schülerinnen unserer Schule besuchten es und waren begeistert. Eingeweiht wurde dieses Grüne Klassenzimmer am Weltumwelttag am 5. Juni 2012 im Landesverwaltungsamt; es ist, anders als andere Einrichtungen, die so heißen, wirklich ein Zimmer! Fußboden und Wände sind grün gestrichen, überdimensionale Graffiti zeigen eine Naturlandschaft im Wandel der Jahreszeiten. Schüler und Lehrer aus Halle und Umgebung können sich für Unterrichtsstunden zu Themen von

Umwelt- und Naturschutz anmelden. Ponyreiten, Biomarkt und Waldmobil gab es nur zur Eröffnung, doch das Grüne Klassenzimmer selbst wird von Dauer sein.

Parks und Gartenanlagen Grüne Lungen der Städte zu nennen, ist so banal wie Grüne Lunge der Erde für den tropischen Regenwald. Der Fernsehkanal arte bringt jeden Freitag das Umweltmagazin GLOBAL; im Dezember 2011 propagierte es Grüne Perspektiven für unseren blauen Planeten. *Immer wieder gibt es Rankings um die grünsten Städte. Essen gilt als grüne Hauptstadt Europas, Hamburg und Halle zählen zu Deutschlands grünsten Städten; eine Studie der Comdirekt Bank sah die Saalestadt im Januar 2012 sogar auf Platz Eins.*[24] *Je nachdem, wer mit den Grünflächenprozenten jongliert, weichen die Resultate oft voneinander ab. Auf jeden Fall plagen die Wertungen das grüne Gewissen. Ein beredter Ausdruck desselben ist die 2010 am Leibniz-Institut für Pflanzengenetik und Kulturpflanzenforschung in Gatersleben (Sachsen-Anhalt) gegründete Initiative Forum Grüne Vernunft e. V., deren Mitglieder auch Fragen der Roten und Grünen Gentechnik untersuchen.*

Ja, wer hat dich du schöner Wald / aufgebaut so hoch da droben … *Wie Joseph von Eichendorff waren zahllose Dichter vor und nach ihm von seinem Zauber fasziniert. Und nicht nur sie, nein alle, die sich Herz und Sinn für die Natur bewahrt haben inmitten städtischer Steinwüsten voll nächtlicher Lichtverschmutzung, von Bau- und Verkehrslärm und -schmutz erdrückt. Von Bemühungen, die Schätze der Natur nicht mehr so achtlos zu vergeuden, hört und liest man deshalb gern. Auch wenn nur wenige das Angebot nutzten, waren wir froh über die Chance eines Kinobesuchs für unsere Schule: Wir sahen den Dokumentarfilm* Das grüne Wunder – unser Wald. *Auch die Autoren des Buches* Grünes Wunder: Wälder in Deutschland *einzuladen, gelang leider nicht, aber wir sind sicher, dass es seine Leserschaft finden wird.*[25]

In Erfurt fanden wir letzten Sommer ein Café namens Klara Grün und erfuhren, die Idee zu dem Namen sei nach einem Harzausflug entstanden – weil da die Luft ganz klar war und der Wald so grün …

Im alten Palästina, vermelden mehrere Internetportale (so kurz und knapp, dass wir uns fragen, ob da nicht einer vom andern ohne eigene Recherche abgeschrieben hat), sollen junge Frauen grüne Brautkleider *getragen haben, um ihre Hoffnung auf ein glückliches und fruchtbares Leben zu zeigen.*

Wo noch wirkt Grün uneingeschränkt positiv? Im Straßenverkehr: Glücklich, wer eine grüne Welle erwischt, grünes Licht (im Alltag Zeichen für Zustimmung), freie Fahrt!

Im übertragenen Sinn freie Fahrt – eine Einreiseerlaubnis – wird Immigranten in den USA erteilt: Sie erhalten die United States Permanent Resident Card. Das Formblatt Nummer I-551 wird seit seiner Einführung nach dem Zweiten Weltkrieg Greencard genannt. Die steigende Zahl Immigrationswilliger überforderte die Postämter mit der bis dato üblichen Registrierung. Nun erledigte man die Formalitäten direkt an den Landesgrenzen. Ursprünglich war das Dokument an der grünen Schrift und einem grünlich eingefärbten Foto zu erkennen. Mehrmals wechselte die Farbgestaltung – bis 1994 war sie sogar rosa, dann sandfarben mit grünlichem Schimmer – doch der Name blieb gleich. Seit Mai 2010 erhalten neue Einwanderer wieder eine grüne Greencard. Da die Zahl ausländischer Antragsteller stets höher als die behördlicher Genehmigungen ist, existiert seit über 20 Jahren eine Greencard-Lotterie: Jährlich werden von den US-amerikanischen Behörden 55 000 Greencards verlost.

Auch Deutschland hatte ein Greencard-System, ein Sofortprogramm zur Deckung des IT-Fachkräftebedarfs. Experten der Informationstechnik, die aus einem Nicht-EU-Land (Ausnahme: die Schweiz) stammten, konnten eine an Bedingungen geknüpfte und auf fünf Jahre befristete Aufenthaltsbewilligung und Arbeitserlaubnis erhalten. Diese Genehmigung entsprach aber nicht dem amerikanischen Vorbild; sie dennoch Greencard zu nennen, war irreführend.[26]

Im direkten Sinn freie Fahrt scheint mit einer Grünen Versicherungskarte garantiert, die bis 1965 bei Reisen mit eigenem Auto im Ausland mitgeführt werden musste, um den Haftpflichtschutz zu sichern. Heute braucht man sie in Europa kaum noch – der ADAC aber empfiehlt nach wie vor Bei Auslandsreisen sollten Autofahrer immer die Grüne Versicherungskarte für Pkw im Gepäck haben.[27]

Ehe wir das Thema Verkehr (das ohnehin nur bedingt zum guten Grün-Image passt) verlassen, noch vier Details: Das erste betrifft alle Autofahrer; ständig müssen sie sich um neue TÜV-Plaketten kümmern, die Jahr für Jahr eine andere Farbe haben; nur die Reihenfolge steht fest: Rosa, Grün, Orange, Blau, Gelb, Braun – nach Rosa 2017 nächstes Jahr wieder Grün. Das zweite zählt nur indirekt zum Straßenverkehr, eher zur per se grüneren Schiene: Bei einem der Abenteuer der dänischen Olsen-Bande kommt der Traktor 57 vor – diese Rangierlokomotive (ab 1953 in Brønderslev gebaut, zuerst grün, seit Ende der 60er Jahre orange, 1986 kurzzeitig schwarz-rot) soll Egon, Benny und Kjeld helfen, einen Eisenbahnwaggon voller Goldbarren zu stehlen …[28] *Drittes Kuriosum: Eine Autofirma in Rüsselsheim baute ab 1924 – praktisch als Plagiat des Citroën 5CV – ein kleines Cabrio und lackierte es nicht wie das Original zitronengelb, sondern grün! Im Volks-*

mund wurde der Opel 4PS liebevoll Laubfrosch genannt, und der war bald zum Kult-Auto avanciert. Mögliche Erklärung der Redewendung Dasselbe in Grün? *Viertens: Grüner Elefant hießen 5.000 in den Zündapp-Werken GmbH Nürnberg produzierte Motorräder vom Typ KS 601: Der Spitzname entstand aufgrund der meist grünen Lackierung und wegen ihres Gewichts von über 200 Kilogramm.*[29]

Eine andere bildhafte Wendung ist der Grüne Tisch. Wird eine Entscheidung am grünen Tisch gefällt, sollten wir sie kritisch hinterfragen. Denn der Grüne Tisch ist ein von der Lebenspraxis weit entferntes Möbelstück und hat viel mit Bürokratie zu tun. Früher und teils bis heute waren und sind Verhandlungstische oft mit grünem Stoff oder Leder bezogen. Vielleicht, weil Grün in der Liturgie eine neutrale Farbe und in der Heraldik von untergeordneter Bedeutung ist und so für Friedensverhandlungen besonders geeignet scheint. Ein Gemälde belegt dies, indem es adlige Unterhändler an einem mit grüner Samtdecke geschmückten Tisch zeigt.[30] *Auf seiner privaten Website führt ein lokalpatriotischer Hobby-Historiker den Grünen Tisch auf den grünsamtenen Tisch im Rathaus zu Regensburg zurück, wo von 1683 bis 1806 der Immerwährende Reichstag tagte.*[31] *Andere Quellen sprechen nur von einem kleinen grünbezogenen Tischchen, auf dem in einem Nebenraum des Rathaussaals Pausen-Snacks für die beratenden Gesandten der Fürsten bereitstanden. Grün steht immer auch für das Erwachen der Natur. So erklären sich Ausdrücke wie grüner Junge, Grünschnabel oder Greenhorn (die alle noch grün hinter den Ohren sind) für junge, unerfahrene Menschen. Es verwundert nicht, dass diese Farbe auch in der Gastronomie vielfach zu finden ist und Gaumenfreuden aus Garten, Küche und Keller benennt. Aber wir wollen keineswegs alle*

Speisen und Getränke, die als grün bezeichnet werden, aufzählen. Zumal vieles regional variiert. Nur Anregungen sollen es sein, die vielleicht dazu animieren, in alten und neuen Kochbüchern zu schmökern oder beim nächsten Restaurantbesuch die Getränkekarte genauer zu studieren. Wären wir Vegetarier und würden gern kochen, hätten wir die eben mit großem Bohai auf dem Kochbuchmarkt erschienene Greenbox *von Tim Mälzer gekauft. Doch ohne Fleisch und Fisch, das ist nicht unser Ding. Diesem oder jenem Genuss begegnen wir womöglich später noch, im Kapitel zu Farben in der Werbung …*[32] *Jetzt nur ein paar Beispiele: grüne Heringe, Grünkohl, Frankfurter Grüne Soße (internationale Varianten: Sauce verte in Frankreich, Salsa verde in Italien, Mexiko und im Baskenland, Mojo verde auf den Kanaren) und – simples Suppengrün!*

Ein Lieblingsgetränk vieler Kinder war früher grüne Fassbrause, die heute vornehm Waldmeisterlimonade heißt. Gesundheitsfanatiker schwören auf Grünen Tee; Grüner Kaffee wird als Wundermittel zum Abnehmen verkauft. Schmackhafter dürfte Grüner Veltliner sein, eine niederösterreichische Zufallskreuzung mit grünen Beeren aus den Rebsorten Traminer und St. Georgen im Burgenland, mittlerweile als österreichische Nationalsorte apostrophiert. Oder Chartreuse.[33] *Oder kühler Vinho Verde – dessen Name nicht die Farbe der Früchte anzeigt, sondern seine Herkunft aus der grünen Landschaft in Nordportugal.*

▼ LEONIE Das gefällt mir gut. Ich glaub, man kann es so stehen lassen, falls Tante Almas Buch gedruckt werden wird. Nur die letzte Passage, übers Essen und Trinken, wär ausbaufähig. Mir scheint, man merkt, dass die Küche nicht ihr Lieblingsort war. Kaffee oder Tee zubereiten, wenn Besuch kam, das konnte sie. Oder eine Flasche öffnen. Kuchen oder Plätzchen waren beim Bäcker gekauft, nie selbstgemacht. Sie kochte auch nichts. Entweder aß sie nach dem Unterricht schnell im Bistro neben der Schule oder nahm was von der Dönerbude oder von Subway mit nach Hause. Am Wochenende ging sie manchmal in ein Restaurant, doch eigentlich fand sie alles, was Essen anging, lästig. Trotzdem muss sie ein Küchenkapitel geplant haben, einige Seiten enthalten Notizen dazu:

Von hinten durch die kalte Küche

Bei buntem Salat denken wir nicht gleich an Farben – wichtig sind Bestandteile und Zubereitungsart. Bunt meint die Vielfalt der Ingredienzien; dass dabei ein buntes Bild entsteht, ist unter kulinarischem Aspekt eine angenehme Begleiterscheinung. Davon abgesehen, vergeht kein Tag, da uns im (für viele) zweitwichtigsten Lebens-Raum der Wohnung oder des Hauses keine Farben begegnen. Auf deren Auswahl wird oft große Mühe verwendet – und nicht nur, wenn's um das Gelbe vom Ei geht, Eiweiß braucht man auch. Täglich wählen wir zwischen Weiß- oder Grau- oder Schwarzbrot. Hinunterspülen lassen sich alle Varianten mit Schwarzem, Grünem oder Weißem Tee, Earl Grey, Kaffee weiß oder schwarz, einem österreichischen Braunen, mit Weißbier (das auch kühle Blonde heißt), Braunbier, Schwarzbier, nicht zu vergessen Weine diverser Couleur.

Neben den uralten Reben namens Blauer Bernburger und Blauer Kölner sind die Rotweine Blauer Zweigelt und Blauer Portugieser zu nennen. Im reichen Fundus der Weißweine finden sich Grüner Veltliner oder Vinho Verde aus Portugal. Exquisite Gaumenfreuden versprechen Tropfen wie Bordeaux, weiß oder rot, und Burgunder (auch grau) oder – vom Namen her unmöglich – ein Blanc de Pinot Noir. Ob jemand Roséwein mag, ist nur eine Frage des Geschmacks. Im Sommer ist Berliner Weiße beliebt. Oder ein Elena Walch Chardonnay aus Südtirol, den die Weinwerbung lobt, weil er strotzend vor strohgelber Farbe, mit zartgrünem Schimmer *sei …*

Apropos Getränke: Gern oder mit Grausen erinnern wir uns an ein DDR-Relikt, den Blauen Würger … Eine Art Wodka aus Adlershof, sein Wirkprinzip: Hauptsache, es dreht! Erst Juwel-Klarer für 14,50 Mark, später Kristall Wodka für 16 Mark der DDR – ein blauer Lappen (100-Mark-Schein) reichte für sechs Flaschen des 40-prozentigen Gesöffs! Dazu passte die Farbe der Etiketten – sie (und das Wissen um die Folgen am nächsten Tag!) war es, die den Blauen Würger erfand! Es scheint unglaublich, doch alkoholische Getränke wie dieses, Danziger Goldwasser und etliche andere bekam man während der Arbeitszeit in den werkseigenen Verkaufsstellen volkseigener Betriebe zu kaufen, ohne einen blauen Brief befürchten zu müssen.[34] *Heute gibt es den euroaustralen Energy-Drink Red Bull, die traditionelle Bloody Mary und immer neue Mixgetränke mit wunderlichen Namen. In der Faschingssaison 2012 waren Pinkness und Blaue Lagune die Modedrinks. Ein einheimisches Bier in Italien wird als Nastro Azzurro verkauft. Originell ist all das nicht, schon ein Szenegetränk des 19. und frühen 20. Jahrhunderts hieß Grüne Fee. Hergestellt auf der Basis von Wermut, kam es aus der Schweiz. Diese zeitweise verbotene Spielart des Absinth machte abhängig, führte zu Halluzinationen und wirkte als Aphrodisiakum.*

Doch der Mensch lebt nicht vom Wein allein, er muss auch essen. Die Meinungen darüber, was er dazu braucht, divergieren. Mit Weißwürsten, Rot- oder Blaukraut, Weiß- und Grünkohl, Weißen Auberginen, Roter Beete und Schwarzwurzeln, Schwarzsauer, grünen Nudeln, Weißfisch, Rotwild, Schwarzen und Weißen Trüffeln, Rotkappen, Frankfurter Grüner Soße, Blaubeeren und Blauschimmel (Bluemaster) oder Grünländer – laut TV-Werbung im Oktober 2011 der Käse mit der grünen Seele, *was an eine vor Jahren populäre Plakatwerbung für Köstritzer Schwarz-*

bier erinnert: Das Schwarze mit der blonden Seele – *ist es nicht getan. Wie der ganze Mensch braucht der Gaumen immer neue Reize, wenn er Geschmack am Leben finden will. Das ist nicht billig und oft für eine Zeitungsglosse gut. Die Mitteldeutsche Zeitung informierte deshalb über einen neuen Trend für Biokostfreaks: die multispektrale Bio-Karotte. Der Titel des Reports:* Neue Möhren braucht das Land. Steuerzahler und Bund streiten um kunterbunte Karotten. *Ein Archivfoto zeigte anhand mehrfarbiger, vor Jahren schon geernteter Wurzelfrüchte, dass da nichts Neues ist unter der Sonne – der lapidare Bildtext:* Bunte Möhren gibt's schon. *Trotzdem wird viel Geld in das Projekt gesteckt, und selbst als Farbfan fragt man sich, wer solche Entscheidungen fällt!* Weiß, gelb, rot und violett soll sie werden, die Bio-Buntmöhre, deren Züchtung in der Landesanstalt für Landwirtschaft die Bundesregierung mit 230 000 Euro fördert. *Das Fazit der kuriosen Nachricht:* Kein Mensch braucht bunte Möhren![35]

Nicht nur Speisen und Getränke kombiniert man mit Farbnamen, auch in der Mode erscheinen Gewürze, Früchte oder andere Esswaren plötzlich als hippe Farbnamen: Apricot, Aubergine, Cremeweiß, Curry, Eierschalenfarben, Fleischfarben, Honig- oder Quittegelb, Kakao- oder Kaffeebraun, Kirsch- oder Himbeerrot, Kiwi, Orange, Pfeffer & Salz, Pfirsichfarben, Pflaumenblau, Senffarben, Tomatenrot, Weinrot, Weizenblond, Zimt, Zitronengelb …

Übrigens wurden von jeher Farben zur Werbung für Naturalien eingesetzt: In Ungarn hieß Paprika rotes Gold, Salz nannte man lange weißes Gold. Zwei 2010 kreierte Apfelsorten heißen Pink Lady und Red Prince. (Lebensmittelfarben wie Reactive Red 195 sind zwar verboten, dennoch hier und da nachweisbar.)

Falls aber Nahrungsaufnahme für Sie eher notwendiges Übel und Zeitvergeudung ist, amüsieren Sie sich wie wir über derlei unnützes Zeug!

▼ LEONIE Leo und ich sind anders. Sonntags sitzen wir gern bis Mittag am Frühstückstisch, schwatzen über Gott und die Welt und lassen fünfe gerade sein …

Wenn wir das Buch machen, könnten wir das Vorhandene ergänzen und selber noch das eine oder andre Kapitel schreiben. An der Küchenpassage wäre einiges zu tun: Man weiß ja, dass grüne Heringe nicht grün sind, sondern nur frisch, nicht eingelegt, dass Grünkohl regional Braunkohl heißt und dass man Frankfurter Grüne Soße aus sieben frischen Kräutern mixt. Was Tante Alma schnöde simples Suppengrün nennt, ist für jede Hausfrau unverzichtbar! Auch bei Getränken sind Leerstellen zu füllen. Eine Grüne Wiese oder die Grüne Witwe kannte Tante Alma sicher nicht; bei den Mode-Drinks Pinkness und Blaue Lagune frag ich mich, wo sie das herhaben mag …

In einer Bar stand sogar mal eine Grüne Minna auf der Cocktailkarte! Und das Kapitel würde ja nicht nur auf Grün bezogen sein. Auf dem Weg zur Straßenbahn komm ich an einem kleinen Laden mit Ostprodukten vorbei, im Schaufenster stehen Flaschen mit diesem klaren Schnaps, den auch mein Vater Blauen Würger nannte.

Dass Grün als Farbe des Wachstums und der Erneuerung gilt und rundum positiv wirkt, wissen Experten und Laien längst. Axel Venn, Professor für Farbgestaltung und Trend-Scouting an der Hochschule für angewandte Wissenschaft und Kunst Hildesheim, bringt es auf den Punkt: *Grün ist die Farbe der Gutmenschen.*[36] Doch Missbrauch durch Böse ist nicht unmöglich, wie Tante Alma mit Greenwashing zeigt – wobei sie auf böse Betrügereien im Reich der Werbung hinweist.[37] Dies Kapitel such ich für Leo heraus, es sollte ihn interessieren. Und motivieren, seine Pläne zur Werbung für die eigne Firma endlich in Angriff zu nehmen.

* * *

▲ LEO Ein Abgabetermin hat sich verschoben und ich habe ein bisschen Luft, um mich mit Tante Almas Werbekapitel zu beschäftigen. Meine Löwin meint, das könnte für unsre Firma und den Plan für das neue Corporate Design nützlich sein. Als wir den Firmenstart vorbereiteten, hatte sich Lars mit Trendprognosen von Pantone beschäftigt und festgestellt, dass bei potenziellen Kunden oft die Sehnsucht nach Ungewöhnlichem, Noch-nie-da-Gewesenem vermutet wird und man darum Farben, die im Kommen sind, nicht nur Nummern auf der Pantone-Skala gibt, sondern sie zudem mit Fantasienamen versieht. Für den Herbst 2013 pushten Experten Emerald Green, Mykonoos Blue, Acai, Carafe und Turbulence (smaragdgrün, hellblau, violett, hellbraun und hellgrau), um Neugier zu provozieren, die eher als herkömmliche Farbnamen zum Kauf animiert. Ich bin gespannt, was Tante Alma über Werbung wusste und für so wichtig hielt, dass es andern mitgeteilt werden muss:

(Mit Farben) klingeln gehört zum (Werbe-)Handwerk

Können Sie sich schwarzweißgraue Versandhauskataloge, Volksfestflyer oder Werbespots im Fernsehen vorstellen? Wir auch nicht. Werbung kann nicht farblos sein – selbst wenn die Farbe nichts mit dem Produkt zu tun hat. PR-Strategen produzieren pausenlos Ey-Catcher, um ihre Daseinsberechtigung nachzuweisen. Probates Mittel ist der Einsatz von Farben, je aufdringlicher, schreiender oder schockierender, umso besser. Ob der Kunde sich später fragt, wozu er einen knallroten Toaster, lila Lampenschirme oder giftgrünes Klopapier braucht, spielt keine Rolle, er hat's gekauft, darauf kommt es an.

Wie sieht Ihre Küche aus? Sind Sie mit deren konventionellem Einheitston überhaupt noch up to date? Die Beilage Stil – Das Wohnmagazin *der Mitteldeutschen Zeitung suggerierte Ende April 2013, dass sich das ändern lässt.*[38] *Ein Werbefoto zeigte eine in Rot und Silber gehaltene amerikanische Küchentheke mit stylischen Essplätzen und belehrte den Leser:* Küchen in knalligen Tönen liegen wieder im Trend. *Und fuhr, auf potenzielle Käufer höherer Semester zielend, begütigend fort:* Allerdings sind auch gedeckte Farben wie Grau, Weiß, Beige weiterhin modern. *Leider haben das Motto des Beitrags und der erste Absatz die versöhnlich scheinende Geste Lügen gestraft. Titel und Untertitel lauten:* Mut zur Farbe – Kräftige Farben: Rund um Herd und Esstisch sorgen Farben für gute Stimmung. Vor allem die lebendigen Töne hellen unser Gemüt auf und lassen uns das Grau des Alltags vergessen. *Der Text beginnt hinterlistig so:* In älteren Einfamilienhäusern oder Mietwohnungen wirken sie wie ein Relikt aus längst vergangener Zeit: Einbauküchen mit langweiligen Fronten. Grau, Weiß oder Braun waren früher bestimmend bei Küchenmöbeln. Doch mit dem eintönigen Stil ist es vorbei. Kräftige Farben sind angesagt – und das nicht nur für das Mobiliar. *Um die Behauptungen zu bekräftigen, werden Experten zitiert: Frank Hüther (Geschäftsführer der Arbeitsgemeinschaft Die moderne Küche) und Dirk-Uwe Klaas (Hauptgeschäftsführer des Verbandes der Deutschen Möbelindustrie). Der erste versprach:* Im aktuellen Küchenmöbelangebot wird es neben den klassischen Holztönen und der Farbe Weiß bunte Unis geben […] Mit dabei ist auch das jahrzehntelang verbannte Blau. *Der zweite schwärmte geradezu von dieser Farbe:* Blau wird in Zukunft das neue Schwarz, denn Blau wirkt leichter als Schwarz und ist doch sehr seriös. *Außer kräftigem Rot oder knalligem, frischem Gelb ging in jener Saison Curry oder Grün … und in der nächsten? Und danach? Es muss ja nicht unbedingt die Küche sein, die neu einzurichten ist. Die Leute haben auch ein Bad, Schlafzimmer, Wohnzimmer, Kinderzimmer, Gästezimmer, Hobbyräume … Die Möbelindustrie steht stets vor neuen Herausforderungen und hat gut zu tun!*

▲ LEO Die vorletzte Wochenendausgabe unsres Lokalblatts informierte über die Trendfarbe für Mode und Einrichtung in diesem Jahr: *Schrillem Rotbraun 2015 und einem Rosa- und Hellblauton 2016 folge nun* Greenery (helles Grasgrün), fanden US-amerikanische Trendscouts heraus. Ob das auch in Deutschland oder Europa gilt? Manche Experten sehen es ähnlich, ein Berliner Farbforscher meint *Grün ist bei uns als Trend längst durch.*[39] Noch 2014 attestierte das Deutsche Tapeten-

Institut grünen Tapeten, sie förderten die Konzentration und seien für Arbeitszimmer besonders gut geeignet.[40] Wie dem auch sei, mich freut unsere Küche in Grün und Weiß. Auf Lila, Rosé oder Kaffeebraun umsteigen, nur weil die Möbelindustrie es mit ihrer imperativen Werbung so will,[41] das lehne ich ab.

Das Frühjahr 2012 hielt die Botschaft bereit: Weiß bringt Leichtigkeit in die gute Stube. *Ein kurzer Werbetext bescheinigte der Farbe Weiß ungeahnte Fähigkeiten:* Sie passt zu allem und hat doch einen ganz eigenen Charakter. Sie intensiviert das Licht und lässt Kleines groß wirken: Auch wenn die Farbe Weiß physikalisch gesehen gar keine Farbe ist, hat sie auf der Palette der Möbelhersteller seit einiger Zeit wieder einen festen Platz. *Von einem Retrotrend war die Rede, und eine Sprecherin des Verbands der deutschen Möbelindustrie verkündete Kaufwilligen in spe als Nonplusultra einrichtungsaffiner Farbenlehre:* Weiß ist einfach die neutralste aller Farben und extrem vielseitig zu kombinieren.[42]

Möbelkundenwerbung stellt höhere Anforderungen als die um Zeitschriften oder Gummibärchen, das sieht man bei Möbel XXXLutz. Die Anfänge reichen bis zum Ende des Zweiten Weltkriegs zurück. Am 31. Oktober (Weltspartag, hierzulande als Reformationstag bekannt – der aber irgendwie auch mit Sparsamkeit zu tun hat) eröffnete im oberösterreichischen Haag am Hausruck das Stammhaus mit bemalten Bauernschränken und regionaler Handwerkskunst. Seither wurde das Unternehmen zum zweitgrößten Möbelhändler der Welt, wie seit 2003 ein weithin sichtbares Riesenmaskottchen zeigt. Vor jeder Filiale steht ein überdimensionaler roter Stuhl (in Freiburg im Breisgau 22,5 Meter hoch). Die XXXL-Gruppe rangiert laut Rankingliste der

Europe's 500 mit 20.000 Mitarbeitern unter den Top 20 der dynamischsten Unternehmen. 2013 betrieb sie 194 Einrichtungshäuser in Österreich, Deutschland, Tschechien, der Slowakei, Ungarn, Schweden, Slowenien, Kroatien und Serbien. Ein TV-Werbespot von XXXLutz verkündete 2012: Willst du mehr, kriegst du mehr – die Möbelhäuser mit dem roten Stuhl … *In einer Computeranimation reißt der rote Stuhl sein Riesenmaul auf. Stieg der Umsatz dank dieses Werbegags?*

Schauen wir uns weitere Beispiele zur Farbe als PR-Faktor an. Wir wissen nicht, ob Rot wirklich so eine Sonderrolle spielt. Das hängt sicher von der jeweiligen Mode ab und vom individuellen Geschmack, doch vielleicht wirkt es (ob solo oder mit anderen Farben) in der Tat objektiv besonders intensiv …

Der erste Plastikstuhl der Welt – von Verner Panton ab 1967 als Panton Chair in Serie produziert – war sicher nicht zufällig im Stil der Hippiezeit poppig rot! Im Juli 2012 ließ der per Mail versandte Newsletter der Modekette NKD wissen: Denim küsst Kirschrot. *Der Kommentar zum Slogan:* Coole Lässigkeit und feurige Leidenschaft zeigen sich in der Farbkombination Rot mit Blau …

Ein Jahr zuvor verkündete im März unter dem Titel: Der Frühling wird bunt *(Untertitel:* Farbenfrohe Kollektionen lassen das Wintergrau verblassen*) ein Werbetext in Sachen Männermode:* Solche gewaltigen Farbexplosionen hat man ja seit Hippiezeiten nicht mehr erlebt. Apfelgrüne Hosen, barbiepinkfarbene Westen, meerblaue Sakkos, tomatenrote Polos und lilagetönte Sneaker …[43]

Seit Herbst 2011 weiß der modebewusste Mann: Männer kombinieren Orange mit Brauntönen; *und damit die Zielpersonen den angesagten Trend nicht verpassen, folgten Erläuterun-*

gen: Orange sticht heraus: Die aktuelle Modefarbe für Männer in diesem Herbst sollte daher zu Klamotten in gedeckten Tönen getragen werden. Gut passten sämtliche Braun- und Grautöne, raten die Modeexperten der Fachzeitschrift *Textilwirtschaft.* Alternativ seien Khaki und Oliv gute Kombinationsfarben. Auch verschiedene Gelbtöne sind in der kalten Saison gefragt: Quittengelb werde am besten mit Anthrazit, Braun oder einem tiefen Blau kombiniert und Currygelb sehe gut neben Rotweintönen oder Beige aus.[44]

Auch die Füße dürfen farblich fast alles: Speziell bei Damenmodellen und besonders in der nächsten Herbst-Winter-Saison werden intensive und leuchtende Farben eine wichtige Rolle spielen, *erklärt Claudia Schulz vom Deutschen Schuhinstitut in Frankfurt.* Da trifft dann Lilablau auf Neongrün, Orange auf Kobaltblau, Pistaziengelb auf Türkis.[45] *(Am Rande vermerkt: die berühmten* Red Wing Shoes *gibt es seit über 100 Jahren, die ersten ihrer Art wurden 1905 in Minnesota hergestellt!)*

Wir verweilen im textilen Bereich und bemerken: Ab und an geht es – ganz in Weiß – überaus keusch und züchtig zu. Im Sommer 2010 konstatierte die Firma bibop: Weiß ist eine Sommerfarbe *und empfahl weiße Tank Tops, Polos, Shorts und Shirts* mit schicken roten Applikationen und einem schwarzen Schriftzug.[46] *Die von TAIFUN erkannten im Mai 2012:* White Romance – Jetzt wird's weiß! *und teilten dies per Mail allen ihren Newsletterabonnenten in der Ausgabe 17/2012 mit.*

Humor verträgt das Thema auch. Für die Leipziger Automesse 2010 warben Plakatsäulen mit dem Slogan: Wo geht's denn hier zur Rot-Show? *Eine ganz in Rot gekleidete überlebensgroße Schönheit zog die Blicke an. Und in einer angesagten halleschen Kneipe stand die Silvesterparty 2011/12 unter dem Motto Dress-*

code Red. Im Sommer zuvor hatte das Fachmagazin Textilwirtschaft *seine Leser über künftige Bademoden belehrt:* Einteiler komplett in Himbeerpink, Kirschrot oder Tintenblau.[47]

TAIFUN setzte im April 2012 per Mail an Kunden auf ein BLAUES WUNDER – Jetzt wird es Royal! Später *warf sie* COOL CAT in Red! *auf den Markt. Gleichfalls im Frühjahr verkündete Galeria Kaufhof:* UltraMarin – Das tiefgründige Blau wird 2012 plakativ mit Rot und Weiß kombiniert. *Für Frauen wie Männer ging es um* Blaue Lässigkeit! *Ob diese sich mit den handgefertigten individuellen Buchhandtaschen der Manufaktur Blue Lilium (www.bluelilium.de) vertrug? Seit Jahrzehnten existiert das Label Blue Seven. Von einem Allgäuer Modekonzern kreiert, ist es mit Kreationen – die nicht nur blaue Teile enthalten – für Herren, Damen und Kinder weltweit präsent.*

Das Verblüffendste im Zusammenhang mit Rot ist ein Buch: Wofür immer die Farbe steht, eine Schweizer Psychotherapeutin (Jahrgang 1932) setzte noch eins drauf, indem sie das fantastische Buch Wenn ich einst alt bin, trage ich Mohn-Rot *schrieb.*[48]

Auch andere Branchen glauben an die attraktive Kraft von Rot. Club Bertelsmann warb 2011 für ein Schmuckset aus Bambus-Koralle mit dem Slogan Rotes Gold aus blauen Ozeanen … *Postwurfsendungen einer Düsseldorfer Firma für Gesundheits-Mittel setzen auf das Wirkpotenzial von Rot, indem sie ihr Krillöl-Produkt als Mega-Rot® anpreisen. Schon in den 30er Jahren des 20. Jahrhunderts vertraute der Werbefotograf Nickolas Muray auf die verführerische Farbe und wählte Damen mit roter Jacke oder ganz in Rot als Werbeträgerinnen für die Marke Lucky Strike.*[49]

Dem 1984 gegründeten Konzern Red Bull GmbH – Sie kennen die Flaschen mit den zwei kampfeslustigen roten Stieren und den markigen Buchstaben auf dem Etikett – waren die Gewinne aus dem weltweiten Konsum der Energy-Drinks nicht genug, so dass er sich neue Aktionsfelder erschloss. Seit 2001 macht der Kraftproduzent mit firmeneignen internationalen Wettkämpfen im Freestyle Motocross (kurz FMX) von sich reden. Das erste Event fand in Valencia statt, das zweite 2002 und die jährlich folgenden in Spaniens größter Stierkampfarena: Las Ventas in Madrid. Zwischen 2005 und 2010 wanderte der Wettbewerb nach Mittelamerika – in die Monumental Plaza de Toros in Mexiko-Stadt, mit 43.000 Zuschauerplätzen größte Arena der Welt. Zweifellos hat bei der Wahl der Austragungsorte die Erinnerung an das rote Tuch der Toreros eine Rolle gespielt. Diese Wettkämpfe gelten (neben den X-Games) als prestigeträchtigste und anspruchsvollste im Freestyle Motocross. Inzwischen haben die Red Bull X-Fighters weitere Kampfplätze weltweit entdeckt: Im April 2012 zeigten sie ihre Zweiradkunststücke auf dem 321 Meter hohen Hubschrauberlandeplatz des Burj al Arab in Dubai.[50] *Auch andere regionale und internationale Events richtet der Konzern aus, so Red Bull Dolomitenmann, Red Bull X-Alps und seit 2006 alle drei Jahre im Mai im Hangar T. des Flughafens Salzburg Red Bull Paper Wings, den mit mehreren 10.000 Kontrahenten größten Papierfliegerwettbewerb der Welt. All das vermarktet die Medientochter des Konzerns, Red Bull Mediahouse, die auch für die Mutter wirbt. Seit 2005 auf dem Multimediamarkt, ist die Münchner redspider networks GmbH Kooperationspartner von Red Bull Mediahouse. Doch auch ohne roten Stier kann man sich elegant und schnell fortbewegen; unter dem Namen Red Fox sind Boote und Transporter im Angebot.*

Nicht richtig rot, aber nah dran, war ein im Spätsommer 2010 von den Bayerischen Motorenwerken angepriesener Kraftprotz in Orange. *BMW warb für den jüngsten Spross jener sportlichen Baureihe, die gerade ihr 25-jähriges Jubiläum feierte: den Flitzer M3GTS. Eine Anzeige dazu:* Der ausschließlich in der Farbe Feuerorange lieferbare GTS wird in der Manufaktur der BMW M GmbH, einer 100-prozentigen Tochter der BMW AG, produziert.[51] *Das war eine Reminiszenz an den legendären BMW 1802 aus den 70er Jahren, ebenfalls orange lackiert; schon im Mai 2010 kam ein orangefarbenes BMW Cruise Bike auf den Markt. Solche megapotenten Kraft-Fahrzeuge und biedere Verkehrsampeln, das passt nicht zusammen, trotzdem soll es erwähnt sein, das sprichwörtliche Kirsch-Grün, bei dem mancher Gaspedal-König über die Kreuzung brettert … Weil diese Wortschöpfung so unkonventionell klingt, schrie sie nach Nachnutzung! Tatsächlich sahen wir in Görlitz, am Nikolaigraben 6, einen Laden für Idee, Konzept, Design, der Kirschgrün heißt; und wer seine Kleidung beim Kölner Internet-Versand DaWanda kauft, stößt auf ein Mode-Label für junge Leute, das sich ebenfalls kirsch-grün nennt.*

In der Gastronomie ist Rot schon immer in; das Hotel Rotes Ross in Halle beweist es, ebenso die Szenekneipe Roter Horizont, das Gasthaus Zu den Rothen Forellen in Ilsenburg – Kontrast zum Blauen Hecht in Dinkelsbühl – und das Fischrestaurant Red Snapper in Magdeburg. Im Schweizer Einsiedeln gibt es nahe dem über 1000-jährigen Kloster – berühmt durch Stiftsbibliothek und Schwarze Madonna – das Hôtel du chapeau rouge (= Gasthaus zum roten Hut), doch anscheinend existiert es nicht mehr, denn bei Google findet man eine Bleibe dieses Namens nur noch in Dijon.

Kunstgalerien, auch in Halle, folgen dem Trend, zum Beispiel RaumHellrot. Ist es nicht Rot allein, kombiniert man andere mit der Superfarbe – wie bei der Schmuck- und Grafik-Ausstellung

Rotgelbweißblauwinter *im Atelier Jacob, die um den Jahreswechsel 2010/2011 zu sehen war. Die Fantasie beflügelt auch der Name der halleschen Galerie Graubunt (= Werkraum für Kunst). Grau und Bunt sind oft ein Paar: Unter www.graubunt.info/ führt ein Weblink zur Bürogemeinschaft für Gestaltung und informiert über eine Webdesignfirma in Koblenz; in Wennigsen am Deister bei Hannover ging aus dem Verein Graue Haare buntes Leben e. V. ein Seniorenwohnprojekt namens GrauBunt hervor ...*

▲ LEO In den Galerien Raum HellRot und GrauBunt waren Leonie und ich ein paar Mal. Raum HellRot bot außer Bilder- und Fotoausstellungen Lesungen an. Eine Schau hieß *Verschiedene Arten von Weiß*.[52] In der Galerie GrauBunt sahen vor einiger Zeit farbintensive Blumenbilder von Karin Jarausch.[53]

Wir gehen gern in Ausstellungen, das bringt einen neuen Blick auf Dinge, die man zu kennen glaubt. In der Moritzburg und im Kunstforum gab es Schauen zu Moritz Götzes Werk. Er hat tolle Motive und Farben wie ein Kind. Das fiel mir ein, als ich nach einem Geburtstagsgeschenk für Leonie suchte. Im Internet fand ich schöne Blätter, die man kaufen kann. Vielleicht bestelle ich *Ein rotes Schiff am Horizont*. Da steht eine rot gewandete blonde Frau mit einem Strauß roter Rosen am Bug und sieht ein bisschen wie Leonie aus. Der rundum mit bunten Blumen geschmückte Dampfer schwebt auf weißblauen Wellen und fährt auf eine rote Sonne zu. In den Ausstellungen sah man diesen Siebdruck noch nicht, weil er erst später entstand.[54]

Wie verhält es sich nun mit Blau und Grün? Das fragten wir schon, die Antworten sind ähnlich: Blau assoziiert Sehnsucht, Freisein, Weite, Klarheit, Sauberkeit ... und fast immer Gutes.

Auffallend gut und wertvoll, wenn es blaue Schwerter sind – seit 1731 Zeichen der Echtheit von Meißner Porzellan. Grün steht für Gesundheit und gesunde Lebensweise, Natur und Natürlichkeit, für Umweltschutz, auch für Urlaub und Ungebundenheit, manchmal für Vergünstigungen oder Freiheit(en).

Beispiele gefällig? Autowaschanlagen mit dem Blauen Engel arbeiten äußerst sparsam und umweltfreundlich. Der schon 1978 eingeführte Blaue Engel, auch Blauer Umweltengel genannt, ist ein offizielles Gütesiegel, das Produkten oder Dienstleistungen hohe Umweltverträglichkeit bescheinigt: für extrem strahlungsarme Handys, für die Herstellung recycelter Schulhefte usw. Über neue Anträge auf Vergabe des Blauen Engels entscheidet das Bundesumweltministerium.

Den folgenden Werbetext einer ganzseitigen Anzeige in der Mitteldeutschen Zeitung muss man genießen und dabei seine Fantasie spielen lassen. Es tut uns leid, wenn die Illustration zu der grandiosen Komik fehlt! Der Text: Zewa soft – Traumhaft weich und / bezaubernd exotisch. / Das sanfteste Zewa Soft, jetzt / in der Limited Edition / Blaue Lagune. *Dazu das überdimensionierte Konterfei eines Plüschtigers, der mit einer modischen Sonnenbrille relaxed auf einer Rolle Klopapier am Palmenstrand liegt …*[55] *Wir bleiben in der keramischen Abteilung: Eine Pharmafirma bietet per Fernsehspot den Schwangerschaftstest Clearblue feil, auch zur Verhütung geeignet und digital (www.clearblue) als Ovulationstestset zu haben.*

Nicht minder eng mit häuslichem Leben und den eigenen vier Wänden verbunden sind Immobilienfirmen wie die Hallesche Wohnungsgenossenschaft (HWG). Sie machte kürzlich ihre Offerten mit der Werbeaktion blaue Couch on tour *publik. Blau erweckt Vertrauen! Das erklärt, wie viele Kunden auf einen Mobil-*

funkdiscounter und seine Allnet-Flat (www.blau.de) fliegen. Der Testsieger bei Handytarifen und Prepaid-Karten verspricht blau.de befreit Deutschland *und fordert:* Sei schlau – telefonier blau! *Der Link www.blauworld preist Tarife ab 1 Cent pro Minute ins Ausland an.*

Zum blauen Sitzmöbel zurück: Sonntags von 12 bis 14 Uhr offeriert Antenne Bayern die Blaue Couch: *Promis wie Sänger, Schauspieler, Wissenschaftler, Schriftsteller, Sportler und Politiker offenbaren in Interviews ihr Innerstes und erklären die Welt.*

Der Kulturjournalist Wolfgang Herles startete am 16. September 2011 um 23 Uhr im ZDF eine Literatursendung, die sechsmal pro Jahr ausgestrahlt wurde und Das blaue Sofa *hieß. Auf der Leipziger Buchmesse 2011 präsentierte sich der Mitteldeutsche Rundfunk als* Blauer Salon MDR. *Der RBB-Sender Radio Fritz bietet täglich außer samtags ab 22 Uhr eine* Blue-Moon-Sprechstunde *für Nachtschwärmer an. Seit dem 11. September 2016 sendet Radio RBB1 sonntags von 16 bis 18 Uhr* Die Blaue Stunde *zur Lage in Deutschland, Boulevardthemen inklusive, Erkennungsmelodie ist das Chanson* Eine Blaue Stunde *des deutsch-jüdischen Kabarettisten Rudolf Nelson, vertont von Franz Grothe (der eine Zeitlang musikalischer Leiter der Samstagshow* Zum Blauen Bock *war). Moderator der Radiosendung ist Serdar Somuncu, die Messlatte hängt hoch: er und sein Team sehen sich in der Tradition der zwischen 1941 und 1946 ausgestrahlten Sendung* Deutsche Hörer! *von Thomas Mann.*

Etliche Eigennamen von Radiostationen setzen auf die positive Konnotation der Farbe Blau, meist in der englischen Version: radio NDR blue, magic blue radio, Blue Magic Radio, Blue Crazy Radio, ebenso der Internetsender Radio Blue Sky.[56]

Da wir uns in den neuen Medien bewegen, gehören Technologien wie Bluetooth, Blu-Ray und Blueprint, die mittels ihrer Namen – wie Sky-Sender die Weite des blauen Himmels – die Idee der Grenzenlosigkeit ansprechen, gleichfalls hierher.[57]

▲ LEO Es gab auch mal Blaupunkt-Radios, mein Großvater besaß eins aus den 30er Jahren und hütete es wie einen Schatz. Blaupunkt-Radios waren der Inbegriff guter Qualität. Ihre Geschichte reicht fast 100 Jahre zurück. Detektorempfänger aus der Radiotelefon- & Apparatefabrik GmbH mit besonders gutem Klang erhielten als Merkmal geprüfter Qualität einen blauen Punkt. Bald verlangten die Käufer nur noch Blaupunkt-Kopfhörer. So wurde 1924 aus dem Prüfzeichen Ideal Blaupunkt Radio. 1932 brachte das Unternehmen das erste europäische Autoradio auf den Markt. Von da an galt Blaupunkt mit einem links daneben stehenden blauen Punkt als Marke. Nunmehr als Blaupunkt-Werke GmbH (BPWG) hatte die Firma 1939 bereits 2.600 Beschäftigte, infolge der im Zweiten Weltkrieg hinzukommenden Rüstungsaufträge bei Kriegsende schon fast 5.000. Ende 1945 kam es in Hildesheim zur Neugründung als Blaupunkt-Apparatebau GmbH (BPAG). Die Erfolgsgeschichte ging weiter: Außer Radios und Fernsehern (1957 das erste Transistorradio) wurden Navigationssysteme und Tablets produziert. Produkte der Blaupunkt-Palette wurden ausgezeichnet und in die illustre Liste der Marken des Jahrhunderts eingereiht.

Weniger spektakulär ist die millionenschwere kanadische Elektronikmarke Blackberry. Generationen von Handys und Smartphones firmieren seit 1999 als BlackBerry (plus eine Nummer). Auch Barack Obama besaß ein solches Gerät.

Schließlich sei vermerkt: Als bondi-blue bot die Firma MacIntosh 1998 erstmals einen PC an, der nicht beige-grau aussah. Aber hier wechseln die Farben seltener als bei Kleidung und Accessoires; die konventionelle Farbgebung hält sich bis heute. Wohl weil es nicht wichtig ist – Hauptsache, das Teil funktioniert! Den Computer benutzt man (sofern es kein Laptop oder IPad ist) zu Hause, wo ihn außer einem selbst kaum jemand sieht. Da kommt es auf den Inhalt an, nicht auf Farbe und Form!

Autos indes sollen nicht nur gut funktionieren, sie bilden eine starke Komponente der Selbst- und Fremdwahrnehmung, sind ein Prestigeobjekt. Man möchte farblich mit der Mode gehen, um sich nicht als von (vor-)gestern zu outen. Am erfolgreichsten ist die Autoindustrie, wenn sie neue Produktreihen ans Thema Umwelt koppelt.[58] *Das mag häufig gerechtfertigt sein, doch oft folgen potenzielle Kunden beim Neukauf zielsicher angesprochenen Gefühlen – diese wiederum werden nicht selten gut durchdacht mittels Farben erzeugt.*

VW animiert den späteren Käufer so: Unsere BlueMotion Technologies erfüllen schon heute die Umweltstandards von morgen. *Und* Eine Idee geht um die Welt. Entdecke Think Blue. *Die* Think Blue. Symphony *ist eine im August 2011 in Print-, TV- und online-Medien gestartete Volkswagen-Kampagne, die den Verkauf der Marken Polo B.M., Golf B.M. und Passat B.M. ankurbeln sollte. Vermutlich ist das Kalkül der Erfinder aufgegangen – zumal es auf allen Kontinenten verschiedene VW-gesteuerte Blue Projects gab und gibt. Im Internet wird werbewirksam mitgeteilt:* Wir von Volkswagen wollen nicht nur Fahrzeuge mit einer hohen Umweltverträglichkeit herstellen – wir wollen über Produkte und Technologien hinaus denken. […] Mit Think Blue. wollen wir zu diesem umweltgerechteren Verhalten ermutigen. *Auch Künstler und Literaten wurden angesprochen, so der Videokünstler Francis Alÿs, und im Verlauf einer zweijährigen Kooperation auf etlichen Portalen bis 2013 Arbeiten zu Zukunftsthemen gesammelt. Alles verheißungsvoll blau verpackt.*

Älter ist die Aktion Blauer Adler der Allianz Umweltstiftung (die seit 1997 durch die Benediktbeurer Gespräche, seit 2009 mit der Vergabe des Deutschen Klimapreises von sich reden macht). Seit 1995 förderten Vereine, Institutionen und Schulen fast 5.000 Projekte – zugunsten der Umweltbildung oder für die (grüne) Gestaltung von Spielplätzen, Parks und Schulhöfen – im Zeichen des Blauen Adlers. Die auf unserem Schulhof gepflanzte Linde und die Hecken am Zaun gehören dazu.[59]

Blau ist super! Das weiß auch die Unternehmerfamilie Merckle. Als Reminiszenz an den Nestor Adolf Merckle und die Gründung von RATIOPHARM 1973 in Blaubeuren, nannten die Erben seit 2004 (als sie die Wälder von Thurn und Taxis übernahmen) ihr Aalener Forstwirtschaftsunternehmen Blauwald GmbH & Co. KG und eine Tochtergesellschaft – die Teile des Goitzsche-Sees bei Bitterfeld erwarb – Blausee GmbH. Die schwäbischen Milliardäre kauften weitere Tagebaurestlöcher auf und sind nun die größten privaten Seenbesitzer in Mitteldeutschland.

Blau ist unschlagbar! Die Megacoaster-Achterbahn im Europapark Rust heißt blue fire, ein Angebot im Thermalbad von Bad Wörrishofen Familienbad BlueFun, ein Teil der Aida-Flotte nennt sich Aidablu, und in Messina verkehrt eine Flotte Bluvia … Schon sind wir beim Reisen. Das war früher und ist heute ohne Grün und Blau nicht vorstellbar! Die Zahl grüner Gärten und Parks, Lungen und Herzen in Prospekten der Werbeexperten ist Legion: Thüringen als grünes Herz Deutschlands[60] *oder Umbrien als grünes Herz Italiens*[61] *sind nur zwei von vielen. Bei einer Reise nach*

Schottland hörten wir, wie Einheimische Glasgow liebevoll Dear Green Place nannten – kein Wunder wenn man weiß, dass die Stadt fast 100 Parks und Gärten hat.

Von 1897 bis 1907 gewannen deutsche Schiffe (der Firma Norddeutscher Lloyd) zehn Jahre lang ununterbrochen das Blaue Band. Die bekanntesten Namen waren Kaiser Wilhelm der Große, *die* Deutschland, Kronprinz Wilhelm *(1902) und* Wilhelm II. *Einigen Quellen zufolge führten transatlantische Reedereien die Trophäe in den 1860er Jahren ein. Aus jenen Zeiten schien ein pseudo-antikes Blechschild in einem Wittenberger Antiquariat zu stammen, das uns mit der treuherzigen Werbung für Blue Moon Coffee so gut gefiel, dass es nun in meiner Küche hängt. Das Blaue Band wurde eventuell von britischen Journalisten kreiert und stammt aus dem Pferdesport: Beim englischen Derby bekommt seit 1780 das schnellste Pferd eine Blaue Schleife – dieses Prinzip übertrug man auf die Schifffahrt. Nach dem Ersten Weltkrieg wurde der Wettbewerb in den 20er Jahren fortgeführt. Doch erst 1929 und 1930 gelang es erneut zwei deutschen Schiffen – dem Turbinendampfer* Bremen *und der* Europa *– die Mitbewerber zu schlagen. Nach dem Zweiten Weltkrieg war die Ära des Blauen Bandes passé; Schnelligkeit zur See spielt keine Rolle mehr: Wer in Eile ist, fliegt.*

Wer indes Zeit hat, folgt sicher gern der Einladung des Schweizer Reiseveranstalters Blue and White zu einer Fahrt ins Blaue. 2012 offerierte ein Extra-Flyer in der Rubrik Aktuelle Informationen für Stammkunden *Folgendes:* Natürlich gibt es auch wieder unsere beliebte *Fahrt ins Blaue*! […] Reisetermin: 05.10.–08.10.2012. Es wird wieder spannend! Diesmal fahren wir ins prächtige *Blauhausen*! […] Gemeinsam erkunden Sie den *Blauwald* und unternehmen eine Führung durch *Blauberg*.

– Für eine Tagesfahrt zum Schweriner Altstadtfest im Sommer 2010 wurde versprochen Auch Schwerin macht mal blau. *– Vornehmlich Wassersportler hangeln sich am grün-blauen Band zwischen Halle und Leipzig entlang. – Soll die Reise in entferntere Gegenden gehen, empfiehlt sich das Feriendorf Bluegreen Village hoch über dem Golf von Sorrent. – Wer gen Italien reist, passiert vielleicht bei Como die Puntoblu genannte autoestrada per Italia. – Adäquate Reisekleidung wäre bei TAIFUN zu finden. Die Handelskette titelte ihre Werbemail im Oktober 2010 mit Blue for you, bezogen auf das damals aktuelle Farbthema Trinidad.*

Apropos Italien: In Venedig existiert eine Linea Blu; sie verbindet den Flughafen Marco Polo mit dem Kreuzfahrt-Terminal. Ob es einen Rabatt auf die Tickets gibt, wenn man mit Linea Blu-Taschen reist? Zum Verwechseln ähnlich ist das Label, mit dem eine Schweizer Firma für Schwimmbäder, Whirlpools und Saunen wirbt: LineaBlu Piscine. – Dass Blau zu Wasser passt, zeigen auch die Mittelmeerfähren im Hafen von Piräus: Alle heißen Blue Star Ferries. Ein von sonnenklar.tv initiierter und in der Fernsehbeilage der MZ abgedruckter Werbeartikel für Tunesien-Reisen lockte mit einem Traum in Weiß und Blau.[62] *Es ging um Sidi Bou Saïd, das* meistbesuchte Dorf Tunesiens und Treffpunkt der Schickeria aus Tunis. *Schon die Expressionisten Paul Klee und August Macke fühlten sich 1914 von dem Ort auf dem Hügel magisch angezogen und empfanden ihn als* Leibhaftigkeit des Märchens. *Die Bildunterschrift lautete:* Wo Klee und Macke malten: das Café des Nattes in Sidi Bou Side wurde durch die Expressionisten weltbekannt. *Das orientalische Märchen in Blau und Weiß,*

Sidi Bou Saïd, soll bis heute nichts von seinem Zauber verloren haben. Vermutlich liegt es daran, dass der französische Ban-

kierssohn Baron Rodolphe d'Erlanger, der vor 100 Jahren in das Küstenstädtchen kam, anregte, den Ort unter Denkmalschutz zu stellen. Die strengen Bauvorschriften gelten bis heute. Häuser müssen in der typisch kubischen Form errichtet werden, Türen und Fenster sind blau zu streichen. Grund für die Farbkombination soll sein, dass Weiß die Hitze des Sommers reflektiert und Blau auf Insekten wie ein rotes Tuch wirkt: Es hält die Plagegeister auf Distanz.

Der Farbkombination Blau-Weiß begegnet man auch in Portugal und Griechenland, vor allem in ländlichen Gegenden, oft. Schweden indes erscheint im ersten Kapitel des Reiseführers eines renommierten Unternehmens schon durch den Titel als Blau-gelbes Märchenland zwischen Meer und Mitternachtssonne – *Farben wirken stets attraktiv, sind es gar die Landesfarben, umso mehr. Andererseits müssen diese manchmal für ätzenden Spott herhalten, so im Juni 2010 nach dem WM-Aus der Franzosen gegen Südafrika, da lästerte die französische Presse:* Allez, les Bleus![63]

Nicht vergessen wollen wir das Rheinsberger Blau – von dem wir nichts wussten, bevor wir im April 2012 in der Mitteldeutschen Zeitung einen Beitrag über zwei Rheinsberger Jubiläen lasen: den 300. Geburtstag von Friedrich II. und 250 Jahre Keramikproduktion. Wir erfuhren: ... Platzhirsch Carstens-Keramik mit über 100-jähriger Tradition produziert heute in beachtlichen Stückzahlen für den deutschen und skandinavischen Markt – vor allem die Teekannen und Namenstassen in typischem Rheinsberger Blau gehen dort weg wie warme Semmeln.[64]

Nun aber ab ins Grüne! Wir fangen ganz am Anfang, beim Urknall, an! Nicht dem kosmischen, sondern einem späteren, der ebenso wichtig für unser Da- und Sosein gewesen sein muss. Ein

Artikel über die in Nature publizierten Forschungen des halleschen Mikrobiologen Jürgen Steiner trug die Überschrift Der grüne Urknall: *Vor 1,5 Milliarden Jahren f r a ß eine einzellige Alge ein Cyanobakterium und wurde zum* Missing Link *der Pflanzenwelt, zum bis dato unbekannten Bindeglied der Evolution zwischen Cyanobakterien und Pflanzen. Der Titel, fanden wir, war genial!*[65]

Denn Grün geht immer. Und macht glücklich! Vor allem, wenn die jahrzehntelang verwahrloste alte Diva in Grau[66] *plötzlich als* Grünes Halle *erscheint. In einem Report über die 50 größten deutschen Städte – wir erwähnten ihn schon – wurde Halle jüngst zur grünsten Großstadt gekürt. Den Spitzenreiterbericht illustrierte ein Foto zweier fröhlicher Radler in der Kantstraße, einer grünen Platanenallee.*[67]

Seit 2010 lädt beim Händelhaus das Restaurant Immergrün zum Schlemmen ein. Im Dezember 2015 wurde, für den gehobenen Geschmack, nahe dem Intecta-Kaufhaus die Grüne Remise eröffnet (und im Herbst 2018 wieder geschlossen). Ein Gasthof für jedermann war seit Anfang des 16. Jahrhunderts bis zum Abriss zugunsten eines neuen Arbeitsamtes 1929 der Grüne Hof am Steintor, auf den der frühere Name der Ernst-Kromayer-Straße zurückging, die bis 1962 Grünstraße hieß.

Die MZ teilte mit: Grünstrom treibt Karussel an. *Aus Windkraft-, Wasserkraft- und Biogasanlagen gewonnener Strom wird Ökostrom, grüner Strom oder Grünstrom genannt. Die Zahl der Abnehmer wächst. Seit einigen Jahren wird auch das Karussel Götterflug im Freizeitpark Belantis bei Leipzig mit Ökostrom betrieben.*[68]

Dass in Baden-Württemberg seit Mai 2011 ein grüner Ministerpräsident regiert, wirkte sich auch auf die Wirtschaft aus. In

Freyung startete eine Tochtergesellschaft der Flexstrom AG im Frühjahr 2012 den Werbegag OptimalGrün schenkt Ihnen ein E-Bike – Aktionszeitraum für ein E-Bike-Paket (Strom oder Gas) vom 19. April bis 31. Mai 2012! *Vielleicht provozierte der Zulauf der E-Bike-Interessenten das Ende des Unternehmens und den Insolvenzantrag …*

Schauen wir auf Freundlicheres: Grüne Linie hieß ein kostenloser Bus-Shuttle für Gäste der Landesgartenschau in Aschersleben von April bis Oktober 2010 gab; alle 20 Minuten fuhren bis zu 50 Touristen zwischen sechs Haltepunkten hin und her. Das U-Bahn-Netz in Großstädten bietet (zur Unterscheidung von roten, blauen, gelben oder orangefarbenen Linien, mit denen man andere Ziele erreicht) grüne Linien an, so in Barcelona, Moskau, Prag, Stockholm und Lissabon.

▲ LEO Die Grüne Linie kann auch ziemlich gruselig sein, das haben wir vor zwei Jahren auf Zypern erlebt: Dort wird die mitten durch die Hauptstadt Nikosia führende Grenze zwischen dem griechischen und dem türkischen Teil der seit 40 Jahren geteilten Insel so genannt. Als Tourist darf man sie in beiden Richtungen überqueren – für Zyprioten stellt sie eine unüberwindliche Barriere dar, wie für die Deutschen 28 Jahre lang die Mauer in Berlin.

Auch in der Geschichte des Staates Israel existiert eine Grüne Linie. Ihr Name soll auf die grüne Tinte zurückgehen, die 1979 bei den Friedensverhandlungen über die Grenzziehung benutzt wurde.[69]

Eine Grüne Linie anderer Art ist in Marseille jene Straßenmarkierung, die Touristen den Fußweg vom Hafen zum Startpunkt der Shuttlebusse ins Stadtzentrum zeigt. Das erzählten meine Eltern nach ihrer Kreuzfahrt durchs Mittelmeer.

Zurück zum Werbe-Grün: Eine auf Fenster- und Fassadentechnologie sowie Solarlösungen spezialisierte Bielefelder Firma preist Grüne Technologie für den blauen Planeten an.[70] *In Bratislava kehren wir gern im* Cafè *Greentree ein; Ende des 20. Jahrhunderts war das Modeshampoo Grüner Apfel sehr begehrt, bis ihm neue Trends folgten, die holländische Kosmetikfirma Greenland prosperiert bis heute …*

Das Leitmotiv einer Anzeige für Postschiffreisen jenseits des nördlichen Polarkreises kleidete das Lokalblatt Anfang 2011 in die Worte Zum grünen Licht.[71] *Die Nordlichter entstehen, weil das Magnetfeld der Erde die Strahlung des Sonnenwindes einsaugt; keinesfalls alle sind grün. Auch rote, violette oder blaue Kaskaden, Vorhänge, Streifen, Bögen und Bänder kann bewundern, wer sich zur rechten Zeit am rechten Ort aufhält. Der Franzose Pierre Gassend(i) hatte im 17. Jahrhundert das Phänomen Aurora borealis – Morgenröte – getauft.*

Der Uni-Shop der Alma Mater Halensis erinnerte im Mai 2012 per Hauspost an das Frühlingslied Der Mai ist gekommen, die Bäume schlagen aus … Und was macht der Uni-Shop – er gibt auf alle grünen Textilien 20 Prozent Rabatt.

Maigrün heißt jene Werbeagentur, die Anfang 2013 mit dem Verein Pro-Halle eine Plakataktion initiierte, deren pseudooriginelle Sprüche für die Stadt Halle warben.

Selbst die Deutsche Post gibt sich umweltfreundlich mit dem Slogan GOGREEN. Der CO_2-neutrale Versand mit der Deutschen Post – *GO ist in braunen Lettern gesetzt, GREEN in grünen, alles auf gelbem Balken und zart grün gerahmt.*

Auch als Spaßfaktor eignet sich Grün: Der Spitzname des australischen Profiboxers Danny Green – Olympiateilnehmer 2000 in Sydney – lautet The Green Machine.

Gelb macht sich gleichfalls gut, assoziiert es doch Sonne und erste Frühjahrsblüher, mithin hoffnungsvollen Beginn. Ein neuer Stromanbieter nennt sich Yellow-Strom; die Pannenhilfe des ADAC kommt als Gelber Engel daher, ein ADAC-Preis Gelber Engel wurde kreiert. Für Automuffel fährt ein Gelber Zug nach Andorra – ein sachsen-anhaltisches Reisebüro bot im Frühjahr 2012 Zehn-Tages-Trips an, von Villefrance nach Fort Romeu. Die französische Staatsbahn (SNCF) beschaffte von 1975 bis 1984 neue Reisezugwagen für den internationalen Schnellzugverkehr, Confort sur Rail genannt, kurz Corail-Wagen – das meinte zugleich die korallenfarbenen Türen des Ursprungsanstrichs. Seit Mitte der 90er Jahre markieren rote Türen die Waggons 1. Klasse, türkisfarbene die der 2. Klasse, beide Farben wirkungsvoll auf Zweitongrau (oben dunkel, unten hell) platziert, von einem weißen Streifen getrennt.

In der katalanischen Metropole Barcelona verkehrt seit über 100 Jahren eine Blaue Straßenbahn. Die Tramvia Blau fährt Touristen vom Endbahnhof der Metrolinie L7 an der Plaça Kennedy zur Talstation der Standseilbahn zum Tibidabo (Hausberg der Stadt). Zur Bauzeit Privateigentum (erst 1989 übernahmen die Verkehrsbetriebe TMB = Transports Metropolitans de Barcelona die Bahn), ist sie seit 29. Oktober 1901, zusammen mit der Standseilbahn, wichtigster und attraktivster Zubringer zum Vergnügungspark auf dem Tibidabo. Sie verkehrt bis heute mit den blau lackierten Originalfahrzeugen von 1901, doch außerhalb der Ferien nur an den Wochenenden. Auf Mallorca fährt seit 1912 der Rote Blitz zwischen Palma und Sollér hin und her.

Zurück zu den Werbekünstlern in der Heimat: Ein gelber Gecko lockt als Logo eines Computergeschäfts in Magdeburg und wirbt für YelloWare. Auch eine Schuhfirma nutzt die leuchtende Farbe, sie präsentiert ihr Angebot unter www.yellow-cab.

Pink hingegen ist ein attraktiver Schocker. Das beginnt beim Frühstück: Seit 2010 heißt eine Apfelsorte Pink Lady. – Im Sommer jenes Jahres offerierte das hallesche Bürgerhaus alternative fünf Mal täglich das Kinderferienprogramm Die Pink-leuchtende Prinzessin und der Troll.[72] – *Leckermäuler werden ebenfalls pinkfarben bedient, und zwar, wie die Mitteldeutsche Zeitung im Februar 2012 vermeldete, im Café Cupcake in Berlin-Friedrichshain. Dort stellt der Konditor Daniel Bader nach amerikanischer Tradition mit viel Liebe kleine filigrane Kuchen her, jede Kreation mit fantasievollem Namen: Peppermint Party oder Fantasy Island und Pretty in Pink.*[73]

Fürs andre Ende: In Halle bietet ein Salon Pink Fußpflege an.

Nicht auf den ersten Blick als Werbegag wirken die Namen einiger Diamanten. Nachdem er 60 Jahre lang verschwunden war, kam im November 2010 einer der wertvollsten Edelsteine der Welt – Fancy Intense Pink Diamond – im Genfer Auktionshaus Sotheby's unter den Hammer. Für über 46 Millionen Dollar erhielt der Londoner Juwelier Laurence Graff den Zuschlag und gab dem 24,78 Karat schweren Stein sofort einen neuen Namen: The Graff Pink. 2008 hatte er für 24,3 Millionen Dollar einen 35,56-karätigen blauen Diamanten ersteigert, der seither Wittelsbach-Graff heißt. Der mit 12,76 Karat größte je in Australien (in der Region Kimberley) entdeckte rosa Diamant heißt Argyle Pink Jubiläum. Der Minenkonzern Rio Tinto verbreitete die Nachricht über den Fund am 22. Februar 2012. Der Name zielt auf das diamantene Thronjubiläum Elisabeth II. – weil seine Farbe der des 24-Karat-

Diamanten Williamson Pink ähnelt, den Elisabeth II. 1947 als Hochzeitsgeschenk erhielt. En passant ein etymologischer Exkurs: Pink ist das englische Wort für Nelke und so seit 1573 nachweisbar, als Farbbezeichnung seit 1828; im deutschen Sprachraum tauchte es – nur als Farbname! – erst zu Beginn der 1980er Jahre auf.

Weniger extravagant, aber doch apart wirken Lila und Lavendel. Die DDR-Nivea-Konkurrenz bot die Parfümsorten Schwarzer Samt und Blaß-blau Lavendel an. Ein aktuelles Beispiel ist der Logistikdienstleister Müller mit Hauptsitz in Besigheim, 2011 mit dem Deutschen Nachhaltigkeitspreis in der Kategorie Deutschlands nachhaltigste Zukunftsstrategien (KMU) geehrt.

Bevor wir zur Rubrik Vermischtes übergehen, schauen wir uns die (Un-)Farben Schwarz, Weiß und Grau im Marketing an.

In Deggendorf erwartet den Gourmet das Gasthaus Grauer Hase, *in Bad Lausick ein Garnihotel* Zum grauen Wolf; *in Wettin an der Saale gab es im 18. Jahrhundert ein Gasthaus* Zum grauen Wolf;[74] *in Kochel am See, zwischen Garmisch-Partenkirchen und Bad Tölz, lädt ein Hotel* Grauer Bär *zum Verweilen ein; weiter südlich kann man bei Ausflügen an den Bodensee in Bregenz im Hotel* Zum grauen Bären *nächtigen; auch Innsbruck verfügt über ein Hotel* Grauer Bär, *nur 150 Meter von der Altstadt und vom* Goldenen Dachl *entfernt; im Südtiroler Loisachtal und in Innichen/San Candido findet sich jeweils ein* Grauer Bär … *Diese Färbung verleiht wohl dem imposanten Tier einen zusätzlichen Reiz. – Schwarze und weiße Bären, Schwäne, Rösser und sonstiges Getier als Namensgeber von Restaurationen kommen vielleicht noch in einem späteren Kapitel vor – es gibt unendlich viele davon. An der Alten Mainbrücke in Würzburg bietet eine* Grüne, *in der Schweinfurter Brückenstraße eine* Goldene Gans *ku-*

linarische Dienste an. Mindestens ein halbes Dutzend Mal kann man Zum weißen/roten/schwarzen Ross *einkehren (in Halle im* Roten Ross, *vor über 300 Jahren als Ausspannhof vor den Toren der Stadt in der Nähe des Leipziger Turms erbaut – heute ein extravagantes Designhotel); viermal zeigt das Internet Hotels oder Restaurants* Zum goldenen Ross *an.*[75] *Neugierig, ob es jenseits der Grenzen ähnlich sei, googelten wir* Cheval Blanc – *und wurden allein im französischen Elsass viermal fündig: in Baldersheim/Mulhouse, in Niedersteinbach, Lembach und Westhalten; in den französischen Alpen (in Saint-Bon-Tarentaise) führt ein Fünf-Sterne-Hotel den Namen, auf der Isle de France ein luxuriöses Strandresort. Die Schweiz bietet ein* Cheval Blanc *in Zofingen, Italien in Aosta an. Ein* Cheval Rouge *fand sich bei flüchtiger Recherche in Frankreich viermal: in Louhans, Rambouillet, Sainte-Menehould und Versailles; ein* Cheval Noir *scheint nur in wenigen elsässischen Orten ansässig zu sein: in Herrlisheim und Kilstett, Niederroedern und Ribeauvillé. Indessen bezeichnen* Cheval Blanc *und* Cheval Noir *nicht nur Lokale, sondern auch einen Grund, dort einzukehren: weiße und rote Weine aus dem Weinbaugebiet des Bordeaux!*

Wir bleiben beim Schwarz-Weiß-Kontrast und finden die Buchhandlung Schwarz und Weiß *in Buxtehude: Ihr Name spielt nicht nur mit dem Goethe-Zitat,* … was man schwarz auf weiß besitzt, kann man getrost nach Hause tragen,[76] *sondern man darf dort sogar für 50 Euro übernachten und bekommt ein Sektfrühstück!*

So geraten wir ins Literarische. Der Lokalsender Radio CORAX erbat im Sommer 2010 für seine Reihe Radio-Poesie *Einsendungen mit lyrischen und musikalischen Ergüssen über Schwarz und Weiß. Eine Schülerin der Abiturklasse beteiligte sich. Ihre Verse gefielen uns und wir zitieren sie:* zwei dutzend zebrastreifenzeilen … / … fügen sich / zum denklabyrinth / weiße streifen / akkurat gemalt / auf schwarzem grund / – oder umgekehrt? / jedes zebrababy / weiß es / nur der mensch / ist verwirrt / findet wichtig / was er twittert, simst und mailt / oder was man schwarz auf weiß / nach haus tragen kann / träumt am anfang sich / schneewittchenschön: / weiß wie schnee, rot wie blut / schwarz wie ebenholz / bedeckt am ende / die schwarze seele / mit unglaublich weißer / dichter weste / es schleifen die streifen / zeilen in staub.

Texte können auch anders aussehen als schlicht schwarz-weiß, und nicht erst heute, sondern schon in der Bilderschrift der alten Ägypter. Die Hieroglyphen wiesen seit etwa 4000 vor Christus eine relativ verbindliche Farbgebung auf: Die Hautfarbe des menschlichen Körpers war rot, seine Haare waren schwarz, Vögel rot oder schwarz, Wasser und Gebäudegrundrisse immer schwarz. Ungefähr ab 2700 vor Christus ging der Trend zur Vierfarbigkeit: Vormals schwarze Hieroglyphen blieben schwarz, zuvor rote wurden entweder weiter rot oder aber gelb oder grün geschrieben – es wurden eine Art frühzeitlicher Farbregeln befolgt.[77]

Nochmals zum Gegensatz zwischen Weiß und Schwarz: Oft dient er als Sinnbild für Gut und Böse. Hier die Sagengestalt der Weißen Frau, da die Drohung mit dem Schwarzen Mann, abgesehen von schwarzen Schafen aller Art. Leicht artet das in Schwarzweißmalerei aus, die aber allemal weniger schlimm ist als Schönfärberei … Ein Fernsehreport über Missstände im Sanitätssektor hieß Weiße Kittel – Schwarze Kassen. Wie korrupt ist unser Gesundheitswesen?[78] *Auch Schwarzarbeit und Schwarzgeldkonten sind alles andere als ehrbar; schwarze Zahlen zu schreiben dagegen gilt als Ziel. Das Allerbeste ist des Bundesfinanzministers*

Schwarze Null – auch im Kommunalbereich erstrebenswert. Ende 2012 stand sie für den vom neuen Oberbürgermeister geplanten Haushalt der Stadt Halle im Jahr 2013.[79]

Unschuldig und verführerisch schien uns das Projekt Weiße Nächte der Museen, *das im Mai 2012 in Italien geplant war. Doch nach dem Attentat vor einer Modeschule in Brindisi wurde das Event landesweit abgesagt.*[80]

Werbewirksam ist der Einsatz vieler Farben zugleich; es werden wirklich mehrere Farben verwendet, oder Farbigkeit an sich wirkt als attraktives Moment. Beispiel für Variante eins: die Werbung Schneller im Internet unterwegs – Installieren Sie Google Chrome – *dazu erscheint auf dem Monitor ein vage an Yin und Yang erinnernder vierfarbiger Kreis, im Zentrum blau, ringsherum grün, rot und gelb … klickt man ihn an, verfügt man, mit etwas Glück, über einen schnelleren Internetzugang.*

Dass Farbe an sich einen Wert darstellt, lernten wir aus Werbeprospekten wie den von Peek & Cloppenburg im September 2012. Der Slogan lautete COLORUP! YOUR OUTFIT und war mit Hosen, Röcken und Pullovern in kräftigen Basisfarben illustriert. Eine Nagellackfarbenserie namens Colour Victim kam im Winter 2010/11 auf den Markt. Im März 2012 bot das Teppichhaus Kibek Badtextilien an: RECIFE ROYAL ab 2.70 € / Das kuschelige Handtuch aus reiner Baumwolle steht in vielen sowohl klassischen als auch modischen Farbtönen zur Auswahl. *Die gezeigten Handtücher waren nicht einfach rot, blau, gelb oder grün, sondern verführten mit teils exotischen Farbnamen wie Mocca, Anthrazit, Sand, Schwarz, Silber, Weiß, Lila, Brombeere, Kardinal, Apfel, Mint, Royal zum Kauf … Der Aspekt des Extravaganten spielt auch bei Autofarben eine Rolle. Befremdlich bleibt aber, dass es zu DDR-Zeiten Trabbis in Saharagelb gab – Einwohner des Ländles hatten vor dem Rentenalter keine Chance, den Wahrheitsgehalt zu überprüfen! Das Thema Autokauf nahm auch eine Glosse auf der Titelseite der Mitteldeutschen Zeitung aufs Korn, im Artikel* Buntes Blech. Faded Denim und andere unvorstellbare Farbangebote für Autos *in der Rubrik* Ansichtssache, *illustriert mit dem Archiv-Farbfoto eines Kleinwagens, Bildunterschrift:* Könnte Flash-Rot oder Hot-Orange Metallic sein. *Dazu ein etwas längeres Zitat:*

Kommt ein Mann zum Autohändler: „Guten Tag, ich möchte einen Wagen kaufen. Es soll ein blauer sein." „Kein Problem", sagt der Verkäufer …[81]

▲ LEO Aha, das kenne ich. Mit diesem Zeitungsartikel hat mich Leonie vor zwei Wochen geködert! Anfangs war ich skeptisch, doch jetzt macht mir das Ganze Spaß. Der Text ist auch beim zweiten Lesen urkomisch, ich nehme ihn zum Männerabend mit Timmy und Lars mit.[82] Über Autofarben stand auch ein Beitrag in ZEIT-online. Forscher der National University of Singapore wollen herausgefunden haben, die Autofarbe beeinflusse das Unfallrisiko: Gelbe Taxis seien an neun Prozent weniger Unfällen beteiligt als blaue; deutsche Unfallforscher widersprechen, auch Experten in Spanien und Neuseeland kommen zu anderen Ergebnissen. Demnach wären weiße oder silberne Autos am sichersten, braune am meisten gefährdet.[83]

Bei der Passage über den Unishop fiel mir ein, wie Leonie mich überzeugen wollte, mit ihr die Angebote der Grünen Nacht zu durchforsten. Trotz meiner Weigerung blieb unser Monatsbudget nicht ungerupft: Sie ging mit einer Freundin hin.[84] Auch eine andere Kommerzidee aus den USA wird vom

Kaufhof-Konzern genutzt: die Rabattschlacht des Black Friday, das Gegenbild zum Schwarzen Freitag.

Die Farbe des Frühlings 2015 soll Petrol gewesen sein, Modeexperten behaupteten, diese Farbe werde ideal mit Schokobraun oder Bordeaux kombiniert und die noch zu erwartenden Trendfarben des Jahres seien Tangerine, Strawberry Ice, Marsala, Toasted Almond, Custard und und und …[85] Was meine Löwin angeht, war ich zu Recht optimistisch: Sie fand und findet immer, was zu ihr passt.

Apropos Schokobraun: Kürzlich flatterte uns in der Firma ein Werbeexemplar des Journal of Sensory Studies auf den Tisch. Nun gibt es täglich Zoff zwischen Timmy, Lars und mir, wer seinen Kakao aus dem orangefarbenen Becher trinken darf – wir haben nur einen, die andern sind weiß, blau, gelb, rot und grün![86]

Schauen wir auf das weite Feld der Firmenfarben. Für Banken, Versicherungen, Firmen, Kaufhausketten und viele weitere wirken die Farben ihrer Logos als Wiedererkennungsfaktor Nummer Eins. Hier könnten 20 oder mehr Seiten folgen, die sich auf die Variationsbreite bei den Farbkombinationen im Corporate Design in Deutschland oder in aller Welt beziehen – wir beschränken uns auf wenige Beispiele.

Beginnen wir mit den Banken: Wer kennte nicht das auf den Punkt gebrachte weiße Sparkassen-S auf rotem Grund, das Hoffnungsgrün der weiland Dresdner Bank (vor wenigen Jahren von der Commerzbank übernommen) oder die aufstrebende blaue Diagonale auf weißen Grund der Deutschen Bank. Blau-Weiß werben auch Debeka, Technikerkrankenkasse und Axa um Kunden; die Deutsche Bahn wählte Rot-Weiß, die Frachtfirma DHL

Rot-Gelb; für die Lufthansa durchpflügen dunkelblaue Kraniche im gelben runden Rand auf ebenso dunkelblauen Heckflossen der Flieger die Lüfte. Dies Logo animierte einen Journalisten beim Report über die Nettoverluste des Konzerns (etwa eine halbe Milliarde Euro) zu der alarmierenden Überschrift Noch trägt der Kranich rot.[87] *Die TELECOM bleibt unverwechselbar, solange sie ihrem markanten Magentaton die Treue hält (den man auch auf Autobahnen sieht, so auf den Lastern der polnischen Firma legarto logistics mit ihrem eleganten Gecko); Discounter und Supermärkte finden wir dank ihrer farbigen Logos, Fassaden und Werbeblättchen mühelos wieder: EDEKA mit dem blau-gelben Signet, NETTO wahlweise Gelb-Rot oder Gelb-Schwarz, REWE Rot-Weiß. Letztere Kette machte im Mai 2013 mit einer Aktion Furore, die beim Kauf bestimmter Produkte drei Flaschen Coca-Cola gratis versprach – das Ganze unter dem Motto* Schwarz. Rot. Toll!

Eine Drogeriekette variiert Goethes Osterspaziergang: Hier bin ich Mensch, hier kauf ich ein *heißt es da, wirkungsvoll unter dem dreifarbigen Firmenlogo von dm platziert.*

▲ LEO Mehrmals hatte Tante Alma Werbeaktionen per Mail erwähnt, eine Methode, die diversen Branchen bis heute Erfolg versprechend scheint – neben dem Postweg, auf dem uns ein in Deutschland und Österreich agierender Modemarktkonzern zu *Emotions in Pink!* animieren will, während eine Kosmetikfirma wissen lässt *GRÜN WIRKT.* Im Februar zeigte mir Leonie eine Mail von Tchibo, die ihr prophezeite: *Dieser Frühling wird rot & blau …* und fragte mich, was ich davon hielte, ob mir diese Farben gefielen und ob sie ihr stehen. Typische Frauenfrage, bei der man als Mann mit jeder Antwort in eine Falle tappt! Sie hatte bloß Lust auf was Neues. Oder sie dachte an die Kollektion des Superlabels GreenBomb.[88] Wäre ich Philosoph, würde ich in Abwandlung der Erkenntnis eines großen Franzosen sagen: *Ich kaufe, also bin ich!*[89] Grenzen für Summen, die extravagante Geschenke kosten können, gibt es nicht: Bei Tante Almas Betrachtungen zu den rosa Diamanten fiel mir ein, was ich über Rekordversteigerungen blauer Diamanten in Genf las. Einer hieß Blue Moon,[90] der andere Oppenheimer Blue. Der erste bekam gleich einen neuen Namen, weil ihn ein Geschäftsmann aus Hongkong für seine siebenjährige Tochter erwarb.

Und noch was Kurioses zu den Bankenlogos: Der deutsche Sparkassenverband und die spanische Santander-Bank fechten um die für Laien quasi unsichtbare Differenz zwischen den Rottönen HKS 13 und HKS 14 einen Rechtsstreit aus!

Zuweilen wirken Farben wie Anti-Werbung, nicht nur in der Regenbogenpresse oder Yellow Press. Im Artikel Kein Kick vom „Roten Libanesen"! *lautete der erste Satz* „Grüne Türken" oder „Schwarze Afghanen" sollte man besser auch nicht zu seinen Freunden zählen. Denn hier geht es nicht um infame Ausländerbeschimpfung, sondern um verschiedene Haschischsorten, deren Namen dem Insider ihren Reinheitsgrad verraten. *Je nach Sichtweise – um sie besonders attraktiv erscheinen zu lassen oder um ihre Gefährlichkeit zu signalisieren – tragen Drogen bestimmte Namen, in denen eine Farbe vorkommt.*[91] *Rot gleich Gefahr, so auch bei Lava Red, einer Räuchermischung aus Headshops, die synthetisches Cannabis enthält.*[92]

Oder ein positiv besetztes Logo wird in negativem Kontext erwähnt – wie im Beitrag über die Havarien zweier Schiffe der Genueser Reederei Costa Crociere im Januar und im Februar 2012.

Der Autor unkte schadenfroh: Die Kreuzfahrtschiffe mit den gelben Schornsteinen und dem weithin sichtbaren blauen „C" könnten bald von den Weltmeeren verschwunden sein.[93]

▲ LEO Hier hört der Text auf. Ist das Kapitel zuende? Es ließe sich viel mehr sagen. Die Gelben Seiten kamen gar nicht vor – obwohl es ein genialer Werbegag ist (und in mehr als 100 Ländern funktioniert), Branchenbücher so zu drucken, wie es die Amis als Yellow Pages seit Ende des 19. Jahrhunderts tun. Einiges ist interessant, doch mir fehlt der rote Faden und ein Resumé. Für die neue Werbeaktion unserer Firma brachte es nicht viel. Ich muss selber recherchieren, vielleicht meine Aufzeichnungen aus dem Studium hervorholen, da haben wir viel über Farben und ihre Wirkungen gelernt, über Farbkreise und Farbfächer, selbst Goethe mit seiner Farbenlehre kam vor. Doch damals interessierten mich die rein technischen Möglichkeiten mehr.

Einiges in Tante Almas Notizen zur Werbung muss man diskutieren. Webadressen anzugeben – wie sie es sicher tat, weil das alles neu für sie war und die ungeahnten Möglichkeiten sie begeisterten – ist sinnlos. Zu schnell ändern sie sich! Manches ließe sich ausbauen, die Passage zum Greenwashing könnte man mit Infos über die brasilianische Bolsa Verde (Grüne Börse) do Rio de Janeiro ergänzen.[94] Werbung im weitesten Sinn sind doch auch die Namen solcher Organisationen wie Rotes Kreuz oder Roter Halbmond. Interessant wäre, ob sie auf der generellen Signalwirkung der Farbe beruhen oder auf der Assoziation zum Blut.[95] Letzteres gilt für den Red Hand Day,[96] und wenn Kliniken in ihren Notaufnahmeeinrichtungen rote und blaue Fälle unterscheiden: Nur die erstgenannten erfüllen die Kriterien eines Notfalls.

Die Galerien Raum HELLROT und GrauBunt gibt es nicht mehr; letzte Spuren im Netz weisen auf die Jahre 2014 und 2012 …

Zum Thema Regenbogen gab es übrigens dieser Tage eine interessante Meldung: Ein 1982 in Kiew eingeweihter, mit einem Durchmesser von 62 Metern gigantischer Bogen der Völkerfreundschaft aus Titan, damals zur 1500-Jahr-Feier der Stadt als Sinnbild enger Freundschaft zwischen Russen und Ukrainern erbaut, wird jetzt in den Farben des Regenbogens angestrichen – nicht wegen der Verbundenheit zwischen den Brudervölkern, sondern für den Eurovision Song Contest.[97] Den Regenbogen näher anzusehen, wäre lohnenswert, er hat schon die Urmenschen fasziniert. Im Bauernkrieg symbolisierte er auf der weißen Fahne von Thomas Müntzer den Bund zwischen den Menschen und Gott. Mal sehen, was ich bei Google dazu finde. Das notiere ich für Leonie. Vielleicht verwenden wir es irgendwie:

- *Bifröst, Bilröst, Beberast oder Asbru (schwankende Himmelsstraße, Asenbrücke) heißt in der nordischen Mythologie die dreistrahlige Regenbogenbrücke zwischen Midgard und Asgard, die Verbindung zwischen Erdenwelt und Himmelreich. Nach der Edda ist sie die erste aller Brücken und wird vom Asen-Gott Heimdall bewacht.*
- *Der Regenbogen hat meist sechs Farben: rot, orange, gelb, grün, blau und violett, manchmal kommt als siebente zwischen grün und blau türkis hinzu.*
- *Im Judentum und im Alten Testament gilt der Regenbogen als Zeichen für den Frieden zwischen Gott und Menschen.*

- *Im Christentum und im Neuen Testament steht der Regenbogen für die Göttlichkeit Christi; seit dem 12. Jahrhundert wird die Jungfrau Maria oft in einem oder auf einem Regenbogen sitzend dargestellt – Sinnbild ihrer Heiligkeit.*
- *Die australischen Aborigines verehren eine Regenbogenschlange als Schöpferin der Welt und aller Lebewesen.*
- *In der griechischen Mythologie ist der Regenbogen die Straße, auf der die Göttin Iris zwischen Himmel und Erde hin- und herreist.*
- *Bei den Inka galt die Amaru (Schlange, Anakonda) als Schöpferkraft der Erde und der Mutter Natur; die Milchstraße war die Amaru der Nacht, der Regenbogen (in den Farben Rot, Grün und Gelb) die Amaru des Tags.*
- *In Irland glaubt man, der Kobold Leprechaun habe seinen Goldschatz am Ende des Regenbogens vergraben.*
- *In neuerer Zeit kamen weitere Bedeutungen hinzu; alle nehmen Toleranz und das ursprünglich verbindende und friedenstiftende Element auf: das Greenpeace-Flaggschiff heißt Rainbow Warrior; seit Ende des 20. Jahrhunderts steht der Regenbogen (teils mit wechselnder Farbabfolge) für sexuelle Freiheit, besonders für Homosexuelle; Symbol für die internationale Friedensbewegung (seit der Bewegung gegen den Irakkrieg 2013 in Italien) ist er auch.*
- *Seit 1934 gab es im Fernen Osten der Sowjetunion an der Grenze zu China ein Jüdisches Autonomes Gebiet, seine Fahne zeigt sieben schmale regenbogenfarbige Streifen auf weißem Grund.*
- *Schließlich wird das Regenbogensymbol in der Esoterik benutzt.*

Das soll erst einmal reichen.[98] Mal sehen, was meine Löwin dazu meint. Witzig ist, wie sich mit einer Farbe verbundene Assoziationen wandeln können: Lila war ja mal ziemlich uncool; meine Großmutter sagte manchmal *O Gott Lila, der letzte Versuch!* – hämische Kritik an älteren Frauen, die mit der Wahl dieser Farbe kundtun wollten, dass sie noch am Leben sind. Heute begegnet man auf allen Autobahnen lila Lastern mit der Aufschrift *Müller Lila Logistik*, einer schwäbischen Dienstleistungsfirma (Tante Alma nannte sie auch), die vor über 20 Jahren gegründet wurde und für die heute fast 2.000 Leute in mehr als 20 europäischen Standorten arbeiten.

Jeder kennt die lila Milka-Kuh! Schon im Studium hörten wir davon: 1972 dachte der Grafiker und Farbpsychologe Harald Braem über eine neue Werbekampagne für die Schokoladenfirma nach. Er und seine Kollegen kamen zu dem Schluss, dass eine Farbe, die so zweifellos für Sinnlichkeit steht, den Charakter von Schokolade trifft … und wurden für ihren Vorschlag ausgelacht. Dann überlegten es sich die Milka-Manager anders, sonst würde der Konzern nicht bis heute so erfolgreich sein. Bei Umfragen unter Stadtkindern sollen viele auf die Frage nach der Farbe von Kühen sicher gewesen sein, die Antwort müsse Lila sein!

* * *

▼ LEONIE Leo hat Tante Almas Kapitel zum Thema Werbung gelesen und findet es überdenkenswert. Ich glaube, es hat ihn inspiriert, sich mit Timmy und Lars ernsthaft Gedanken über ihr neues Corporate Design zu machen. Zwar haben sie auch mit dem alten nie über Auftragsmangel geklagt, doch nach sieben Jahren wird es Zeit, die Firma im Dschungel der Webdesign-Anbieter besser zu etablieren.

Ich hab derweil ein Trostpflaster anstelle unsrer Sommerreise: Tante Almas Kapitel über Farben in Sachen Fernweh, also in der Geografie. Landkarten mochte ich schon als Kind, nicht nur physische mit Grün und Braun und Gelb und Blau, auch politische, bei denen ich mich gefragt hab, warum das eine oder andre Land eben diese Farbe bekam, die in meiner Vorstellung nichts mit Land und Leuten zu tun hatte. Aber es ging wohl darum, die Grenzen zwischen den Ländern auf einen Blick zu erfassen. Und jene einst die Neugier von Abenteurern, Weltreisenden und Naturforschern weckenden *weißen Flecken auf der Landkarte* – die gibt es heute gar nicht mehr.

Stadt, Land, Fluss oder: Farben in geografischen Namen

Erinnern Sie sich, wie Sie (oder ein Mitschüler) in Ihrer Schulzeit vor dem Erdkunde- oder Geografieunterricht Landkarten aus dem Kartenraum holen mussten? Mit der Art der Karte waren die Weichen für den Inhalt der Stunde gestellt. Bei politischen Karten schienen die Farbgebungen der Länder und Ländergruppen willkürlich gewählt. Physische Karten assoziierten eher freies Leben und Natur. Die Farben waren festgelegt und beeinflussten unsere Vorstellungen von Landschaften in den verschiedenen Weltgegenden, seien sie uns nah oder fern und – nach damaligem Ermessen – für alle Zeiten unerreichbar. Die Kartenfarben vermochten, dass wir ein Land als verlockend empfanden oder froh waren, nicht dort zu leben. Das verdankten wir, wie Generationen von Schülern vor und nach uns, dem Geografen Hermann Haack. Studiert hatte er an der Vereinigten Fridericiana in Halle an der Saale, ehe er 1897 in den Gothaer Verlag eintrat. Dort entwickelte er die bis heute gültige Farbsymbolik für das Verlagskonzept des Schulwandkartenprogramms: Blau waren Gewässer, grün wurden Tiefland und Ebenen gezeichnet, Steppen und Wüsten graugelb, Gebirge braun … Sofort wussten wir, wie fruchtbar oder öde Land oder Landschaft, über die der Lehrer sprach, waren. Traumfarben auch hier: Blau und Grün, die darum oft Teil geografischer Eigennamen sind – die ihrerseits wiederum prägend oder schmückend oder symbolträchtig für viele Buch- und Filmtitel sind.

Eine Campusseite griff unter dem Titel Die blaue Kartoffel *eine These von Hardy Pundt auf, Professor für Geoinformations-*

systeme an der Hochschule Harz. Er forderte, dass Karten immer kritisch gelesen werden. *Zum Problem von Flächen- und Längenverzerrungen bei der Darstellung der Welt sagte er* Allerdings ist auch der Eindruck, den ein Globus vermittelt, nicht ganz korrekt. Schließlich ist die Erde ein Ellipsoid, nicht ideal kugelförmig. Sie ist an den Polen wegen der Erdrotation abgeflacht, zusätzlich mit einer durch Berge und Täler unebenen Oberfläche ausgestattet. Im Prinzip sieht sie aus wie eine verschrumpelte Kartoffel.[99]

In den 70er Jahren des 20. Jahrhunderts lief im USA-Fernsehen eine Familienserie über Die Waltons. *Die Handlung spielte sich im Schatten der blauen Berge ab, der Blue Ridge Mountains in North Carolina. Genau dort begann 1935 ein Straßenbau: der Blue Ridge Parkway. Etwas weiter nördlich, im Nordwesten Kanadas, liegt ein malerischer See; er gehört zum Yukon Territory (Hauptstadt: Whitehorse) und wird Blue Lake genannt. Es ist logisch, wenn Eigennamen von Gewässern mit dieser Farbe kombiniert werden – trotzdem: Dass sie gerade so und nicht anders heißen, erhöht ihre Anziehungskraft und beflügelt die Fantasie. Nicht zufällig wird Islands berühmteste Wellnessoase Blăa Loni, die Blaue Lagune genannt. Auch in Sachsen, südlich von Leipzig, findet man eine Blaue Lagune – im Bergbaurestloch Zwenkau. Im Norden Sachsen-Anhalts liegt der größte und tiefste See des Bundeslandes, der Arendsee, oft apostrophiert als Blaue Perle am Blauen Band. Auch anderswo symbolisiert das Blaue Band Wasserstraßen. Zwischen Halle und Leipzig heißen Naturwege zu Wasser und zu Land Grün-blaues Band. Mit dem Grünen Band hat es noch eine besondere Bewandtnis: Es steht für wertvolle Lebensräume, die ungeplant als natürliche Folge widernatürlicher politischer Grenzziehungen entstanden. Ein Grünes Band zieht sich 50 bis 200 Meter breit über 1.393 Kilometer von Travemünde bis zum früheren Dreiländereck bei Hof die ehemalige deutsch-deutsche Grenze entlang, ein einzigartiges Refugium für seltene Pflanzen und Tiere.*[100] *Das längste Stück liegt mit 763 Kilometern in Thüringen. Strukturen und Überlebensstrategien des 1890 vom Göttinger Naturforscher Albert Peter angelegten Alpengartens auf dem Brocken, der von 1961 bis zur Wende sich selbst überlassen ein einmaliges Biotop ausbildete, ist für Experten und Laien bis heute interessant. Ausgehend vom Grünen Band Deutschland, 1989 von den Freistaaten Bayern und Thüringen initiiert, entstand die Idee eines Grünen Bandes Europa, 12.500 Kilometer am einstigen Eisernen Vorhang entlang – Grundstein für ein ökologisches Netzwerk in Europa, gemeinsames Naturerbe und Symbol der Vereinigung zwischen Ost und West.*

Bleiben wir beim Reisen und beim Grün. Für Städter ist die Aussicht auf eine Fahrt ins Blaue oder einen Ausflug ins Grüne verführerisch. Will man auf Ortsnamen vertrauen, empfiehlt sich das Vogtland als erste Wahl. Wie die Natur verspricht die Landkarte eine Fülle von Grün! Fährt man umher, wird die Reihenfolge anders sein – wir ordnen, was uns auffiel, nach dem Alphabet: Arnoldsgrün, Arnsgrün, Bernsgrün, Christgrün, Fröbersgrün, Gettengrün, Grünbach, Hartmannsgrün, Hauptmannsgrün, Herlesgrün, Hermsgrün, Hundsgrün, Irfersgrün, Kottengrün, Lauschgrün, Nilitzgrün, Pechtelsgrün, Pfaffengrün, Poppengrün, Rebesgrün, Ruppertsgrün, Rützengrün, Sachsgrün, Stützengrün, Wernesgrün … vollständig ist die Reihe sicher nicht. Aus einem der Orte, dessen Namen Sie kennen, kommt nicht nur Bier, sondern auch ein bedeutender Baumeister: der als Häuslerssohn geborene Professor Johannes Andreas Schubert aus Wernesgrün. Er, der Oberingenieur Robert Wilke und der Ingenieur Ferdinand

Dost waren die Erbauer der als Ausflugsziel noch immer beliebten Göltzschtalbrücke, der größten und schönsten Ziegelsteinbrücke der Welt. Aber wir fanden nicht nur grüne Namen, auch so verheißungsvolle Orte wie Röthenbach, Rothenkirchen, Schwarzenberg und Weißensand …

In Deutschland (anderswo ebenso, doch das nur am Rand) gibt es Hunderte oder Tausende Namen von Städten, Dörfern, Marktflecken, Meeren, Seen, Flüssen, Bächen, Hügeln, Bergen, Landstrichen, deren Namen Farben enthalten, aus dem Leben und Erfahrungen der Altvorderen entsprungen oder diese spiegelnd.

Auch in Franken überwiegen Weiß und Grün: Weißenbrunn, Weißenhaid, Weiß(l)enreuth, Weißenstadt, Weißenstein (eine Erhebung von 688 Metern Höhe), Ober- und Unterweißenbach; Baiergrün, Benignengrün, Bobengrün, Braunersgrün, Brennersgrün, Carlsgrün, Christusgrün, Froschgrün, Geroldsgrün, Gottmannsgrün, Hadermannsgrün, Heidengrün, Heroldsgrün, Hildbrandsgrün, Lippertsgrün, Manngrün, Marxgrün, Neuengrün, Rodesgrün, Rügersgrün, Sinatengrün, Stemmasgrün, Tiefengrün, Volkmannsgrün, Windischengrün, Wolfersgrün.[101] *Das schlesische Zielona Góra hieß früher Grünberg. Andere Farben sind seltener: Gartenroth, Mainroth, Rothenburg, Rothleiten, Rothwind und der Rote Main (ein Quellfluss des Main, der andere ist der Weiße Main oder Weißmain – nicht zu verwechseln mit der Weismain, Nebenfluss des Mains, und dem Städtchen gleichen Namens), Schwarzenbach am Wald und der 794 Meter hohe Berg Schwarzenstein.*

Reisen wir durch Deutschland, begegnen uns fast alle gängigen Farben in so vielen geografischen Eigennamen, dass wir nur eine kleine Auswahl präsentieren wollen. Machen Sie sich den Spaß und achten Sie darauf, welche Farben sie in Ortsnamen entde-

cken! Uns begegneten bei realen Fahrten über Straßen und fiktiven Trips mit dem Finger auf der Karte die Flüsse Weiße Elster, Weiße Saale und Weißer Regen, die Orte Weißenberg (Stadt bei Bautzen, Ortschaften in Kärnten und bei Linz, Ortsteile in Bayern und anderswo), Weißenborn, Weißenfels, Weißenhain, Weißenkirchen, Weißensee (ein Flecken mit einem schönen chinesischen Garten in der Nähe von Jena und ein Stadtviertel von Ostberlin sowie ein am gleichnamigen Gewässer gelegener Ortsteil von Füssen im Ostallgäu), Weißenstadt, Schloss Weißenstein (einst anstelle des Schlosses auf der Wilhelmshöhe bei Kassel), Weissenstein (Ortsteil von Pforzheim), Weißwasser, Wittenberg, Wittenberge, Wittstock und der Weiße Stern bei Greiz. Guckt man über den teutonischen Tellerrand hinaus, gehören – historisch betrachtet – fünf Orte in Polen und je einer in Russland, Livland und Estland in die weiße Reihe: Sie alle hießen früher Weißensee. Die serbische Hauptstadt Belgrad wurde auf Deutsch bis ins 15. Jahrhundert Griechisch Weißenburg genannt, auch Alba Graeca, später Beligrad oder Beograd.

Auch der Weiße Nil (im Gegensatz zum Blauen Nil), das Weiße Meer (oder Weißmeer) sowie Casablanca sind hier zu nennen. Auf der Insel Usedom hat man bei klarem Wetter einen tollen Blick vom 32 Meter hohen Weißen Berg, ein Thüringer Berg bei Erfurt heißt Weißer Stein, das größte Gebirge auf Kreta Lefka Ori – Weiße Berge. Wir mischen weiter die kleine mit der großen Welt, denn Farben sind überall.

Zur roten Reihe zählen das Rothaargebirge, der Rote Berg bei Erfurt, Rot(h)enburg, Bad Rothenfelde, Rothenbrunnen (bei Chur in der Schweiz), das Kloster Rot an der Rot (im oberschwäbischen Landkreis Biberach), mindestens dreimal ein Rotes Tal (die Autobahnbrücke der A71 überquert ein solches zwischen Meiningen und Suhl, es gibt touristische Highlights dieses Namens in Kappadokien und Peru), Kirchroth, Rothenkirchen und der Rothsee (Stausee im Fränkischen Seenland) sowie der Rote Nil (Seitenarm der Spree bei Lübben), im Südosten Frankreichs die Rote Küste bei Collioure (wo wegen des Lichts schon Henri Matisse und Pablo Picasso malten), am Rand des Schwarzen Kontinents das Rote Meer.

In Braunschweig gibt es die Straße Rote Wiese; in Altenbüren im Hochsauerland heißt eine Gasse hinterm Friedhof Rote Kuhlen. Sie zweigt von der Alten Heerstraße ab und lässt uns an die Blutrinne bei Frankenhausen denken, einen Flurnamen, der seit den Kämpfen der Bauernkriege besteht … Freundlichere Gedanken weckt die Rote Straße in Flensburg: Es ist die Weihnachtsmarktmeile. Es wäre eine eigene Sammlung wert mit Straßennamen, die eine Farbe als Namensteil in sich tragen, man käme vom Hundertsten ins Tausendste, und das wollen wir nicht.[102]

Bleiben wir bei Ortsnamen und geografischen Namen. Man kann nach Blaubeuren fahren, im Flüsschen Blautopf oder im Gelbelsee baden, im Gelbmesserfluss oder im Gelben Meer. In China gibt es, südöstlich von Shanghai, das Huang-Shan-Gebirge, der höchste der 72 Gelben Berge ist der Lotosblütengipfel, den jeder Chinese einmal im Leben besuchen muss,[103] *denn er biete die schönste Aussicht der Welt. Diese Gelben Berge waren Vorbild für die Naturkulissen des Science-Fiction-Films Avatar. Im Norden von China fließt ein Gelber Fluss, mit über 5.000 Kilometern zweitlängster des Landes, in Südchina und in Nordvietnam ein Roter Fluss, der nur knapp 1.000 Kilometer misst und etliche Namensvettern hat: als Red River in Kanada, in den USA und im antarktischen Victorialand, als Rio Tinto in Andalusien; in Kolumbien*[104]*, auf Madagaskar*[105] *und in der Türkei*[106] *existiert* *der Flussname ebenfalls. Ein Nebenfluss des Roten Flusses in Vietnam heißt Schwarzer* Fluss; *so einen gibt es in Belgien und Brasilien auch. Natürlich muss hier Grönland (!) genannt sein, und vor der Westküste Afrikas liegt der Inselstaat Kap Verde.*[107] *Jenseits des Großen Teiches wartet der Yellow Stone Park; die Namen von zwei Wüsten auf dem Gebiet der ehemaligen Sowjetunion – Karakum (heute fast komplett in Turkmenistan gelegen) und Kysylkum (verteilt auf Turkmenistan, Usbekistan und Kasachstan) – bedeuten Schwarzer Sand und Roter Sand … Der Name eines Urlaubsortes in Nordsardinien, Isola Rossa, meint die roten Felsformationen der Küste. Zurück in die Heimat: der Spruch* Grün ist das Land, / rot ist die Kant', / weiß ist der Strand, / das sind die Farben von Helgoland *zierte 1981 die Titelseite einer Werbebroschüre für die Nordseeinsel. Im Städtchen Greiz gibt es eine Straße und ein Viertel namens Silberloch. Ein Nebental des Altmühltals in der fränkischen Alb hat eine Höhle, die heißt Silberloch. Da tut sich die Frage auf, inwieweit Silber und Gold zu den Farben zu zählen sind. Sonst dürfte auch die Goldene Aue nicht vergessen werden, und das Goldene Horn im Bosporus, das sicher zu jenen 1.000 Orten gehört, die man unbedingt gesehen haben muss, bevor man stirbt …*

▼ LEONIE Für meinen Geschmack ein gruseliges Buch! Leo hat es mir vor zwei Jahren zu unserm Kennenlerntag geschenkt. Er wollt mir eine Freude machen. Aber um diese Reisetipps ernst zu nehmen und nur einen Bruchteil in die Tat umzusetzen, bräuchte man wahnsinnig viel Zeit und Geld (Silber und Gold!). Man müsste das wie einen Science-Fiction-Roman lesen und weiß, das ist nur ein Gedankenspiel.[108] Es gibt so viel, dass für uns und alle, die wir kennen, ins Reich der Träume gehört … Zum Beispiel hörte ich im Radio, ein internationales Kreuzfahrtunternehmen schickt im Frühjahr ein neues Schiff auf Weltreise. Aus purer Neugier, quasi platonisch (wir haben noch nie eine Kreuzfahrt gemacht), hab ich diese Reederei namens Silversea gegoogelt: Sie gehört einer römischen Familie, mit Hauptsitz in Monaco, Filialen in Fort Lauerdale/Florida, in London und Sydney. Das neue Schiff, für 600 Passagiere, ist das neunte und heißt Silver Muse. Angefangen hat es 1994 mit der Silver Cloud für halb soviel Leute. Inzwischen wurden Silver Discoverer, Silver Explorer, Silver Galapagos, Silver Shadow, Silver Spirit, Silver Whisper und Silver Wind gebaut … Knapp 4.000 Euro pro Woche und Person gelten als Schnäppchen-Angebot!

In Braunau, Graubünden, Orange in Nordfrankreich, Nova Magenta (bei Milano) und Pretoria waren wir nie, ebenso wenig in Montenegro und bei den blauen Jadeseen in Tibet. Weder das Internationale Orange an der Golden Gate in San Francisco noch das andere in Raumfahrt und Ingenieurwesen übliche Internationale Orange sahen wir je live – Oranienbaum, Oranienburg, das Flüsschen Schwarza und das Schwarze Meer, Schwarzberg (oder -burg) und den Schwarzwald dagegen kennen wir. Ein Heideweiher im nordrhein-westfälischen Wesel heißt Schwarzes Wasser und gab dem Flora-Fauna-Habitat-Gebiet seinen Namen.[109]

Selbst Straßen- und Gebäudenamen sind oft mit Farben geschmückt: In Petersberg bei Halle stießen wir auf eine Grüne Gasse, unweit davon in Naundorf im Saalekreis auf eine Grünstraße, im erzgebirgischen Friedrichroda auf einen Grünen Weg, eine Straße in Tangermünde führt den Namen An der Grünen Kuhle. In Bratislava (einst Preßburg), empfehlen Fremdenführer eine Grüne und eine Weiße Gasse (besonders für Biofans). Auch eine Fußgängerzone in einem Dresdner Kneipenviertel nennt sich Weiße Gasse. In Magdeburg ist die Grüne Zitadelle sehenswert (mit rosa Fassade, der Name meint das grasbewachsene Dach und die Bäume in den Innenhöfen), in Danzig steht ein Grünes Tor. In Istanbul werden Touristen zum Blauen Haus und zur Blauen Moschee geführt; ein Rotes Haus steht in Vaduz, zu den Wahrzeichen von Halle an der Saale zählt der Rote Turm. Auch Weiße Türme sind nicht selten: Man findet sie in Bad Homburg, Biberach und Brixen, ebenso in Darmstadt, Koblenz und Prag. Als Eger nach dem Besuch Kaiser Barbaossas zur Kaiserpfalz ausgebaut wurde, entstand Ende des 12. Jahrhunderts ein Bergfried, der mit Basaltquadern verkleidete Schwarze Turm, das älteste Gebäude der Burg. Die westlichen der vier Türme der halleschen Marktkirche St. Marien sind als Blaue Türme bekannt.[110] *Nördlich von Halle steht ein Kuriosum, das der Volksmund Jahrzehnte lang* das *grüne Ungeheuer nannte: der Fernmeldeturm des Richtfunknetzes der SED auf dem Petersberg. Man ordnete ihn (sicher zu Recht) der Stasi zu. Außer Roten Häusern und Roten Türmen gibt es Rote Schlösser, echte und nur so genannte, zum Beispiel in Berlin (ein Geschäftshaus) und Braunschweig (das Volksfreundhaus der SPD), in Flensburg (die Offizierschule der Deutschen Marine) und Hof (nur eine Pizzeria), im thüringischen Mihla (das zudem ein älteres Graues [Wohn-]Schloss aufzuweisen hat) und in Zürich (ein Wohn- und Geschäftshaus); dem Weimarer Roten Schloss leisten ein Grünes und ein Gelbes Schloss Gesellschaft, Letzteres unmittelbar am Grünen Markt!*[111] *Schließlich ist nicht nur in Washington ein Weißes Haus zu finden! Auch Halle an der Saale hat eins: das ehrwürdige Haus der Freimaurerloge Zu den Drei Degen auf dem Jägerberg, in das 2012 die Leopol-*

dina einzog, die älteste dauerhaft existierende naturforschende Akademie der Welt. Selbst das kleine, unweit von Halle gelegene Beesenstedt glaubt an sein Weißes Haus: Ein Ortschronist (der emeritierte Lehrer Eberhard Rackwitz) hielt an diesem Veranstaltungsort eine Reihe historischer Vorträge – in der Gegend endeten im Oktober 1263 die Thüringischen Erbfolgekriege mit dem Sieg der Söhne Heinrichs von Meißen über Albrecht von Braunschweig in der Schlacht von Beesenstedt, die in die lokalen Annalen einging.[112]

Manche Städte oder Regionen setzen auf bestimmte Farben bei Wegesymbolen, die Stadtrundgänge oder Wanderrouten markieren. Sie sollen Touristen die Orientierung erleichtern. Die Farben sind häufig die der Stadt oder der Region. So führt ein gelbes Engelchen auf grünem Grund die oberschwäbische Barockstraße zwischen Donau und Bodensee entlang; in Aalen trifft man auf Schritt und Tritt die Silberdistel auf blauem Grund. Die symbolische gelbe Muschel ziert unzählige Orte des Jacobsweges – wir sahen sie in Görlitz und am Kloster Marienthal. Für Halle an der Saale wäre das rotweiße Stadtwappen als touristischer Leitstern gut.

Man kann die Magie der Farben ausspielen, egal, wohin die Reise geht. Mit diesem Slogan warb www.tourvital.de für eine Rundreise durch Namibia, Highlights waren eine Fahrt durch die rotsandige Kalahari-Wüste und das orangefarbene Dünenmeer der Namib-Wüste (Sassusvlei).[113]

Ein Kapitel für sich wären Farben und Motive in Stadtwappen, zum Beispiel der schwarz-weiße Pandabär im Wappen von Sechuan.

▼ LEONIE Ja, Farben als Werbegag! In einer Reisereportage über Malta war das attraktivste Foto nicht der Hafen von Valletta oder die Festung des Malteserordens, Fort St. Angelo in Vittoriosa, sondern ein Blick durchs Blaue Fenster, ein Felsentor im Westen der Insel Gozo.[114] Einmal werden auch Leo und ich hindurch sehen auf das Mittelmeer. Im Südwesten von Malta, bei Zurrieq, ist gibt es außerdem eine bizarre Blaue Grotte, die man nur vom Meer aus erreicht, die besuchen wir dann ebenso.

Ich könnt mir vorstellen, dass weltweit weitere Blaue Grotten zu finden sind – Tante Alma kannte mindestens eine zweite: Obenauf in der Notizzettelsammlung im Karton Nummer fünf lag ein Blatt mit Informationen über die Blaue Grotte auf Capri, die noch nicht in ihr geografisches Kapitel eingearbeitet war. Dabei fiel mir auf, dass diese im Gegensatz zu den meisten Passagen in der Ich-Form geschrieben ist. Sonst schrieb sie immer *Wir* – vielleicht weil sie einen Lehrerkollegen (der Religion unterrichtete) gebeten hatte, für ihr Vorhaben eine kommentierte Übersicht zu den Farben der Liturgie zusammenzustellen. Dachte sie, das Buch unter zwei Autorennamen zu veröffentlichen? Über die Grotte auf Capri hat Tante Alma notiert:

Als Grotta Azzurra ist eine markante Felsenhöhle auf Capri bekannt. Jeder Reisende, der die Insel besucht, muss sie besuchen! Weil sie bei deutschen Touristen sehr beliebt ist, nannte Nick di Camillo sein Restaurant in der Würzburger Elefantengasse Capri & Blaue Grotte. Das ist die älteste Pizzeria Deutschlands, er eröffnete sie am 24. März 1952. Die Plätze im Keller, wo er die Grotta Azzura naturgetreu nachbauen ließ, sind die begehrtesten. Sollte ich einmal nach Würzburg kommen, kehre ich dort ein. Vorerst habe ich mir das Buch Die blaue Grotte *von Sergio Bambaren gekauft und gleich mit der Lektüre begonnen. Während einer Lesereise durch Europa besucht der Autor Orte, an denen sich lange vor ihm Franz von Assisi aufhielt, so Umbrien und die Insel Capri mit der Blauen Grotte. Der Ort fasziniert den Dichter – der auch als Vizepräsident der peruanischen Umweltorganisation Mundo Azul (Blaue Welt), die sich dem Schutz der Weltmeere widmet, wirkt. Es ist witzig, wie er eigene Erinnerungen und Weltsichten mit denen des ersten Franziskaners verquickt.*

▼ LEONIE Ich weiß nicht, ob Tante Alma irgendwann in Würzburg war. Leo und ich aber waren da. Als wir an einem Augusttag vor drei Jahren eine Führung durchs Würzburger Schloss absolviert und die trotz der heißen Hundstage frisch grünen Gärten durchstreift hatten, waren wir froh, im kühlen Grottenkeller zwei freie Plätze zu finden. Bei sizilianischem Nero d'Avola und Pizza Calabrese klang der Tag aus.

* * *

▲ LEO Es wäre besser gewesen, Leonie nichts davon zu sagen, dass bei der Arbeit an unserem Großauftrag auf Wunsch des Kunden eine Pause eintritt. Sie hat mir sofort vier Texte von Tante Alma in die Hand gedrückt. Also zwei, die andern beiden sind nur Stichwortsammlungen: eine umfangreiche zum Thema Farben in Geschichte und Politik, die zweite mit Aufzeichnungen darüber, wo und wie sich Tante Alma über Farbwirkungen, über die Psychologie der Farben informieren wollte. Falls man das Vorhandene zu Geschichte und Politik fundiert ausbauen will, wird das ziemlich viel – auch die Suche nach Quellen zu Wirkungen von Farben kann ins Uferlose führen … Vor allem, falls ich noch Exzerpte und Referate aus dem Studium hervorhole, um sie damit abzugleichen.

Ich schaue mir lieber erst die beiden Textbausteine an, die Tante Alma akzeptabel gefunden und schon am Computer ausgedruckt hat: einen Vorwortentwurf und das erste Kapitel (auf dem mit Rotstift in Versalien vermerkt ist: *MÖGLICHER ANFANG*).

Wer weiß wie bunt … (Entwurf zum Vorwort)

… das Leben ist, hat keine Angst vor Schwarzen Löchern. Im Weiß sind alle Farben zu Hause; im Schwarz ruhen sie aus, damit sie umso intensiver leuchten können. So mag man es sich vorstellen, vielleicht ist was Wahres daran.

Ein Buch über Farben braucht nicht unbedingt Bilder. Wer ein ordentliches Quantum Fantasie in die Wiege gelegt bekam, liest es in jedem Fall mit Gewinn. Ein reines Fachbuch erwarten Sie aber bitte nicht, dafür gibt es wissenschaftliche Bibliotheken. Eine Plauderei über Farben schwebt uns vor, und genau das bieten wir Ihnen an.

Wir haben uns umgetan und im Grunde keinen Bereich des Daseins gefunden, in dem Farben keine Rolle spielen. Sie begegnen uns in der Malerei und in anderen Künsten, eigentlich in allen Lebenslagen: in der Architektur, beim Produktdesign, in der Werbung, in Literatur und Musik, in Sport und Politik, im Alltag, in der Liturgie …

Was wir fanden, hat uns Überraschungen und viel Freude bereitet. Die möchten wir mit Ihnen teilen und laden Sie ein, selbst auf die Jagd zu gehen, sprich: nach Farben Ausschau zu halten, ihren Sinn zu erkunden und sich verführen zu lassen. Es ist leicht: Öffnen Sie die Augen, Farben erstrahlen überall!

Die meisten von uns sind Augenmenschen: Designer, Literaten, Werbeexperten, Künstler, Psychologen, Politiker … Nicht nur auf Inhalte kommt es an, auf Farben (und Formen) ebenso. Ist die Farbe eines Phänomens korrekt benannt, weiß man, woran man ist. Ein Exempel aus der jüngeren Politik: Seit Mai 2011 ha-

ben wir ein grün-rotes Baden-Württemberg. Bald tauchte erstmals Grünstrom in der Presse auf. Farben stehen für politische Programme und werden im gesellschaftlichen Konsens so wahrgenommen oder interpretiert. Mit dem Slogan Schwarz, Gelb, Rot, Grün – mit der Mitteldeutschen Zeitung bekommt Ihr Bild von der Politik mehr Farbe *wirbt das größte lokale Blatt im südlichen Sachsen-Anhalt seit Herbst 2011 in halleschen Straßenbahnen. Ob die Fahrgäste beim nächsten Mal, wenn es drauf ankommt, politisch klüger sind? Das wird sich so wenig überprüfen lassen wie die Wirkung der Schilder* Blau machen, Grün denken, Rot wählen, Schwarz arbeiten – *man sieht sie deutschlandweit in Kneipen, neuerdings mutiert zu* Grün hassen, blau machen, braun denken, schwarz arbeiten *(die punktgenaue AfD-Version). Vor Wahlen werden mit Farben Ängste geschürt oder Hoffnungen geweckt; dem Wähler stehen Ampel-, Jamaika- und Kenia-Koalitionen als Schreckgespenst vor Augen oder als Ziel.*[115]

Auch auf anderen Feldern schlagen Farben Alarm: Schwarz-, oder Braunbücher informieren über Missstände in Wirtschaft und Gesellschaft oder Verbrechen und Verbrecher der Nazizeit. Mehrmals in der Geschichte gab es Schwarze Freitage: erstmals am 13. Oktober 1307 (nach dem julianischen Kalender), als auf Befehl König Philipp IV. alle Mitglieder des Templerordens verhaftet wurden, offiziell wegen Ketzerei und Sodomie, in Wahrheit aber, um sich ihrer Besitztümer zu bemächtigen; fast alle wurden zum Tode verurteilt und hingerichtet, im März 1314 der letzte Großmeister der Tempelritter, Jaques de Molay. Es folgten in England der Black Friday am 6. Dezember 1745 und die Panik in der Londoner City am 11. Mai 1866, der Wiener Börsenkrach am 9. Mai 1873 und ab 25. Oktober 1929 der Paukenschlag der Weltwirtschaftskrise,[116] *das Ende der Goldenen Zwanziger. In Thessa-*

loniki spricht man vom Schwarzen Schabbat: Das war Samstag, der 12. Juli 1942, an dem deutsche Besatzer 6.500 griechischen Juden im Alter zwischen 18 und 45 Jahren befahlen, zwecks Registrierung zur Zwangsarbeit (die viele nicht überlebten) auf dem Eleftheria (Freiheitsplatz) zu erscheinen …

Wenden wir uns angenehmeren Themen zu. Für viele Menschen sind Malerei, Musik und Poesie, ohne das einzelne Kunstwerk theoretisch zu hinterfragen, einfach schön! Aber machen wir uns bewusst, dass – und wie! – es mit Farben Emotionen weckt! Denken wir an Frans Marcs Turm der Blauen Pferde und seine Weiße Katze, an August Mackes Bild Roter Mohn in weißer Vase, an die Klezmer-Gruppe Das blaue Einhorn, das Album Der blaue Planet der Rockband Karat, den Kinderfilm Die grüne Wolke, Eduard Mörikes Verse Frühling lässt sein blaues Band …, *das von Johann Friedrich Reichardt vertonte, als Volkslied bekannte Gedicht des Schweizers Johann Gaudenz von Salis-Seewis* Bunt sind schon die Wälder …, *an Bücher wie Stendhals Roman* Rot und Schwarz, Der scharlachrote Buchstabe *von Nathaniel Hawthorne, Max Frischs Erzählung* Blaubart, Die weiße Massai *von Corinne Hofmann, Erwin Strittmatters* Grüner Juni …

Oft sagen Redewendungen mit einer Farbe das Wichtigste schneller als lange Erklärungen: Jemand hat blau gemacht (oder war es), weil er wieder mal ins Grüne oder ins Blaue fahren wollte; da sieht der Chef schnell Rot und schickt im Extremfall einen blauen Brief; jemand schaut die Welt durch die rosa(rote) Brille an, das hat mit dem Rotlichtmilieu nichts zu tun; ein anderer sieht meist schwarz (und hütet sich, schwarz zu fahren oder auf dem Schwarzmarkt zu verkehren), hängt aber gern was ans Schwarze Brett; wenig beliebt ist Rotlichtbestrahlung (medizinisch oder politisch); dass zwei einander nicht grün sind, kommt vor, ohne dass sie sich gleich grün und blau (oder braun und blau) schlagen oder gegenseitig anschwärzen müssen; Sie werden rot vor Freude oder Scham, grün vor Neid oder ärgern sich schwarz. Andre Länder, andre Sitten: In China sagt man vom betrogenen Ehemann, er trüge einen grünen Hut. Vorsicht empfiehlt sich, falls jemand (womöglich war er kornblumenblau und fühlt sich noch blümerant) einen Blackout hatte.[117] *Nur Leute mit weißer Weste sind immer fein raus. Führen Sie die Reihe bis in die aschgraue Unendlichkeit fort …*

▲ LEO Beim verbalen Spiel mit Redensarten kann man ab und an gewaltig daneben greifen. Hirnrissig, was manche Zeitungsleute mit Farben anstellen; und da muss nicht gleich eine Ente schlüpfen, auch mit Hühnern liegt man leicht falsch. Vor ein paar Wochen zeigte ein Foto in der MZ einen schwarzen Hahn und mehrere Hühner der gleichen Farbe in einem sauberen Stall, von zwei Männern liebevoll betrachtet. Über dem Bildtext, der die Tiere als eigens für ein Restaurant gezüchtete Vertreter der seltenen, von der Insel Java stammenden Rasse *Ayman Cemani* auswies und den Geschmack ihres Fleisches als *Mischung aus Perlhuhn und Fasan* beschrieb, stand (un-)sinnigerweise *Ein Gastronom sieht schwarz.*[118]

Ich weiß nicht, ob mir dies exotische Geflügel schmecken würde, das ich eben noch quicklebendig auf dem Foto sah, ein bisschen neugierig war ich trotzdem – und habe den namentlich genannten Gourmet-Chef gegoogelt: Es geht um das Restaurant *Orangerie Seeburg*, dessen Speisekarte auf der rechten Seite die Exklusivität belegt. Die schwarzen Hühner sind noch nicht drin, das soll sich erst ab Juni ändern. Die Menüfolge steht schon fest, der Preis noch nicht. Vorsorglich wird angemerkt, dass Liebhaber in den USA bis zu 2.500 Euro für ein Tiefkühlexemplar bezahlen … Von uns droht den lieben Vögeln keine Gefahr!

Ob man allerdings der Pauschalaussage Farbe macht glücklich! *glauben darf, sei dahingestellt. Das behauptete ja nur eine viertelseitige Werbe-Anzeige in der MZ …*

Wahrhaft glücklich machen Farben die Menschen in Indien beim Holi-Fest, wenn sie sich mit Farben bewerfen, besprühen oder bemalen. Dieses Frühlingsfest wird, vor allem in Nordindien, als Fest der Farben vom Vollmondtag des Monats Phalguna an gefeiert. Nach unserem Kalender ist das im Februar oder März: 2012 begann das Fest am 7. März, 2013 am 25. und 2014 am 27. März. Je nach Region dauert es zwei bis zehn Tage und soll eins der ältesten Feste auf dem indischen Subkontinent sein. Alle ansonsten durch Kaste, Geschlecht, Alter und gesellschaftlichen Status festgelegten Schranken scheinen aufgehoben. Auch in Deutschland werden vielerorts Holi-Festivals organisiert, ihre Beliebtheit wächst.

Daneben gibt es Farbfeste verschiedener Provenienz; in der Bauhausstadt Dessau haben sie, meist auf eine bestimmte Farbe fokussiert, Tradition. Demnächst wollen wir so eine Veranstaltung besuchen. Nachdem 2009 das 12. Farbfest in Dessau der Farbe Rot gewidmet war, lag der Fokus beim 13. Farbfest – mit der Installation Flug des Ikarus, dem Luftschiff Aeroflorale II und der Expedition Vegetale als Ehrengast – im September 2010 unter dem Motto Maschine: Grün *auf der natürlichsten aller Farben.*[119] *Das 15. Farbfest hieß* Statt Farbe: Licht. *Die lokale Zeitung erklärte:* Im Gegensatz zu den vergangenen Jahren wird nicht eine spezielle Farbe thematisiert, sondern das Verhältnis von Farbe, Licht und Bewegung.[120]

Neckeroda in Thüringen lädt stets am letzten Samstag im August zum Färberfest ein. Alle Dorfbewohner sind mit Feuereifer, Kunst- und Sachverstand dabei, Handwerker und Händler kommen aus Nah und Fern und bieten Farben, Wolle, Strickartikel und Handarbeiten – die Patchworkdecken sind zauberhaft – sowie Bücher und Kulinaria feil. Einmal planten wir das als fakultative Schülerfahrt, leider mit wenig Resonanz.

Im Märkisch-Oderland in Wriezen, Ortsteil Lüdersdorf, veranstaltet seit 2011 am dritten Septemberwochenende die Schafwollmanufaktur Dornröschen ein Färberfest.

PR-Berater wissen: Farben gehen immer! Ob man Groß oder Klein ansprechen will, sie sind unwiderstehlich. Deshalb wählte das Stadtmuseum für die Eröffnung seiner Weihnachtswerkstatt mit Musik und Kinderpunsch am 28. November 2010 das Motto Apfelrot und Tannengrün – Magie der Spielewelt, *dekoriert mit einem nostalgischen Postkartenmotiv. Wir waren nicht da, vermuten aber, es kamen mehr Besucher, als hätte der Werbespruch nur gelautet* Spiele unterm Tannenbaum.

Genug der Vorrede! Lassen Sie uns ohne Verzug mit dem Eigentlichen beginnen! Ihr Lieblingsleseplatz – der Wellnesssessel, die grüne Gartenbank, der Baumstamm am Bach – ist genau richtig für die Lektüre: Beim Lesen der Worte, da sind wir sicher, werden alle Farben vor Ihrem inneren Auge strahlen.

Alma Märintreu und […]

▲ LEO Die Unterschrift hat mich irritiert, und ich fragte Leonie danach. Sie hob den Zeigefinger – sie wäre eine ebenso gute Lehrerin wie Tante Alma geworden – und sprach tadelnd *Das könntest du wissen! Es kam in der elften Klasse im Deutschkurs vor, genau wie das Palindrom.* Ich musste passen. Kein Wunder, ich hatte in Deutsch keinen Leistungskurs belegt; Mathe, Physik und Informatik waren mir viel wichtiger. Leonie erklärte mir gnädig, wie ein Anagramm funktioniert. Tante Alma hat sich als Träumerin geoutet und der Namen ihres Kollegen fehlte vielleicht nur deshalb, weil sie hoffte, er hätte eine ähnlich originelle Idee.

Auch in diesem Jahr berichteten die Zeitungen schon über das Holi-Fest. Außer für den Frühlingsbeginn steht es für den Sieg des Guten über das Böse, diesmal am 1. und 2. März. In einigen Städten, so in Mathura und Barsana (wo der Hindu-Gott Krishna aufwuchs), bewarfen sich die Menschen bereits eine Woche vorher mit Farben und Süßigkeiten, und Frauen versuchten, Männer einzufangen … Während Holi in Indien und Nepal im März gefeiert wird, finden die Feste in der westlichen Welt (New York, Berlin, Regensburg oder Querfurt) – meist im Sommer statt.[121]

Und jetzt schaue ich, was Tante Alma in ihrem ersten Kapitel schreiben wollte.

Erstes Kapitel – Möglicher Anfang

An welchem Punkt beginnt der Kreis, wo fängt eine Kugel an? Die Überlegung, was bei einem Buch über Farben vorangestellt und wie die weitere Reihenfolge gewählt werden soll, wäre ebenso müßig. Man kann beginnen, wo man will. Der Leser springt zwischen den Kapiteln hin und her und findet, was ihn interessiert.

Wir könnten mit den bildenden Künsten beginnen, nicht viele kommen ohne Farben aus. Aber das A und O – Alpha und Omega – sind die Grenzmarken unseres Tuns und Seins. Am Anfang also das A wie Alltag. Da bestürmen uns Farben, sobald wir aus dem Hause gehen, in die feindliche oder freundliche Welt. Vom ersten Blinzeln am Morgen bis zum Gutenachtkuss begegnen sie uns, in den eignen vier Wänden oder anderswo. Sie wirken auf uns, selbst wenn wir sie gar nicht mehr wahrnehmen. Haben wir sie bewusst ausgewählt? Tun sie uns gut? Oder ist es an der Zeit für was Neues? Und wenn, folgen wir gängigen Moden oder lieber unserem Bauchgefühl?

Falls Sie so alt sind wie wir, erinnern Sie sich an Vicco von Bülows Fernsehsendung Loriot, *die er zwischen 1976 und 1978 in Bremen moderierte. Anfangs auf einer roten, bald auf einer grünen Couch. Beide Varianten verlangten dem Stilgefühl der Studiogäste in punkto Kleiderwahl einiges ab. Das samtene Sofa wurde zu einem nationalen Denkmal und ging als Kult-Couch in die Kultur- und TV-Geschichte ein.*[122] *Loriots rotes Ur-Sofa steht seit 2015 als Dauerleihgabe im Haus der Geschichte Baden-Württemberg in Stuttgart. Der Sender Bremen erwägt, das fossile For-*

mat zu reanimieren – doch ob das ohne den Altmeister der feinen Komik gut gehen kann?

▲ LEO Da hat Tante Alma was übersehen! Denn Ähnliches gibt es seit 1991, und zwar täglich! Nämlich die Sendung *DAS!* (Apronym für Das Abendstudio). Von 18.45 bis 19.30 Uhr sitzt ein prominenter Gast auf einem roten Sofa beim NDR. Das ist nicht unser Lieblingskanal, aber Anfang des Jahres sahen wir die Sendung zufällig doch. Ein Hallenser war Studiogast: Dr. Karamba Diaby, SPD-Politiker und als erster schwarzer Abgeordneter im Deutschen Bundestag bekannt wie ein bunter Hund.[123]

Ein weiteres rotes Sofa ist das des Fotografen Horst Wackerbarth, seit den 90er Jahren sein Signet. An verschiedensten Orten der Welt platziert und porträtiert er Leute darauf – Promis wie Michael Gorbatschow und Peter Ustinov oder Normalos wie uns. Als ich vor zwei Jahren bei einer alten Schulfreundin in Duisburg war, besuchten wir die Ausstellung Horst Wackerbarth und die rote Couch *im Lehmbruck-Museum. Nicht zu vergessen die von ihm selbst in Münster gekaufte rote Couch von André Rieu: Es heißt, ohne sie ginge der Musiker nie auf Tour.*

Warum erzählen wir das? Weil es eben nicht egal ist, ob jemand auf einer braunen, roten, blauen, grünen, pinkfarbenen oder oder oder Couch hockt und in die Glotze stiert oder sein Nickerchen macht. Stichwort Ödipussi. *Es war nicht nur irre komisch, wie die Psychotherapeutin Margarethe Tietze und der hölzerne Möbelverkäufer Paul Winkelmann mit vereinter Kraft durch fachgerechte Farbberatung bei der Auswahl einer neuen Couchgarnitur ein älteres Ehepaar vemutlich vor dem gemeinsa-*

men Selbstmord bewahrten – es gab und gibt auch fürs eigene Leben viel zu denken. Im Ernst: Haben Sie noch nie erlebt, dass man sich in Räumen, deren Farbgestaltung vom Üblichen, Erwarteten, Gewohnten abweicht, anders fühlt als daheim? Beschwingt und federleicht oder unruhig und bedrückt.

So mag manchem, der Kinder oder Enkel aus dem Kindergarten abholt, der Lärm auf die Nerven gehen, aber die hellen, gefälligen Farben der Wände und Möbel lassen ihn oft selber heiter werden und freundlich sein. Doch auf die Werbung von Designer-Hotels fällt man nur einmal herein. In etlichen Zimmern empfangen einen Fußboden und Wände in schwarzen oder dunkelbraunen Tönen, das Bad ist anthrazit gefliest! Durchgestylt, schick und vom Feinsten, aber ehrlich: Wer braucht so was?

Haben wir uns verplaudert? Nein, diese Farben gibt es und Leute, die sie mögen, auch. Wir suchen noch immer den optimalen Anfang; und je länger wir suchen, umso schwieriger wird es. Ein guter Einstieg wäre Goethes Farbenlehre, aber darüber lesen Sie besser in Fachbüchern nach oder Sie beschaffen sich das Original.

Schauen wir, was uns zu gängigen Farben einfällt. Wie viele Seiten es füllen würde, wenn es gelänge, alle je im Deutschen verwendeten Farbnamen aufzuzählen – althergebrachte oder verlorene wie heute gebräuchliche und von Literaten oder Sprach(mode)schöpfern erfundene –, ahnt kein Mensch. Darum beschränken wir uns auf das, was man vielleicht weiß – und was dennoch nicht nur Erinnerungen weckt, sondern zu neuen Erkenntnissen führen kann.

Denken Sie manchmal an Ihren Physiklehrer zurück, den alten Zausel, der Schüler als Holzköpfe beschimpfte und hin und wieder (was schon damals nicht erlaubt war) mit dem Schlüs-

selbund nach einem Störenfried warf? Aber Sie lernten bei ihm auch, dass die Wunderfarbe Weiß alle richtigen Farben in sich birgt. Ja, das Experiment mit der bunten Drehscheibe, die er an einen elektrischen Heimwerkermotor anschloss und deren Drehungen die ganze Schulklasse die Augen weit aufreißen und staunen ließ. Jetzt erinnern Sie sich: Eine der Sternstunden im oft so trostlosen Schulalltag!

Bei dieser Zauberei taucht die Frage auf, ist Farbe an sich ein Wert? Oder eine vage Klassifizierung als bunt? In der Werbung scheint es zuweilen so – unausgesprochen wird als Gegensatz langweiliges Schwarzweiß oder tristes Grau aufgerufen. Also muss alles Farbige oder Bunte besser, schöner, freundlicher und wertvoller sein …

Die Ankündigung der Lyriklesung Der bunte Vogel Phantasie *im FABULARIUM, dem Fachgeschäft für wohlsortierte Buchstaben in der Grünen Zitadelle in Magdeburg, lässt einen unwillkürlich lächeln.*[124] *Dieser bunte Vogel Phantasie brachte uns auf die Idee, das Ganze* Buntbuch *zu nennen. Da wir nicht wussten, ob das als Buchtitel schon existiert, haben wir das Internet konsultiert. Ein explizit so genanntes Buntbuch fanden wir nicht, nur einen Buntbuch-Verlag – den es längst nicht mehr gibt. Er war zwischen 1980 und 1987 in Hamburg eine Top-Adresse für alternative Literatur.*[125]

Farben-froh ist die sachsen-anhaltische Landeshauptstadt Magdeburg. Anfang August 2012 teilte die Presse nach einem Flashmob mit: Die Polizei prüft, ob ein 22-Jähriger für die Kosten des Polizeieinsatzes haftbar gemacht werden kann. […] Laut Polizei hatte der […] Magdeburger zu dem Event aufgerufen, bei dem Hunderte Menschen den Hasselbachplatz mit Straßenkreide in ein Farbenmeer verwandelt hatten.[126] *Hätten die Stadtväter oder*

-mütter nicht ein wenig Humor walten lassen und das Event als Liebeserklärung kreativer Einwohner an ihre Stadt verstehen können? Nein, Toleranz wäre zuviel verlangt gewesen, man rief die Gesetzeshüter herbei.

Was bleibt, sind die Reizwörter bunt *und* Farbe, *deren Faszination selbst Politiker erliegen. So Eckhard Naumann, Oberbürgermeister von Wittenberg, als er Gäste des 16. Wittenberger Gesprächs am 3. April 2009 zum Thema* Wie war die DDR? Suche nach der Wahrheit *begrüßte: Zu Stadtansichten, vor und nach der Wende, zog er das Fazit* Wie an den Bildern der Präsentation, die ich Ihnen hier gezeigt habe, deutlich wird, war das Leben früher auch nicht ohne Farbe, allerdings war der Grundton grau. Jetzt ist es sehr bunt, was mitunter auch sehr anstrengend sein kann. Gleichwohl sage ich: Lieber bunt und anstrengend als grau und langweilig.

Und nach dem Tod des linken west-ostdeutschen Theaterwissenschaftlers und Kritikers Ernst Schumacher rief einer der Nachrufer nochmals dessen Credo auf, würdigte Schumachers Lebenswerk und schrieb, die einzige Möglichkeit, seine Lebensvorstellungen zu verwirklichen, sah er nur in … einer DDR allerdings in den Farben von Brecht und Bloch.[127]

Farbe selbst in simpelsten Zusammenhängen: Für die 20. Ausgabe der Leipziger Messe Haus • Garten • Freizeit *im Februar 2010 warb man überregional mit dem Imperativ Bring Farbe in dein Leben! SAT1 machte mit der englischen Version Coulor your life! Furore. Im April 2010 und später lockten Freiwilligenagenturen mit dem Versprechen Ein Ehrenamt bringt Farbe in Ihr Leben.*

▲ LEO Der Slogan ist nicht totzukriegen. Vor ein paar Jahren bot ein britischer Stardesigner unter dem Titel *Wohnen macht glücklich: Bring Farbe in Dein Leben* ein (Ratgeber-)Buch an.[128] Kurz vorher hatten Leonie und ich unser Haus bezogen, erst Wohnzimmer, Küche und Bad waren eingerichtet. Fast hätten wir das Buch gekauft. Doch dann vertrauten wir lieber unserm eigenen Geschmack. Wir waren uns einig, dass vorgefertigten Einrichtungsmustern die individuelle Note fehlt: Leicht käme man sich wie in einem Versandhauskatalog vor.

Tante Alma stieß bei der Materialsammlung für ihr Buch schon vor Jahren auf die Freiwilligenagenturen – wo Leonie seit anderthalb Jahren beschäftigt ist: Projekte entwickeln und realisieren, Menschen zusammenbringen, die ohne diese Chance vielleicht verloren wären und nun wieder Sinn im Leben sehen, durch gemeinsames Tätigsein. Ich bin froh, dass Leonie diese Möglichkeit für sich entdeckt hat.

Ein deutsches Versandhaus warb im Mai 2011 per Mail in den heine NEWS mit dem individualisierten Slogan Bekennen Sie Farbe, liebe Frau Ixypsilonzett! *Da fragen wir uns, was die Werbetexter über diese Redensart wissen … zumal wir selber auch erst in die Irre gingen, indem wir annahmen, das habe mit mittelalterlichen Ritterturnieren zu tun, bei denen die Kombattanten stets die Farben ihrer Adelsgeschlechter an Helm und Rüstung trugen, damit der Gegner gleich wusste, was sein Gegenüber im Schilde führt. Das stimmt aber nicht. Die Wendung kam erst im 18. Jahrhundert auf und stammt aus dem Kartenspiel! Unabhängig vom Ursprung – die Redensart lebt und wird im Sinn von couragiert Stellung beziehen und diese verteidigen vielfältig gebraucht.*[129] *Auch in der Literatur taucht sie auf, das werden wir später sehen.*

Zwei in Leipzig arbeitende Absolventen der Hochschule für Kunst und Design Burg Giebichenstein, Eva Howitz und Frieder

Weissbach, stellte ein journalistisches Porträt als Die mit den Farben *vor – weil man sie in der Branche, sei es in Berlin, Mailand oder Paris, wirklich so nennt. Unabhängig von Modetrends stehen sie auf Rot, Blau und Gelb:* Das sind die Farben aus unserer Kindheit. Sie erinnern uns an die Zeit, als wir mit dem Holzbaukasten gespielt haben. Vielleicht ist das auch ein Grund, warum wir geometrische Formen bevorzugen, *so wird Frieder Weissbach zitiert, der sein Medizinstudium aufgab, um in Halle Industriedesign zu studieren.*[130]

Farbe und Mode, Mode und Farbe – ein siamesisches Zwillingspaar, das sich jede Saison in neuem, oft überraschendem, gewagtem, manchmal gar schockierendem Outfit präsentiert. Wir lasen, das Trendpaar dieses Winters sei Rot und Grün. So weit so gut, aber dann kam das dicke Ende: Eine Modeexpertin (mit dem Familiennamen Grau*) empfahl für die laufende Saison zudem* folgende Kombinationen: Kobaltblau mit Grün, Zimt mit Braun, Grau mit Beige, Pink mit Lila sowie Gelb mit Blau.[131]

Um Farben aller Art geht es auch in der Berufsgruppe, die ihre Brötchen mit Tattoos verdient. In Deutschland gibt es rund 6.000 angemeldete Tattoo-Studios, die ihre Spezialfarben bei weltweit etwa 100 Herstellern bestellen können. Man mag es glauben oder nicht: Jeder vierte Deutsche zwischen 25 und 34 ist tätowiert![132]

▲ LEO Manchmal kommen wir an einem dieser 6.000 Tattoo-Studios vorbei. Die Folterkünstler werben mit dem Spruch *Gottes Farben und Teufels Handwerk* für ihr Tattoo- und Piercing-Café. Leonie denkt, das könnte von John Irvings Roman *Gottes Werk und Teufels Beitrag* inspiriert sein. Zu dem Buch von 1985 schrieb er 1999 ein Drehbuch. Den Film habe ich mal gesehen und glaube deshalb nicht, dass es so ist.

Wie schließen wir nun den Bogen zwischen A und O? Es fällt uns nichts Besseres ein als die platte Weisheit: Ohne Farben ist ein Frühlingstag trübe und trostlos wie ein Lied ohne Töne oder eine Rose ohne Duft. Darum wollen wir – von diesem Moment an! – die Farben in unserem Leben entdecken und bewusst genießen, ihre Wirkung spüren und sie als wunderbaren Teil des Seins ansehn.

▲ LEO Kann dieser Text so bleiben? Mir gefällt er, entscheiden soll Leonie. Am Ende müssen wir sowieso eine Art Einleitung schreiben oder eine Story drumherum, damit geklärt ist: Wir erfüllen nur das Vermächtnis der Verfasserin.

Ich stürze mich jetzt auf die Farben in Geschichte und Politik, denn eben rief Timmy an und sagte, der Kunde habe gemailt, er werde nochmals ein paar Tage brauchen, damit der Auftrag bis ins letzte Detail seinen Vorstellungen entspricht … Die Devise Zeit ist Geld kennt der scheinbar nicht, dabei war doch im letzten Meeting alles klar.

Am besten, ich stopfe Tante Almas Notizen gleich in den PC und suche parallel dazu raus, was an Informationen fehlt. Wieso hat Leonie eigentlich mir dies Thema zugedacht? Sie hängt doch nicht etwa an dem Klischee, Politik sei Männersache? Ich frage sie, wenn sie von ihrem Couching wiederkommt.

Farben in Geschichte und Politik

In Farben mehr als ein zufälliges Spiel der Natur oder eine minder wichtige Zugabe zur Form zu sehen, haben die Menschen früh gelernt. Schon die Künstler, denen die Höhlenmalereien von Altamira, El Castillo, Lascoux und anderen Orten zu danken sind, nahmen nicht nur die Farben in ihrer Umgebung wahr, nein, sie gewannen diese auch aus der Natur. Bis heute benutzen Naturvölker natürliche Farbstoffe für religiös bedingte Körperbemalungen, um Haare, Gewebe und Leder zu färben oder zum Schmuck ihrer Behausungen.

Später bedienten sich Adel, Kirche, Kriegsparteien und Kommunen aus dem reichen Reservoir der Farben, um Herkunft und Zugehörigkeit zu zeigen; in ihren Flaggen bekennen Staaten und Parteien Farbe. Und weil das Bild so anschaulich ist, wurde es vor mehr als einem Vierteljahrhundert als Titel eines politisch orientierten Buches gewählt. May Ayim (= Sylvia Brigitte Gertrud Opitz), Tochter eines ghanaischen Medizinstudenten und einer Deutschen, studierte Anfang der 1980er Jahre in Regensburg Pädagogik. Die Diplomarbeit zur Geschichte der Afro-Deutschen veröffentlichte sie mit ihrer Kommilitonin Katharina Oguntoye als Buch: Farbe bekennen. Afro-deutsche Frauen auf den Spuren ihrer Geschichte. *1985 war May Ayim Gründungsmitglied der Initiative* Schwarze Menschen in Deutschland e.V. (ISD*), später wirkte sie als Pionierin der Weißseinsforschung, abgeleitet von Whiteness, einem transdisziplinären Forschungsfeld mit wachsender Akzeptanz. Auch Gedichte schrieb May Ayim.* Blues in Schwarzweiß *erschien kurz vor ihrem selbstbestimmten Tod*

1996 und erlebte mehrere Auflagen, die vierte im Jahr 2005. Im zu Herzen gehenden Titelgedicht wird 1/3 der menschheit [...] in weiß *seiner bis in die Gegenwart nicht endenden verbrecherischen Herrschsucht angeklagt. Andere Verse bringen unter der Überschrift* grenzenlos und unverschämt *das afro-deutsche Leiden am gern geleugneten und doch oft alltäglichen Rassismus in Deutschland auf den Punkt ... und die Autorin sagt hier die Konsequenz vorher: ihren eigenen Weg* bis an den äußersten rand.[133]

Lange vorher und aus anderen Gründen als Gedankenlosigkeit oder unreflektierter Ausländerfeindlichkeit litt Gert Schramm unter schwarzem Scheinbar-Anderssein. Auch er befreite sich aus innerer und äußerer Not durch bewusstes Ringen um ein normales Leben und schrieb mit über 80 Jahren ein Buch über seinen Weg vom sog. Mischling ersten Grades und Gefangenen im KZ Buchenwald[134] *im Dritten Reich, den geachteten Arbeiter und Abteilungsleiter in der DDR bis zum selbständigen Taxi-Unternehmer und Träger des Bundesverdienstkreuzes im vereinten Deutschland.*[135]

Neben der Nationalflagge des Dritten Reiches – schwarze Swastika im weißen Kreis auf roten Grund[136] *– dominierten als Farben der deutschen Nationalsozialisten Braun und Schwarz, in der Öffentlichkeit sichtbar als Braunhemden der SA und schwarze Uniformen der SS.*[137] *Es ist wundert nicht, dass Braun (und Schwarz) weiterhin Symbole reaktionärer und rechter Gesinnung sind,*[138] *während Demokraten ihren Widerstand gegen Neonazis und Rechte gern als Bunt statt braun beschreiben.*[139]

Oft wird die Herrschaft der Nazis Brauner Terror genannt – eine der historischen Realität geschuldete Abwandlung der Begriffe Weißer und Roter Terror in und nach der russischen Revolution von 1917 bis in die 1920er Jahre. Die auch zu anderen Zeiten und an anderen Orten zur Charakteristik für konterrevolutionäre Bewegungen gebräuchliche Metapher Weißer Terror geht auf die Französische Revolution und ihre Gegner in den 1790er Jahren zurück. Die Royalisten agierten unter der Flagge der Bourbonen: goldene Lilien auf weißem Grund. 20 Jahre später kehrten viele royalistische Emigranten zurück, erneut kam es zum terreur blanche. Ein anderes Thema nahm der 1962 gedrehte Film Weißer Terror *(Originaltitel: The Intruder) von Roger Corman auf: den Rassismus gegen die schwarze Bevölkerung in den USA.*

Auf der Hand liegt die Verbindung zwischen Terror und Armee oder Gardeeinheiten. Bei den langen Kämpfen in Russland nach der Revolution von 1917 standen sich Rote und Weiße Armee beziehungsweise Rot- und Weißgardisten gegenüber.[140]

Dieselbe Terminologie wurde nach dem Spartakusaufstand in Deutschland und der Gründung der Münchner Räterepublik 1919 verwendet. Ein Revolutionsgegner veröffentlichte später eine propagandistische Darstellung der Ereignisse mit dem Titel Rotmord über München.[141] *Ähnliches gab es 1919 in Ungarn: Den Gründungen der ungarischen Räterepublik (im März) und der slowakischen Räterepublik (im Juni) sowie dem Roten Terror unter Béla Kun folgte der rassistisch motivierte und gegen die jüdische Bevölkerung gerichtete Weiße Terror von Miklós Horthy.*[142] *Bei der Abwehr des Kapp-Putsches gegen die Weimarer Republik im März/April 1920 spielte die Rote Ruhrarmee eine Rolle; die Märzkämpfe in Mitteldeutschland 1921 waren großenteils geprägt von einer Roten Garde, den Rotgardisten unter Max Hölz, der vom gläubigen Christen zum Revolutionär mutiert war. Für politische Anhänger war er der rote Rebell.*[143] *Auch in China und Taiwan sprach man – nach dem chinesischen Bürgerkrieg (1927) und der Loslösung von der Volksrepublik China (1947–1949) –*

von Weißem Terror. Ende der 1970er Jahre gab es Roten und Weißen Terror in Äthiopien; Roten Terror nannte die Regierung ihre eigene Politik.[144]

Wir verweilen im militärischen Terrain und blicken auf die seit Beginn des 20. Jahrhunderts in den Vereinigten Staaten von Amerika entwickelten Color-coded War Plans. 1904 beschloss die militärische Führung der USA ein komplexes System von Farben und Symbolen für alle hypothetischen Kriegsszenarien. Die Pläne für den Fall kriegerischer Auseinandersetzungen – bis nach dem Zweiten Weltkrieg gültig – wurden unter dem jeweiligen, meist unveränderlichen Farbnamen bekannt.[145]

Der War Plan Orange, den es offiziell seit 1924 gab, betraf Japan, War Plan Yellow China, War Plan Red antizipierte Kriege gegen Großbritannien und Kanada.[146]

Im War Plan Green ging es um Mexiko, er wurde 1946 ad acta gelegt; War Plan Indigo dagegen wurde 1941 Realität: US-amerikanische Truppen besetzten Island. Schließlich existierte ein bereits im Ersten Weltkrieg konzipierter War Plan Black, der für Deutschland galt. Die Vereinigten Staaten selbst hatten sich Blau reserviert. Nach Beginn des Zweiten Weltkriegs wurden zudem Rainbow Plans (Regenbogenpläne) erstellt, da man mit Zwei- und Mehrfrontenkriegen rechnete. Im Vietnamkrieg verwendeten die USA Farbnamen zur Codierung: Entlaubungsmittel und Giftgase waren als Agent Orange, Agent White, Agent Pink etc. pp. bekannt.[147]

Angesichts solcher Kriegsbemalungen tröstet es ein wenig, wenn es 50 Jahre nach dem kalifornischen Summer of Love noch Alt-Hippies in San Francisco gibt, und junge Aussteiger, die sich Grey, Orange, Pink oder Yellow nennen und weiter von den alten Idealen träumen …

Aus den Erfahrungen und Gefahren der Kubakrise 1962 entstand die Idee des roten Telefons, einer ständigen Fernschreiberverbindung zwischen Kreml und Pentagon; adäquat zwischen Washington und Peking.[148] *Im Grenzort Pammunjon zwischen Nord- und Südkorea bestand jahrzehntelang eine Rote-Kreuz-Leitung und wurde, heißt es, zweimal täglich benutzt, doch Anfang März 2013 wurde sie stillgelegt. Und was ist der rote Knopf? Der (inoffizielle) Begriff steht für den – neben Black Book und Gold Codes*[149] *– wichtigsten Bestandteil des Atom-Koffers, über den die Präsidenten der USA, Frankreichs und Russlands (früher der Sowjetunion) verfügen. Kurios: In Österreich gibt es einen Berg, der so heißt: 3.281 Meter hoch ist der Rote Knopf, dessen Gipfel auf der Grenze zwischen Osttirol und Kärnten liegt, der zweithöchste Berg der Schobergruppe in den Hohen Tauern. Außerdem gibt es rote Knöpfe und Schalter in Industrieanlagen, öffentlichen Gebäuden, Verkehrsmitteln. Sie alle setzen Achtungssignale, man muss gut überlegen, ob man sie aktiviert oder nicht – aber nichts wirkt so bedrohlich wie der rote Knopf im Weißen Haus!*

▲ LEO Die Zeit des Kalten Krieges schien lange Zeit vorbei zu sein, die Gefahr, dass jemand den roten Knopf drückt und die Apokalypse provoziert. Ich will nicht glauben, dass sie zurückkommen kann. Doch jüngste Entwicklungen in Moskau und Washington lassen die Angst wieder wachsen. Was, wenn der Groß-Amerikaner mit den schwäbischen Ahnen der Versuchung des Nuclear Footballs nicht widersteht? Oder wenn ein anderer Diktator plötzlich Gott sein will?

Auch rote Linien spielen oft eine Rolle im Weltgeschehen; bei Überschreitung wird mit Konsequenzen gedroht. So tat es

Barack Obama im April 2012 für den Fall, dass der syrische Präsident Baschar Al-Assad Giftgas gegen die Rebellen einsetzt. Doch als der das im Sommer 2013 wirklich tat – passierte nichts! Ebenso blieben die von Israel und den USA erstmals 2012 diskutierten roten Linien gegen Iran folgenlos. Was wird im Ernstfall aus der von der deutschen Kanzlerin benannten roten Linie, falls es zu der seit Sommer 2016 in der Türkei diskutierten Wiedereinführung der Todesstrafe kommt? Emmanuel Macrón indes verkündete am 26. September 2017 an der Sorbonne: *Ich habe* keine roten Linien, *ich kenne nur Horizonte* – und meinte damit seine Sicht auf ein neues Europa, die den von FDP-Chef Christian Lindner definierten roten Linien eine Absage erteilt.[150]

Andererseits finden sich rote Linien in harmlosen Zusammenhängen, zum Beispiel in der niedersächsischen Landeshauptstadt Hannover. Da war ich letztes Jahr mit Lars und Timmy bei der CeBit, und weil Lars ein Souvenir für seine neue Freundin kaufen wollte, gingen wir ins Touristenbüro. Dort entdeckten wir einen 4,2 Kilometer langen Roten Faden durch die Altstadt, besser gesagt: Werbung für diesen, der eine aufs Straßenpflaster gemalte rote Linie ist, die Besucher zu 36 Highlights der City führt.[151] Uns fehlte die Zeit dafür. Doch einen Kurztrip mit meiner Löwin wäre es wert. Auf der Rückfahrt könnten wir die Braunschweiger Löwen besuchen, die genauso aussehen wie die auf dem halleschen Uniplatz. Sowieso sollten wir öfter was für uns tun, nicht immer nur arbeiten und funktionieren … Aber vor dem Begräbnis wird es kaum Freizeit geben; auch der Auftrag muss erst in trockenen Tüchern sein. Tante Almas Tod mit allem Drum und Dran hat uns von der Balance zwischen Arbeit und Leben weit entfernt. Leonie denkt mehr über diese

Dinge nach. Sie guckt nachdenklich, wenn wir junge Paare mit einem Kind an der Hand sehen. Fragt sie sich, wie es ist, wie Tante Alma alt zu werden und zu spät zu erkennen, der Preis für Unabhängigkeit ist Einsamkeit?

Viel mehr wollen wir über Kämpfe, Kriege und Krisen nicht sagen, nur noch zwei, drei Blicke in die Historie werfen: Die Ordensfarben der Tempelritter waren von hohem Symbolgehalt: Weiß steht für einen Krieg ohne Falschheit, Rot für Opferbereitschaft im Kampf gegen das Böse.[152] *Viel später, im Ersten Weltkrieg, spielten Blaue Teufel eine Rolle: Diables bleus wurden wegen ihrer blauschwarzen Uniformen Angehörige der französischen Gebirgsjäger-Bataillone in den eigenen Reihen genannt (bei den Deutschen Schwarze Teufel). Ein Denkmal auf dem Großen Belchen, mit 1.424 Metern über dem Meer höchster Gipfel der Vogesen, erinnert an ihre Tapferkeit.*[153]

Zu guter Letzt entzaubern wir eine Illusion. Den Donau-Walzer von Johann Strauß hat jeder schon gehört und an die blaue Donau als Traumziel eines Urlaubs gedacht. Es gibt indes eine Geschichte über die Entstehung dieser Musik, die einem, wenn sie wahr ist, jede Freude an den schönen Tönen verdirbt: Während der Napoleonischen Kriege fand am 11. November 1805 die Schlacht bei Dürnstein oder Schlacht bei Loiben statt, im Donautal zwischen Linz und Krems. An diesem Tag, wird erzählt, warfen russische Soldaten die besiegten französischen Blauröcke (wegen ihrer Uniformen) in die Donau – so viele, dass der Fluss ganz blau aussah …

Als eng verknüpft mit Geschichte und Politik erweisen sich auch einige durch Farben markierte Bücher und Listen. Fangen wir mit Büchern an, zuerst mit dem Braunbuch. Unter dieser Be-

zeichnung gibt es einige Materialsammlungen, denen gemeinsam ist, dass sie in aufklärerischer Absicht nationalsozialistische Tendenzen und Täter erfassen. Das erste Braunbuch erschien 1933 – nicht in Deutschland, sondern im Exil in Paris in französischer Sprache, obwohl die Autoren Deutsche waren und das Vorwort vom britischen Labour-Abgeordneten Lord Marley verfasst worden war.[154] *Die deutsche Ausgabe hieß* Braunbuch über Reichstagsbrand und Hitlerterror *und wurde als Reclamheft getarnt unter dem Titel* Goethe: Hermann und Dorothea *illegal ins Land gebracht. Das Buch, an dem sich bekannte kommunistische Schriftsteller beteiligten und das auf der geheimen Anklageschrift des Reichtagsbrand-Prozesses basierte, wurde mit einer Gesamtauflage von mehreren Millionen Exemplaren in 17 Sprachen übersetzt. Ein Jahr nach Prozessende erschien die Fortsetzung:* Dimitroff contra Göring: Braunbuch II*; auch sie wurde vielfach übersetzt. Später erschienen Braunbücher – mit propagandistischen Zielen und hohem Wahrheitsgehalt – in beiden deutschen Staaten, zunächst seit 1955 in der DDR, dann 1958 in der alten Bundesrepublik Deutschland.*[155]

Auch im vereinten Deutschland erschien 1998 ein Braunbuch, Jürgen Elsässers Braunbuch DVU: Eine deutsche Arbeiterpartei und ihre Freunde.

Als Pendant zu Braunbüchern, die den Nationalsozialismus analysieren, widmen sich mehrere Schwarzbücher unter kommunistischer Herrschaft begangenen Verbrechen. Das erste verfassten 1948 Ilja Ehrenburg und Wassilij Grossmann: Schwarzbuch über die verbrecherische Massenvernichtung der Juden. *In der Sowjetunion war das Buch verboten; erst 1994 gab es Arno Lustiger als* Das Schwarzbuch: Der Genozid an den sowjetischen Juden *neu heraus – es wurde in 26 Sprachen übersetzt und mehr als eine Million Mal verkauft. Ein zweiter Teil erschien 2002 in Frankreich und 2004 in Deutschland.*[156] *Doch die Resonanz erfüllte die Erwartungen nicht. Ähnlich intendiert war 1999 Konrad Löws Publikation* Das Rotbuch der kommunistischen Ideologie. Marx & Engels. Die Väter des Terrors. *Weitere* Rotbücher *fanden wir nicht – das in den 70er Jahren entstandene, signierte Künstlerbuch von Rupprecht Geiger hieß zwar Rotbuch, gehört aber nicht in diesen Kontext.*[157]

Einen Bedeutungswandel erfuhr der Begriff Schwarzbuch, indem er die Erwartung von Negativbeispielen bedient. Der Bund der Steuerzahler gab gerade ein neues Schwarzbuch über öffentliche Verschwendung in Deutschland heraus.[158]

▲ LEO Weitere Schwarzbücher erschienen, zwei habe ich mitbekommen: Jürgen Grässlins *Schwarzbuch Waffenhandel. Wie Deutschland am Krieg verdient* (2013) und das *Schwarzbuch Markenfirmen. Die Welt im Griff der Konzerne* (2016) von Hans Weiss und Klaus Werner(-Lobo). Da kriegt man das große Grausen!

Schwarzbücher vom Verband der Steuerzahler gibt es jährlich, zuerst als Download im Netz, dann als Druckversion, die man kostenlos bestellen kann …

Auch die Begriffe Weißbuch, Blaubuch und Grünbuch fanden wir. Erste Weißbücher stammen aus dem 19. Jahrhundert. 1884 erschienen Deutsche Interessen in der Südsee *und* Deutsche Landreklamationen auf Fidschi. *Wie bei allen Weißbüchern ging es schon damals um die Erklärung politischer Interessen und die Rechtfertigung bestimmter (militärischer) Vorgehensweisen.*

Seit Großbritannien 1920 das Mandatsgebiet Palästina errichtet hatte, erschienen mehrere Probleme und Entwicklungsfragen dieser Region betreffende Weißbücher, die stets den Namen des britischen Kolonialministers trugen, so 1922 das Churchill Weißbuch *und 1930 das* Passfield Weißbuch. *Zwischen den Pogromen im November 1938 in Deutschland und dem Beginn des Zweiten Weltkriegs publizierte die britische Regierung im Mai 1939 das* MacDonald Weißbuch, *in dem es um die Begrenzung der jüdischen Einwanderung ging und um eine jüdisch-arabische Regierung für den zu gründenden einheitlichen palästinensischen Staat zwischen Mittelmeer und Jordanfluss nach britischer Mandatsherrschaft und Gründung des Staates Israel.*

Gleichfalls 1939 veröffentlichte das Auswärtige Amt des deutschen Reiches ein Weißbuch (Auswaertiges Amt – Weissbuch Nr. 2) *unter dem Titel* Dokumente zur Vorgeschichte Des Krieges, *mit einem Geleitwort des Reichsaußenministers Joachim von Ribbentrop. Das letzte hier unter der Nummer 482 aufgeführte Dokument war ein zwecks* Information und Sprachregelung *an die Deutschen Diplomatischen Missionen im Ausland gerichtetes Rundtelegramm vom 3. September 1939, das im Kern Großbritannien die Schuld am Ausbruch des Krieges gab. Unterzeichnet hatte es der erste Staatssekretär Ernst Heinrich von Weizsäcker, dem im Nürnberger Prozess zu fünf Jahren Zuchthaus verurteilten Vater des späteren Bundespräsidenten Richard von Weizsäcker. Zuvor erschien, ebenfalls 1939, das* Weissbuch Nr. 1: Urkunden Zur letzten Phase Der Deutsch-Polnischen Krise; *1940 folgten die* Weissbücher Nr. 3, Nr. 4 *und* Nr. 5, *1941 die* Weissbücher Nr. 6 *und* Nr. 7, *1943 als letztes das* Weissbuch Nr. 8. *Alle verfolgten dasselbe polemische Ziel: die Öffentlichkeit im In- und Ausland zu überzeugen, dass Deutschland keine Schuld am Ausbruch des*

Zweiten Weltkriegs trifft. Deutlich wird das in den Kapitelüberschriften: Die Englische Kriegsschuld, Deutschlands Bemühen um Sicherung friedlicher Beziehungen zu seinen Nachbarländern *und* Polen als Werkzeug des Englischen Kriegswillens.[159]

Auch in der Bundesrepublik Deutschland gibt es Weißbücher. Sie betreffen die deutsche Sicherheitspolitik, also die Bundeswehr, und werden in unregelmäßigen Abständen vom Bundesministerium für Verteidigung herausgegeben (1969, 1970, 1971/72, 1972, 1973/74, 1975/76, 1979, 1983, 1985, 1994, 2006).[160] *In der Öffentlichkeit heißen sie Verteidigungsweißbuch oder Bundeswehrweißbuch.*

▲ LEO Das war mir alles neu, im Geschichtsunterricht kamen diese Dinge nicht vor. Ich habe den Begriff Weißbuch gegoogelt: Alles, was Tante Alma schrieb, stimmt. 2016 erschien eine weitere Ausgabe des Verteidigungsweißbuchs; darin geht es vor allem um die Auslandseinsätze der Bundeswehr.

Großbritannien hat im Vorfeld des geplanten EU-Austritts ein Weißbuch, das sich mit den Auswirkungen der Entscheidung auf Großbritannien selbst und auf die künftigen Beziehungen zur Europäischen Union befasst, veröffentlicht; der konservative Brexit-Minister David Davis präsentierte es am 2. Februar 2017 der Öffentlichkeit. Am 1. März kam Jean Claude Junckers *Weißbuch zur Zukunft der Europäischen Union (White Paper on the Future of Europe)* mit fünf Zukunftsszenarien bis 2025 heraus. Im Umfeld der Informationstechnologie listen White Papers Leistungen und technische Standards auf, werden im PR-Bereich und fürs Marketing eingesetzt.

Schließlich gibt es Blaubücher. 2002 erfasst erstmals (in neuer, erweiterter Auflage 2006) ein Blaubuch Leuchttürme *genannte kulturelle Einrichtungen von nationaler Bedeutung in den neuen deutschen Bundesländern. Zusammengestellt hat es der deutschlandweit bekannte Bibliothekar Paul Raabe († 2013), dem die Stadt Halle die Rettung der Franckeschen Stiftungen verdankt.*[161]

Seit 2010 bringt die private Sana Kliniken AG Blaubücher, die künftige Entwicklungen der Medizin und das Angebotsprofil vorstellen, heraus. Die erste Ausgabe befasste sich mit dem Aufbruch in neue Medizinwelten, die zweite avisierte Medizin an den Grenzen des Lebens. Ein neues Sana-Blaubuch existiert noch nicht.

In England sind Blaubücher (Blue Books) etwas anderes, das schon lange existiert: Seit 1624 erfassen sie alle dem Parlament von der Regierung vorgelegten diplomatischen Verhandlungen, Berichte und Korrespondenzen des Foreign and Commonwealth Office; die Bezeichnung kommt von den blauen Umschlägen, in denen sie überbracht wurden, her. In Großbritannien werden bis heute alle Parlamentsdrucksachen Blue Books genannt.[162]

Am Ende seien Grün- und Graubuch erwähnt. Grünbücher gibt die Europäische Kommission als Diskussionspapiere zur Vorbereitung neuer Verordnungen auf verschiedensten Gebieten heraus; jedes Jahr entstehen fünf bis zehn Grünbücher (oft Vorstufen für Weißbücher), in denen offizielle Vorschläge zusammengefasst sind. Die Themenfelder reichen vom demografischen Wandel, Erbrecht, Erderwärmung, Kunststoffabfällen, Online-Handel und Schattenbankwesen bis zu Tabakkonsum, Verbraucherrechten und Wirtschaftswachstum. Graubücher sind in Belgien, Dänemark oder Japan Dokumentensammlungen; das erste deutsche Graubuch erschien 1896: Die Wohlfahrtseinrichtungen Berlins. Ein Auskunftsbuch; *1996 erschien in 17. (und letzter) Auflage das* Graubuch. Führer durch das soziale Berlin*; 2009 publizierte die Gustav-Heinemann-Initiative das* Graubuch Innere Sicherheit: Die schleichende Demontage des Rechtsstaates nach dem 11. September 2001.

Wer mehr über die bunten Bücher wissen will (es gibt auch Orange-, Blauweiß- und Regenbogenbücher), wird im Internet fündig. Wir aber wenden uns papieraffin der Vielfalt farbiger Listen zu: Rote, Blaue, Weiße, Schwarze, Gelbe und Graue Listen bündeln genau definierte Informationen zu konkretem Zweck.

Rote Listen signalisieren in der Regel Bedrohung. Am Anfang stand seit 1962 eine von der Weltnaturschutzunion International Union for Conservation of Nature and Natural Resources (IUCN) unregelmäßig veröffentlichte Liste der vom Aussterben bedrohten Tier- und Pflanzenarten, im Englischen Red Data Book genannt. Der Verhaltensforscher Bernhard Grzimek war maßgeblich daran beteiligt. Rote Listen gibt es in vielen Ländern und Regionen als wissenschaftliche Expertisen, Leitfaden für Gesetzgeber und Behörden im Bezug auf Arten-, Natur- und Umweltschutz. Rechtsverbindlich sind sie (seit 1991) nur in der Schweiz, wo man seit 1998 auch Blaue Listen führt: mit den vormals bedrohten Arten, bei denen der Schutz erfolgreich war. Bei uns veröffentlicht das Bundesamt für Naturschutz seit 2009 eine Rote Liste gefährdeter Tiere, Pflanzen und Pilze Deutschlands. Ähnlich wie in Österreich, gibt zudem jedes Bundesland eigene Rote Listen heraus.

Nicht nur die Natur ist in Gefahr, auch Kultur braucht Schutz! Mit einer Roten Liste will der Deutsche Kulturrat ab sofort in seiner Zeitung Politik & Kultur auf bedrohte Kultureinrichtungen aufmerksam machen. In jeder Ausgabe werden, wie in Roten Listen für Flora und Fauna, gefährdete oder schon geschlossene Institutionen, Vereine und Programme vorgestellt […] Den An-

fang in der Roten Liste Kultur machen unter anderem die bereits geschlossene Theaterburg Rosslau in Sachsen-Anhalt und die von Schließung bedrohte Nordwestdeutsche Philharmonie.[163]

Ende 2006 propagierte die Mitteldeutsche Zeitung einen Wettbewerb zugunsten bedrohter Wörter. Einsendungen wurden bis Ende Februar 2007 erbeten; unter www.bedrohte-woerter.de war auch die Teilnahme im Internet möglich. Analog zu den Roten Listen aussterbender Tierarten hieß es am Ende des Beitrags: Etwa 800 Begriffe stehen demnach bereits auf einer Roten Liste im Internet.[164]

Andererseits sind in einer positiven Roten Liste zugelassene Arzneimittel vermerkt.

Blaue Listen sind in Deutschland seit 1977 eine feste Größe in der Wissenschaft: Sie enthalten jene Einrichtungen, die Bund und Länder gemeinsam fördern. Das blaue Papier der ersten Veröffentlichung gab ihnen den Namen. 1990 kam es zu enormen Veränderungen. Der Einigungsvertrag legte die Eingliederung der Wissenschafts- und Forschungslandschaft der ehemaligen DDR ins bundesrepublikanische System fest. So stieg die Zahl geförderter Einrichtungen von 1989 bis 1992 von 47 auf 81. Das veränderte die Blaue Liste. Die Schwerpunkte erfasster Institutionen wanderten in die natur-, technik-, agrar-, lebens- und raumwissenschaftliche Forschung.

Weiße Listen (im Englischen whitelists) enthalten Unternehmen, Personen und Projekte, die besser, preiswerter und seriöser als andere wirken oder sind. Der von der Bertelsmann Stiftung initiierte Wegweiser Gesundheit, *ein gemeinsames Portal mit den Dachverbänden der größten Patienten- und Verbraucherorganisationen dürfte am bekanntesten sein. Diese Weiße Liste ist seit 2008 online und hilft, bestimmte Ärzte, Krankenhäuser und Pfle-*

geheime zu suchen. Das kosten- und werbefreie Informationsangebot (nebst Diagnose-Dolmetscher) wird permanent ausgebaut und aktualisiert. Eine regionale Weiße Liste führt Niedersachsen. Darin sind im Gegensatz zur Roten Liste aussterbender Arten die regional nicht bedrohten Arten verzeichnet – vielleicht weil Niedersachsen das deutsche Bundesland mit der größten Zahl an Nutztieren (Säugetiere, Geflügel und Fische) ist.

Die Geschichte der Schwarzen Listen geht übrigens bis ins antike Rom zurück. Dort wurden Proskriptionslisten mit Namen geächteter Personen öffentlich ausgehängt: Jedermann durfte sie, ohne Furcht vor Strafe, töten. Der Index Librorum Prohibitorum der römischen Inquisition, der zuerst 1559, letztmals 1948 (mit Aktualisierungen bis 1962) erschien und am Ende 6.000 verbotene Bücher enthielt, de facto auch eine Schwarze Liste, wurde nach dem Zweiten Vatikanischen Konzil 1965 abgeschafft. Verbraucher- und Naturschutz, die Kommunikationsbranche und andere Bereiche führen ebenfalls Schwarze Listen, sogar eine Schwarze Liste der Schlüsseldienste, Kammerjäger und Rohrreinigungsunternehmen gibt es im Internet.

Als Graue Listen oder Graue Studien werden nicht veröffentlichte wissenschaftliche Studien, zum Beispiel über die Schädlichkeit von Pflanzenschutzmitteln, bezeichnet; sie sind als Warnung zu verstehen. Und, um die Liste der Listen zu komplettieren, es gibt Gelbe Listen. Die wichtigste ist die Gelbe Liste Pharmindex. Sie zählt online (für Mediziner konzipiert) alle gängigen Arzneimittel auf.

Die Listenfarben lenken die Aufmerksamkeit sofort in eine bestimmte Richtung, sind indes nicht gesetzlich geschützt. So können auch Immobilienfirmen Angebote aus Zwangsversteigerungen in Gelben Listen präsentieren. Das World Wide Web hält *gewiss weitere Ungereimtheiten bereit. Wie überhaupt das Surfen (für uns bisher nur eine Wassersportart) im Internet ein endloses Vergnügen sein kann oder eine Qual. Leicht kommt man vom Hundertsten ins Tausendste, vom Hölzchen aufs Stöckchen, oder – von bunten Büchern und Listen auf vielfarbige Schleifen …*

Betrachten wir zuerst die Gelbe Schleife. Im amerikanischen Unabhängigkeitskrieg des 19. Jahrhunderts kennzeichnete sie die Verbundenheit mit Soldaten und deren Familien. Es wird erzählt, ein in Gefangenschaft geratener Soldat habe damals seine Frau gebeten, eine gelbe Schleife um die Eiche vor dem Haus zu binden, als Signal, dass sie auf ihn warten werde. Ein Zeichen also der Zusammengehörigkeit zwischen Soldaten und ihren Lieben daheim oder in der Ferne kämpfenden Soldaten mit dem Heimatland. Auch 1917 und 1937 besangen amerikanische Lieder die gelbe Schleife; 1980/81 stand sie für Solidarität mit amerikanischen Geiseln in Teheran, zehn Jahre später im Zweiten Golfkrieg für die Verbindung der US-amerikanischen Heimat mit den kämpfenden Truppen. Dieser Brauch lebt vielerorts fort, hierzulande bisher in Süddeutschland und Niedersachsen – doch kürzlich schloss sich die Residenzstadt Gotha an, aus der seit einem Jahr Soldaten in einem militärischen Aufklärungsbataillon in Afghanistan Dienst tun: Mit gelber Schleife an den fünf Begrüßungsschildern der Stadt erinnert Gotha seit gestern an seine Soldaten, die zurzeit im Auslandseinsatz in Afghanistan sind.[165]

Das Symbol für Solidarität und Unterstützung im Ausland eingesetzter Bundeswehrsoldaten wird sich voraussichtlich noch weiter verbreiten müssen.[166]

Die wichtigste ist wohl die Rote Schleife, Symbol der Solidarität mit HIV-Infizierten und AIDS-Kranken. Man sieht sie vor dem Welt-AIDS-Tag überall, bei Ausstellungen, Vorträgen, Lesungen,

Konzerten ... Es ist gut, dass immer mehr Menschen über die Krankheit aufgeklärt werden und so die Diskriminierung geringer wird. Entstanden ist die Rote Schleife 1991 nach dem Vorbild der Gelben Schleife. Geschaffen von der New Yorker Künstlergruppe Visual AIDS, verbreitete sich die Rote Schleife weltweit, von Jahr zu Jahr steigt ihre Zahl.

▲ LEO Vor ein paar Jahren erzählte uns Lars von einer verrückten Performance mit der AIDS-Schleife. Er war mit einer Freundin am 1. Dezember in Regensburg, dort sahen die zwei, wie rund um den Regensburger Dom die längste Rote Schleife der Welt ausgelegt wurde – die Aufmerksamkeit der Medien war garantiert.[167]

Zeitgleich mit der Roten Schleife etablierte eine Gesundheitsorganisation in den USA – als verbindendes Signal für an Brustkrebs erkrankte Frauen – die Rosa Schleife.

Weiße Schleifen bedeuten Absage an Gewalt; ihr Ursprung liegt in Toronto (Kanada), wo sie 1991 als Initiative gegen häusliche Gewalt, vor allem von Männern gegen Frauen, ins Leben gerufen wurde und international Zuspruch erfuhr. Kontroverse Diskussionen indes provozierte die Einrichtung der Internetplattform whiteribbon.org durch eine Männerrechtsorganisation 2014, weil nun häusliche Gewalt ganz allgemein, nicht mehr nur auf Männer fokussiert, im Blickpunkt steht.[168]

Seit jeher kennt man Schwarze Schleifen als Trauerflor oder im Gedenken an Opfer von Terror und Suizid. Ein halbes Dutzend weiterer Schleifen sind bekannt.[169]

▲ LEO Zum Beispiel die Blaue Schleife als Symbol für Meinungsfreiheit und gegen Kontrolle im Internet. Ich wusste nicht, dass es sie gibt, doch bei der 89. Oscar-Verleihung im Februar war sie nicht zu übersehen, prominente Gäste trugen sie am Revers oder am Decolleté, vielfach kombiniert mit dem Kürzel ACLU (= American Civil Liberties Union), für eine 1920 gegründete Protestorganisation in den USA.

Wer sie trägt, zeigt öffentlich, dass er sich für oder gegen bestimmte Erscheinungen des gesellschaftlichen Lebens engagiert. Nicht immer müssen es Schleifen sein – ein blaues Gummiarmband zum Beispiel steht als Symbol für den internationalen Tag verschwundener Kinder.[170] *Für Kinder und Jugendliche entstand auch der Red Nose Day, eine Spendenaktion, die seit 1988 im United Kingdom wirkt. Organisiert von der Hilfsorganisation Comic Relief, publik gemacht über BBC, wurden für Hilfsprojekte rote Clownsnasen verkauft! 2011 erweiterten die Initiatoren ihr Aktionsfeld und halfen Opfern der Tsunamikatastrophe in Japan. Seit 2003 beteiligt sich auch Deutschland, teils mit mehreren Millionen Euro Spenden für gute Zwecke, am Red Nose Day.*

Protest in Farben zu kleiden, ist schon lange in. Beispiele: 2004 kam es in der Ukraine, angeführt von Julia Timoschenko, zur prowestlichen Orangenen Revolution. Nach der Präsidentschaftswahl im Iran im Sommer 2009 brach unter der Führung des früheren Regierungschefs Mir Hussein Mussawi die Grüne Revolution aus; die Farbe wurde bewusst gewählt: Grün als Farbe des Islam sollte bezeugen, dass die Opposition sich mit dem Koran identifiziert.[171] *Grün spielt in allen arabischen Ländern eine Rolle, auch in den Nationalflaggen. In Libyen extrem zur Herrschaftszeit von Muammar al-Gaddafi von 1977 bis 2011. Als Gadda-*

fi nach der Grünen Revolution Staatsoberhaupt wurde, ersetzte er die rot-schwarz-grüne Flagge des libyschen Königreichs durch eine panarabische rot-weiß-schwarze Trikolore, die ab 1972 zusätzlich einen goldenen Quraisch-Falken aufwies.[172] *1977 veranlasste Gaddafi den Revolutionsrat zu erneutem Wechsel: Bis zu seinem Sturz 2011 war die libysche Fahne ein grünes Tuch ohne Wappen oder Emblem. Dann kehrte das Land zur königlichen Flagge zurück. Ein riesiger Platz am Rand der Medina – nahe der Festung Assaraya al-Hamra aus byzantischer Zeit, als Rote Burg und Wahrzeichen von Tripolis bekannt – war unter Gaddafi umbenannt worden in Grüner Platz. Er habe, heißt es, als Sinnbild seiner Revolution, den Platz mit grünen Plastikmatten auslegen lassen … Doch 2001 erhielt er den alten Namen – Midan asch-Schuhada (Platz der Märtyrer) – zurück, der in letzter Zeit durch wachsenden Widerstand gegen Gaddafi an Bedeutung gewann. Seine Ziele und kruden Revolutionsideen, einen Mix aus Marxismus, Anarchismus und Nationalismus, hatte der Diktator seit 1975 unter dem Titel* Das Grüne Buch *publiziert. Vorläufiger Schlusspunkt des politischen Intermezzos: Im Herbst 2011 agierten Blauhelme auf dem vormals Grünen Platz.*[173]

Andere Form der Opposition, andere Farbe: Seit Dezember 2009 formierten sich in Italien Proteste gegen Silvio Berlusconi. Bis 2011 gingen Hunderttausende als mächtige Lila Welle auf die Straße, nannten sich Lila Leute oder auch Lila Volk. Und warum? Politisch Engagierte meinten, Lila sei die einzige von traditionellen Parteien noch übriggelassene Farbe … Zufall oder nicht, im Frühjahr 2010 war Lila in Italien die Farbe der Saison! Und Lila war da wirklich als einzige Farbe frei. Rot ist dort – wie weltweit – die Farbe der Sozialisten und Kommunisten, Schwarz (seit Mussolini) die der Faschisten, Weiß steht für die Katholische Partei,

Hellblau für die Forza Italia, Grün für die Lega Nord; die Sozialdemokraten verwenden Weiß, Grün und Rot.

In Deutschland sieht das Parteien-Farbspektrum anders aus: Rot steht für links orientierte Parteien und Gruppierungen; der Ursprung liegt in der Französischen Revolution, wo Rot als Zeichen der Emanzipation die Jakobinermützen zierte; erste rote Fahnen wurden 1848 geschwenkt, aber schnell vom deutschen Dreifarb-Banner (angelehnt an die französische Trikolore) abgelöst, das auf den napoleonischen Befreiungskriegen basierte. Damals hieß es: Aus der Schwärze der Knechtschaft (Schwarz) durch blutige Schlachten (Rot) ans goldene Licht der Freiheit (Gold)! Das erheischt einen Abstecher in die Literatur, zu Hoffmann von Fallersleben: Er verfasste 1843, zwei Jahre vor dem Lied der Deutschen, *das 1841 auf Helgoland entstand, eine* Deutsche Farbenlehre, *in der es heißt:* Über unserem Vaterland ruhet eine schwarze Nacht, / und die eigene Schmach und Schande hat uns diese Nacht gebracht. / Ach wann erglänzt aus dem Dunkel der Nacht / unsere Hoffnung in funkelnder Pracht? / Und es kommt einmal ein Morgen, freudig blicken wir empor: / Hinter Wolken lang verborgen, bricht ein roter Strahl hervor. / […] / Immer unerfüllt noch stehen Schwarz, Rot, Gold im Reichspanier: / Alles läßt sich schwarz nur sehen, Rot und Gold, wo bleibet ihr? / Ach wann erglänzt aus dem Dunkel der Nacht / unsere Hoffnung in funkelnder Pracht?[174]

Ab 1863 war Rot die Farbe des Allgemeinen Deutschen Arbeitervereins, von 1869 an die der Sozialdemokratischen Partei Deutschlands – es blieb Farbe der Linken und der SPD. Generell charakterisiert Rot linksorientierte Gesinnung, so im Namen eines seit November 1989 besetzten Autonomen Zentrums im Hamburger Schanzenviertel: der nach Teilabriss 1988 stehenge-

bliebene Rest des alten Floratheaters, der seither als Rote Flora ein Symbol des linksradikalen Widerstands in der Hansestadt und ein Zankapfel zwischen Hamburger Bürgerschaft, Senat, Besetzern und Eigentümern ist.

▲ LEO Hierher passt ein Exkurs zur Flamme der Revolution. Das architektonische Kuriosum steht seit 1967 am Hansering in Halle an der Saale. Errichtet und rot angestrichen wurde es zum 50. Jahrestag der russischen Oktoberrevolution. 20 Jahre lang diente der ideologische Imperativ als Kulisse zu Demonstrationen und Kundgebungen der Partei- und Staatsgewalt der DDR. Zur Wendezeit soll das Betonteil für diverse Bekanntmachungen genutzt und Buntes Segel genannt worden sein. Mitte der 1990er Jahre erhielt die Fahne einen neuen, mehrere Motive vereinenden Anstrich: weiße Punkte auf Rot, eine Europa-Fahne, einen Totenkopf auf schwarzem Grund und ganz oben einen kleinen gelben Hasen. Meine Eltern fragten oft *Warum die das Monstrum nicht abreißen – bei den Fäusten ging es doch auch!*[175] 2004 übernahm ein Künstler die Neugestaltung, seither leuchtet die Fahne weiß-gelb-orange. Nun, hieß es, bilde sie die Milchstraße ab und stelle kosmische Hintergrundstrahlung dar, das stände in Beziehung zur friedlichen Revolution.[176]

Schwarz kennzeichnet in Deutschland die christdemokratischen Parteien CDU und CSU. Die Junge Union startete 2004 eine Werbekampagne mit der Devise Black is Beautiful – eine ungehörige Adaption der kulturellen Black-is-Beautiful-Bewegung der 1960er Jahre, mit der die schwarze Bevölkerung in den USA gegen Rassismus protestierte[177] *und die eng mit dem Black-Power-Slogan der afroamerikanischen Bürgerrechtsbewegung zusammenhing.*

Davon fühlten sich Konservative, vor allem Mitglieder und Anhänger des Ku Klux Klan, wie von der Black Panther Party und der Black Liberation Army bedroht.[178] *Ihre Reaktion hieß White Power und provozierte mit dem Symbol der weißen Faust im Lorbeerkranz auf schwarzem Grund. White Power steht bis heute für das Bestreben, Macht und Vorherrschaft der Weißen zu erhalten und ist in der Neonaziszene ein Schlüsselbegriff.*

Grün steht für die *Grünen, Punkt. So simpel ist es aber nicht; heute heißt die Partei etwas sperrig Bündnis 90/Die Grünen – weil 1990 westdeutsche und Westberliner Partei Die Grünen (gegründet 1980 aus Anti-Atomkraft- und Umweltbewegung) mit der Grünen Partei der DDR eine Fusion einging, der sich 1993 das ostdeutsche Bündnis 90 anschloss. Jetzt sind die Grünen gut etabliert; in Baden-Württemberg stellen sie den ersten grünen Ministerpräsidenten.*[179] *Vor der Bundestagswahl 2013 meldeten die Medien, es gebe bundesweit 37 grüne Bürgermeister, die meisten in Hessen, Bayern und Baden-Württemberg, zum Beispiel in Tübingen.*

Blau spielt in der deutschen Parteienlandschaft eine untergeordnete oder regional begrenzte Rolle; von 1950 bis 1961 existierte in Schleswig-Holstein, später in der ganzen alten Bundesrepublik der rechtsorientierte Gesamtdeutsche Block/Bund der Heimatvertriebenen und Entrechteten, dessen Farbe war Dunkelblau; 1993 bis 2004 gab es in Hamburg die STATT Partei – die Unabhängigen; ihre Grundfarbe war Blau. Nach der Fast-Auflösung der zeitweise rechtspopulistisch orientierten Kleinpartei gibt es seit 2005 Versuche bürgerlich-liberaler Wiederbelebung; auf kommunaler Ebene ist die STATT Partei auch in Sachsen-Anhalt aktiv. Eine kleine, doch unübersehbare Gruppe in Sachsen-Anhalt heißt Blue White Street Elite (BWSE). Teils rekrutiert aus Fans des 1. FC

Magdeburg, schadet die zeitweilig verbotene Hooligan-Gruppe mit rechtsextremistischem Hintergrund und Wurzeln in der rechtsradikalen Vereinigung Weiße Aktivisten Jerichower Land seit 2005 dem Image von Sachsen-Anhalt sehr.

Verwandt mit der blauen Farbfamilie ist der Südschleswigsche Wählerverband. Er vertritt seit 1948 die Interessen der dänischen Minderheit in Schleswig-Holstein, seine Farben sind Blau und Gelb. Seit der Landtagswahl 2012 ist die von der Fünf-Prozent-Klausel befreite Partei zum ersten Mal Teil der Schleswig-Holsteinischen Regierung: Zusammen mit der SPD *und den Grünen bildet sie die Dänen-Ampel. Mehr politisches Blau gibt es in Deutschland unseres Wissens nicht.*

▲ LEO Dabei hätte es bleiben sollen. Aber seit 2013 ist Blau bundesweit bei den Parteien präsent, als Farbe der vermeintlichen Alternative für Deutschland. Seit die großformatig für die Rückkehr zur D-Mark wirbt, fragt man sich *Wer kann das wollen?* Doch schon ist die AfD in mehreren Landtagen präsent – auch in Sachsen-Anhalt – und zog trotz ihrer schrägen, vielfach kriminellen Parolen in den Bundestag ein.

Gelb galt – anders als in anderen Kulturen, vor allem in Asien, wo das die Farbe der Glückseligkeit ist – in Deutschland lange als (politische) Un-Farbe. Prostituierte, oft auch ledige Mütter, mussten gelbe Umhänge oder ein gelbes Kopftuch tragen, um schon von fern als unehrenhaft kenntlich zu sein. Ketzer trugen auf dem Weg zur Hinrichtung ein gelbes Kreuz. War die Pest ausgebrochen, hisste man im Mittelalter in europäischen Städten eine gelbe Fahne. Im deutschen Kaiserreich und in der Weimarer Republik war Gelb die Farbe der Verräter.

Die Nazis führten den Judenstern ein (in Abwandlung des seit dem 7. vorchristlichen Jahrhundert bekannten Davidsterns und als Replik des gelben Judenhutes, der etwa vom 11. bis zum 14. Jahrhundert üblich war,[180] *sowie des mittelalterlichen Gelben Flecks oder Gelben Rings, der Juden auf Anordnung vieler christlicher Fürsten auferlegt war)*[181] *und zwangen ab September 1941 alle Deutschen und Einwohner jüdischer Herkunft in besetzten Gebieten, ihn sichtbar an ihrer Kleidung zu tragen.*[182] *Bereits seit 1936 wurden Häftlinge in Konzentrationslagern mittels farbiger Dreiecke oder Winkel gemäß der perversen nationalsozialistischen Klassifizierung markiert: Schwarz zeigte Asoziale bzw. Gemeinschaftsunfähige an, Grün Kriminelle, Lila wegen religiöser Zugehörigkeit Inhaftierte (Bibelforscher, Zeugen Jehovas, Siebenten-Tags-Adventisten), Rosa Homosexuelle, Blau vormalige Emigranten, Braun Sinti und Roma, Rot politische Gefangene. Zwei aufeinander gesetzte gelbe Dreiecke ergaben den Judenstern. Sogenannter Rassenschande bezichtigte Frauen und Männer waren an schwarz-gelben Markierungen zu erkennen, ein rotes Dreieck über einem gelben zeigte an, dass ein Jude als politischer Häftling inhaftiert war. Schon seit dem Mittelalter symbolisierte Gelb oft Geiz oder Geld – weil infolge der ihnen auferlegten Einschränkungen bei der Berufswahl viele Juden Geldverleiher und später Bankiers geworden waren. Bis heute verbinden diverse Warnschilder Hinweise auf Gefahren mit der Farbe Gelb.*

Seit der Landtagswahl in Baden-Württemberg 1972 indes nutzt die FDP Gelb als Farbe ihrer Partei und nimmt so die positiven Konnotationen auf – man kennt die einprägsame Deutschlandkarte mit den schwarz-gelb gefärbten Bundesländern Saarland, Bayern, Hessen, Niedersachsen und Schleswig-Holstein und Hans-Dietrich Genschers Westover in Gelb! Regelmäßig halten farbige Wortspiele für polemische Seitenhiebe gegen politische Widersacher her: Im Frühjahr 2013 wurden Rot und Grün zu Farben der Misere, Gelb und Blau zu Farben des Aufschwungs, aber die Medien malten auch das böse Bild einer blau-gelben Konterrevolution.[183]

In den USA gewann die Farbe in Gestalt des gelben Vogels aus der Sesamstraße Bedeutung im Wahlkampf. Der republikanische Herausforderer Mitt Romney hatte angekündigt, dem öffentlich-rechtlichen Sender PBS – Bibos Heimat – Fördergelder zu streichen. Der demokratische US-Präsident Barack Obama machte sich per Video über Romney lustig: Dieser wisse, dass man sich nicht um die Wallstreet, sondern um die Sesamstraße Sorgen machen muss.[184]

Braun ist, als Folge des Nationalsozialismus in Deutschland, im politischen Spektrum auch international ein für alle Mal diskreditiert.[185]

Orange gilt, vom niederländischen Königshaus der Oranjer abgesehen, historisch als unbelastet und taucht erst in jüngerer Zeit als Parteifarbe auf, etwa seit 1982 für die Ökologisch-Demokratische Partei (ÖDP), die aus der Grünen Aktion Zukunft (GAZ) hervorging. Vor der Europawahl 2004 führte auch die CDU Orange als Leitfarbe ein, vielleicht um das schwarze Image *zu konterkarieren.*[186] *Seit 2006 tritt die mit einigen Tausend Mitgliedern recht kleine Piratenpartei Deutschland orangefarben auf.*

Weniger als 1000 Mitglieder hat die 2001 gegründete Partei Die Violetten, die für spirituelle Politik, die Legalisierung von Drogen und Suchtprävention eintritt.

Zum Schluss Die Grauen: Die von Trude Unruh gegründete Urpartei existierte 1989 bis 2008; dann entstanden in Hessen die Allianz Graue Panther und in Sachsen Die Grauen – Generati-

onspartei. Es wäre vorstellbar, dass die Partei unsere Generation gut verträte, doch ihr fehlt die Lobby, um wirksam in die Politik eingreifen zu können. Erwartungsgemäß verpassten die Grauen 2009 den Einzug ins Europaparlament.

Aus all diesen Farben bestehen die Kommunalvertretungen und Landesparlamente sowie der deutsche Bundestag, nach jeder Wahl anders und neu – oder wie zuvor.

Der Bericht über einen Volksentscheid zur geplanten Hamburger Schulreform unter Ole von Beust vor zwei Jahren trug den Titel Blauer Brief für Schwarz-Grün.[187]

Letztes Jahr nannte ein Leitkommentar zur Landtagswahl am 20. März in Sachsen-Anhalt die Varianten: Schwarz-Rot? Rot-Rot? Kein Rot-Grün, kein Schwarz-Gelb, keine Ampel, kein Jamaika …[188] *Auf vermeintliche oder reale Politikverdrossenheit der halleschen Bevölkerung zielten im Herbst 2011 und im Frühjahr 2012 Werbungen in der Straßenbahn:* Schwarz, Gelb, Rot, Grün – mit der Mitteldeutschen Zeitung bekommt Ihr Bild von der Politik mehr Farbe.

Mit kundigem Blick in die Historie wurde die sommers auf dem Dach des Wörlitzer Schlosses flatternde Fahne in der Mitteldeutschen Zeitung als anhaltische Trikolore *bezeichnet, und man erfuhr:* Rot, Grün, Weiß: Das sind die Farben Anhalts. Rot wie der Adler Brandenburgs, das der Askanier Albrecht der Bär 1157 als Markgrafschaft begründete. Grün wie der Rautenkranz Sachsens, das Albrechts Sohn Bernhard 1180 als Herzogtum zufiel. Weiß wie der weiß-schwarz geschachtelte Schild der Askanier, dem Adelsgeschlecht, dem die Familie Anhalt entstammt. Drei uralte Farben für ein neues Land, das vor 800 Jahren als ein eigenständiger Territorialstaat in der Mitte Europas sichtbar wurde.[189]

Im April zeigte die Süddeutsche Zeitung ein originelles Foto der Bundeskanzlerin: Angela Merkel in grünem Jackett, drum herum Papageien in allen Farben des politischen Spektrums, sogar Piraten-Orange war dabei.[190]

In anderen Ländern sieht vieles anders aus, manches genauso: Sozialisten und Kommunisten tragen überall Rot; grüne Parteien zeigen sich Grün; Orange steht teils für Demokraten (Australien, Frankreich) teils für christlich-demokratische Parteien (Belgien) oder Liberale (Dänemark); in Griechenland hat wie bei uns die Piratenpartei Orange für sich entdeckt. Insignien der schwedischen Piraten sind die Kampffarbe Lila und ein schwarzes Segel … Das in Deutschland rare Blau ist international von größter Wichtigkeit: Als Symbol des vereinten Kontinents zeigt die Europaflagge zwölf goldene fünfstrahlige Sterne auf azurblauem Grund.

Kommen wir auf die Trikolore zurück: Flaggen aus aller Welt folgen dem Muster, dass sich vielfach variieren lässt … So zeigt die Flagge Irlands drei senkrechte Streifen in Grün, Weiß und Orange: Grün für die katholische Bevölkerungsmehrheit, Orange für irische Protestanten (in Erinnerung an Wilhelm III. von Oranien), Weiß für Aussöhnung und Frieden zwischen den Konfessionen. Diese Flagge ist am Vorbild der am 15. Februar 1794 als Nationalflagge deklarierten Ur-Trikolore orientiert.[191] *Grün nimmt an jedem 17. März, dem Todestag ihres Nationalheiligen, für katholische Iren eine spezielle Bedeutung an. Sie feiern St. Patricks Day, ein Highlight für den Kommerz! An diesem Tag trägt man – außer in Irland in Deutschland, in Österreich und in den USA – grüne Kleidung, schmückt sich mit dreiblättrigen Kleeblättern und malt sich grün an. Weil es auch grünes Bier gibt, wird der Todestag des Heiligen (461 nach Christi) Green Beer Day genannt. In Übersee begeht man seit 1962 zu Ehren des heiligen Patrick eine echte Umweltsünde: Der Chicago River wird grün gefärbt.*[192]

Sorgen bereitet eine kleine, 1993 gegründete griechische Partei: die rechtsradikale, ausländer- und judenfeindliche Goldene Morgenröte (Chryssi Avgi). Sie verlangt die Installierung von Landminen an den Landesgrenzen Griechenlands! Die Parteifahne mit dem weiß umrandeten schwarzen Mäander auf rotem Grund erinnert an die Fahne der deutschen Nationalsozialisten, ebenso der Gruß mit erhobenem rechten Arm, den die Anhänger der Partei als antiken griechischen Gruß zu Ehren der Morgenröte und des Lichtgottes Apollon verteidigen. Noch 2009 gab weniger als ein Prozent der Wählerschaft der Goldenen Morgenröte seine Stimme, doch seither kamen Zugewinne vor allem aus armen Verhältnissen. Bei den Wahlen am 6. Mai 2012 erhielt sie 6,97 Prozent der Stimmen und 21 von 300 Sitzen im griechischen Parlament; bei der nachfolgenden zweiten Parlamentswahl am 17. Juni schnitt sie nur wenig schlechter ab: 6,92 Prozent der Stimmen ergaben 18 Sitze im Parlament. Ziehen die griechischen Neonazis womöglich ins EU-Parlament in Brüssel ein?

▲ LEO Tante Almas Prognose war leider nicht falsch: Obwohl während der Wahlen zum Europa-Parlament im Mai 2014 sechs der griechischen Abgeordneten, darunter der Chef der Goldenen Morgenröte Nikolaos Michaloliakos, wegen rechtsextremer Aktivitäten inhaftiert waren, wurde die Partei zugelassen, kam auf 9,3 Prozent der Wählerstimmen und sitzt mit drei Abgeordneten im Europa-Parlament.

Bemerkenswert ist noch was Anderes: das Phänomen der Umkehr einer durch Farbe beabsichtigten Wirkung. Bei der Passage über die Stigmatisierung von KZ-Häftlingen erinnerte ich mich, wie die Medien vor zwei Jahren Anfang Januar berichten, dass über den Jahreswechsel in Tel Aviv zum ersten Mal zwei Wochen lang ein Festival namens Pink Winter, das Touristen aus aller Welt anzog, für Schwule und Lesben stattfand.[193] (Als Pendent ist in diesem Jahr am 30. Juni das Kulturfestival White Night in der Weißen Stadt geplant.) In Deutschland gehört die Neubrandenburger INITIATIVE ROSA-LILA in diesen Kontext: 1992 mit dem programmatischen Namen Rosa-Lila als Szene-Café gegründet, entwickelte sie sich in kurzer Zeit zu einem eingetragenen Verein, der sich für Schwule, Lesben und Bi-Sexuelle einsetzt und über deren Lebenssituation aufklären will. Auch Österreich hält mit: Seit 2008 lädt die Region um den Wörthersee jeden Sommer zum Pink Lake Festival ein, Get-Together für Lesben und Gays. Im August 2010 sprang mir eine Kurzmeldung aus Kärnten ins Auge: *Der Wörthersee wird rosarot […] Vom 2. bis 5. September schwappt schon zum dritten Mal eine rosarote Welle über den Wörthersee, denn dann geht in Pörtschach das Pink Lake Festival der Lesben und Homosexuellen-Szene über die Bühne.* Sogar ein Schiff namens MS Pink Lake ist jedes Mal mit von der Partie.[194]

Ehe wir zu anderen Farbwirkungen übergehen, ein paar Seitenblicke in die Historie.

Für Experten war es eine Sensation, als man in Sachsen-Anhalt einen uralten Topf mit Farbe fand. In einer DPA-Meldung hieß es: Archäologen haben bei Grabungen einen 7.200 Jahre alten Keramiktopf mit einem Kilogramm roter Farbe darin entdeckt. Sie fanden das Gefäß aus der Steinzeit bei Zeitz. Das sei einer der ältesten Farbfunde in Deutschland, teilte das Landesmuseum für Vorgeschichte mit. Bei der Farbe handelt es sich um eisenoxidhaltigen Ton, der in den Erdschichten der Umgebung vorkommt. *Ein Archäo-Chemiker wurde mit den Worten* Rot war für die Menschen der Steinzeit das Symbol des Lebens *zitiert.*[195]

Eine MZ-Info über den im Oktober 2012 in Halle veranstalteten 5. Archäologentag hieß Die graue Vorzeit war rot. *Das Thema der Tagung:* Rot. Die Archäologie bekennt Farbe. *Dazu zeigte eine Sonderschau noch ältere rote und rötliche Fundstücke aus Sachsen-Anhalt, darunter einen 13.000 Jahre alten Farbtopf.*

Im Jahr 1195 verfasste Kardinal Lothar Segni, nachmals Papst Innozenz III., einen liturgischen Farbkanon mit dem Titel De sacrosancti altaris mysterio, *in dem es vor allem um die Hauptfarben Weiß, Rot, Schwarz und Grün ging, aber auch abgeleitete Farben wie das Violett vorkamen.*[196] *Dieser Papst soll König Richard I. vier goldene Ringe übersandt haben, jeder mit einem Edelstein verziert: Smaragd, Granat, Saphir und Topas, jede der Farben Sinnbild einer Herrschertugend.*

1430 entstand der Orden vom Goldenen Vlies, eine dem Vorbild der Mönchsorden nachgebildete Gemeinschaft von Rittern. Später verlieh der Kaiser die Zugehörigkeit als Privileg, aus dem Ordensabzeichen des an einer Kette hängenden goldenen Widderfells, wurde das Urbild des modernen Verdienstordens. Das Goldene Vlies könnte das Bindeglied zwischen den Hauptbedeutungen des Wortes Orden sein.

Nicht Ritter, sondern (meist deutsche) Kaufleute gründeten die Bruderschaft der Schwarzhäupter in den baltischen Städten Riga, Reval, Pernau und Dorpat; es heißt, sie erfanden am 28. November 1510 in Riga den Weihnachtsbaum – eine Tafel auf dem Rathausplatz der lettischen Hauptstadt erinnert daran.[197]

In die Militärgeschichte ging die erste große Schlacht des Dreißigjährigen Krieges am 8. November 1620 nahe Prag ein, die das politische Ende des pfälzisch-böhmischen Winterkönigs (Friedrich V. von der Pfalz) besiegelte: die Schlacht am Weißen Berg.

Weiße Frauen indessen sind nicht nur Märchen- und Sagengestalten, sondern auch agile Menschen im wahren Leben. Die erste Bewegung von Frauen in Weiß gab es in Afrika: christliche und muslimische Frauen in Liberia, die den seit 1997 wütenden Bürgerkrieg beenden wollten. 2001 koordinierte die Bürgerrechtlerin und Politikerin Leymah Roberta Gbowee die Organisation Women in Peacebuilding; 2002 gründete sie Women of Liberia Mass Action for Peace. Als Zeichen für ihr Ziel kleideten sich alle weiß, wenn sie mit Gebeten und Protestgesängen durch Monrovia zogen. Die Initiatorin der überkonfessionellen Aktion bekam 2011 den Friedensnobelpreis.

Im Frühjahr 2003 – nach dem Schwarzen Frühling im März und April 2003 auf Kuba, einer gegen Regimekritiker gerichteten Welle staatlicher Gewalt – bildete sich die Menschenrechtsgruppe Frauen in Weiß (Las Damas de Blanco), die sich auch nach Freilassung der letzten Inhaftierten 2011 nicht auflöste, sondern weiter für die Wahrung der Menschenrechte eintrat, so vor dem Besuch von Papst Benedict XVI. im März 2012. Bereits 2005 wurde die Gruppe mit dem Sacharow-Preis geehrt.

▲ LEO Damit hängt vielleicht ein Ereignis in den USA zusammen: Bei der ersten Rede von Donald Trump vor dem Kongress am 28. Februar 2017 trugen viele Frauen – Symbol für den Kampf um Frauenrechte und Gleichberechtigung – weiße Kleidung. Oder geht das auf die Sufragetten in Großbritannien und in den USA Anfang des 20. Jahrhunderts zurück? Sieht man von den schon früher verkauften religiösen Devotionalien ab, könnte dies die Geburtsstunde des modernen Merchandising sein: Nachdem die Sufragetten im Oktober 1903 die Woman's Social and Political Union (WSPU) gegründet hatten, verkauften sie Flaggen, Rosetten und Broschen in den Farben der Bewegung: Violett für die Würde, Weiß für die Reinheit und Grün für die Hoffnung. Der Handel florierte, 1909 nahm eine britische Juwelierfirma feministischen Schmuck in ihren Angebotskatalog auf.

Ob auch Verbindungen zum Weißen Marsch in Belgien im Oktober 1996 und zu der bis 2011 bestehenden gleichnamigen Bewegung gegen Pädophilie in der Schweiz bestehen, haben wir nicht herausfinden können, es wäre jedoch plausibel. Damals protestierten in Brüssel Opfereltern gegen die von Marc Dutroux und Michelle Martin begangenen Morde an ihren Kindern für extreme Strafen …

Wir sollten uns den Artikel des Rechtshistorikers Heiner Lück zur Farbsymbolik ansehen, in dem auch die befremdlich anmutende Frage Welchen rechtlichen Inhalt hat eine Farbe? *analysiert wird.*[198] *Da könnte es Näheres geben zu zwei seltsam scheinenden Bezeichnungen, die auch mit dem Rechtswesen zu tun haben: Was eine Hochzeit in Weiß bedeutet – die jungfräuliche Unberührtheit der Braut (beim Bräutigam wurde das nie hinterfragt) –, weiß jeder. Aber eine Weiße Hochzeit? Wir wussten das ebenso wenig, bis wir etwas über die russische Mathematikerin Soja Kowalewskaja lasen. Sie war im 19. Jahrhundert die erste Mathematikprofessorin in Schweden und ging zu Beginn ihrer Karriere eine solche Scheinehe ein.*

Schließlich die Weiße Folter: Der Begriff meint Foltermethoden wie Schlafentzug, Demütigung, Isolationshaft oder Scheinhinrichtung, die äußerlich unsichtbar bleiben, jedoch schwere psychische Leiden nach sich ziehen.

▼ LEONIE Vorgestern hab ich endlich in Tante Almas Schule angerufen. Weiter als bis zum Vorzimmer des Direktors kam ich nicht, kriegte aber einen Termin beim Chef, und heute war ich dort. Für so einen Job scheint er sehr jung, ungefähr wie ich, höchstens wie Leo. Tante Alma hat er noch kennengelernt. Ein Jahr vor Beginn ihres Ruhestands, übernahm er die Schule. Er wusste, sie traf ab und zu noch Kollegen, auch den Religionslehrer. Er betonte, wie sehr er Tante Alma als Lehrerin geschätzt habe, dass mancher bis heute von ihren Erfahrungen profitieren würde … Was man halt sagt in so einer Situation. Trotzdem hat er das ernst gemeint. Sein Erschrecken, als ich von ihrem Tod sprach, war echt. Ein bisschen hilflos fragte er, ob er mir helfen könne. *Ja*, hab ich gesagt, *wenn Sie mir Namen und Adressen derjenigen geben, mit denen sie näher bekannt war, würde ich mich freuen.* Er fragte, wann die Beerdigung sei. Eine Kammerbesetzung des Schulchors könnte, falls der Termin nicht in die Prüfungszeit fiele, a capella ein, zwei Lieder singen; die Schüler und Schülerinnen täten das sicher gern. Ich dachte an die Comedian Harmonists und war ratlos – bis ich die Idee hatte, zu bezweifeln, dass die Musiklehrerin einem außerplanmäßigen Einsatz zustimmen würde. Obwohl das zum Anlass unseres Gesprächs nicht passte, lachte er und sagte mit komischer Betonung *Die Musiklehrerin – das bin ich. Als ich hier neu war, unterrichtete ich nur Englisch, doch als Ihre Tante die Schule verließ, übernahm ich auch Musikunterricht und Chor.* Es war klar, er würde den Vorschlag nicht machen, falls er unrealisierbar wäre. Und Tante Alma müsste es recht sein, wenn nicht nur einige aus dem Kollegium, sondern auch Schüler und Schülerinnen dabei wären. Zumal sie die aus den oberen Klassen alle noch selbst gekannt und unterrichtet hat. Also redete ich nicht um den heißen Brei herum, sondern sagte klipp und klar *Nicht, dass ein Schulchor singt, ist das Problem, sondern was er singt!* Er sah mich verständnislos an, ich erklärte es. *Ja,* meinte er, *wenn das so ist, wollen wir doch den Wunsch Ihrer Tante nicht ignorieren …*

Da schrillte die Schulklingel, er verwies mich wegen Namen und Adressen an die Sekretärin, es blieb gerade noch Zeit, die Handynummern auszutauschen, ehe er verschwand. Ich fragte die Sekretärin nach den Prüfungszeiten und notierte sie; wir werden sie beachten, ehe der Termin für die Bestattung vereinbart wird. Ein Glück, dass für mich im Moment kein Großprojekt beim Freiwilligenbüro läuft, die nächste Sache, bei der ich einsteigen will, beginnt erst im August. Bis dahin hab ich längst alles Wichtige gesichtet und weiß, wie es weitergehen kann. Leo hat auch Vieles angesehen, er wird mir helfen. Ich glaub, da geht was, und das wird gut.

Letztes Wochenende hatte ich mehrere handgeschriebene Blätter über Spiele und Notizen zum Blauen Kapitel durchgesehen, und einen Computerausdruck, wo Tante Alma aus den beiden Ansätzen einen einzigen Text gemacht hat. Vielleicht, weil sie an andrer Stelle schon überlegte, ob es nicht zu eintönig sei, die Kapitel nur nach Farben zu ordnen. Ich glaub auch, das wär nicht so gut; dann müssten in jedem der Farbkapitel alle anderen Stichworte – wie Architektur, Geschichte, Psychologie, Musik und und und – eins nach dem anderen abgehandelt werden, das würde auf Dauer ziemlich öde sein.

Von blauen Stunden bis zum wirklichen Blau

Blau, blau, blau sind alle meine Kleider. Blau, blau, blau ist alles, was ich hab! Darum lieb ich alles, was so blau ist, weil mein Schatz ein Seemann ist ... *Das besonders bei Mädchen beliebte alte Kinderlied hört man heute kaum noch oder gar nicht mehr; dabei vermittelte es ganzen Generationen auf spielerische Weise ein feines Feeling für Farben und ein tief wurzelndes Grundvertrauen in ihre Bedeutung. Später hatte niemand von uns eine so freie Auswahl der Liebsten: neben dem blauen Seemann den weißen Schneemann und den grünen Jäger, den schwarzen Schornsteinfeger, den gelben Chinesen und den roten Feuerwehrmann ... Trotz aller farblichen Vielfalt wählte nie jemand eine Rothaut zum Schatz. Dabei ahnten wir Kinder nicht, dass diese Benennung Ausdruck von Rassismus sein könnte. Ich weiß nicht, ob meine Nichte das Lied* Über allen strahlt die Sonne *von Ursula Gröger noch gelernt hat, das früher in jeder Fibel neben einem Kreis verschieden aussehender und gekleideter Kinder und später in jeder Sammlung von Pionierliedern stand:* Über allen strahlt die Sonne, / über allen in der Welt. / Alle Kinder wollen Frieden, / Frieden, der das Glück erhält. // Froh und glücklich will doch spielen / auf der Erde jedes Kind, / ob nun seine Eltern Schwarze, / Gelbe oder Weiße sind. // Darum höret unsre Bitte, / hütet gut den Frieden ihr, / daß die Kinder aller Länder / froh und glücklich sind wie wir.

Lied und Bild waren für uns so anrührend wie Weniges ... vielleicht die Eröffnung der Olympischen Spiele in Tokio 1964 im

Radio: Gänsehautfeeling! Alle Völker der Erde schienen friedlich zusammengekommen und einander freundlich zugetan …

Vom harmlosen Kinderspiel mit zum Schatz passenden Kleidern wechseln wir zur berufsbedingten Farbwahl bei Arbeitskleidung. Das Internet bietet viele Informationen zur vordergründig suggestiven Wirkung einzelner Farben: Weil Weiß als Symbol für Reinheit gelte, sei diese Farbe typisch für Weißkittelberufe wie Ärzte, Laboranten, Köche und Bäcker. Auch die Hamburger Feuerwehrleute wurden einst Wittkittel genannt, da sie ab 1750 fast 200 Jahre lang bei ihren Einsätzen wegen der Hitze weiße Kittel trugen.[199] *Schwarz hingegen suggeriere Seriosität und Überlegenheit: Juristen, Bestatter, Hoteliers und Wachschutzleute, aber auch Schornsteinfeger und Zimmerleute trügen Schwarz. Blau ließe auf Kompetenz schließen und praktischen Sachverstand, deshalb gingen Bankangestellte und Analysten häufig im blau(grau)en Anzug ins Büro, Handwerker im Blaumann. Grün symbolisiere Naturverbundenheit – wie Forstarbeiter, Gärtner und Jäger zeigen. Rot und Orange wirken als Warnung, Rettungskräfte, Gleis- und Straßenarbeiter oder Müllmänner tragen sie.*

Auch früher und anderswo war es üblich, Berufe, Tätigkeiten oder soziale Stellung mittels bestimmter Farben der Bekleidung kenntlich zu machen. Römische Sklaven trugen braune und graue Kleidung, chinesische Bauern kleideten sich braun (Rot war Höhergestellten, Gelb der Kaiserfamilie vorbehalten), in Indien deutet die Farbe der Saris auf die Kastenzugehörigkeit oder den Beruf hin: Bäuerinnen trugen Blau.

Ein anderes Farbenspiel, das wir schon als Kinder kannten, hieß Ich sehe was, was du nicht siehst, und das sieht … aus. *Rosa, Lila, Grün oder welche Farbe einem gerade in den Sinn kam, die ein Gegenstand aufwies, der zu erraten war. Unfaire Mitspieler dachten sich, hatte jemand die richtige Lösung gefunden, flugs etwas Anderes von gleicher Farbe aus, und die Raterei ging weiter.*

Bei vielen Spielen, die mit Spielsteinen, Hütchen, Holz- oder Plastikfiguren zu spielen sind, gibt es vor Beginn Streit: Rot, Blau Gelb und so weiter – wer darf mit welcher Farbe spielen? Vor zwei Jahren kreierte die Deutsche Post eine 55-Cent-Briefmarke zum Klassiker der Brettspiele. Das wurde im Lokalblatt mit einem Artikel über das fast 100-jährige Würfelspiel gewürdigt. Kaum zu glauben, es zieht schon seit 1914 ganze Generationen in seinen bunten Bann. Man sollte Psychologen fragen, ob es nur Maulfaulheit ist, wenn Kinder (Erwachsene auch) oft sagen Wir wollen *Mensch-ärger-dich* spielen – *obwohl es korrekt* Mensch-ärgere-dich-nicht *heißen muss … Im Zeitungstext steht:* Wer als eiserner Taktiker in den Kampf zieht und behauptet, bei ihm spielten die Gefühle keine Rolle, der ist oft schon bei der Wahl der Farbe überführt, dass auch er eben nicht unemotional entscheidet. Denn – ehrlich – keine Partie beginnt ohne zünftigen Krach um die Zuordnung der Spielfiguren. Das Geschrei darum, wer die Roten führen darf, gehört unbedingt zu jeder Runde. / Schließlich will man nicht nur spielen, sondern in den Kampf ziehen, wofür Rot, das für Aggression und Hochmut steht, prädestiniert erscheint. Grün, Symbol der Hoffnung und des Selbstbewusstseins, und Blau als Ausdruck von Ruhe und Gelassenheit kommen noch ganz gut weg, aber jeder weiß, dass Gelb eher weniger begehrt ist. Kein Wunder, wenn man bedenkt, dass es Ärger und Aufregung ausdrücken soll.[200] *Ähnlich dürfte es bei Halma sein. Die Vorliebe für Schwarz oder Weiß bei Backgammon, Dame, Mühle und Schach wird andere Gründe haben.*

Da wir beim Spielen sind, darf im blauen Kapitel Deep Blue nicht fehlen! Das ist kein Tiefseewetttauchbewerb, sondern hat mit der Königsdisziplin aller Brettspiele zu tun. Ein schnöder Computer, der als Erster einen Schachweltmeister schlug, trägt den poetischen Namen. 1996 besiegte Deep Blue Garri Kasparow, 1997 gewann er erneut sechs Partien – einen kompletten Wettkampf – gegen ihn. Triumphierte die Technik über den Menschenverstand? Das Projekt geht auf den taiwanischen Informatiker Feng-hsiung Hsu zurück. Er startete den ChipTest 1985 an der Carnegie Mellon University und nannte das System Deep Thought.[201] *Ab 1989 leitete er ein Team des US-Konzerns IBM, dem der kanadische Informatiker Murray D. Campbell angehörte und das Deep Blue erfand. Das Programm kann bis zu 14 Züge im Voraus berechnen, sein Name ist abgeleitet vom Spitznamen Big Blue für IBM.*

Um den Verstand, genauer gesagt um das menschliche Gehirn, geht es auch bei einem Forschungsvorhaben an der EPFL (L'Ecole polytechnique fédérale de Lausanne) in Lausanne: Ein Team um den Hirnspezialisten Henry Markram will bis 2015 das erste virtuelle Gehirn (nach)bauen; das Projekt heißt Blue-Brain.[202]

Hierzulande erst seit der Wende bekannt und beliebt ist der Zauberwürfel Rubik's Cube. Schon bald nach seiner Erfindung 1975 durch den ungarischen Bauingenieur und Architekten Ernö Rubik stieg er 1980 im Westen zum Besten Solitärspiel auf.[203]

▼ LEONIE Leo hat mir erzählt, er hätte als Kind – wie viele seiner Freunde – auch so ein Teil gehabt, oft trugen sie Turniere aus. Manchmal nahmen sie die Würfel in die Schule mit und spielten heimlich unter der Bank – bis sie der Lehrer erwischte und die Würfel bis Unterrichtsschluss einzog.

Im November 2016 stellte der 20-jährige Niederländer Mats Valk bei den Jawa Timur Open einen neuen Weltrekord auf: Er sortierte die Farben – Rot, Blau, Grün, Gelb, Weiß und Orange

– in unmöglichen 4,74 Sekunden. Wenig später schaffte es der 21-jährige Australier Feliks Zemdegs noch eine Hundertstel Sekunde schneller!

Ich denk, für solche Rekorde muss vieles andere – gern soziale Kompetenz genannt – auf der Strecke bleiben. Da lob ich mir meine Durchschnittlichkeit, sie lässt mich die Leute verstehen, mit denen ich bei den Freiwilligen-Projekten zu tun hab. Ich will mit ihnen – im Wortsinn – alles Mögliche erreichen, aber ich überfordere sie nicht.

Und wenn jemand blau macht, drücke ich ein Auge zu …

Da wir beim Blau sind: Vor kurzem las ich, dass im kurpfälzischen Schwetzingen ein Blau-Museum eingerichtet wird, in dem man anhand von Exponaten aus Kunst und Alltag die Kulturgeschichte der Farbe Blau kennenlernt. Vielleicht erfährt man dort, warum Adlige früher als blaublütig bezeichnet wurden. Und ob das mit der englischen Blaustrumpfgesellschaft der Elizabeth Montagu zu tun hat. Falls wir mal in der Nähe sind und dieses Museum existiert dann schon, werden wir es besuchen.[204]

Eine Grundfarbe dieses Würfels ist Blau. Sehen wir uns diese Farbe etwas näher an. Sie weckt meist positive Emotionen und Assoziationen. Zu den Ausnahmen gehört es, wenn prophezeit wird, man werde sein blaues Wunder erleben,[205] *oder wenn über einen gesagt wird, was er erzähle, sei nur blauer Dunst oder er löge das Blaue vom Himmel herunter oder er mache blau*[206] *oder gar, er sei blau! Daher kommt das Blaue Kreuz, eine Organisation der Suchtkrankenhilfe, zuerst nur auf Missbrauch von Alkohol orientiert, heute aber ebenso auf Medikamenten- und Drogensucht. Auch* Das Blaue Buch *sei erwähnt, denn im Kapitel Literatur wäre es fehl am Platz. Es ist die um 1950 von dem Quäker Heinz Kappes vorgenommene deutsche Übersetzung des erstmals 1939 in den USA erschienenen* Big Book *mit dem Titel* Alcoholics Anonymous, *eines religiös-esotherisch geprägten Ratgebers, in blauem Einband, den zwei (vormalige) Alkoholiker verfasst hatten, um Leidensgefährten ihr Zwölf-Schritte-Programm zu vermitteln. 1998 folgte ein neues Hilfsangebot, die Publikation der Hazelden Foundation (Minnesota):* Das kleine Rote Buch. Leitfaden für Anfänger und Fortgeschrittene im 12-Schritte-Programm.

Das Problem besteht in der hiesigen Region schon lange: Vor über 100 Jahren wurde – als vierter in Deutschland – der Ortsverein Halle des Blauen Kreuzes gegründet: am 7. Oktober 1896. Ratsuchende mussten sich selbst dort informieren. Heute klicken sie einfach bei Google den Link www.blaues-kreuz-halle.de an.

Was für blaue Misslichkeiten gibt es außerdem? Ältere wissen, blaue Bohnen ist eine Bezeichnung für Gewehrmunition. Im Vergleich harmlos sind die von Kindesbeinen an bekannten blauen Flecken und das berüchtigte blaue Auge, mit dem man trotz auswegloser Lage noch davon gekommen ist. In solche Situationen zu geraten, ist häufig die Folge von Blauäugigkeit[207] *– die mit der Augenfarbe nichts zu tun hat und fast liebenswert ist – obgleich sie leicht zur Karrierebremse wird.*

Sind es der blauen Augen zwei (in Volksliedern, Schlagern, gefühlvollen Gedichten), ist Liebe oder zumindest Verliebtsein angesagt. Dazu passt eine Fahrt ins Blaue, die blaue Blume oder eine blaue Stunde – und der böse Ritter Blaubart ebenfalls …[208]

Doch bleiben wir beim positiven Blau. Wir denken an das zitierte Kinderlied und die verschiedenen Liebsten … Inzwischen steht selbst gelben Chinesen, roten Indianern und Schwarzafrikanern bei Bedarf in Deutschland eine Blue Card zu: Seit 1. August

2012 ist ein Gesetz in Kraft, die hochqualifizierten ausländischen Arbeitnehmern diese in Aussicht stellt – einen Hochschulabschluss und einen Job mit 45.000 Euro (bei Mangelberufen 35.000 Euro) Jahresverdienst vorausgesetzt.

Auch die deutschsprachige Version – die Blaue Karte – ist etwas Positives, nur ihr Nichtvorhandensein bedeutet im Ausland Verdruss. Wassersportler wissen, worum es geht: Die Blaue Karte ist der Nachweis einer Bootshaftpflichtversicherung. In Italien, Kroatien und Spanien ist sie Pflicht. Wer sie nicht hat, riskiert ein Bußgeld.

Im Juli 2010 schrieben die Vereinten Nationen den Zugang zu sauberem Wasser als Menschenrecht fest. Der Schweizer Extremsportler Ernst Bromeis startete, um es durchsetzen zu helfen, aus Davos am 2. Mai 2012 (mit 43 Jahren) die Aktion Das Blaue Wunder – Rhein 2012. *Von der Quelle bis zur Mündung wollte er den 1.247 Kilometer langen Rhein durchschwimmen. Gesundheitliche Probleme zwangen ihn nach 400 Kilometern aufzugeben. Wir wünschen uns, dass er es wieder versucht.*

▼ LEONIE Tante Alma hat es nicht mitbekommen: Zwei Jahre später, am 7. Juli 2014, startete Ernst Bromeis erneut und erreichte sein Ziel. Er hatte nochmals seine Gründe dargelegt und konstatiert, wir seien von der Durchsetzung des durch die UN-Vollversammlung anerkannten Menschenrechts weit entfernt.[209]

Auch eine hallesche Stiefschwester des Dresdner Blauen Wunders hätte Tante Alma nennen können: die blau gestrichene Fußgängerbrücke von 1971 über die Leninallee (seit 1990 Merseburger Straße), südlich vom Riebeckplatz – die so marode war, dass 2009 der östliche Teil abgerissen, 2013 der Rest gesperrt werden musste.[210]

Von den deutschen Wasserstraßen gelangen wir – an vielen Ufern wird er angebaut – zum Wein. Etwa zum Blauen Bernburger, einer würzigen, süßen Rebsorte, die es eigentlich nicht mehr gibt – und die trotzdem in und um Bernburg an der Saale gedeiht, zu Wein gekeltert und zu Gelee verarbeitet wird. Die älteste Weinrebe der Welt, der Blaue Kölner, wächst nur noch an den Mauern des Weinmuseums in Maribor. Bei einem Jahresertrag von maximal 30 Litern ist dieser Wein unverkäuflich, er wird in 300-ml-Flaschen an gekrönte und/oder prominente Zeitgenossen wie Bill Clinton, Arnold Schwarzenegger und Kaiser Akihito verschenkt.

Ehe wir zur nächsten Farbe kommen, stellen Sie sich folgende Farben vor: Ägyptisch Blau, Alizarinblau, Amarnablau, Azurblau, Azuritblau, Berliner Blau, Chinesisch-Blau, Coelinblau, Dumonts Blau, Han-Blau, Indigo, Himmelblau, Königsblau, Lavendelblau, Leithners Blau, Limosiner Blau, Meerblau, Methylenblau, Nachtblau, Nil-Blau, Pflaumenblau, Kobaltblau, Königsblau, Kupferblau, Preußisch Blau, Rheinsberger Blau, Sèvres-Blau, Stahlblau, Taubenblau, Thénards Blau, Türkisblau, Ultramarin, Veilchenblau … Da wird einem glatt schwarz vor Augen – Wikipedia hilft:

- **Berliner Blau** ist ein lichtechtes, tiefblaues, anorganisches Pigment. Als altes Pigment ist das C.I. Pigment Blue 27 (77510) auch bekannt unter den Namen Pariser Blau, Französischblau, Eisen(cyan)blau, Turnbulls Blau, Bronzeblau, Preußisch Blau, Pottascheblau, Chinesischblau, Miloriblau, Stahlblau, Tintenblau und Tonerblau […]. Gewonnen wird das (in der Natur nicht vorkommende) Berliner Blau aus einer Lösung von Eisen(III)-Salz und gelbem Blutlaugensalz; es dient als Anstrichmittel und zum Tapetendruck, wird aber auch als Gegenmittel bei Vergiftungen mit radioaktivem Cäsium oder Thallium eingesetzt.

- **Methylenblau** ist ein Phenothiazin-Derivat. Der kationische Farbstoff wird in der Chemie, Medizin und Färbetechnik verwendet. Als reiner Farbstoff erscheint Methylenblau als dunkelgrünes Pulver, beziehungsweise als dunkelgrüne Kristalle. Handelsüblich ist es auch als Doppelsalz mit Zinkchlorid erhältlich, welches ein braunes Pulver ist. / Methylenblau wurde erstmals im Jahr 1876 bei der BASF von dem Chemiker Heinrich Caro synthetisiert. 1877 erhielt die BASF für Methylenblau das erste Deutsche Reichspatent für einen Teerfarbstoff. / Es wurde zur Blaufärbung von Fasern oder Papier verwendet. [...]. / In der Histologie setzte als Erster im Jahr 1885 Paul Ehrlich Methylenblau ein, um bestimmte Gewebearten selektiv zu färben. Da die Färbung mit Methylenblau am lebenden Organismus möglich ist, zählt es zu den sogenannten Vitalfarbstoffen. Um 1900 wurde versucht, Methylenblau als Medikament gegen psychische Erkrankungen einzusetzen. In der Molekularbiologie verwendet man Methylenblau zum Färben von DNA und RNA.
- **Königsblau** bezeichnet jede tiefblaue Farbe [...], auch Preußischblau, Pariser Blau oder sogar Indogo. / Die Bezeichnung geht zurück auf die blauen Uniformen und Livreen der Leibgardisten und Hofbeamten der französischen Könige seit Ludwig XIV. / [...] Als Aufglasurfarbe wurde der Farbton vor 1757 von der Manufacture royale de porcelaine de Sèvres entwickelt und darum wird diese typische Farbe des nach ostasiatischen Vorbildern ursprünglich in Vincennes und seit 1756 in dem Pariser Vorort Sèvres hergestellten Porzellans auch **Sèvres-Blau** genannt.[211]

*Zum **Alizarinblau** hätten wir uns auch in Urgroßmutters Lexikon informieren können: Alles über die Farbe und ihre Verwandten wird aus dem alten Brockhaus[212] zitiert:*

- **Alizarinblau**, ein durch Einwirkung von Glycerin und Schwefelsäure auf beta-Nitroalizarin dargestellter Farbstoff [...], der mit Chrom gebeizte Zeuge blau färbt.
- **Alizaringrün**, s. Cörulein. *(Dort findet man, es handele sich um die Synthese der Farbstoffe Gallein und Coerulein [Anthracengrün]).*
- **Alizarinorange** ist beta-Nitroalizarin, färbt mit Thonerde gebeizte Baumwolle orange, mit Eisen gebeizte rötlichviolett, mit Chrom gebeizte rotbraun.
- **Alizarinschwarz**, die Natriumbisulfitverbindung des Dioxynaphtochinons, färbt mit Chrom gebeizte Wolle schwarz.
- **Alizarintinte**, ein Gemisch von Eisengallustinte mit Indigoblausulfosäure.
- **Alizarin** ist eine natürlich vorkommende chemische Verbindung aus der Gruppe der Anthrachinone, die vor allem als Farbstoff genutzt wird. Alizarin ist nicht mit dem Azofarbstoff Alizaringelb zu verwechseln. [...] Das Wort Alizarin stammt vermutlich vom spanischen alizari her, welches sich vom arabischen al-usara ableitet. Beide Begriffe stehen für Krapp. Auch das lateinische Wort für Krapp, rubia tinctorum = Färberröte, deutet auf die Verwendung hin.
- **Krapp:** Die Färberröte enthält in ihren roten Wurzeln 1–2 % des Farbstoffs Alizarin, das in reiner Form orange-rote Kristalle bildet. [...] Daneben sind noch andere Farbstoffe wie Pseudopurpurin, Rubiadin oder Munjistin enthalten. [...]

Wer aber will das alles wissen und sich merken? Wir sind weder Chemiker noch Alchimisten! Darum folgen nur noch wenige Beispiele aus dem blauen Reservoir.

Rheinsberger Blau kommt aus Rheinsberg, soviel ist klar. Vor ein paar Tagen wurde es in der Zeitung erwähnt, im Internet steht es unter www.keramik-rheinsberg.de. Der Journalist stellte zwei Rheinsberger Jubiläen im Jahr 2012 vor: den 300. Geburtstag von Friedrich II. und 250 Jahre Keramikproduktion. Über das zweite schrieb er: … Platzhirsch Carstens-Keramik mit über 100-jähriger Tradition produziert heute in beachtlichen Stückzahlen für den deutschen und skandinavischen Markt – vor allem Teekannen und Namenstassen in typischem Rheinsberger Blau gehen dort weg wie warme Semmeln.[213] *Ein drittes Jubiläum ließ der Autor weg: 1912 erschien Kurt Tucholskys damals gewagtes Büchlein* Rheinsberg. Ein Bilderbuch für Verliebte *zum ersten Mal.*[214] *Schön tiefblau glasierte Keramik gab es aber schon 3000 Jahre zuvor: Man fand sie in Tell-El-Amarna, der Residenzstadt des Echnaton (Amenophis IV.) am Ostufer des Nil – wir sahen sie im Ägyptischen Museum in Berlin.*

In der Frühen Neuzeit war, vor allem in der Kirchenkunst, das Maleremail beliebt und wurde von vielen Künstlern gepflegt. Im 16. Jahrhundert entstand im französischen Limoges das Limosiner Blau. Sein Name geht auf Léonard Limosin zurück.

Bemerkenswert ist auch Indigo, ein Blauton zwischen der Grundfarbe Blau und der Mischfarbe Violett. Der Name sei, weiß Wikipedia, von dem Farbstoff abgeleitet, der aus der Indigopflanze, die in Indien, China und Afrika wächst, gewonnen und zum Färben von Bekleidung genutzt werde, so von den Tuareg, bei denen Männer meist mit Indigo gefärbte Turbane und Schleier tragen, zum Schutz gegen böse Geister und vor Wüstensand. Und man erfährt: Indien ist das älteste Zentrum, wo mit Indigo gefärbt wurde, noch ehe die Farbe in der Antike nach Europa kam. So gelangte auch das Wort indikon (das Indische) ins Griechische. Vom antiken Rom kam das Wort indicum in den italienischen Dialekt und in die europäischen Sprachen.[215] *Auch für das Maya-Blau war Indigo wichtig: Zuerst wurde das Mineral Palygorskit mit der Indigopflanze gefärbt, dann durch Erhitzen mit Copal gebunden. Doch die Maya färbten nicht nur Wände und Keramiken. Auch Menschen, die sie dem Regengott Chaak opfern wollten, malten sie mit Maya-Blau an, ehe man ihnen bei lebendigem Leib das Herz herausschnitt – Blau war die Farbe der Götter.*[216]

Nun noch ein paar Worte zu Yves le Monochrome. 1957 erfand der Avantgarde- und Konzeptkünstler Yves Klein (1928–1962) das singulär leuchtende Ultramarinblau und ließ es sich 1960 als IKB (International Klein Blue) patentieren. In vielen seiner Bilder setzte der Mitbegründer des Nouveau Réalisme neben IKB auch Monorot, Monorosa und Monogold ein. Im April 2007 sahen wir das live in Wien: das MUMOK (Museum für Moderne Kunst Stiftung Ludwig) zeigte die Retrospektive Yves Klein – die blaue Revolution. – *Vielleicht wäre das im Kapitel* Farben in der Malerei *besser platziert … Diesem Dilemma entgehen wir nicht und geben zu, dass hie und da Willkür herrscht und eine wissenschaftliche Systematik unsre Sache nicht ist. Wir wollen nur spielen … und erwähnen hier weder Blaue Pferde noch den Blauen Reiter, das Blaue Einhorn oder ein Blaues Pony, blaue Gewänder, die Blaue Blume oder den blauen Mantel der Muttergottes. Mit etwas Glück finden sie sich irgendwo und irgendwann – im Leben oder in diesem Buch.*

Apropos: Das im Kapiteltitel benannte wirkliche Blau gehört wirklich woandershin; bei dem literarischen Phänomen geht es zwar um eine konkrete Farbe, der Weg aber vom Verlust über die endlos scheinende Suche bis zum glücklichen Wiederfinden derselben steht für etwas ganz anderes.

▼ LEONIE Blau als Farbe des Vertrauens weht uns seit 70 Jahren von den Flaggen der Vereinten Nationen entgegen. Am 24. Oktober 2015 wurde der Anspruch mit über 300 Lichtinstallationen verkündet: In 85 Ländern strahlte man per Outdoor Lighting Action Gebäude UN-blau an, darunter das Opernhaus in Sydney, die kleine Meerjungfrau in Kopenhagen, den Schiefen Turm von Pisa, die Pyramiden von Gizeh, die Zitadelle von Erbil, den Skytree in Tokyo, die chinesische Große Mauer und die Felsenstadt Petra in Jordanien …

Ein Karton enthielt zahllose auf Farben bezogene, bunte Flyer und Prospekte, zum Beispiel die Programmübersicht des Novalis-Museums im Schloss Oberwiederstedt für 2013 mit dem Jahresthema *Licht und Farbe in der Romantik*. Ob Tante Alma das Museum besuchen wollte? Mit Schülern? Auch einen Prospekt zur Fachtagung der Novalis-Gesellschaft *Über die Natur des Lichts und die Farbe Blau in Wissenschaft, bildender Kunst und Dichtung um 1800* im November 2013 und den Flyer zur internationalen Konferenz *Farbe als Experiment*, die das Deutsche Farbenzentrum und die Bergische Universität in Wuppertal im September 2014 veranstalteten. Tante Alma hätte gar nicht hinfahren können, die Sommerferien waren vorbei. Zwei Jahre vorher, entsinn ich mich, hatte sie den vagen Plan, im Juni ein paar Tage nach Zürich zur Hochschule der Künste zu fahren, wieder verworfen, weil auch da keine Ferien waren. Zu gern hätte sie das Midterm-Meeting *Interaction Colour & Light* der Internationalen Gesellschaft der Farben (AIC) miterlebt.[217] Ende Oktober 2010 aber, zur Konferenz *Farbe in der Bildung* der Kunsthochschule Burg Giebichenstein im halleschen Volkspark, war sie dabei und ging zu vielen Vorträgen und Workshops, außerdem motivierte sie – erzählte sie stolz – Abiturienten jenes Jahrgangs, sich die Ausstellung *Farbe und Licht zwischen Kunst, Design und Experiment* anzusehen und die Themenausstellung der Berliner Humboldt-Universität *200 Jahre Goethes Farbenlehre aus Sicht der modernen Optik*. Auch diesen Flyer hat sie aufbewahrt. Wir waren damals dort und einfach hin und weg von dem kleinen Konzert, das Steffen Schleiermacher gab: *Sonatas and Interludes for Prepared Piano* von John Cage. Eine halbe Stunde spielte der Pianist vor einer riesigen Farb-Licht-Klaviatur und führte dem Auditorium auf grandiose Weise die Wechselwirkungen zwischen Musik und Farbe vor.[218] Von den Exponaten begeisterte uns am meisten das vielfarbige Blau einer Installation von Martina Löw. Irgendwo hatte ich die monochromen Farbflächen der Künstlerin schon mal gesehen – nun hier in Halle dieses Blau! Mit Weiß und Grün, wie ein Sinnbild der irdischen Welt, die aus Wäldern, Wolken und Meeren besteht …

Zu Blau fällt mir eine Meldung ein, die kürzlich durch die Medien ging: Deutschland, Österreich, Tschechien, die Slowakei und Ungarn reichten einen Antrag bei der UNESCO ein, der den im 18. und 19. Jahrhundert in Mitteleuropa weit verbreiteten Blaudruck als immaterielles Kulturerbe nominiert.[219]

Zwischen all dem haben sich zwei fertig ausgefüllte Bestellzettel verirrt für Ulrich Bachmanns Buch von *Farbe und Licht* (2011) und Christiane Wanzecks Fachbuch über die Etymologie von Farbwortverbindungen, das schon 2003 erschien.[220] Unten im Karton lag eine Kinderzeichnung, ein ganz und gar blaues

Haus, nur ein einziges Fenster war weiß gestrichen. Am unteren Blattrand stand in krakeligen Buchstaben: *Da wohne ich, wie im Himmel auf einer Wolke. M.* Woher Tante Alma die Zeichnung haben mochte? Zum Alter ihrer Schüler passte sie nicht … Es werden viele Notizen (und Bilder) übrigbleiben, deren Sinn ein Rätsel bleibt. – Halt! Hier ist noch ein Blatt mit Tante Almas Notizen über Zürich 2011! Schade, dass sie damals nicht dort war:

Zeit und Geld müsste man haben! Und schulfrei obendrein! Dann würde ich im Juni in Zürich sein. Die International Colour Association an der Zürcher Hochschule der Künste lädt vom 7. bis 10. zu einem Kongress unter dem Motto Interaction of Colour & Light in the Arts and Sciences *ein. Da wird es nicht nur um Bildung, Kunst und Medien gehen, sondern ebenso um Architektur, Theater, Psychologie und 100 andere Themen. Das würde mich interessieren, aber der Schulalltag ist wichtiger. Letzten Oktober war ich bei einigen Vorträgen der halleschen Konferenz der BURG* Farbe in der Bildung, *da stellten Wissenschaftler des Farb-Licht-Zentrums der Zürcher Kunsthochschule ihr Forschungsprojekt* FARBE & LICHT *vor: Manche Installationen in der Ausstellung* Farbe und Licht in Kunst, Design und Experiment – stofflich, ephemer, digital *waren unglaublich, auch der musikalische Rahmen der Ausstellungseröffnung: Steffen Schleiermacher spielte vor einer Farb-Licht-Klaviatur aus den Sonatas and Interludes for Prepared Piano von John Cage. Im November sah ich mit einer kleinen Abiturientengruppe die Ausstellung ein zweites Mal …*

▲ LEO Heute fällt die Entscheidung. Um 16 Uhr machen wir, was den Großauftrag angeht, endlich einen Cut. Der Auftraggeber hat uns wochenlang mit immer neuen Änderungswünschen hingehalten, jetzt muss er wissen, was er will, oder wir steigen aus. Leonie lasse ich so oder so nicht hängen, irgendwie kriege ich das hin. Wenn es bei ihr klappt mit der Festanstellung im Freiwilligenbüro, hat sie ja auch viel weniger Zeit als jetzt. Mit etwas Glück passiert das von heute auf morgen. Als sie da vor zwei Jahren probeweise als freie Mitarbeiterin ins Neuhallenser-Projekt einstieg, wusste sie so wenig wie ich, ob das Zukunft hat. Doch bald fand sie es spannend und kniete sich richtig rein. Weitere Aktivitäten des Büros warten nur darauf, genutzt zu werden. Raum für eigene Ideen gibt es auch. Bekäme Leonie einen festen Job, würde sie noch viel kreativer sein. Dieses Hangeln von Projekt zu Projekt, immer in Sorge, plötzlich könnte alles zu Ende sein, wirkt wie eine angezogene Handbremse, während man eigentlich das nächste Ziel ansteuern will.

Wenn es uns gelingt, diese Hürden hinter uns zu lassen und das mit Tante Alma zu einem guten Ende zu bringen – meinetwegen mit einem Buch, auf das die ganze Welt so dringend wartet –, haben wir wieder den Kopf frei, uns neu zu orientieren und noch was zu ändern an unserem Lebensplan …

* * *

▼ LEONIE Als ich Leo das Werbekapitel zum Lesen gab, dachte ich dran, wie ich selber auf farbige Verlockungen reagiere. Das Schwarze Brett der Kirchgemeinde Wörmlitz (da kommen wir oft beim Joggen vorbei), kündigt Veranstaltungen an, die heißen Blauer Montag, Orangener Montag und Heller Mittwoch,[221] das klingt gut – tatsächlich ging ich Heidenkind ein paar Mal hin …

Jetzt aber wird es Ernst: Heut nehm ich mir die dickste aller Pappklappmappen vor. Auf dem hellgrünen Deckel steht in Versalien mit blauem Textmarker *FARBEN IN DER LITERATUR*; drinnen Zettel und Blätter, nach Kriterien, die ich erst noch herausfinden muss, geordnet, mit bunten Büroklammern zusammengefasst, durch Zwischenlagen getrennt, mit farbigen Klebestreifen markiert oder zu mehreren in Klarsichtfolien gesteckt. Wie meine Tante das je gliedern wollte, ob sie die Bücher alle gelesen hat, was sie an Ergänzungen über Werk und Autor hinzugefügt hätte … ich hab keine Ahnung, vielleicht wusste sie es selbst noch nicht.

Der Cappuccino, den ich mir eben im orangeroten Kaffeetopp eingerührt hab, wird der erste von vielen sein. Haufenweise Schnipselchen, auf denen Autor oder Autorin und der Titel steht, manchmal Erscheinungsjahr, Verlag oder Verlagsort; Zettel mit Zitaten aus Gedichten und Romanen oder Gedanken zum einen oder anderen Buch.

Eine Liste von Büchern für die Schulbibliothek ist auch dabei. Die hat sie wohl schon übergeben oder an ihre Lieblingsschüler verschenkt.

Draußen ruft der maigrüne Garten, doch es ist zu windig, um mit dem Papierkram ins Freie zu gehn. Hier auf dem Schreibtisch am Terrassenfenster kann ich alles besser ausbreiten und hab gleich einen Papierkorb da – noch ist er leer. Obenauf liegt der Stapel *BUCHTITEL MIT FARBNENNUNG*. Teils nur Autor und Titel, oft Zusätzliches, Lebensdaten des Verfassers oder der Verfasserin, das Genre, kurze Inhaltsangaben. Man möge sich überlegen, hat Tante Alma auf einem Extrablatt in großer Schrift per Hand und mit Ausrufzeichen versehen notiert, ob man dieses oder jenes Buch – vorausgesetzt, man wüsste über

Autor und Inhalt nichts – auch ohne Nennung der Farbe im Titel kaufen würde … Ich kann mir gut vorstellen, dass sich manche Leute bei der Auswahl ihrer Lektüre nicht an Tipps von Freunden oder Bestsellerlisten orientieren, sondern lieber dem Wohlklang eines Titels nachspüren, sich einfangen lassen vom Geheimnis, von Glückseligkeit oder Grauen, die er zu bieten verspricht.

Streicht man das Farbadjektiv weg – was bleibt? Probieren Sie es: *Der scharlachrote Buchstabe* von Nathaniel Hawthorne, Stendhals *Rot und Schwarz*, *Das blaue Klavier* von Else Lasker-Schüler, Erwin Strittmatters *Grüner Juni*, Eva Mahns *Diva in Grau …*

Tante Alma muss das ähnlich gesehen haben. Bei ihren Buchtiteln und Überschriften (die meisten kenn ich nicht) versuch ich mir vorzustellen, was ich selber mit und ohne Farbadjektiv von der Lektüre erwarten würde.

Farben in der Literatur

Die blaue Wolke, Das wirkliche Blau, Blauer Montag, Die blaue Nachtigall, Die blaue Farbe des Windes, Blaurausch, Das blaue Band, Die blaue Insel. Ein Blick in das Leben im Jenseits, Der blaue Heinrich, Robinsons blaues Haus, Das blaue Klavier, Indigo, Die eisblaue Spur, Blaupause, Die meerblauen Schuhe meines Onkels Cash Daddy, das blaue komma, brief mit blauem siegel, Der blaue Vogel auf meiner Hand, Das blaue Buch. Kriegstagebuch und Romannotizen, Das blaue Buch von Vaterland und Freiheit, Das kleine blaue Buch. Eine kritische und politische Analyse der Schlumpfgesellschaft, Der Ball mit den blauen Punkten, Kabelkran und Blauer Peter, Die blauen Gläser, Der blaue Siphon, Blauer Staub, The Bluebird, A Pair of Blue Eyes, Der blaurote Methusalem, Blaue Dahlie, schwarzes Gold: Eine Reise durch Angola, Der Grüne Heinrich, Reisen des grünen Mannes durch Deutschland und Ungarn, Das grüne Licht der Steppen, Grüner Juni, Grabesgrün, Am grünen Rand der Welt, Das grüne Gespenst, Löcher – Die Geheimnisse von Green Lake, The Negro Motorist Green Book, Im grünen Raum von Saint-Leu, Sir Gawain and the Green Knight, Der grüne Fürst, Das grüne Akkordeon, Grüne Tomaten, Das grüne Haus, The Green Mile, Der Fluch der grünen Steine, Der grüne Papst, Die gelben Augen der Krokodile, Yellow Dog, Lila Lila, Der schwarze Zwerg, Die schwarzen Brüder, Die Henkerstochter und der schwarze Mönch, Der schwarze Magier, Der Waldschwarze, Der Seele schwarzer Grund, Der Engel mit den schwarzen Flügeln, Der schwarze Pfeil, Die schwarze Rose, Der schwarze Pharao, Das schwarze Blut, Schwarzes Was-

ser, Schwarze Fluten, Schwarzes Feuer, Schwarze Katzen, Seebergs Schwarze Katzen, Das schwarze Buch der Farben, Schwarze Schafe, Unterm schwarzen Schafspelz, Der schwarze Schwan, Schwarzer Schwan, Das schwarze Pferd, Schwarzfall, Schwarzer Regenbogen, Schwarze Diamanten, Die schwarze Dahlie, Der Herr vom schwarzen Turm, Das schwarze Reich, Schwarzer Herbst, Man in White, Die Frau in Weiß, Weiße Magie. Die Epoche des Papiers, Weiße Magie. Das große Praxisbuch, Das weiße Buch, Nichts Weißes, Das weiße Gedicht, Mein Herz so weiß, Die weiße Massai, Die weiße Löwin, Weißes Rauschen, Weißes Rauschen oder Die sieben Tage von Bardorf, Weißer Tod, The Golden Bowl, Gellengold, Das Geheimnis der Goldenen Blüte, Die goldene Rose, Die silberne Brücke, Die Suche nach dem wunderbunten Vögelchen …[222]

▼ LEONIE Über 80 zufällig ausgewählte Titel, viele wecken vor allem durch das Farbadjektiv Interesse – mehr als 20-mal erscheint, mit Variationen, die Farbe Blau! – oder mit dem Versprechen einer ungewöhnlich spannenden Lektüre. Dass die Liste ziemlich beliebig und wenn man so will, willkürlich ist, räumt Tante Alma ein:

Wir haben nur einen Teil dieser Bücher gelesen, oft sprang uns bloß der Titel ins Auge, es wäre kaum sinnvoll, detaillierte Inhaltsangaben zu liefern. So seien nur Streiflichter auf das eine oder andere Buch gerichtet, die exemplarisch zeigen, wie sich die Farbbenennung zum Inhalt des literarischen Werkes verhalten kann.

Das wirkliche Blau *ist Anna Seghers' anrührende Erzählung über den mexikanischen Töpfer Benito und eine Odyssee, die er antreten muss, um das einzigartige Blau für sein begehrtes Ge-*

schirr zu beschaffen. Eine Kindesentführung in London und Bemühungen der Psychotherapeutin Frieda Klein um Aufklärung stehen im Fokus des Psychothrillers Blauer Montag. *Wir wissen nicht, wie oft das reale Unglück der TITANIC literarisch gestaltet wurde; zu den bekanntesten Werken gehört Bernhard Kellermanns Roman* Das blaue Band *von 1938, dessen Handlung auf dem fiktiven Luxusliner COSMOS spielt. Wie sehr Mystisches, Jenseitiges und Abgründiges die Leser lockt, zeigt noch Jahrzehnte später, nämlich 1980,* Die blaue Insel. Ein Blick in das Leben im Jenseits *– verfasst von der Tochter des Journalisten William Thomas Stead, der mit der TITANIC reiste, um darüber zu schreiben, und ums Leben kam: 2015 erschien es in 15. Auflage! Im gleichen Jahr erschien der erste Roman des Malers und Schriftstellers Fritz Graßhoff, eine in Kriegs- und Nachkriegszeit verortete (oder verzeitete?) Schelmengeschichte über das Leben des Heinrich Blaue, der sicher viel vom Autor selber hat. Eins der besten Bücher war für uns das Alterswerk des Psychotherapeuten Ernst Augustin* Robinsons blaues Haus*; der Ich-Erzähler lässt das Leben in allen Facetten leuchten, nichts gäbe es hinzuzufügen, alles ist schon da, will nur entdeckt und verstanden werden, die Lektüre braucht innere Ruhe und Muße, man muss ganz bei sich selber sein. Es korrespondiert auf unerklärliche Weise mit Else Lasker-Schülers traurigen Versen über ihr blaues (Puppen-)Klavier, die zuerst im Februar 1937 in der Neuen Zürcher Zeitung abgedruckt wurden. Wie fremd der Mensch sich selbst werden kann, lässt auch der skurril-fiktive Roman* Indigo *ahnen, der eine Krankheit beschreibt, die es nicht gibt, deren Wirkungen aber allein als nur vorgestellte beängstigend sind.* Die eisblaue Spur *hingegen führt die Reykjaviker Anwältin Dóra Gußmundsdóttir an einen heiligen Ort im eisigen Grönland … während Theresia Enzensbergers*

Roman Blaupause *vom Schicksal der Studentin Luise Schilling erzählt und die Zeit des Bauhauses in Weimar und Dessau von 1921 bis 1927 Revue passieren lässt. Im nigerianischen Roman* Die meerblauen Schuhe meines Onkels Cash Daddy *kollidieren westliche Lebensideale mit afrikanischen Traditionen. Zu verschiedenen Zeiten und Orten offerieren Erich Kästner, Reiner Kunze und andere (so Friedrich Naumann im Verlag Königstein Leipzig) Blaue Bücher, einen Brief mit blauem Siegel und sogar ein blaues Komma … Antoine Buéno verfasst* Das kleine blaue Buch. Eine kritische und politische Analyse der Schlumpfgesellschaft *(der Originaltitel lautete* Le petit livre bleu: Analyse critique et politique de la sociètè des Schtroumpfs, Horse Collection, *und erschien 2011).*[223] *Ein Märchen für Erwachsene in Form einer verschachtelten Zeitreise in Basel,* Der blaue Siphon *des Schweizers Urs Widmer, wird zu seinen besten Texten gezählt.*

Ein weiteres Faktum zur Farbe Blau: die Blue Panther Books, *erotische Geschichten, die als Hör- oder Taschenbuch zu haben sind. Nach entsprechender Eingabe spuckt Google binnen 22 Sekunden 8.270.000 Treffer aus!*

Karl Mays Jugendbuch Der blaurote Methusalem, *das den China-Trip eines Corps-Studenten schildert, wurde 1888/89 zuerst als Fortsetzungsroman in der Zeitschrift Der gute Kamerad veröffentlicht. In dem vierbändigen autobiografischen Roman* Der grüne Heinrich *trägt der Protagonist den titelgebenden Spitznamen: Aus den grünen Uniformen des früh verstorbenen Vaters wurde seine Kinderkleidung geschneidert, zugleich steht das Grün für Heinrichs Schwierigkeiten erwachsen zu werden. Das Tagebuch einer Sibirienreise erscheint als* Das grüne Licht der Steppen. *Irland, die grüne Insel, ist Handlungsort des zwischen 1990 und 2009 angesiedelten Romans* Grabesgrün *(im Original* In the

Woods*). Ländliche Idylle und die Gesellschaft im viktorianischen England zeigen sich im ersten der Wessex-Romane von Thomas Hardy* Am grünen Rand der Welt. *Eine andere Familiengeschichte heißt in deutscher Übersetzung* Löcher – Die Geheimnisse von Green Lake *(im Original nur* Holes*); im Zentrum der Handlung im Jugendknast Camp Green Lake steht der unschuldig eingesperrte Stenley Yelnats; sein Schicksal wird verknüpft mit der vor 100 Jahren tragisch endenden Liebe zwischen der weißen Kate Barlow und dem schwarzen Sam. Rassentrennung in den USA motivierte den schwarzen Postboten Victor Hugo Green in New York, zu* The Negro Motorist Green Book, *einem Reiseführer für afroamerikanische Reisende und Touristen in den USA, der von 1936 bis 1966 in mehreren Auflagen erschien. Lange vorher, um 1400, entstand in der Tradition der Artusepik die anonyme mittelenglische Ritterromanze* Sir Gawain and the Green Knight (Sir Gawain und der Grüne Ritter). *Auch* Der grüne Fürst *von Heinz Ohff und* Das grüne Akkordeon *von Edna Annie Proulx führen in die Vergangenheit; das erste Buch ist eine Biografie des Fürsten Hermann Ludwig Heinrich von Pückler-Muskau, das zweite zeigt mittels eines 1890 auf Sizilien gefertigten Musikinstruments ein bis dato unbekanntes Gesicht Amerikas. Das Akkordeon gelangt mit seinem ersten Besitzer nach Amerika und erlebt 100 Jahre lang eine Odyssee: Es wird gestohlen, verkauft, verpfändet und verschenkt und begleitet die Nachfahren von Einwanderern auf der Suche nach einem besseren Leben. Der Roman, erfüllt von Musik und Leidenschaft, Schmerz und Gewalt, erzählt von der Geschichte Amerikas und vom Schicksal der Menschen, die es schufen. Eine besondere Facette des Lebens in der Neuen Welt zeigen Fannie Flaggs* Grüne Tomaten *(Original:* Fried Green Tomatoes at the Whistle Stop Café*): Die 80er Jahre und die 20er/30er*

Jahre, teils auch die 60er, durchdringen einander und lassen die Weltwirtschaftskrise und den Alltag einer Kleinstadt (inklusive Ku-Klux-Klan) lebendig werden; 1991 wurde der Roman verfilmt. Nicht weniger einprägsam wirkt Amerika in The Green Mile *von Stephen King.*

Ein Indiz für den Glauben an die Farben liefern die Titel mehrerer Übersetzungen eines Romans von Liam O'Flaherty über die Hungersnot in Irland zwischen 1849 und 1852: Im Original von 1937 heißt er Famine *(Hungersnot); die deutschen Titel lauten* Das braune Segel, Das schwarze Tal *und* Zornige grüne Insel.

Lila Lila *von Martin Suter haben wir nicht gelesen, sahen aber im Kino die Verfilmung dieses spannenden Romans über Liebe, Literatur und Betrug. Umgekehrt beim Titel* Die schwarzen Brüder: *Das 1941 erschienene Jugendbuch von Lisa Tetzner über die von ihren Eltern im Tessin als Kaminfegerbuben nach Mailand verkauften Kinder kannten wir, ehe es 1984 verfilmt wurde; es entstanden auch eine Hörspielfassung (2002) und ein Musical (2007) und 2012 ein neuer Film. Die 1816 von Walter Scott verewigte Sage aus dem alten Schottland* Der schwarze Zwerg *ist erwähnenswert, weil er – dem Zeitgeist geschuldet unter Pseudonym: Ernst Berthold – zuerst 1822 von der Hallenserin Therese Albertine Louise von Jacob (unter dem Akronym Talvj bekannt) ins Deutsche übersetzt worden ist. Eine als Susan Hastings schreibende Leipzigerin versetzt ihre Leser nach Südengland, wo im 12. Jahrhundert der Medicus Rupert de Cazeville –* Der schwarze Magier *– mit seiner Heilkunst den Zorn der Inquisition auf sich zieht … Karl May, der für Indianer- und Abenteuerromane bekannt ist, konnte auch anders, etwa in der Erzählung* Der Waldschwarze *und weiteren Dorfgeschichten aus der erzgebirgischen Heimat des Autors. Robert Louis Stephenson, bei dem man vor* *allem an* Die Schatzinsel *und die Schauergeschichte von* Dr. Jekyll und Mr. Hyde *denkt, schrieb zudem einen Abenteuerroman, der zur Zeit der Rosenkriege spielt:* Der schwarze Pfeil, *erstmals veröffentlicht 1888 und mindestens dreimal verfilmt. Noch weiter zurück in die Zeit geraten wir mit einem Buch von Christian Jacq, der (nach mehreren Ramses-Romanen) im Jahr 2000 dem friedliebenden Pharao Pianchi ein Denkmal setzt:* Der schwarze Pharao *herrschte um 730 vor Christus im nubischen Süden Ägyptens; anstatt den alten Glanz des Landes wiederherzustellen, führte er gezwungenermaßen gegen die libyschen Fürsten Krieg … Den Buchtitel* Das schwarze Blut *gibt es zweimal: 1935 von Louis Guilloux (1899–1980) für einen Ende des Ersten Weltkriegs in einem bretonischen Provinznest spielenden Roman (der in den 70er Jahren in Frankreich ins Theater und 2014 in Erfurt als Oper auf die Bühne kam), und 2004/2006 von Jean-Christophe Grangé für einen Thriller im Journalistenmilieu. Hoyce Carol Oates' 1992 in den USA erschienener Roman* Schwarzes Wasser *war für den Pulitzer-Preis nominiert. Den gleichen Titel trägt ein 2015 in Mannheim uraufgeführtes Theaterstück von Roland Schimmelpfennig. 2013 erschien der Thriller* Schwarze Fluten *und als erstes Buch der Edition Sehnsucht Afrika beim Bertelsmann-Club 2011 der Roman* Schwarzes Feuer. Schwarzfall *heißt ein Thriller von 2010, der das düstere Szenario eines Stromausfalls infolge einer Hitzewelle in Frankfurt am Main entwirft: Darin heißt es:* Ohne Licht, Luft und Kühlung reißt der Firnis der Zivilisation in atemberaubendem Tempo.[224] *Eine erstaunliche Lektüre ist* Das schwarze Buch der Farben *(im Original:* El libro negro de los colores*), ein Bilderbuch für Blinde, das die Venezolanerinnen Menena Cottin und Rosana Faría 2006 in Mexiko veröffentlichten und das 2008 auf Deutsch erschien: Der Text ist sowohl herkömmlich wie in*

Brailleschrift abgedruckt, den Farben entsprechen Sinnesempfindungen, über diese wird erzählt.

In der Weißen Lyrik-Reihe des Verlags Volk und Welt erschienen 1978 Gedichte (spanisch und deutsch) von Federico García Lorca (1898–1936): Schwarzer Regenbogen *(Verszitat aus* Poema del cante jondo von *1931). Den Bürgerkrieg vorausahnend, hatte der Dichter schon 1930 im Vortrag* Theorie und Spiel des Dämons *versucht, Wesentliches der spanischen Kunst und Poesie zu definieren:* Alles, was schwarze Töne hat, hat Dämon. Für den aber, der den Dämon sucht, gibt es weder Landkarte noch Übung. Man weiß nur, daß der Dämon das Blut peinigt wie ein Scherbenhaufen, daß er erschöpft, daß er die ganze liebe angelernte Geometrie verwirft, daß er die Stile zerbricht; daß er Goya, den Meister der grauen, rosa und silbernen Farbtöne der besten englischen Malerei, dazu bringt, mit Knien und Fäusten schreckliche schuhwichsschwarze Farben aufzutragen …[225]

Schwarz ist prädestiniert für mystische und kriminalistische Literatur. So präsentiert der Krimi Schwarze Diamanten *den dritten Fall von Polizeichef Brüno. Ende der 40er Jahre wurde Elizabeth Short in Los Angeles ermordet – auf dem Verbrechen basiert* Die schwarze Dahlie. Der schwarze Regenbogen *begegnet uns ein weiteres Mal: als Romantic Thriller der Amerikanerin Elizabeth Peters von 1982/1984; ihr erster Krimi hieß* Der Herr vom schwarzen Turm *(1966). Kein Roman ist* Das schwarze Reich: Geheimgesellschaften: Templerorden, Thule-Gesellschaft, Das Dritte Reich, CIA *von E. R. Carmin, von dem niemand weiß, wer er ist, vermutlich ein Österreicher. Schwarze Tiere tauchen haufenweise auf: Die Kommissarin Laura Goldberg ermittelt 2014 in ihrem neunten Fall gegen* Schwarze Katzen, *ein Stasiroman von 2007 stellt* Seebergs schwarze Katzen *vor; ein Wirtschaftskrimi aus dem* Grafit-Verlag *firmiert 2011 als* Der schwarze Schwan, *im selben Jahr mit fast gleichem Titel kommt als Sachbuch über die Macht unwahrscheinlicher Ereignisse* Schwarzer Schwan *von Nassim Nicholas Taleb heraus. Eine frühe Erzählung von Heinrich Böll hieß* Schwarze Schafe *(1951); Ernst Meister, Dichter aus Hagen (1911–1979), schrieb 1953 Gedankenlyrik, 2012 von der Buchkünstlerin Susanne Nickel illustriert und mit dem Titel* Unterm schwarzen Schafspelz *herausgegeben. 2012 war in der Kategorie Essayistik* Weiße Magie. Die Epoche des Papiers *für den Preis der Leipziger Buchmesse nominiert – ein kluges Buch, wir hätten es gern als Preisträger gesehen … Das Phänomen der Weißen Magie kam auch früher schon und später in Buchtiteln vor, zum Beispiel 2006 als* Weiße Magie. Das große Praxisbuch *von Ansha und 2010 als* Basiswissen Weiße Magie: Das Einmaleins der Hexenkunst *von Claire, zudem in Steve Hockensmith' Kriminalroman* Weiße Magie mordsgünstig.[226] *Bereits 1997/1999 publizierte ein Autor namens Det Morson eine esoterische* Praxis der Weißen und Schwarzen Magie – *dieser und andere Titel zeigen das Interesse an okkulten Erscheinungen. In den Kontext gehört auch Lilith. Die teils Schwarze Göttin genannte, aus der sumerisch-babylonischen Mythologie stammende Mythengestalt, deren Symbolvogel eine Eule war, fand Eingang in die jüdisch-christliche Mythologie – quasi als negatives Gegenbild zur gehorsam sich unterordnenden Eva. Weil Lilith sich Adam und Gott widersetzte – so eine Überlieferung –, wurde sie ans Rote Meer verbannt, wo göttliche Häscher ihre Kinder töteten; sie rächte sich, indem sie andere Kinder mordete, und gilt deshalb als Feindin aller Schwangeren und Wöchnerinnen. In der Astrologie steht Lilith für den Schwarzen Mond, den immateriellen zweiten Brennpunkt der Ellipse der Umlaufbahn des Mondes um die Erde.*[227]

Einer der ersten Mystery Thriller war 1860 Die Frau in Weiß *von Wilkie Collins. Er wurde zehnmal verfilmt; 1965 entstand ein mehrteiliges Kriminalhörspiel; 2004 bis 2006 lief im Palace Theater in London das gleichnamige Musical von Andrew Lloyd Webber, seine Premiere am Broadway feierte es 2005.*[228] *Bis heute ein Renner ist der Roman der Schweizerin Corinne Hofmann* Die weiße Massai. *Neben der Geschichte der Protagonistin, die ihr wohlgeordnetes Leben aufgab, um mit ihrem schwarzen Liebsten Lketinga im afrikanischen Barsaloi zu leben, wo ihre Tochter Napirai zur Welt kam – trug die scheinbare Paradoxie des Titels zum Verkaufserfolg bei. Die Verfilmung von 2004 sahen wir, sie war teilweise eindrucksvoller als das Buch. Ebenfalls in Afrika, wenigstens zum Teil, spielt* Die weiße Löwin, *der dritte Kurt-Wallander-Krimi von Hennig Mankell. – Ältere erinnern sich noch an das tägliche Ende des Fernsehprogramms. Einer der wichtigsten postmodernen Autoren in den USA, Don (= Donald Richard) DeLillo (*1936), wählte 1985 den Begriff* Weißes Rauschen *(im Original:* White Noise*) für einen politischer Roman, der Konsum und Umweltsünden kritisiert und existenzielle Fragen aufwirft. Noch heute würden wir Schülern das Buch gern empfehlen; manchmal tun wir es auch ...*[229]

Ebenfalls zur gesellschaftskritischen Belletristik gehört der Krimi Weißer Tod *(2012) von Liza Marklund, in dem die Journalistin Annika Bengtzon agiert und der zu Zeiten des Eisernen Vorhangs parallel in Stockholm und Nairobi spielt.*

Dass Schwarz und Weiß keine echten Farben sind, ist bekannt, auch Gold und Silber nicht. Trotzdem wirken sie oft verführerisch, so im Film Die goldene Schale, *im Jahr 2000 nach dem Roman* The golden Bowl *von Henry James, der fast 100 Jahre zuvor erschien, gedreht. Chinesen suchen seit dem 8. Jahrhundert nach dem* Geheimnis der Goldenen Blüte. *Der Orientalist Richard Wilhelm hat es als Erster ins Deutsche übersetzt, auch der Psychotherapeut Carl Gustav Jung nahm sich seiner an.*[230]

Ein Buch, das man immer wieder gern zur Hand nimmt, vor allem wenn man selbst schreibt, ist Die goldene Rose *von Konstantin Paustowski. Es erschien in Ost- und Westdeutschland, manchmal mit dem Untertitel* Gedanken über die Arbeit des Schriftstellers, *manchmal* sehen, schreiben – eine kunst. *Günter de Bruyn widmete dem Buch, das ihn stark beeinflusst hat, 1979 im Sammelband* Schriftsteller über Weltliteratur *den Text* Die goldene Rose oder Abenteuer des Wiederlesens.

Last but not least: Ein Lieblingsbuch unserer Kindheit war Die silberne Brücke *von Herta Vogel-Voll. Rose und Heinrich verlassen ihre Eltern, um die Blaue Blume zu suchen und die Märchen zu retten. Die Blaue Blume, seit Novalis Roman* Heinrich von Ofterdingen *Sinnbild der Romantik – sollte ein eigenes Kapitel bekommen. Das könnte im Blauen Salon des Schlosses oder im Blauen Garten des Schlossparks von Oberwiederstedt*[231] *beginnen, der zum Novalis-Museum gehört, das Paul Raabe 2001 ins Blaubuch kultureller Gedächtnisorte aufnahm. Die MuseumsAkademie des Schlosses bietet Blaue Stunden an: Kunsthistoriker, Archivare und weitere Experten stellen Gemälde, Handschriften und andere museale Exponate vor. Ein vielseitiges Programm steht für Kinder und Jugendliche – die Lehrlinge der Akademie – bereit, symbolisch in Blauen Koffern verpackt.*[232]

Oft enthalten Märchentitel Farben: Rotkäppchen, Schneeweißchen und Rosenrot, Schneewittchen *oder* Das blaue Licht *aus der Sammlung der Gebrüder Grimm und das russische bzw. sibirische Märchen* Die feuerrote *oder* purpurrote Blume *(ein Kinderfilm von 1952) und das französische Märchen* Rot, Weiß und Schwarz.

Auch der Autor des Fantasy-Klassikers Der Herr der Ringe, *John Ronald Reuel Tolkien, war Märchenfan, wusste um die Wirkung von Farben und schrieb 1964:*

Der menschliche Geist mit seinen Fähigkeiten der Verallgemeinerung und der Abstraktion sieht nicht nur Grün-Gras, das er von anderen Dingen unterscheidet (und schön anzusehen findet), sondern sieht auch, daß es sowohl *Grün* als auch *Gras* ist. Wie stark aber und wie anregend für ebenjene Fähigkeit, aus der sie erwuchs, war die Erfindung des Adjektivs! Kein Zauber und keine Beschwörung des Elbenreichs ist mächtiger. Und das überrascht nicht: Zaubersprüche, so könnte man sagen, sind nur eine besondere Verwendung des Adjektivs als Redeteile in einer mythischen Grammatik. Derselbe Geist, der leicht und schwer, grau, gelb, starr und schnell erdachte, schuf auch die Magie, die Schweres leicht und flugbegabt, aus dem grauen Blei das gelbe Gold und aus dem starren Fels das bewegliche Wasser machen konnte. Vermochte er das eine, so vermochte er auch das andere; unvermeidlich leistete er beides. Wenn wir das Grüne vom Gras nehmen können, das Blaue vom Himmel und das Rote vom Blut, so verfügen wir – in einer Hinsicht – schon über Zauberkräfte, und der Wunsch erwacht, diese Kräfte in der Welt außerhalb unseres Geistes zu gebrauchen.[233]

▼ LEONIE Dass bei all dem Rot überhaupt nicht (oder nur selten) vorkam, war mir ziemlich bald aufgefallen, doch das Rätsel löste sich. Mit einer überdimensionalen Plastikklammer hat Tante Alma einen Zettelstapel Notizen zu Titeln mit der Farbe Rot zusammengefasst. Hielt sie deren emotionales Wirkungspotenzial für stärker oder bedeutungsvoller als das der anderen

Farben? Rot ist nicht nur Symbol der Liebe, es steht ebenso für Aggression, für Gewalt, Krieg und Tod. Häufiger als anderswo sind hier Bemerkungen zum Inhalt oder zum Autor oder eigene Gedanken hinzugefügt:

Verbale Verführung in Rot

Wie wirkt der Titel eines Buches, wenn der potenzielle Leser den Autor nicht kennt? Er weckt flüchtiges oder anhaltendes Interesse und Neugier, löst Unbehagen aus, animiert zum Nachdenken oder zum Kauf … Ähnliches gilt für Unterhaltungsevents, Theaterstücke, Filme und Songs. Anhand der Farbe Rot in Buch- und Texttiteln gehen wir diesem Gedanken auf den Grund. Rot bedeutet Liebe und Leidenschaft oder Warnung und Gefahr;[234] *in der Politik signalisiert es linksgerichtete Ideen und Gesellschaftsmodelle. An anderer Stelle haben wir Rote Listen und Rote Bücher erwähnt; sie alle erwarten und verlangen erhöhte Aufmerksamkeit.*[235]

Das Rote Buch *von Carl Gustav Jung hat damit wenig zu tun. Es heißt so, weil Jung seine ab 1913 in schwarzen [Notiz-]Büchern schriftlich festgehaltenen Fantasien und Träume später illustriert als* Liber Novus *in ein rot gebundenes Buch übertrug. Die Öffentlichkeit weiß seit 1962 von dessen Existenz, aber Jahrzehnte vorher schon beeinflusste es neben Jungs eigenen Werken die Psychologiegeschichte, da er es nicht geheim hielt, sondern Freunden und Kollegen Auszüge zum Lesen gab.*[236] *Ob Jung ein früher erschienenes rotes Buch kannte, wissen wir nicht. Johann Wilhelm Ludwig Gleim veröffentlichte 1774 in Hamburg zunächst anonym sein* Halladat. Oder das rothe Buch. *Das arabische Wort bedeutet nichts als eben das. Es ist eine Sammlung orientalisch geprägter Lehrgedichte, die Gleim nach der Lektüre der damals neuesten Koran-Übersetzung von Friedrich Eberhard Boysen verfasste und mit denen er nicht weniger als einen Beitrag zur interkulturellen*

Kommunikation geleistet hat! Unseren Schülern käme es wahrscheinlich seltsam vor, würden wir Gleims Empfehlung auf dem Cover Zum Vorlesen an den Schulen *folgen.*[237] *Anders* Das kleine rote Buch *des Kommunistenführers Mao Tse Tung, im chinesischen Volksmund spöttisch oder ehrfürchtig* Rote Bibel, *ja sogar* Mao-Bibel *genannt. Da ist der Name Programm.*

Auch die Romane von Sam Eastland (Pseudonym des Amerikaners Paul Watkins) – Der rote Sarg *(2011/213),* Roter Zar *(2012/2014),* Sibirisch Rot *(2012/2014),* Roter Schmetterling *(2013/2015) und* Roter Zorn *(2014/2016) – über die Schrecken des Stalinismus, fiktiv vor realem Hintergrund am Beispiel von Pekkala, Sonderermittler erst des Zaren und später Stalins, erzählt, illustrieren die politische Dimension der Farbe Rot.*[238] *Ebenso Kurt Tucholskys Text* Les Abattoirs *(1925), wo ein Pariser Schlachthof für das Grauen des Ersten Weltkriegs steht, und das Erinnerungsbuch* Rote Ritter. Erlebnisse mit Kommunisten *von Kurt Hiller – 1951 in London, dann in Gelsenkirchen erschienen, 1980 als Reprint – und* Der rote Foltergarten. Verbotene Reportagen *von Ladislav Mnacko, einem systemkritischen Schriftsteller, der nach dem gewaltsamen Ende des Prager Frühlings nach Österreich emigrierte. Das Buch erschien 1963 auf Slowakisch, 1964 auf Deutsch. Darin fährt auch der grüne Anton vor, eine von 1933 bis 1938 in Pilsen und Prag gebaute Schnellzuglokomotive für schwere Züge der Tschechoslowakischen Staatsbahn ČSD.*

▼ LEONIE Kürzlich hab ich das Buch *Die Farbe Rot. Ursprünge und Geschichte des Kommunismus* gekauft. Ich sah es im Schaufenster und nahm es mit, weil ich im Freiwilligenbüro oft auch mit Linken zu tun habe, deren Ideen nicht immer falsch sind. Beim Blättern stieß ich auf ein Zitat, das hätte gut in Tante Almas Buch gepasst: *Du schließt die Augen und schaust in die Sonne, und durch deine Lider hindurch siehst du die Farbe deines Blutes – ein Karminrot. Dies ist die Farbe deiner leiblichen Existenz. Grün ist die Farbe der äußeren Vegetation. Gelb ist die Farbe der Sonne. Blau ist der Himmel über dir.* Wer weiß, ob ich noch Lust auf die rote Geschichte des Kommunismus hab, wenn ich mit Tante Almas Rohmaterial fertig bin. Kann sein, ich hab dann eine Zeitlang gar keine Lust mehr zum Lesen!

Kurz bevor Tante Alma starb, waren wir auf der Leipziger Buchmesse und kauften ein Buch, das uns an Portugal denken ließ. Es heißt *Von Weiß bis Schwarz.*[239] Mit dem Motto der Lesung – *Steck dir dein Scheißrosa sonst wohin!* – warb der Leipziger Literaturverlag für fünf weitere Bücher aus seinem aktuellen Verlagsprogramm.

Kehren wir zurück zur Psychologie. Irvin D. Yalom, ein bekannter US-amerikanischer Psychoanalytiker, schrieb 1998 ein Buch über einen fiktiven Kollegen aus seinem Metier in San Francisco und nannte es Lying on the Couch. *Als wäre der Titel nicht schon verlockend genug, wählten deutsche Verleger* Die rote Couch, *die wohl noch verführerischer schien. 2003 brachte die Schweizer Psychotherapeutin Elisabeth Schlumpf (mit 71 Jahren) ihr Buch* Wenn ich einst alt bin, trage ich Mohnrot *heraus; darin beschreibt sie in berührenden Versen ihre übermächtige Sehnsucht nach Lebendigkeit bis ins Grab.*[240]

Vermutlich kannte sie die wie sie 1932 geborene englische Dichterin Jenny Joseph und deren berühmte Warning *von 1961, dreieinhalb Jahrzehnte später 1996 bei einer BBC-Umfrage zum populärsten Nachkriegsgedicht in Großbritannien gekürt. Diese impressive, fast tragikomische Beschreibung von Übermut und*

Selbstbewusstsein einer alten Frau hat bis heute nichts von ihrer emotionalen Kraft verloren. Übrigens hatte die Autorin Anteil an der Gründung (1998) der inzwischen international auf allen Kontinenten und in fast allen Ländern Europas agierenden Red Hat Society.[241]

2008 sprang Linda Jarosch mit Erfahrungen als Seminarleiterin auf diesen Zug auf: Ab morgen trage ich Rot. Frauen entdecken ihre Freiheit, *ein Ratgeberbuch. Alfred Andersch dagegen erzählt in* Die Rote *einen exemplarischen Ausbruchsversuch: Franziska will sich während einer Italienreise mit ihrem Mann aus der Ehe befreien …*

Rot in allen Varianten: Abendrot, Blutrot, Bordeauxrot, Dunkelrot, Falunrot, Feuerrot, Hellrot, Karm(es)inrot, Kirschrot, Knallrot, Kupferrot, Morgenrot, Pompejanisch Rot, Purpurrot, Rosarot, Rosenrot, Schamrot, Scharlachrot, Tizianrot, Weinrot, Zinnoberrot – immer schwingt Rätselhaftes, Geheimnisvolles mit, Bedrohliches auch, Verführung und Sehnsucht nach Abenteuer[242] *… Ob diese Hoffnung sich erfüllt, ist Nebensache. Die Vor-Freude oder das Vor-Grauen angesichts der zu erwartenden, extraordinären Welterfahrung lässt uns zugreifen: das Kleid kaufen oder den Schal, die Halskette, den Lippenstift, zwingt uns, neue Vorhänge zu bestellen, die zum Rest der Wohnung nicht passen, unbekannte Früchte zu kosten, das Buch zu erwerben, dessen Titel ungeahntes Lesevergnügen verspricht. Bei historischen, Abenteuer- und Fantasy-Romanen, bei Krimis und Thrillern funktioniert das besonders gut: So lautet der erste Teil eines Romans von Inez Corbi über ein australisches Straflager vor über 200 Jahren* Das Lied der roten Erde; *eine andere Australien-Saga von Di Morrissey heißt* Im Tal der roten Zedern, *ein Kanada-Roman, dessen Handlung 1875 beginnt,* Im Land des roten Ahorns, *ein*

Abenteuerroman, der auf der Insel Hispaniola spielt, Die Insel der roten Mangroven. *Henning Mankell erzählt über dramatische Ereignisse in der Kalahari-Wüste, das schwedischen Original des Romans heißt wörtlich* Der Sohn des Windes, *die Übersetzung avisiert* Die rote Antilope – *was vielleicht mehr Leser lockt. Ebenfalls im 19. Jahrhunderts ist Iny Lorentz' Auswanderer-Saga in den Südstaaten angesiedelt, Band 4 heißt* Der Rote Himmel. *Auf eine esoterische Reise durch das 16. Jahrhundert geraten wir mit dem Alchimisten Hans Burgner, der das Elixier des Lebens sucht; was er findet, ist* Der rote Löwe, *ein omnipotentes Pulver, dessen Name an Bezeichnungen für gewisse Drogen erinnert. Noch weiter in die Historie führt uns Adolf Muschg mit seiner 1000-seitigen Neuerzählung eines alten Stoffs von Wolfram von Eschenbach:* Der Rote Ritter. Eine Geschichte von Parzifal. *Nicht ganz so lange her sind der Dolomitenkrieg von 1915, den David Pfeifer im Roman* Die rote Wand *aufnimmt, und jene Geschichten von Kurt Kläber über* Die rote Zora und ihre Bande *im Adriastädtchen Senj; nach dem bis heute beliebten Roman von 1941 entstanden Hörspielfassungen und Verfilmungen, sogar eine Kinderoper (2008 und 2009 in Luzern und Berlin).* Die feuerrote Friederike *von Christine Nöstlinger war eins meiner Lieblingskinderbücher – heute kennt es keiner mehr.*

Schon 1997 gab es Gruselfeeling im Science-Fiction-Thriller Roter Engel *von Tess Gerritsen. Wie alle Werke des Genres viel gelesen wird* Der rote Krieger, *Band 1 der Saga über das hoch im Norden gelegene, von Wildnis und dunkler Magie bedrohte Königreich Alba, von der Kritik als stärkstes Fantasy-Debüt des Jahres 2012 gelobt. Der 12. Band der Krimi-Serie mit Inspektor Ian Rutledge von Charles Todd schaut hinter* Die rote Tür, *wo ein Mord geschah. Der Literaturnobelpreisträger im gleichen Jahr,*

Mo Yan – Pseudonym mit der Bedeutung Sprachlos *oder* Sprich nicht! *– wurde im Westen mit seinem Gesellschaftsroman aus der Zeit des chinesisch-japanischen Krieges* Das Rote Kornfeld *bekannt; 1987 geschrieben, wurde dieser 1988 verfilmt und erhielt auf der Berlinale den Goldenen Bären.* Roter Hibiskus *heißt ein Afrika-Roman, der Ende der 60er Jahre in Tansania spielt.*

Oft tauchen Variationen von roten Häusern in Buchtiteln auf, so 1915 bei Hedwig Courths-Mahlers Bestseller Durch Liebe erlöst. Das Geheimnis des Roten Hauses *– nach dem 2005 ein TV-Film in zwei Teilen entstand. Schon 1903 kam* Das rote Haus, *ein Dorfroman aus der masurischen Heimat von Richard Skowronnek, heraus; den gleichen Titel gab Laure Wyss 1982 einem autobiografisch gefärbten Roman, in dem Kristina, Lisa und Martha in einem schwedischen Landhaus wohnen und nach dem Sinn des Daseins suchen. Christina López Barrios Roman* Das Geheimnis der roten Villa *spielt Ende des 19. Jahrhunderts in Kastilien. Autoren, denen Rot allein nicht reicht, setzen eins drauf: Ein Vampirroman heißt* Blutrote Küsse *und ein Roman, der uns Ende des 18. Jahrhunderts nach Frankreich führt,* Das blutrote Parfüm.

▼ LEONIE In der Buchhandlung am Markt ist ein ganzes Schaufenster mit einem Bestseller aus den USA dekoriert. Der Roman von Mark T. Sullivan führt in die Zeit des Zweiten Weltkriegs, nach Mailand, und basiert auf der Lebensgeschichte des Italieners Pino Lella. *Unter blutrotem Himmel* heißt das Buch. Ich kauf es nicht, aber den fürs nächste Jahr avisierten Film schauen wir uns an. – So steht Rot auch für Krieg. Ich weiß noch, wie wir es seltsam fanden, als unser Geschichtslehrer uns ein Gedicht vorlas, damit wir hinter den trockenen Opferzahlen des Ersten Weltkriegs die lebendigen Menschen sehen.

Nach der Schlacht bei Ypern, in der sein Freund fiel, hatte ein kanadischer Leutnant die Verse verfasst. Die Farbe Rot wurde zwar nicht benannt, doch das Bild des zwischen den Gräbern blühenden Mohns verlieh ihr eine stärkere Präsenz als Worte es vermocht hätten. In der englischsprachigen Literatur sind rote Mohnblüten seitdem ein Symbol für das Gedenken an die Gefallenen.[243]

1850 erschien Der scharlachrote Buchstabe *von Nathaniel Hawthorne, die Figuren agieren Ende des 17. Jahrhunderts in Neuengland; 1976 hieß ein Fantasy-Roman von Phyllis A. Whitney* Der scharlachrote Geist; *um die Jahrtausendwende kam in mehreren Sprachen Joan Ohannesons Roman* Der scharlachrote Klang *über die Mystikerin Hildegard von Bingen heraus.*

Am äußersten Rand des Literarischen begegnen uns in der World of Warcraft *ein scharlachroter Schlüssel, ein scharlachroter Rutengänger, ein scharlachroter Mönch, ein scharlachroter Kaplan, ein scharlachroter Kreuzzug …*

Ein Krimi von 2002 heißt Der Rote Sonntag, *einer in der Reihe Schwarze Hefte 2004 (Krimis vom Hamburger Abendblatt, Nr. 60)* Rot ist die Liebe, rot ist der Tod, *ein anderer 2010* Die rote Schatulle, *ein dritter schon 2001* Das rote Zimmer – *wir wissen nicht, warum Nicci French den gleichen Titel wählte wie August Strindberg 1879 für die bissige Gesellschaftssatire über Arvid Falk, der bei seiner Suche nach Freiheit und Wahrheit im roten Zimmer des Restaurants Berns Salonger auf Gleichgesinnte trifft. Das Restaurant gibt es heute noch in Stockholm, Näckströmsgatan 8. Falls wir einmal nach Schweden reisen, sehen wir es uns an.*

1867 veröffentlichte Wilkie Collins Armadale *(deutsch 1967:* Der rote Schal), *1957 erschien das Jugendbuch* Der rote Seidenschal *der Schweizerin Federica de Cesco, 2008 Jostein Gaarders Welterklärungsroman* Die Frau mit dem roten Tuch, *letztes Jahr Jean-Christophe Rufins (Anti-)Kriegsroman* Das rote Halsband. *Die Farbe Rot assoziieren auch* Der Purpurhimmel, *ein Familienroman der Deutsch-Palästinenserin Laila El Omari, der Thriller* Die purpurnen Flüsse *(im Jahr 2000 verfilmt) und Sean O'Caseys Komödie* Purpurstaub. *Wir sahen die Premiere Ende April in Dessau. Am Folgetag zitierte ein Theaterkritiker im Lokalblatt* Purpurne Nächte und güldene Tage, die längst vergangen sind, *und schrieb am Ende:* Was hier staubt, war purpur nie, erst fahnenrot, nun pflaumenblau.[244] *Ebenso kommt der Liebesroman* Im Land der Feuerblume, *Mitte des 19. Jahrhunderts in Chile spielend, ohne Nennung der Farbe Rot aus – doch ihre Attraktivität ist latent präsent. Unlängst entdeckten wir Werbung für einen Roman über den Ersten Weltkrieg in Tirol, Teil 1 nannte Udo Wieczorek* Flieg, mein roter Adler. *Ein weiterer roter Adler fliegt im lange populären Lied* Steige hoch, du roter Adler *von Gustav Büchsenschütz. 1923 als ein unpolitisches Lied der Wandervogelbewegung entstanden, wurde es später zur Brandenburgischen Hymne und dann von den Nazis vereinnahmt.*

Neben Roten Büchern tauchten mehrmals Rote Hefte auf: Zuerst Le cahier rouge *als Lyrikbändchen von François Coppée von 1874, dann stießen wir auf* Le cahier rouge de Benjamin Constant *des Schweizers Benjamin Constant, der 1807 entstandene autobiografische Roman wurde 1907 posthum publiziert. Im Jahr 2000 schrieb die Französin Claire Mazard den Jugendroman* Le cahier rouge *über einen schwulen jungen Mann, der Selbstmord beging. Würde bei all diesen Titeln die Farbe Rot oder ein Pendant fehlen – die Wirkung wäre nicht dieselbe.*

Oft setzen Autoren auf Kontraste und lenken so mit Bedacht die Erwartungen der Leserschaft. Eins der berühmtesten Beispiele ist Stendhals Roman Rot und Schwarz *(im Original:* Rouge et Noir*).* Rote Sonne, schwarzes Land *heißt die Übersetzung von Barbara Woods Roman* Green city in the sun*, der Beschreibung des Lebens aristokratischer Kaffeeplantagenbesitzer Anfang des 20. Jahrhunderts in Britisch-Ostafrika. Die Chronik über einen Aufstand 1953 im Gulag von Workuta heißt* Schwarze Pyramiden, rote Sklaven. *Einen Jugendroman über die elfjährige Florine, die ihre Mutter Carlie verliert, nannte die Autorin* Rubinrotes Herz, eisblaue See.[245]

Margriet de Moor gab ihrem auf deutsch zuerst in Wien erschienenen verstörenden Familienroman den Titel Erst grau dann weiß dann blau. *Es ist die tragisch endende Lebens- und Liebesgeschichte von Robert, der eigentlich Künstler, doch mit Erfolg als Unternehmer tätig ist, und Magda, der Tochter eines Juden, deren Mutter mit ihr aus der Tschechei nach Kanada floh; eine Zeitlang leben beide in den Cevennen, er malt und interpretiert seine Bilder so:* Kobalt, Kobalt-Smaragd, Grau, Grauweiß, Umbra, Venedigrot, meine ganz persönliche Übertragung von Rundheit, Sanftheit, Tiefe.[246] *Irgendwann verliert Robert seine Kreativität:* Denn es soll anders werden, anders, wenn du nur wüßtest wie; du hast nicht die geringste Idee und starrst voller Argwohn auf die zum Teil feuchte Leinwand: die Farbsequenzen Graublau – Karminrot – Rot – Orangerot – Blaugrau beruhigen dich keineswegs, im Gegenteil … dir wird klar, daß dir deine Fähigkeiten abhanden gekommen und deine unentbehrlichen Instinkte nicht mehr da sind, und du nimmst an: für immer.[247] *Später – schon während ihrer rätselhaften, zweijährigen Abwesenheit von zu Hause und Robert, über die sie bis zu ihrem gewaltsamen Tod nie spricht – erinnert sich Magda an jene Überfahrt nach Kanada als Achtjährige: Zwei Menschen starben, eine alte Frau und ein Baby. Magda will zuschauen, wie das Baby, ein kräftiges, schönes, mit dunkelrosa Papierrosen bekränzt ins Meer geworfen wird und denkt:* Erzähl es mir, bat ich das Baby leise. Stimmt es, daß alles erst grau wird, dann weiß, dann blau, und daß man dann zu den Sternen fliegt?[248] *Das Buch hat uns sehr bewegt; es enthielt viele kluge Gedanken, weit über Farbmetaphern hinaus ... Magda kam zu der Erkenntnis:* Ich habe festgestellt, daß sich ganz in der Nähe des Lebens, in dem man zufällig gelandet ist, ein anderes befindet, das man seelenruhig genauso gut hätte führen können[249] *– darüber haben wir lange nachgedacht und diskutiert.*

2008 und 2009 bringen Nora Roberts und Margarethe van Pée eine Romantrilogie (Ring-Trilogie) heraus: Grün wie die Hoffnung, Blau wie das Glück *und* Rot wie die Liebe. *Kerstin Giers Edelstein-Trilogie besteht aus* Rubinrot *(2009),* Saphirblau *(2010) und* Smaragdgrün *(2010). Wir kennen sie nicht, doch sie waren sicher beliebt: 2013 und 2014 wurden zwei dieser Fantasy-Romane über die Abenteuer von zwölf Zeitreisenden – vor allem Gwendolyn und Gideon sowie Lucy und Paul – und der Geheimloge der Wächter verfilmt, nächstes Jahr kommt auch Band 3 ins Kino.*

Drei Bücher des Literaturnobelpreisträgers Orhan Pamuk heißen Die weiße Festung *(1985),* Das Schwarze Buch *(1990) und* Rot ist mein Name *(1998). Ein Kritiker, der den Autor und sein Erstlingswerk von 1982* Cevdet und seine Söhne *vorstellte, fand den wunderbaren Satz:* Bei allem Wandel bleiben einige Konstanten [...] und *die immergrüne Frage*, was man mit seinem Leben anfangen soll.[250]

Die bereits erwähnte Susan Hastings wählte Titel wie Der schwarze Magier *(2001),* Im Bann des roten Mondes *(2004) und für ihren Roman zur Geschichte Leipzigs* Blauer Staub *(2010); 2009 schrieb ein Germanist den Krimi* Schwarz Rot Blond.

Der aus einer Methodistenfamilie stammende Amerikaner Steven Crane nannte sein bekanntestes Buch, das Erlebnisse eines Soldaten im amerikanischen Bürgerkrieg der 1860er Jahre schildert, The Red Badge of Courage (1895), *deutsch* Die rote Tapferkeitsmedaille *(1985) und* Das rote Siegel *(1991), ein anderes Prosawerk* The Blue Hotel (1899), *deutsch* Das blaue Hotel *(1936) und einen Gedichtband* The Black Riders and other lines *(1895), deutsch* Schwarze Reiter *(1985).*

Doch nicht nur Verfasser, ebenso Buchgestalter spielen mit Farben, etwa beim Cover von Aviad Kleinbergs Buch Die sieben Todsünden *mit schwarz-weißer Schrift auf rot-schwarzem Grund oder bei zwölf (Märchen-)Bücher von Andrew Lang –* Blue Fairy Book, Lilac Fairy Book *usw. – durch verschiedene Farben markiert. Wie bei anderen Produkten der Warenwelt wird bei Büchern auf den ersten Eindruck spekuliert – noch bevor jemand einen Titel liest, nimmt er die Farbgestaltung des Einbands wahr. Es ist kein Zufall, dass nicht nur Rotbücher rot aussehen, auch andere tragen Rot, sei es nur ein Bild auf dem Buchdeckel oder das ganze Cover zieht signalrot den Blick an.*

▼ LEONIE Eben rutschte mir ein Zettelchen vom Tisch und flatterte direkt in den Papierkorb: eine Liste von Web-Links, mit dem Vermerk: *Gründlich durchsehen! Vielleicht ins Kapitel Farben in der Psychologie, Werbung oder Literatur einbeziehen!* Tante Alma nennt

- www.deutsches-farbenzentrum.de,
- https://hilftachtsam.de/wirkung-von-farben-aufs-bewusstsein/,
- www.religionen-entdecken.de/lexikon/f/farben-im-christentum,
- http://www.farbenundleben.de/farbwirkung/farbwirkung_allgemein.htm,
- https://de.wikipedia.org/wiki/Farbsymbolik,
- ww.brigitte.de/leben/wohnen/farbenkunde,
- www.janiesch-farbenplanung.de,
- https://de.wikipedia.org/wiki/Farbtherapie,
- www.chinesische-farbenlehre,
- www.traeumen.org/farben-traeumen und
- https://www.lernhelfer.de/schuelerlexikon/kunst/artikel/symbolik-der-farben.

Da könnt ich ganz bestimmt etliches finden, was ich noch nicht weiß und das auch Leo interessieren würde, doch damit fang ich heute nicht mehr an. Lieber schau ich – beim fünften Cappuccino – noch durch, was meine liebe Tante zum Stichwort *BÜCHER, IN DENEN FARBEN EINE WICHTIGE ROLLE SPIELEN* (inkl. Zitate) gesammelt hat.

Außer Büchern, die eine Farbe im Titel führen, gibt es weitere mit Farben als Symbol, um Stimmungen zu erzeugen oder Personen zu charakterisieren. Beispiele sind:

- *In dem zauberhaften Kinderbuch* Alice im Wunderland *von Lewis Carroll gibt es ein weißes Kaninchen, eine Weiße (gute) und eine Rote (böse) Königin …*

- *Andrea Hanna Hünniger nennt in ihrem Roman* Das Paradies. Meine Jugend nach der Mauer *von 2011 die 90er Jahre das weiße Jahrzehnt oder ein schwarzes Loch.*
- *Manchmal wird aus dem vertrauten Rotkäppchen, das der böse Wolf verschlingt, unversehens ein Blaukäppchen, dem sich womöglich ein lieber Fuchs zugesellt – mit altbekannten Märchenbildern und -figuren wird munter drauflos gespielt.*[251]
- *Der fiese Grüne Waldgeist in Martin Meißners Kinderbuch* Quasselzwerg Luise *ist ein seltener Beleg, dass die Farbe Grün nicht immer positiv besetzt sein muss!*
- *Zur Frage von Stimmungen sei Hans Magnus Enzensberger zitiert: der letzte Satz in seinem* Album *lautet* Die Schwarzmalerei ist nicht weniger ruchlos als der Optimismus – *während Milan Kundera in seinem Buch über* Die Unsterblichkeit *am Ende des vierten Teils Goethe (in einem fiktiven Dialog mit Hemingway) bemerken lässt, Novalis hätte gesagt, das totale Nichtsein* habe eine blaue Farbe.[252]
- *Das Gedicht* Waldesstimme *des Spätromantikers Peter Hille (1854–1904) beginnt* Wie deine grüngoldenen Augen funkeln, / Wald, du moosiger Träumer! – *Ein Waldidyll.*
- *100 Jahre später enthielten Verse des Dichters Wilhelm Bartsch aus Halle die Farben* Altschlüpferrosa, Krötengrün *und* Yellowstromgrell – *doch der 2007 avisierte Lyrikband* Der klingelnde Rest aus der Kumpeltodflasche *(nebst Gedicht* Über dem Dorf mit dem Hund Dalai Lumpi *erschien wohl, zumindest unter diesem Titel, nicht.*[253]
- *Henry James spricht in seinem Roman* Was Maisie wusste *vom* festen Grund des Romans […] durch den sich der blaue Fluss der Wahrheit schlängelt – *zitiert nach James Wood, der fortfährt:* In unseren persönlichen Lesebiographien stoßen

wir täglich irgendwo auf diesen blauen, sich schlängelnden Fluss der Wahrheit; wir stoßen auf Szenen und Momente und genau richtig gesetzte Worte in Literatur und Dichtung, in Film oder Theater, die uns mit ihrer Wahrheit treffen …[254]

- *Einer (der erste?) der heißbegehrten Scheibenwelt-Romane von Terry Pratchett (39 gibt es, 38 sind ins Deutsche übersetzt), heißt* The Colour of Magic (Die Farben der Magie)*; 2012 kostete die gebundene Erstausgabe schon über 2000 Pfund!*
- *Sicher vergisst niemand je Blaubart, den schlimmen Ritter! Seit über 300 Jahren geistert er durch die Literatur. Als Erster gab Charles Perrault von ihm Kunde. Seine Sammlung von Märchen und Geschichten enthält das Märchen* La Barbe bleue. *Auch bei den Gebrüdern Grimm (in der ersten Auflage), bei Ludwig Bechstein und Ernst Meier taucht der Ritter Blaubart auf.*[255] *1982 nahm Max Frisch das Motiv in seiner (Krimi-) Erzählung* Blaubart *auf, die sich nur indirekt auf die Überlieferung bezieht; im gleichen Jahr entstand eine Hörspielfassung, 1984 ein Fernsehfilm. Schon vor über 100 Jahren komponierte Béla Bartók im Jahr 1911 seine einzige Oper – über* Herzog Blaubarts Burg.[256] *Auch das Kino eroberte der Bösewicht: 1901 entstand Georges Méliés' Stummfilm* Barbe-bleue*; 1972 drehte der Amerikaner Edward Dmytryk den Thriller* Blaubart, *2009 entstand der französische Fantasyfilm* Blaubarts jüngste Frau. *Älter als der Märchen-Blaubart ist der historische Harald I. Blauzahn Gormsson, ein König aus dem 10. Jahrhundert, der über Norwegen und Dänemark herrschte, wo er, wie ein Runenstein in Jelling bis heute bezeugt, das Christentum eingeführt hat. Wie er zu dem Beinamen kam, ist nicht bekannt.*

Schließlich gibt es etliche, meist Sachbücher, deren Titel mit Farbmetaphern oder Redewendungen spielen: Kurz vor dem Jahr 2000 erschien eine Kulturgeschichte des Rauchens, die hieß Schöner blauer Dunst. *Lustig fanden wir den Partyratgeber* Nachts sind alle Katzen blau *und Tim Mälzers Kochbuch* Go Green. Grüne Küche. *In der Altersklasse 60 plus war mal ein Buch des früheren Bremer Oberbürgermeisters Henning Scherf der Renner:* Grau ist bunt. Was im Alter möglich ist; *darin stellte er attraktive Wohnkonzepte für Ältere vor. Passend dazu erschien kürzlich eine von* Alice im Wunderland *inspirierte Einführung in die Philosophie, die uns über Freiheit und Schönheit belehren will und in der wir erfahren können, ob es Gott gibt … Sie trägt den Titel* Folge dem weißen Kaninchen … in die Welt der Philosophie.[257]

▼ LEONIE Bei der Bundesgartenschau nahmen wir aus dem Kirchlein im Dorf Stölln zwei Broschüren mit. Die Titel gefielen uns: *Leben am roten Band der Liebe* und *Von Dom zu Dom. Das blaue Band der Havel.* Und mir fällt ein, wie ich als Zwölfjährige im Bücherschrank der Oma die Erzählung von einer roten Blume fand und verschlang. Ein Insasse eines Irrenhauses riss im Anstaltsgarten heimlich die Mohnblumen aus; er glaubte, sie trügen alles Böse der Welt in sich; am Ende war er tot.[258]

Ich bin gespannt, was für Zitate Tante Alma in ihr Literatur-Kapitel einbauen wollte. Zuunterst in der Mappe liegen gebündelt in einem gefalteten A3-Blatt zwei Dutzend oder mehr, meist handgeschriebene Textauszüge, dabei ein Computerausdruck, auf dem steht, sie wolle alle Quellen nochmals überprüfen, Bücher ein zweites Mal lesen und einen Psychologen befragen. In den Zitaten – Gedichte, Auszüge aus Romanen und Erzählungen, kurze Passagen wer weiß woher – kommen auch

Schwarz und Weiß, Rosa, Grün, Lila, Kuriosa wie Zigeunerbraun, Kendal-Green, Zentifolienrosa oder Rotkehlchenrot vor, doch die Farbe Blau hat es Tante Alma besonders angetan.

Auf ihrem Nachttisch lag ein Inselbuch – *Blau die himmlische Farbe* – und zwar doppelt! Ein zerlesenes Exemplar von 2001, mit Lesezeichen drin, drunter ein noch unberührtes, die Sonderausgabe 2012 mit einem Klebezettel: *für L.* – wollte sie es mir schenken? Oder an wen dachte sie? Sicher liebte sie diese Sammlung von Gedichten, kurzen Prosatexten und Bildern sehr. Von den Bildern darin gefallen mir am besten Der Turm der blauen Pferde von Frans Marc und Friedrich Hechelmanns Strömung II. Und Der blaue Vogel von René Magritte.[259]

Mit dem letzten Lesezeichen ist eine Stelle im Nachwort markiert, da steht, Blau sei, statistisch gesehen, der Deutschen liebste Farbe. Was mag da am stärksten wirken? Der Himmel? Blau als Farbe der Götter? Mariens blauer Mantel? Mythische Kräfte von Lapislazuli und Saphir? Die blaue Blume der Romantik? Das Meer? Am Ende wird der Beginn von Hans Magnus Enzensbergers Gedicht *Die Visite* zitiert, in dem ein *ganz gemeiner Engel* dem um Worte ringenden Dichter anschaulich vor Augen führt, wie nichtig, ja *wie entbehrlich* all sein Streben, angesichts der ihn umgebenden Natur, bleiben muss.[260]

Wie deprimierend, wenn man ein Buch schreiben will! Doch Tante Alma gab nicht auf. Mit ihrer engen steilen Schrift schrieb sie Gedichte aus dem Inselband ab. Vor allem die Blaue Stunde hat sie fasziniert. Auch wir genießen an Sommerabenden auf der Terrasse gern den Übergang vom späten Blau zum Funkeln der Nacht …

Die blaue Stunde, jene kurze Spanne zwischen Sonnenuntergang und Dunkelheit, die von jeher Maler, Fotografen und Literaten anzieht … Die Bilder heben wir für ein anderes Kapitel auf. Hier sei nur auf einige Verse aus einem unserer Lieblingsbücher verwiesen, aus dem Insel-Bändchen Blau die himmlische Farbe, *das Bilder, Gedichte und Geschichten mischt, die alle ebendiese Farbe preisen. So bedichtete Gottfried Benn 1950 die* Blaue Stunde, *fünf Jahre später* folgte Die Blaue Stunde *von Ingeborg Bachmann, die Benns Verse gekannt haben muss. Und Oskar Loerke schrieb schon 1911 ein Gedicht mit dem Titel* Blauer Abend in Berlin.

Im ersten Band der Trilogie des Scheiterns *von Wolfgang Koeppen schwärmt der Schriftsteller Philipp von der heure bleue. Für ihn ist sie* die Stunde des Träumens, eine Spanne relativer Freiheit, der Augenblick des Freiseins von Tag und Nacht. *Der Krimi* The Blue Afternoon *des Schotten William Boyd führt die Architektin Kay Fischer in die 30er und 40er Jahre des 20. Jahrhunderts nach Los Angeles und Lissabon, mit Rückblick auf die Wende vom 19. zum 20. Jahrhundert in Manila. Joan Didion nannte 2011 ein Buch über ihre jung verstorbene Tochter Quintana* Blue Nights.[261]

Letztes Jahr gab die Münchner Folk-Band Faun einem ihrer Lieder den Titel Blaue Stunde. *Ob da Bertolt Brechts* Erinnerung an die Marie A. *Pate stand? Der Lehrplan für Literatur enthält das Gedicht nicht mehr, trotzdem wählten es mehrere Schülerinnen aus, als sie im Kunstunterricht eins ihrer Lieblingsgedichte illustrieren sollten: Was sie aufs Papier brachten, war so tiefsinnig und schön, wie wir es jungen Leuten heute kaum zutrauen. Allein die Wahl dieser Verse, in denen von Alpha bis Omega das ganze Leben steckt! Falls das Buch illustriert wird, müssen einige dieser Bilder dabei sein: das eng umschlungene junge Paar, eine ver-*

grämte Frau, die Kinderhemdchen auf die Leine hängt, der blaue Mond überm Pflaumenbaum.

▼ LEONIE Wie Tante Alma ihr Zitatmaterial in das Buch packen, vorhandene Textpassagen erweitern, neue hinzufügen und Quellenangaben ergänzen wollte – niemand weiß es. Trotzdem möcht ich das nicht einfach weglassen. Wenigstens Teile davon sollten wir, vielleicht unsortiert als Loseblattsammlung, einbeziehen:

- *Brigitte Reimanns Texte sind exzellent und werden lange präsent sein, weil sie Menschen auf besondere Weise lebendig machen und die Weltsicht der Autorin, oft in farbintensiven Wortgemälden, kompromisslos sichtbar werden lassen. Im Roman über die Architektin Franziska Linkerhand klagt die Protagonistin:* Sand Sand Sand. Der langweilige Himmel. Die langweiligen Kiefern. Ich wünsche mir einen blauen Strauch, oder einen rosa Baum, oder den Himmel grün … irgend etwas außer der Ordnung, eine Kokospalme, Nordlicht, Sonne mitten in der Nacht. Warum passiert hier nichts? *(Brigitte Reimann:* Franziska Linkerhand, *Berlin 1974, Seite 32) In* Tagebuchnotizen *erinnert sie sich an ihre Großmutter:* Godesberg und Norderney, Wörter grün wie Meerwind, flaumig wie weiße Straußenfedern, duftend wie der Tanzstundenfächer aus Sandelholz … *(in Dorothea von Törne:* Brigitte Reimann. Einfach wirklich leben, *Seite 14)*
- *In einer frühen Erzählung von Heinrich Böll –* Kerzen für Maria, *1950 – sieht der Erzähler auf seinen ziellosen Wegen durch die Stadt* Milchkannen vor einer Tür, zu der eine schmale dünnblaue Spur vertropfter Milch hinführte. *Dünnblau –*

was für ein sprechender Farbname in diesem trostlosen Text! (Heinrich Böll: Wanderer kommst du nach Spa … *Erzählungen 1947 bis 1951, Köln 1951, Seite 171)*

- *Jeder kennt Eduard Mörikes Verse über den Frühling* Er ist's: Frühling lässt sein blaues Band / Wieder flattern durch die Lüfte … *(zu finden in vielen Anthologien und auch im Internet unter www.lieder-archiv.de)*
- *Spannend ist, wie Laura einen Eisvogel malen will:* Für Kopf, Rücken und Flügel musste sie viele verschiedene Blaus anmischen. Ein frisches, leuchtendes, feuriges Blau, Eisblau, das bis zu Nilgrün changierte. Und ein kühles Bergblau vielleicht, ein grünliches Wasserblau und dunkel leuchtenden Azur, Saphirblau und Coelinblau, Kobaltblau und Ultramarin. *(Dieter Wellershoff:* Das Blau des Eisvogels, *in: Der schöne Mann und andere Erzählungen, Berlin und Weimar 1988, Seite 205)*
- *Die Deutsch-Amerikanerin Solomonica de Winter schrieb 2014, mit 17 Jahren, den Bestseller über eine vermeintlichen Soziopathin* Die Geschichte von Blue *(Original:* Over the Rainbow). *Der erste Absatz:* Mein Name ist Blue. Nicht blau wie ein Rock oder ein Türkis, nicht blau wie Blaubeeren und nicht blau wie Nagellack. Sondern blau wie salzige Tränen, blau wie eine winzige Blaumeise. Blau wie der Wind, das Meer, der Regenbogen. Das Dunkelblau in den aufziehenden grauen Wolken vor einem Gewitter. Das ist das Blau, nach dem ich benannt bin. Das ist mein Blau. *(Solomonica de Winter:* Die Geschichte von Blue, *aus dem Amerikanischen von Anna-Nina Kroll, Copyright © 2014, 2016 Diogenes Verlag AG Zürich)*

▪ *Und wer kennte nicht seit der Schulzeit Theodor Storms Heimatstadt Husum* am grauen Strand, am grauen Meer, *wie er sie 1852 besang! Während einer Klassenfahrt nach Schleswig-Holstein waren wir dort. Das war die gleiche Reise, bei der wir das Anwesen von Emil Nolde in Seebüll besuchten. Wir fanden Husum gar nicht grau, aber das liegt sicher am neuzeitlichen Tourismus, da wird viel zu viel bunt angestrichen, was in Wahrheit so nie ausgesehen hat.*

▼ LEONIE Diesem Gegensatz zwischen Grau und Bunt müsste man näher auf den Grund gehen. Erstaunlich, was die Farbe Grau genau charakterisiert, von Mephistos grauer Theorie über die graue Eminenz[262] und die langweilig graue Maus, bis zum Grauen Markt als Bezeichnung für Käufe und Verkäufe in rechtlichen Grauzonen (nicht ganz so schlimm wie Schwarzmarktgeschäfte). In Astronomie hörten wir vom grauen Mond – so nennen Astronomen das Phänomen der Halbschattenfinsternis.

Leo plante eine Zeitlang die neue Werbekampagne seiner Agentur ganz ohne Farbe, nur Schwarz, Weiß und Grau, um den Blick aufs Wesentliche zu lenken. Gut, dass Lars ihn davon abgebracht hat. Heute wollen die meisten Kunden etwas anderes …

Letztens lief uns in der Mediathek was zum Thema BLAU über den Weg: ein amerikanischer Film nach einem Theaterstück aus den 50er Jahren; der Titel *The deep blue Sea* gefiel uns.[263] Ich denk, das fügen wir einfach ins Manuskript ein.

So, jetzt mach ich mir für heute den letzten Cappuccino und stürz mich auf den Rest der Zitate, auch wenn manche Quellenangaben kryptisch sind oder sogar fehlen.

- Grau, teurer Freund, ist alle Theorie / und grün des Lebens goldner Baum, *heißt es in Goethes* Faust, *und Mephisto war gewiss ein kluger Kopf. Auch der berühmte Osterspaziergang lebt von der Antinomie zwischen grauer Tristesse und Farbigkeit.*
- *Nicht lange nach dem klassischen* Dr. Faust *schrieb der Detmolder Christian Dietrich Grabbe über seine Heimat und meinte den Teutoburger Wald:* Mein Herz ist grün vor Wald. *(zitiert von Klaus Thiele im Beitrag* Bei den Stein-Riesen, *in dem es um die Extern-Steine ging – MZ, 23.06.2006, Seite 25)*
- *Etwa zur gleichen Zeit, am 30. Mai 1831, schrieb Hans Christian Andersen über einen Kurzbesuch in Halle an der Saale in sein Tagebuch:* Die Saale, die durch Halle fließt, hat ganz schmutzig gelbes Wasser. Halle hat altmodische Häuser, überall gehen die Fenster nach innen auf. Die Bauernfrauen haben zigeunerbraune gelbe Gesichter. *(Hans Christian Andersen: Ja, ich bin ein seltsames Wesen ..., Tagebücher 1825–1875, 2 Bände, Göttingen 2000)*
- *Fast 100 Jahre später, 1922, publizierte Klabund seine Sammlung* Das heiße Herz. Balladen, Mythen, Gedichte, *darin (Seiten 22/23) Verse über* Die Königin von Samarkand, *von der Bäuerin aus gesehen, eine Frau am anderen Ende der sozialen Skala. Der Anfang:* Mein Herz ist rot, mein Blick ist blau. / Ich bin die schönste von allen Fraun. // Mein Haar ist schwarz wie Pantherfell / Ein Riese ist mein liebster Gesell. // Schneeweiß ist meine Kinderhand. / Ich bin die Fürstin von Samarkand. *An die Stelle des deutschen Waldes tritt eine orientalische Stadt und dennoch – Wer fühlte sich hier nicht an Schneewittchen (und seine Stiefmutter) erinnert?*

- *In der Vorrede zu ihren Kinder- und Hausmärchen schrieben die Gebrüder Grimm:* Der epische Grund der Volksdichtung gleicht dem durch die ganze Natur verbreiteten Grün, das sättigt und sänftigt, ohne je zu ermüden. *(Jakob und Wilhelm Grimm: Kinder- und Hausmärchen gesammelt durch die Gebrüder Grimm, Vorrede, Seite 17)*
- *Sergej Jessenin schrieb 1925 ein Poem, auf Deutsch* Der Mann in Schwarz, *darin geht es um Doppelgänger, Traumgesichte, Dunkelheiten, ein weißes Pferd auf schwarzem Weg:* ... Weiß – ein Pferd. Ich seh wen reiten. / Und die reitet, ist bald hier (*übersetzt von Paul Celan*); *im Vorwort von Leonhard Kossuth zu Jessenins* Gesammelten Werken, Band 1 *(1994/1995) heißt es* Der die schwarze Kröte mit der weißen Rose vermählen wollte: Jessenin. *Denn eins der Gedichte beginnt mit den Versen* Nebel, bläulich graue; Welten Schnees, gefrierend, / Ein zitronenfarbnes Mondlicht schwelt durchs Grau und Blau ... *und in der vierten Strophe heißt es* Weiße Rosen hätt mit schwarzen Kröten / Ich auf Erden allzu gern bekränzt.
- *Ein mysthisches Bild malt John Fowles in der Erzählung* Der Ebenholzturm. *Über den Besuch des Londoner Journalisten David Williams bei dem berühmten Maler Henry Breasley (der mit Diana und Anne auf dem bretonischem Landgut Coëtminais zusammenlebt):* Vielleicht war es tatsächlich ein echter Geniestreich von dem Alten gewesen, ein altes Bedürfnis, der Stadt zu entfliehen, zum Vorwand zu nehmen, sich mysteriös abzusondern, und dabei erkannt zu haben, daß des Rätsels uralte Lösung, die grüne keltische Quelle, immer noch floß. *(John Fowles:* Der Ebenholzturm. Erzählung, *Frankfurt/Berlin/Wien 1984, Seite 85)*

- *In Kurt Tucholskys* Vorsätzen, *zuerst veröffentlicht am 22. November 1911 im ULK finden sich die Sätze* Ich will den Gänsekiel in die schwarze Flut tauchen ... *und* ... ich will ein lyrisches Gedicht schreiben. Meine Seele werde ich auf sammetgrünem Flanell betten, und meine Sorgen werden kreischend von dannen ziehen ...
- Voir clair, c'est voir noir, *habe Paul Valéry im Bezug auf Stendhal geäußert, steht im Nachwort zu Samuel Beckett:* Lang nach Chamfort. Acht Maximen.[264]
- *Auch ein Porträt der kulturellen und literarischen Szene jenes gewesenen Landes namens DDR spielt mit Farben, so wenn es über Viktor Nesselkönigs Tochter heißt* Sie war ein Schmetterling von berückender Zutraulichkeit, die manchmal an einer fremden Tür klingelte, um zu sagen, dass sie die grüne Langeweile *(wie sie der Zar im Märchenfilm Feuer, Wasser und Posaunen empfand)* habe, *oder über Vivians Rückflug aus Moskau in die DDR, wo sie ihren kranken Vater besuchen will:* Beim Aussteigen nickte ihr die Stewardess mit grünen russischen Augen und schwarzen sowjetischen Wimpern zu. *(Ralf Eggert:* Nesselkönig, *Halle 2011, Seiten 143, 293)*

▼ LEONIE Ob Tante Alma alle Notizen zu Farben in literarischen Texten aufnehmen wollte? Vieles scheint zufällig – andererseits: Sie wollte kein Fachbuch verfassen! Ich such nicht nach Ordnungsprinzipien, sondern nehm das Ganze als exemplarisches Sammelsurium, das eigne Kreativität wecken will. Zu erkunden wäre auch, ob neben Schwarz nicht das Dunkle an sich als Farbe gelten darf. Letztes Jahr in Leipzig kauften wir fast ein Wave-Gothic-Lexikon! Das Buch heißt *Schillerndes Dunkel.*[265]

- *In einem Fantasy-Roman rätselten wir, was persimonbraunes Papier sein mag. Wir googelten es: Kaki-Persimon heißt die Frucht des Kakibaums aus der Obstregion Ribera del Xúque bei Valencia. Für die Handlung ohne Belang, weckt die Farbe doch allemal Neugier. (Audry Niffenegger:* Die Frau des Zeitreisenden, *2003, Seite 414)*
- *Als letzte Erinnerungsstücke an eine große Liebe bleiben in der Erzählung* Es ist *ein* coelinblaues Seidentuch … ein Armreif … herzgoldnes Horn *zurück. (Christoph Meckel:* Nachtsaison. Erzählungen, *2008, Seite 158)*
- *Reinhold Forster soll die Augen von J. F. Meckel lagunablau genannt haben. (Wilhelm Bartsch:* Meckels Messerzüge, *2011, Seite 293)*
- *Der Hausmeister eines Motels schwärmt von Betty* Sie erinnerte mich an eine exotische Pflanze mit schimmernden Fühlern und einem Herzen aus mauvefarbenem Skai, und ich kannte nicht viele Mädchen, die einen Minirock von dieser Farbe so unbekümmert tragen konnten … *(Philippe Djian:* 37,2 Grad am Morgen*)*
- *Die russische Haute Voulé genießt, lange vor der Oktoberrevolution, das dolce vita an der Adria. Einer der Sommergäste in Cannes* – halb Russe und halb Amerikaner – *ist der 17-jährige adlige Val:* Sogar das Mittelmeer war so entgegenkommend, an den Frühlingsabenden die Farbe dunklen Weins anzunehmen, und Fischerboote mit rotkehlchenfarbenen Segeln schaukelten entzückend vor dem Ufer. / Undeutlich war Val bewusst, dass all das für ihn und seine Familie geschah. Die kleine weiße Stadt am Wasser, in der er die Freiheit hatte, zu tun, was ihm gefiel, weil er reich und jung war und das Blut Peters des Großen indigoblau in seinen Adern

rann, war das Paradies der Privilegierten. *(F. Scott Fitzgerald:* Liebe in der Nacht*)*

- *An einem anderen Meer nimmt die Dreiecksgeschichte zwischen der attraktiven Gerda aus Warnow, dem durchgefallenen Abiturienten Bill und dem schönen Kavalleristen Went ihren Lauf.* Bill bemerkt: Gerda errötete wie immer, wenn sie böse war, ein warmes Zentifolienrosa, das bis zu den […] Haarwurzeln hinaufstieg. *(Eduard v. Keyserling:* Schwüle Tage*)*
- *Und jetzt sind wir an der Nordsee. Auf dem Weg zum Restaurant Kanton in Barglund schaut Willy aufs Wasser: Da* ragten die Masten der Segelboote starr in den karpfenblauen Nachmittagshimmel. *(Siegfried Lenz:* Die Auflehnung*)*
- *Eine mit Farben aufgeputzte Personenbeschreibung bot eine Glosse über den achten Kontinent, über die Chance der Suche nach Freunden bei Facebook, in der virtuellen Welt – für all jene, die in der wirklichen Welt unfähig sind, soziale Kontakte zu knüpfen:* Russ hat kurz geschorene braune Haare, oben igelig, und einen Schnauzbart. Er trägt ein türkises Hemd mit lila Krawatte, das über dem Bauch spannt; Russ ist US-Bürger, Mitglied der Federal Aviation Administration, ein Flieger. *We are family, Russ*, schreibe ich […] *(Christoph Grabitz:* Als Freund-/-Freundin hinzufügen. Eine Reise in die virtuelle Welt mit Zwischenstopps im Hier und Jetzt – *chrismon, August 2010, Seite 14)*
- *Beispiele origineller und fantasievoller Verwendung von Farben in literarischen Texten begegneten uns auch in James Woods Buch* Die Kunst des Erzählens: *So stellt der Autor auf Seite 71 einen ganz besonderen Grünton vor, das* Kendal-Green – *ein hellgraues Grün, in England als Farbe für Woll-*

stoffe üblich und möglicherweise in Verbindung zu bringen mit der Burgruine Kendal Castle in der nordwestenglischen Grafschaft Cumbria, wo vor der Tudorzeit die Ahnen der sechsten Frau Heinrich VIII., Catherine Parrin, residierten. Auf Seite 160 zitiert er einen von ihm geliebten Satz aus dem Roman Die Wellen *von Virginia Woolf, in deutscher Übersetzung* Der Tag wogt gelb mit all seinen Ähren, *der auch unsere Fantasie zu berühren vermag. Im* Geschäft des Lebens, *der Lebensgeschichte des Loosers Thommy Wilhelms des späteren Literaturnobelpreisträgers Saul Bellow, stieß er auf einen Fluss, dessen Charakterbild wie das von Chicago und New York* mit sprechenden Farben gemalt wird *(Seite 166). Schließlich zitiert er auf Seite 196 Graham Greenes schwermütige, für Freitagnachmittage typische* violette Stunde. *(James Wood:* Die Kunst des Erzählens, *2. Auflage, Rowohlt Hamburg 2011)*

- *In einer zerlesenen Ausgabe von Avenarius'* Hausbuch deutscher Lyrik von 1902, *die wohl von meiner Urgroßmutter stammt, fanden wir schöne Verse mit poetischen Farbnuancen:* Noch Abendröte an den Bergesspitzen / Wie Morgenrot der Ewigkeit *(*Im Alter *von Joseph von Eichendorff, Seite 98),* Es fiel ein Reif in der Frühlingsnacht, / Er fiel auf die zarten Blaublümelein, / Sie sind verwelket, verdorret *(Volkslied Seite 99) und* Liebliche Gärten seid, ihr abendrötlichen Berge, / Seid willkommen und ihr, schweigende Pfade des Hains *(*Menons Klagen um Diotima *von Hölderlin, Seite 103)*
- *In Farben zu schwelgen, liebte auch Gustav Meyrink. In einem alten Reclamband lasen wir, was Doktor Mohini zu Axel Wijkander, Famulus des Meisters der Tuhya-Trance, spricht:* Sie reden da nicht nur von Magie – von schwarzer und weißer Magie; ich höre Sie von den Geheimnissen eines grünen,

verborgenen Reiches reden und von unsichtbaren Bewohnern einer violetten Welt! Sie selbst treiben – violette Magie, sagen Sie … *(in:* Der Saturnring, *Seiten 82–91, hier: 84). Und der Entdecker Sir Hannibal Roger Thornton bereist Tibet, als ihm ein wallfahrender Sannyasin von jenem Volksstamm in einem Seitental des Himavat erzählt, dessen Angehörige spitze* rote Mützen *tragen, ein satanisches Wesen in Gestalt eines Pfaus anbeten, der sie die schwarze Magie lehre. Die Neugier des Forschers ist geweckt und bringt ihn um. Kaum in jenem Tal angekommen, wird er* ein halbvioletter Kegel von der Größe und Gestalt eines Zuckerhutes. *Sein Begleiter, der taube Diener Pompeius Jaburek, rächt ihn mit dem Verderben bringenden Rätselwort Ämälän: Alle die es hören, mutieren zu violetten Pyramiden – ein Schicksal, das bald die halbe Menschheit dahingerafft haben wird … (in:* Der violette Tod, *Seiten 186–192, hier: 189/190) (Gustav Meyrink:* Tschitrakarna, das vornehme Kamel, *1978)*

- Die Wälder schweigen *überschrieb Erich Kästner ein Gedicht über die Sehnsucht der Städter nach der Natur, die 2. Strophe malt mit Augenzwinkern ein sprechendes Bild:* Das Dächermeer schlägt ziegelrote Wellen. / Die Luft ist dick und wie aus grauem Tuch. / Man träumt von Äckern und von Pferdeställen. / Man träumt von grünen Teichen und Forellen. / Und möchte in die Stille zu Besuch. *(Erich Kästner,* Die Wälder schweigen, *aus:* Doktor Erich Kästners lyrische Hausapotheke © *Atrium Verlag AG, Zürich 1936 und Thomas Kästner)*
- Von den Höhen des Schwarzwalds blickte ich auf die Vogesen. Im Mittagslicht schimmerten sie blau, welschblau, horizonbleu, wie alte französische Uniformen … *(Wolfgang*

Koeppen: Reisen nach Frankreich und andere Reisen, *2008, Werke in 16 Bänden, Band 10, Seite 9)*

▼ LEONIE Auf den nächsten Blättern hat Tante Alma literarische oder kulturelle Lokalitäten in Halle und anderswo, Verlage, Buchreihen und Periodika notiert:

Grüner und Roter Salon heißen zwei Räume im Kunstforum der Saalesparkasse, dem prächtigen Jugendstilhaus in der Bernburger Straße, Ecke Mühlweg;[266] *einen zweiten Roten Salon in Halle gibt es in der Mozartstraße. In Aschersleben existiert seit Jahrhunderten ein geschlossenes Hofensemble, im Jahr 1309 von der Stadt dem Franziskanerkloster Michaelstein übereignet. Da die Mönche graue Kutten trugen, hießen sie graue Mönche, bald wurde das Areal Grauenhof genannt.*[267] *Heute findet man da das Kunstquartier Grauer Hof mit einer Schwarzen Küche – wir sollten mal hinfahren und gucken, was gerade ausgestellt wird, und probieren, ob das Essen so gut ist wie die Werbung dafür.*[268]

Im alten Russland in St. Petersburg, existierte von 1818 bis 1821 ein literarisch-philosophischer Zirkel, der hieß Grüne Lampe, das bekannteste Mitglied war Alexander Puschkin, auch viele Dekabristen gehörten dazu; gleichfalls Grüne Lampe heißt seit 2005 ein russisches Restaurant in Berlin-Wilmersdorf.

Kein literarischer Salon, doch etwas Ähnliches ist eine seit 2007 in Kooperation mit der Bundesstiftung veranstaltete Reihe Grüner Salon der Heinrich-Böll-Stiftung. Im Programm steht: Der Grüne Salon ist ein Ort der Begegnung für Menschen aus Bürgerschaft, Politik, Sozialen Edinrichtungen, Verwaltung, Hochschule und Wirtschaft, um aktuelle und politisch brisante Themen zu diskutieren. […] Direkte Einmischung und gezielte Ansprache von Verantwortlichen des öffentlichen Lebens ist ausdrücklich erwünscht. *Im ersten Jahr seines Bestehens in Sachsen-Anhalt fand er sechsmal statt, 2008 dreimal, 2009 und 2010 je viermal. 2008 haben wir so eine Veranstaltung in Halle in der* Ökoase *besucht, eine Lesung von Michael Kraske und Christian Werner aus ihrem Buch* ... und morgen das ganze Land, *eine ernüchternde Analyse der rechten Szene. Die Themen – Demokratie, Journalismus, Afghanistan, Obama ... – waren stets spannend, doch wir haben es kein zweites Mal geschafft.*

Verlage der Weißen Bücher gab es im ersten Drittel des 20. Jahrhunderts mehrmals: zuerst den Leipziger Verlag der Weißen Bücher, später andere Verlage in Zürich, Bern und Berlin; zwischen 1913 und 1920 erschien in verschiedenen Verlagen das Monatsmagazin Die weißen Blätter, politisch auf Frieden und Völkerverständigung orientiert, und publizierte entsprechende Texte aus dem In- und Ausland.[269]

In Hamburg gründeten Ümit Güney und Peter Lohmann 1980 den Buntbuch-Verlag; er bestand bis 1987, griff Tabuthemen auf und edierte türkische Literatur, so von Nậzım Hikmet, auf Deutsch, 1985 Svende Merians im Studentenmilieu angesiedelten feministischen Bestseller der grün-alternativen Szene Der Tod des Märchenprinzen.

In Magdeburg-Ottersleben rief Michael Groschopp 1994 den Lyrik-Verlag Blaue Äpfel ins Leben, doch seit dem Jahr 2000 findet man nichts mehr über Neuerscheinungen.

In München gründeten 2005 die Journalistin Christiane Fux und der Künstler Alain Fux den Blaubart Verlag; er produziert nichts als Krimidinner-Spiele (auf Deutsch und Englisch), die man nur im Internet bestellen kann.

1973 entstand in West-Berlin, als Abspaltung des Wagenbach Verlags, *der gleichfalls linksorientierte Rotbuch-Verlag, der neben Belletristik, Sachbüchern und Krimis bis 2001 zwei Periodika und den* Roten Kalender gegen den grauen Alltag *publizierte.*[270] *Auch das* Kursbuch *(Mitherausgeber war Hans Magnus Enzensberger) erschien dort.*

2011 kürte der Schweizer Buchhandel den Zürcher Rotpunktverlag, in der Belletristik seit 2016 durch die Edition Blau bekannt, zum Verlag des Jahres.[271]

Im verlag für berlin-brandenburg (vbb) kreierten Wolfgang Barthel vom Kleist-Museum Frankfurt an der Oder und Friedrich Pfäfflin vom Literaturarchiv Marbach am Neckar 1991 die Reihe Frankfurter Buntbücher; unregelmäßig erscheinen kleine feine Bücher zum Verhältnis von Schriftstellern und Orten, darunter Gottfried Benn und Klabund am Frankfurter Friedrichs-Gymnasium *(3),* Heinrich Mann in Berlin *(29),* Schiller in Potsdam *(39),* Erich Arend in Neuruppin *(44/45),* Adelbert von Chamisso in Cunersdorf *(55) und* Achim von Arnim auf Wiepersdorf *(58).*

Lange zuvor startete der DDR-Verlag Volk und Welt 1968 die Reihe SPEKTRUM, auch Schwarze Reihe genannt. Bis 1993 erschienen 279 Bände mit Autoren aus rund 40 Ländern, zum Beispiel 1977 erstmals James Joyce, 1982 Siegmund Freud und 1984 Günter Grass. Parallel dazu erschien im gleichen Verlag und ebenfalls ab 1968 die Weiße Reihe, meist zweisprachig, mit internationaler Lyrik.[272]

Schließlich die graue Literatur: Printerzeugnisse, die im Buchhandel nicht zu haben sind, oft Firmenschriften, Kongressberichte oder Privatdrucke, Veröffentlichungen von Vereinen, Unternehmen und Organisationen, meist im Auftrag und auf Kosten von

Privatpersonen zu Werbezwecken hergestellt und nicht kommerziell vertrieben.

Am Institut für Soziologie der Universität Halle gibt es seit 1993 die Fachpublikation Der Hallesche Graureiher, die über neueste Forschungen informiert. Die Universität Leipzig offeriert als Teil der postgradualen veterinärmedizinischen Weiterbildung die Leipziger Blauen Hefte auf Englisch und Deutsch.

Ein Phänomen in der Geschichte der Publizistik sind die Gelben Hefte, die es in Deutschland mindestens dreimal gab: zuerst als Spitznamen für die von 1838 bis 1923 existierenden Historisch-Politischen Blätter für das katholische Deutschland, dann eine zwischen 1924 und 1941 in Anlehnung an diese so benannte, zunächst kritische, überkonfessionelle historische Zeitschrift des Münchner Historikers Max Bucher (ab 1933 zunehmend systemkonform), und ein von 1956 bis 1962 in fünf Ausgaben erschienener Ratgeber für die Sakkotasche des Betriebsleiters, *konzipiert und verfasst von Horst Michel, einem bekannten Formgestalter der DDR und Professor an der Hochschule für Architektur und Bauwesen in Weimar.*

Themen oder literarische Genres farbig zu markieren, ist eine Orientierungsmethode, die Verlage zugunsten ihrer Leserschaft gern praktizieren. Ein Beispiel dafür ist der 2012 eingeführte Farbcode der Reihen von Reclams Universal-Bibliothek: GELB: einsprachig deutsche Ausgaben zu deutscher Literatur, Geschichte und Philosophie; ROT: Ausgaben in Englisch, Französisch, Italienisch, Latein, Russisch oder Spanisch; ORANGE: zweisprachige Ausgaben (Ausgangssprache und Deutsch); BLAU: Arbeitstexte und Lektüreschlüssel für den Unterricht in einem bestimmten Jahrgang; GRÜN: Erläuterungen (Interpretationen, Quellentexte); MAGENTA: Sachbücher zu Geschichte, Gesellschaft, Kunst,

Musik, Natur, Politik oder Religion. Nicht auf sachliche Einteilung, sondern mit emotionaler Komponente auf den Inhalt bezogen sind drei Reclam-Anthologien von 2012: Rote Gedichte, Grüne Gedichte *und* Blaue Gedichte. *Auch in der von Hans Magnus Enzensberger und Franz Greno begründeten Anderen Bibliothek wirkt ein Zuordnungsprinzip mittels Farben: Anhand der Titelschildchen auf dem Buchrücken und der Ledereinbände erkannte man lange Zeit sofort, wann die vor einem liegende bibliophile Kostbarkeit erschienen war.*[273]

Vor über 200 Jahren, als auch Erwachsene Märchen lasen, existierte in Deutschland eine zwölfbändige Blaue Bibliothek aller Nationen, zwischen 1790 und 1800 gaben Friedrich Justin Bertuch und Christian Friedrich Wilhelm Jacobs in Gotha und Weimar die französischen, arabischen, persischen und indischen Märchen heraus.[274] *Der Name ging auf die im 17./18. Jahrhundert in Frankreich beliebte Bibliothèque bleue zurück, die einfache Unterhaltungsliteratur unters Volk brachte, und meinte die unbebilderte Volksvariante, die in blauem Packpapiereinband* für minderreiche Leser *auf den Markt kam. Später entstand für Kinder eine vierbändige, von Grausamkeiten, Erotika und Satire befreite Ausgabe der Blauen Bibliothek.*

Witzig finden wir das Maskottchen einer Kinder- und Jugendbuchreihe, den 1972 von Jan-Peter Schniebel erfundenen magentafarbenen Fuchs, und deren Programm; seit über 40 Jahren gibt der Rowohlt Verlag die Reihe rororo Rotfuchs heraus.[275]

Zeitungen – von der Yellow Post abgesehen – tragen selten farbbezogene Namen. Ausnahmen: Die 1918 gegründete und 1992 wiederbelebte Rote Fahne,[276] *Die grüne Post, die 1935 die erste Detektivgeschichte von Manfred Schmidt publizierte, dem Erfinder von Nick Knatterton, jener an Sherlock Holmes orien-*

tierten Comic-Serie, die 1950 bis 1959 in der Quick zu lesen war, und das Segelmagazin Blauwasser – Leben unter Segeln, das von 2001 bis 2010 viermal jährlich erschien.

Auch im Kontext großer Buchmessen, kleiner Lesungen und literaturaffiner Ausstellungen sind oft Farben zu finden: Die in Belgrad geborene, jetzt in den USA lebende Téa Obreht (2012 auf der Leipziger Buchmesse mit dem Roman Die Tigerfrau*) erhielt 2011 in Großbritannien den Orange Prize for Fiction.*

Am 1. März 2012 las in der Galerie Stelzer & Zaglmaier *anlässlich einer Uwe-Pfeifer-Ausstellung unter dem Motto Blaue Stunde die Leipzigerin Jutta Pillat (*ein roter mund auf schnee, Gedichte aus der Angst, *Edition TP, o. J.), in deren Buch* Johanna und der Turm *der Erzähler verkündet* An mir ist alles grün …; *eine hallesche Autorin behauptet in einem Gedicht* Innen bin ich sonnengrün …

Das Zürcher Kulturzentrum Rote Fabrik zeigte im Februar 2011 eine Ausstellung über Matthias BAADER Holst. Bemerkenswert ist das Rote Antiquariat – beide Filialen in Berlin und Wien bieten ein reiches Reservoir an Socialistica zu Philosophie, Geschichte und Politik, Broschüren, Flugblättern etc. pp., Plakaten, Grafiken aus Expressionismus, Konstruktivismus und osteuropäischer Avantgarde …

▼ LEONIE Ich glaub, es wird bald hell. Gut, dass morgen Sonntag ist – nein, schon heute! Also schnell eine Runde Schlaf, vor Montag möcht ich nichts mehr von Tante Alma sehen. Den nächsten Karton lass ich für Leo stehn, er ist der Kinofreak.

* * *

▲ LEO Leonie hat mir einen neuen Karton aufgehalst, und wenn ich ehrlich bin, freue ich mich darauf: Material zur Attraktivität von Filmtiteln. Bestimmt kenne ich viele Beispiele nicht, neugierig bin ich doch, was Tante Alma gesammelt hat. Am effektivsten wird sein, ihre Aufzeichnungen als Fließtext zu notieren, dann drucken wir alles aus und basteln eine Schlussfassung für das Buch.

Zwischen Clockwork Orange und Yellow Cake

Wir sind keine passionierten Kinogänger und wissen nicht, was man gesehen haben muss, um mitreden zu können. Trotzdem glauben wir, die Filmtitel haben einen Anteil daran, dass das Publikum in die Kinos gelockt wird, und die Chancen steigen, wenn sie attraktive Farben enthalten. Unsere Auswahl ist mehr oder minder Zufall, doch mag sie belegen, dass unsere Vermutung richtig ist.

Gelegentlich läuft im Fernsehen noch ein Spielfilm von 1957: Blaue Jungs. *Der schnulzige Mix aus Kriegsfilm, Komödie, Liebes- und Musikfilm spielt im April 1945 auf einem Hilfskreuzer der Kriegsmarine in der Südsee. Auch* Die große blaue Straße *(Original:* La grande strada azzurra*) mit Yves Montand kam 1957 in die Kinos, Gillo Pontecorvos neorealistisches Werk zum Alltag in einem süditalienischen Fischerdorf.*

Knapp zehn Jahre später, 1966, entstand nach dem ersten Roman (1964) von Jack D. Hunter der US-amerikanische Film The Blue Max *(*Der Blaue *Max), in dem es um ein fiktives Fliegerschicksal aus dem Ersten Weltkrieg geht. Realer Hintergrund ist die Ehrung des deutschen Jagdfliegers Max Franz Immelmann mit dem Pour de Mérite 1916. Die höchste Tapferkeitsauszeichnung des Königreichs Preußen erhielt danach – wegen des Vornamens des Fliegers und wegen der dunkelblauen Farbe des Ehrenkreuzes – den Spitznamen Blauer Max.*[277]

Bleiben wir beim Blau: 1969 drehte Andy Warhol im Appartment des New Yorker Journalisten David Bourdon in Greenwich Village den Film Fuck, *der ein Paar bei Sex und Gesprächen über*

Alltägliches, auch den Vietnamkrieg, zeigt. Durch einen technischen Fehler war das Filmmaterial blau- und grünstichig; zudem warf man ihm Pornografie vor. So wählte er den weniger anstößigen Titel Blue Movie – der eine im englischen Sprachraum seit dem 19. Jahrhundert gängige Assoziation aufnahm: Blau als obszön resp. pornografisch wirkend, wohl weil Huren in Korrektionsanstalten blaue Anstaltskleider trugen. Warhols Filmtitel wurde bald zur Genrebezeichnung: Blue Movie, auch Blue Film, meint pornografische Filme schlechthin.

1995 produzierte Carl Franklin nach einem Roman von Walter Mosley (der dafür 1991 den britischen Krimipreis Dagger Award erhielt) mit Denzil Washington in der Hauptrolle den Thriller Devil in a Blue Dress (deutsch: Teufel in Blau).

Begeistert hat uns auch Blaubeerblau von 2011, später lief der Film im Fernsehen. Der Architekt Frithjof muss ein Hospiz vermessen, dort trifft er seinen Schulfreund Hannes, der im Sterben liegt … und beginnt zu begreifen, was im Leben wirklich wichtig ist. Das Eigentliche in einem tieferen Sinn ließ der Dokumentarfilm Deep Blue erahnen, der 2003 als Kinoversion aus der achtteiligen britischen Fernsehserie (bei BBC) The Blue Planet entstand, die den Lebensraum Meer vorstellt und als Der blaue Planet. Die Naturgeschichte der Meere ins deutsche Fernsehen kam.

Vor einiger Zeit zeigte der Sender kabel eins auch die 17-teilige US-amerikanische Fernseh-Serie The Forgotten – Die Wahrheit stirbt nie (2009/10), in der eine Gruppe Freiwilliger die Aufklärung alter Mordfälle übernimmt, deren Opfer nicht identifiziert werden konnten; der Pilotfilm hieß Der blaue Teufel.

Das 2012 gedrehte französisch-belgisch-spanische Filmdrama La vie d'Adèle hieß hier Blau ist eine warme Farbe, stand Anfang 2013 an der Spitze der beliebtesten Filme in Deutschland und ge-

wann im gleichen Jahr die Goldene Palme bei den Internationalen Filmfestspielen in Cannes. Die Liebesgeschichte zwischen der Schülerin Adèle und der Kunststudentin Emma (deren Haare blau gefärbt sind) hat sicher viele für Lebensprobleme dieser Art sensibilisiert.

Fast zeitgleich entstand – an Tennessee Williams Endstation Sehnsucht *angelehnt – Woody Allans* Blue Jasmine. *Der Film handelt vom dramatischen sozialen Abstieg der namengebenden Jasmine Francis, dargestellt von Cate Blanchett, die dafür 2014 einen Oscar erhielt. 2015 wurde in den britischen Black-Hangar-Studios das als semi-fiktiv geltende, stark an der Biografie des amerikanischen Jazz-Musikers Chet Baker orientierte kanadische Filmdrama* Born to be blue *gedreht.*

Auch die Jugend steht auf Blau: 1997 entstand der japanische Animationsfilm Perfect Blue *von Satoshi Kon, der die Geschichte der Popsängerin Mima und ihrer Suche nach sich selbst erzählt. Deutsche, slowakische und tschechische Filmemacher produzierten den Kinderfilm* Der blaue Tiger, *in dem Johanna und Mathias mit Hilfe der realen Traumgestalt des blauen Tigers den Botanischen Garten der Stadt vor den Neubauplänen des Bürgermeisters, der genau hier ein Entertainmentcenter zu errichten plant, retten wollen … Der Film wird für die Klassen 2 bis 7 empfohlen. Und seit einem Vierteljahrhundert ist Käpt'n Blaubär Liebling aller Kinder. 1988 startete* Käpt'n Blaubärs Seemannsgarn *in der Sendung mit der Maus, von Sonntag zu Sonntag warteten Fans gespannt, wie es weitergeht für Käpt'n Blaubär, der mit der Ratte Hein Blöd und drei Enkeln, den Bärchen Gelb, Grün und Rosa, in dem bei Rumsrüttelkoog gestrandeten Fischkutter Elvira wohnt; 1993 bis 2001 folgte der* Käpt'n Blaubär Club, *2002 bis 2008 die Serie* Blaubär und Blöd; *1999 entstanden der Zeichentrickfilm*

Käpt'n Blaubär – der Film, *im Jahr darauf mit dem* Deutschen Fernsehpreis in Gold *geehrt, und Walter Moers' Roman* Die 13 ½ Leben des Käpt'n Blaubär, *eine fiktive Autobiografie für Erwachsene, der erste Teil der Trilogie über den rätselhaften Kontinent Zamonien, wo Blaubär zur Spezies der Buntbären zählt. 2006 entstand daraus ein Blaubär-Musical.*

Mit anderen Farben kombiniert wird Blau auch von Cineasten, in Bayern am besten mit Weiß. Die deutsch-österreichische Fernsehserie Weißblaue Geschichten *(seit 1984) wird zwischen den Jahren oft als* Weißblaue Wintergeschichten *apostrophiert.*

In der Drei-Farben-Trilogie *– die letzten Filme von Krzysztof Kieślowski († 1996) – geht es um die Bedeutung der französischen Tricolore.* Drei Farben: Blau *(1993, zur Freiheit/liberté),* Drei Farben: Weiß *(1993, zur Gleichheit/egalité) und* Drei Farben: Rot *(1994, zur Brüderlichkeit/fraternité) wurden in Cannes, Venedig und Berlin gezeigt und prämiert.*

Blau, Weiß und Rot tauchten oft auf, schon im Original, oder erst in der deutschen Version. Bis 1987 kamen vier Filme der Reihe Der weiße Hai *in die Kinos, 1975:* Der weiße Hai, *1978:* Der weiße Hai 2, *1983:* Der weiße Hai 3-D *und 1987* Der weiße Hai – Die Abrechnung. *Dieser erste Welterfolg des Genres Tierhorrorfilm basierte auf Peter Benchleys Roman* Jaws *von 1974.*

Die Frau in Weiß *heißen etwa zehn Kinofilme und Fernsehserien. Zuerst (wie alle weiteren nach* The Woman in White *[1860] von Wilkie Collins, der ersten Mystery Novel) zwei Stummfilme: 1912 in den USA und 1929 in Großbritannien; 1940 und 1948 folgten zwei Tonfilme in den USA, ein schwedischer und ein russischer Kinofilm (1949 und 1982) sowie eine große BBC-Fernsehproduktion 1997 (nach einer BBC-Miniserie1982); bereits 1971 eine dreiteilige Fernsehfassung beim WDR.*

2009 erhielt Michael Haneke die Goldene Palme von Cannes und den FIPRESCI-Preis des Internationalen Filmkritikerverbandes für den Besten Film des Jahres für Das weiße Band, *eine Kindergeschichte, die kurz vor dem Ersten Weltkrieg in einem protestantischen Dorf in Norddeutschland spielt und das Leid derer zeigt, die mit einem weißen Band als Symbol der Strafe für* sündige Kinder *gebrandmarkt sind.*

Andere Zeit, anderer Ort: White Collar *heißt eine in den USA erfolgreiche Krimiserie, die seit 2011 auch bei deutschen Privatsendern* ausgestrahlt wird. *Der Titel nimmt den weißen Kragen als Symbol der Bosse auf (im Kontrast zum blue collar, der für die Kluft der Arbeiter steht).*[278]

Sehr gut gefiel uns die Hommage an Lissabon In der weißen Stadt *von 1983, in der Bruno Ganz als Schweizer Seemann Paul in Portugals Hauptstadt strandet. Wir sahen den Film erst später – und bedauerten, dass wir ihn nicht vor unserer eigenen Portugalreise, die uns durch einen Lehreraustausch vergönnt war, kannten.*

Auch Rot kommt bei Filmen häufig vor. In einer deutsch-dänischen Edgar-Wallace-Verfilmung war 1960 eine Gangsterbande zu erleben, die als Der rote Kreis *agierte. Nach dem gleichen Roman entstand schon 1928 ein deutscher Stummfilm, der als verschollen gilt. 1970 drehte Jean-Pierre Melville einen Gangsterfilm mit Alain Delon und Yves Montand, die deutsche Fassung wurde* Vier im roten Kreis (Le Cercle rouge) *genannt. Ein französisch-deutscher Spionagefilm (1966) aus Zeiten des Kalten Krieges von Sammy Drechsel (als Journalist und Sportreporter bekannt) mit Lilli Palmer und Curd Jürgens präsentierte* Zwei Girls vom roten Stern, *eine Satire auf eine Genfer Abrüstungskonferenz. Zwei US-amerikanische Filme heißen* Die Frau in Rot, *1979 ein Gangsterfilm von Lewis Teague (Original:* The Lady in

Red*) und 1984 eine Komödie von Gene Wilder (Original:* The Woman in Red*). Ein antichinesischer Propagandafilm aus den USA von Jon Avnet mit Richard Gere und Bai Ling kam 1998 als* Red Corner – Labyrinth ohne Ausweg *(Original:* Red Corner*) in die Kinos; die Kritik schwankte zwischen* plump konstruiertem Gerichtsfilm *und dem Prädikat* künstlerisch wertvoll … *in China wurde der Film nicht gezeigt.*

Seit dem 6. November 2006 werden an jedem Wochentag um 14.10 Uhr Hausfrauen, Arbeitslose und Rentner mit der Telenovela Rote Rosen *vor die Glotze gelockt und kriegen das richtige Leben vorgeführt: Selbstfindungstrips, Midlifecrisis, Lug und Trug in wechselnden Paarungen, wohldosierte Glücks- und Unglückshäppchen, all das auf eine Handvoll Örtlichkeiten verteilt, als da sind ein Fahrradgeschäft, ein Modeatelier, ein Bioladen, ein Fünf-Sterne-Hotel – wo man halt täglich zugange ist …*

Eine niveauvolle Jugendserie ist der Club der Roten Bänder *nach der katalanischen Serie* Polseres vermelles, *die auf der 2013 publizierten Lebensgeschichte von Albert Espinosa (Jahrgang 1973) –* Glücksgeheimnisse aus der gelben Welt *– beruht. Die gelbe Welt ist eine Krebsstation, wo die Patienten permanent zwischen Verzweiflung und Hoffnung pendeln. Diese TV-Serie erhielt 2016 den Deutschen Fernsehpreis.*

Schwarzes Gold und rote Sonne *nannte die TV-Moderatorin Marietta Slomka ihre Afrika-Reportage von 2010. Filme von Rudolf Thome variieren* gleichfalls *die Farbe Rot: 1970 drehte er* Rote Sonne, *einen Gruselmix aus Sinnsuche, Liebeswahn und Revolution, 2010 das Erotikdrama* Das rote Zimmer *(in einem blauen Haus) um den in einer Dreierbeziehung mit Luzie und Sibil verstrickten Kussforscher Fred. Andere seiner rund dreißig Filme heißen* Rot und Blau, Ins Blaue *und* Pink.

▲ LEO: Auch ein romantisches Bild von Henri Matisse heißt *Das rote Zimmer*. 1908 malte er es in seinem Pariser Atelier, von dem aus er in einen Klostergarten schaute. Leonie würde es gefallen – unten links steht ein Korbstuhl, ähnlich dem in *Vincents Schlafzimmer in Arles*, und Bilder von van Gogh liebt Leonie, seit ich sie kenne.

1936 ist das Entstehungsjahr des US-amerikanischen Schwarzweißfilms The Vigilantes Are Coming, *eines wilden Western, der an den Kampf um Kalifornien zwischen den Vereinigten Staaten von Nordamerika und dem russischen Zarenreich – zu Zeiten der Exklave Russisch-Amerika (1867 kauften die USA sie Russland ab) um die Mitte des 19. Jahrhunderts – angelehnt ist. In Deutschland wurde ihm der reißerische Titel* Zorro, der blutrote Adler *zuteil.*

1998 wurde der Thriller Les Rivières pourpres *von Jean-Christophe Grangé verfilmt, deutsch* Die purpurnen Flüsse. *Last but not least: Eine Agentenkomödie von 2010 heißt* R.E.D. (= Retired Extremely Dangerous*), zu deutsch: Älter, härter, besser …*

Sollte man auch Rosa und Orange nahe dem Rot verorten? Wenn ja, Beispiele gibt es. Schon 1963 entstand unter der Regie von Blake Edwards die Kriminalkomödie The Pink Panther (Der rosarote Panther)*, die Geschichte des Meisterdiebs Sir Charles Lytton, der auf den berühmtesten Diamanten der Welt scharf ist; weitere Pink-Panther-Filme und eine Zeichentrickserie gleichen Namens (1969) folgten.*

Ein anderes Genre bedient der Kinofilm Oskar und die Dame in Rosa*, 2009 nach einer Erzählung von Éric-Emmanuel Schmitt (Original:* Oscar et la dame rose*) gedreht, der Zeitreise in Briefen eines unheilbar krebskranken Jungen an Gott.*

2011 erblickte die Culture-Clash-Komödie Sommer in Orange *das Licht der Kinowelt.*

▲ LEO Wir haben den Film damals gesehen und uns schlapp gelacht. Wie Amrita und ihre Kinder Lili und Fabian mit der Sannyasin-Kommune von Berlin-Kreuzberg in ein oberbayerisches Provinznest ziehen, weil Siddharta (Amritas Lover) dort einen Bauernhof geerbt hat und was sich zwischen den traditionell orange gekleideten Bhagwan-Anhängern und der Dorfbevölkerung abspielt, war urkomisch. Und bei Netflix sahen wir uns ein paar Teile der Dramedyserie *Orange is the New Black* an; auch da geht es um orangefarbene Kleidung: die Häftlingskluft, die Piper Chapman wegen eines Drogendelikts anstelle schwarzer Designerklamotten anziehen muss.[279]

Trotz Stress und drängender Termine sollten auch wir mal fünfe gerade sein lassen und mit Freunden eine Party feiern, uns einen Kinoabend gönnen oder gucken, wie es mit Piper weitergeht. Doch zur Zeit stellt sich Leonie auf dem Ohr taub.

Ein Gedankenspiel: Vielleicht wären wir beide reif für eine der bunten Pillen aus *Matrix* – nur für welche? In einer Schlüsselszene des Films stellt Morpheus Neo vor die Wahl zwischen einer roten und einer blauen Pille. Schluckt er die blaue, kehrt er in die von der Matrix für ihn konstruierte heile Traumwelt zurück – die rote Pille wird ihm die Augen öffnen für die Welt, wie sie ist …

Ein anderer Streifen muss 1972 ein Kultfilm gewesen sein. Die Originalfassung von Stanley Kubrick hieß Clockwork Orange (Uhrwerk Orange) *– wie die literarische Vorlage von Anthony Burgess von 1962, ein Zukunftsroman über den Widerspruch* *zwischen Technik und Natur sowie die Frage, inwieweit Gehirnwäsche, wenn sie guten Zwecken dient, zulässig sein kann; dabei wird Orange als Frucht intepretiert oder vom malaiischen Wort Orang = Mensch (wie Orang-Utan) abgeleitet.*

50 Jahre mit demselben Partner, derselben Partnerin zu leben, ist schwer vorstellbar – unmöglich nicht. Wir gehen eher selten ins Kino, und wenn, sind wir oft enttäuscht. Satte Farben vor Schwarz *von 2010 über ein Paar im Jahr ihrer Goldenen Hochzeit, mit Senta Berger und Bruno Ganz, hat uns berührt; der Film nimmt das Schicksal eines mit den Eltern der Regisseurin Sophie Heldman befreundeten Paares auf.*

Schwarz. Sinnbild für Jenseits, Tod und Trauer. Die Farbe suggeriert Unheimliches, Bedrohung, Ängste, Ende – und zieht uns doch an. Aber philosophieren wollen wir nicht, nur ein paar Filmtitel nennen: die nach Black Beauty – The autobiography of a Horse *von Anna Sewell gedrehte, 1972 bis 1974 im britischen, ab 1974 im deutschen Fernsehen ausgestrahlte TV-Serie* Black Beauty *(Original:* The adventures of Black Beauty*);*[280] *den Zeichentrickfilm* Unter schwarzer Flagge *(2001) mit den Abrafaxen Abrax, Brabax, Califax; den Western* Der schwarze Falke *(1956 – im Original* The Searchers, *erst in der deutschen Fassung bekam er den Namen des Häuptlings); einer der Piratenfilme von Lex Barker (am Gardasee gedreht) hieß* Der schwarze Brigant *(1961); 2006 entstand Paul Verhoevens Kriegsdrama* Black Book, *2010 drehten Christopher Smith den Fantasyfilm* Black Death *und Darren Aronofsky den Psychothriller* Black Swan. *Ende 2011 hieß ein Bodensee-Tatort* Das schwarze Haus *(wie Stephen Kings Psychothriller von 2001). Der Kinofilm* Die schwarzen Brüder *von 2014 bekam beim 22. Kinder-Medien-Festival in Erfurt den Goldenen Spatz; Jude Law suchte im Schwarzen Meer als U-Boot-*

Kapitän Robinson den Goldschatz in einem im Zweiten Weltkrieg gesunkenen Schiff der Nazis – Black Sea hieß der britisch-amerikanisch-russische Thriller und erhielt 2014 beim italienischen Courmayeur Noir Film Festival den Schwarzen Löwen für den besten Film.

Auch bei Recherchen für das Architektur-Kapitel (ab Seite 265) stießen wir auf einen Film: 1962 entstand der Dokumentarfilm Das Haus ist schwarz, der unter Regie von Forugh Farrochzad das reale Leben der kranken und gesunden Bewohner des 1961 gegründeten Leprosoriums Behkadeh Raji zeigt. Die iranische Dichterin verknüpft Alltagssequenzen mit Versen aus dem Alten Testament und dem Koran sowie mit eigenen Gedichten, so entsteht ein für dieses Genre ungewöhnlich poetisches Bild.

Zuletzt sei ein Film mit Clint Eastwood von 1990 erwähnt: Weißer Jäger, schwarzes Herz (Original: White Hunter, Black Heart), eine Reminiszenz an den legendären Liebesfilm African Queen von 1951 mit Humphrey Bogart und Katherine Hepburn.

Soviel zum Schwarz, doch auch Grau kann reizvoll sein. Nach einem Roman von Sloan Wilson entstand 1956 das Filmdrama Der Mann im grauen Flanell (The Man in the Gray Flannel Suit), das Verantwortung und Menschlichkeit in der Geschäftswelt thematisiert. Zu einem anderen Genre zählt der Actionkrimi Mantrailer, Protagonist ist ein Superheld mit grauem Fell – viele Schüler waren begeistert und spekulierten, ob daraus nicht eine Serie wie Kommissar Rex werden kann.[281]

Welche Farben begegneten uns außerdem im Film? Lila, ein bisschen Gelb und viel Grün: Steven Spielberg drehte mit Whoopie Goldberg 1985 Die Farbe Lila (The Color Purple), ein Filmdrama nach dem Roman von Alice Walker, für den die Autorin 1982 den Pulitzer-Preis erhielt. 2010 nannte Joachim Tschirner *einen Dokumentarfilm über die Folgen des Uran-Abbaus (in den ehemaligen Abbaugebieten in Thüringen und Sachsen sowie in Uran-Minen in Namibia, Australien und Kanada)* Yellow Cake – Die Lüge von der sauberen Energie *und spielte so auf eine früher übliche Bezeichnung für pulverförmige Uranverbindungen an.* Grünes Feuer *hieß 1954 ein Spielfilm über die Erschließung einer Smaragdmine in Kolumbien, eine Literaturverfilmung mit Grace Kelly. 1957 stürmte Georg Jacobys Revuefilm* Nachts im grünen Kakadu *mit Marikka Rökk die Charts. Joachim Fuchsberger alias Oberleutnant Reiter ging im Kriegsfilm* Die grünen Teufel von Monte Cassino *1958 an den Kinostart; 1966 kam die Spionagefilmparodie* Der Mann mit dem grünen Hut *(Original:* The Spy in the Green Hat), *in der ein Irrer von der Weltherrschaft träumt, aus den USA in die Alte Welt; 1972 erlebte das Kinopublikum in einer deutsch-italienischen Edgar-Wallace-Verfilmung mit Gruselfeeling* Das Geheimnis der grünen Stecknadel *(obwohl weder der originale Buchtitel* – The Clue of the New Pin – *noch der italienische Filmtitel die Farbe Grün enthielt) und mit der Auflösung den Sieg der Gerechtigkeit. Unbeschwerter ließ sich genießen, was Kermit der Frosch aus der Muppet-Show und aus der Sesamstraße seit Jahrzehnten erlebte und televisionär zum Besten gab. Wie viele Leinwandhelden gebürtig in den USA, wurde er seit den 1970er Jahren auch in Deutschland berühmt. Für seinen Song* A Green and Red Christmas *bekam er einen Grammy Award, und für sein Engagement für die Umweltbewegung verlieh ihm das Southampton College der Long-Island-University in den USA am 19. Mai 1996 einen Ehrendoktortitel der Herpetologie. Sein Song* It's Not Easy Beeing Green *wurde zum Schlachtruf der ökologischen Bewegung, der bekannteste Frosch der Welt bekam 2002 einen Stern auf dem Walk of Fame in Hollywood. 2011 brachte*

Michel Gondry in der Actionkomödie The Green Hornet *die seit den 30er Jahren aus Radio- und Fernsehserien bekannte Grüne Hornisse ins Kino. Ein zum Superhelden avancierter Ex-Playboy mischt mit seinem Freund Kato und dem unzerstörbaren Wunderauto Black Beauty die Unterwelt von Los Angeles auf.*

Im van-Abbe-Museum in Eindhoven bewunderten wir im Juni 2012 originelle Film-Installationen unter dem Motto Six Colorful Tales / From the Emotional Spectrum. *Sie bezogen sich auf* Sechs bunte Geschichten: Aus dem emotionalen Spektrum, *die der Pop-Art-Künstler John Baldessari 1977 dem Seelenleben von Frauen widmete; sie trugen Namen wie* Caught Red Handed *(Shelley),* Feeling Blue *(Diane),* Apoplectic Violet *(Christine); auch* Thinking Orange, Catatonic Yellow *und* Green Horn *kamen vor. Nach Eindhoven waren wir wegen der Gartenschau Floriade im benachbarten Venlo gefahren.*

Zwischen Filmen, Filmemachern und Filmpublikum existieren Filmfirmen – auch sie schmücken sich mit Farben. Yellow Bird heißt Hennig Mankells schwedische Film- und Fernsehproduktionsfirma. Erstes Ziel der Gründung war die Verfilmung von Mankells Kurt-Wallander-Krimis; die später entstandene Münchner Produktionsfirma Yellow Bird Pictures bringt nun gleichfalls Mankell-Krimis heraus. In Wien existiert die Filmfirma blackbox, und die Produktionsfirma SchwarzLichtFilm agiert in Mainz. Und damit springen wir zu den Filmtiteln zurück, denn so widersprüchlich und reizvoll wie die Kombination aus Schwarz und Licht ist die Vorstellung eines Schwarzen Engels – in der Filmbranche kommt sie dreimal vor: 1976 kam die deutsche Fassung des US-amerikanischen Thrillers Obsession, *einer Hommage an Alfred Hitchcocks* Vertigo, *unter dem Titel* Schwarzer Engel *ins Kino. 1994 drehte Jean-Claude Brisseau (1989* Weiße

Hochzeit, *als Video 1991* Baby Blue*) ein Filmdrama um eine freigesprochene Mörderin, im Original hieß der Film* L'Ange noir, *auf Deutsch* Ein Schwarzer Engel *oder* Engel in Schwarz. *Schließlich hieß die 6. Folge der schwedischen Krimiserie* Der Kommissar und das Meer *2008* Schwarzer Engel. *Einen Raum im Hamburger Bambi-Kino, in dem die noch unbekannten* Beatles *bei ihrer ersten Deutschland-Tournee im Sommer 1960 nach Auftritten im Indra-Klub übernachteten, nannten die Pilzköpfe Schwarzes Loch von Kalkutta.*[282]

Zum Schluss Filmpreise: Blauer Panther heißt der seit 1988 jährlich verliehene und mit 10.000 Euro dotierte Bayerische Fernsehpreis; bei den Festveranstaltungen im Münchener Prinzregententheater erhalten die Geehrten eine Skulptur des Blauen Panthers von Anton Hörl aus der Porzellanmanufaktur Nymphenburg.[283] *Bis 2005 ging der Blaue Engel bei den Internationalen Filmfestspielen in Berlin an den besten europäischen Film; auch Goldene und Silberne Bären werden vergeben.*

1981 kreierte John J. B. Wilson den Golden Raspberry Award – am Vorabend der Oskar-Verleihung erhalten Cineasten in diversen Kategorien diesen Anti-Filmpreis! Den Rekord hält Adam Sandler, der für die Komödie Jack and Hill, *in der er selbst die Titeldoppelrolle spielt, im April 2012 zehn Goldene Himbeeren bekam.*

Neben den Berlinale-Bären gibt es Ehrungen für Kino- und Fernsehfilme, die mit dem Adjektiv Golden auf Spitzenqualität deuten: den Goldenen Bildschirm, die Goldene Europa, die Golden Globe Awards,[284] *den Goldenen Gong, die Goldene Henne, die Goldene Kamera, die Goldene Leinwand, den Goldenen Löwen (in Venedig), die Goldene Nymphe (in Monaco), den Gol-*

denen Ochsen (in Mecklenburg), die Goldene Palme (in Cannes) und den Goldenen Spatz.[285]

Eine Kuriosität, deren Ursprung in der Literatur liegt, ist bis heute ein Muss für die Filmserienproduktion: der Cliffhanger. Der Begriff (wörtlich übersetzt Klippenhänger) geht auf Thomas Hardys Roman A Pair of Blue Eyes zurück, der von September 1872 bis Juli 1873 monatlich im Tinsley's Magazine erschien. Am Ende einer Folge hält sich der Held Thomas Knight an einem Grasbüschel über dem Abgrund fest ... offen bleibt, ob er überlebt oder sich zu Tode stürzt. Besonders in der Trivialliteratur wurde der Terminus üblich – und später auf Filmserien angewandt.

Ähnlich viele Titel mit Farben fänden wir von Theaterstücken,[286] doch wir nennen nur ein paar Namen von Spielstätten und Schauspieltruppen. Jeder kennt den Namen des 1889 in Paris gegründeten Kabaretts Moulin Rouge. Ab 1937 (bis zur Emigration nach Shanghai) war der jüdische Musiker Leo Schönbach musikalischer Leiter der Leipziger Kleinkunstbühne Der bunte Karren. Auf der Insel Usedom lädt seit fast 20 Jahren Die Blechbüchse. Das gelbe Theater in Zinnowitz Urlauber und Einheimische zu Theater-, Literatur- und Musikabenden ein. Studio Braun heißt seit dem Jahr 2000 ein Hamburger Komik-Ensemble, das 2007 die DVD 20.000 Jahre Studio Braun. Ein Jubiläum feiert Geburtstag herausbrachte. Mit den Elementen Wasserhühnerorgel und Klopümpelorchester schuf Toni Bartl 2005 ein multimediales Bühnenprogramm, das 2010 den 1. Preis der INTHEGA (Interessengemeinschaft der Städte mit Theatergastspielen) in der Kategorie Crossover bekam. Deutsches Pendant zur 1987 in New York gegründeten Blue Man Group ist die Performance Yellow Hands – die sicher nichts mit der seit 2004 bestehenden Werbeagentur Yellowhand zu tun hat. Apropos Blue – wir lasen mal von

*Straßenkünstlern, die weltweit unter dem Namen Blueblue bekannt sind … das würden wir gern erwähnen, doch wir fanden es leider nie wieder, nicht einmal bei Google und Wikipedia. Dafür einen Zeitungsartikel zum neuen Programm von Peter Maffays Quotendrachen in Leipzig (*Tabaluga und die Zeichen der Zeit*) unter der Überschrift* Maffays grün-gelbes Über-Ich.[287]

Ehe wir die Bühnen von Film, Television und Theater verlassen, werfen wir noch einen Blick auf den Anglizismus des Jahres 2014: Blackfacing. Was mag das sein? Es bedeutete, zuerst im 18. und 19. Jahrhundert auf dem Theater, das schwarze Anmalen von Gesichtern weißer Schauspieler; später tauchte es auch außerhalb des Theaters auf; heute provoziert es nicht selten den Vorwurf des Rassismus, so Ende 2013 nach einer Saalwette bei Wetten, dass …, die darauf abzielte, dass möglichst viele Paare (entsprechend geschminkt) als das bekannte Duo aus der Augsburger Puppenkiste Lukas der Lokomotivführer und Jim Knopf im Saal erscheinen … Auch der holländische Nikolaushelfer Zwarte Piet wird mit Blackfacing verbunden, ebenso die Sternsinger-Tradition (neben Balthasar und Melchior tritt Caspar als jüngster der Weisen und als einziger dunkelhäutiger auf); 2009 löste Günter Wallraff mit dem Dokumentarfilm Schwarz auf Weiß *kontroverse Diskussionen aus.*[288]

▼ LEONIE In einer blauen Folie hat Tante Alma gesammelt, was ihr als Material für das Musik-Kapitel dienen sollte. Mich wundert, wie wenig da ausformuliert ist, denn Musik war ihr doch nahe. Wollt sie sich das Thema bis zum Schluss aufheben, um die Arbeit daran so richtig zu genießen? Wir können das nicht halb so gut machen, wie sie es getan hätte. Ich lass erst mal alles wie es ist, und wir entscheiden später, ob wir es erweitern oder nicht … Auf A-5-Blättern hat Tante Alma mit türkisfarbenem Textmarker Arbeitsanweisungen für sich selbst notiert und diese zuoberst in die Folie gelegt: *Alles über Farben in der Musik ausbauen!* und *Dunkle und helle Töne, Dur und Moll!* und *Beispiele!* und *Synästhesie einbeziehen, unbedingt!* Dann Notizen zu Einzelaspekten, mit Büroklammern unterteilt, selten nur über die simple Aufzählung von Musiktiteln, Band- und Künstlernamen hinausgehend. Da wär noch viel zu tun.

Musikalische Farbenspiele

Farben und Musik, das wird spannend: einerseits die flüchtigste der Künste – was bleibt von einem verklungenen Ton? –, andererseits so vielfältige, sinnliche, konkret (er-)fassbare Komponenten von Kunst … Und dass es Menschen gibt, die diese sehr unterschiedlichen Sinneseindrücke verbinden können!

An die 20 Jahre ist es her, dass mir das Wunder Synästhesie erstmals begegnete. Den Beitrag in der ZEIT hob ich damals auf, doch er muss verloren gegangen sein. Es waren berühmte Leute als Beispiele für das neurologische Phänomen genannt, so Wassili Kandinsky und Goethe.[289] *Vielleicht finden wir den Text im Internet.*

Neben der Korrelation von optischen und akustischen Sinnesempfindungen gibt es andere Kombinationen, auch da wäre Kandinsky zu nennen. In Weimar und Dessau widmete er sich intensiv – von Goethe angeregt – dem Zusammenhang von Farbe und Form. Bis heute gilt seine Zuordnung der Grundfarben Rot, Gelb und Blau zu Quadrat, Dreieck und Kreis als Markenzeichen der Bauhaus-Schule.

Zuerst aber sammeln wir, was im Lauf der Zeit durch den Gebrauch von Farben im weiten Reich der Musik unsere Aufmerksamkeit auf sich zog.

*

MUSIKTITEL (noch ungeordnet)

- Fouillis dàrc-en-ciel (Tanz der Regenbogen) – *nannte Olivier Messiaen den 7. Satz seines 1940 im Kriegsgefangenenlager Görlitz komponierten und 1941 in Paris uraufgeführten Werkes für Violine, Klarinette, Violoncello und Klavier Quatuor pour en fin du temps (Quartett auf das Ende der Zeit). Zum Empfinden als Synästhetiker schrieb er:* Mein heimliches Verlangen nach feenhafter Pracht in der Harmonie hat mich zu diesen Feuerschwertern gedrängt, diesen jähen Sternen, diesen blau-orangenen Lavaströmen, diesen Planeten von Türkis, diesen Violettönen, diesem Granatrot wuchernder Verzweigungen, diesem Wirbel von Tönen und Farben in einem Wirrwarr von Regenbögen.[290]
- Man in Black – *gesellschaftskritischer Song der amerikanischen Ikone Johnny Cash von 1971; am 14. März 2013 waren wir im Steintorvarieté in der Show* Hello, I'm Johnny Cash! *mit Gunter Gabriel, das Haus tobte! (Im Jahr 2000 hatte der Countrysänger einen Song mit dem Titel* Man in White *geschrieben, der das Motiv seines einzigen Romans, einer Biografie des Apostels Paulus, aufnahm.)*
- Paint It, Black *(in Großbritannien korrekterweise* Paint It Black*) heißt eine Single der Rolling Stones, veröffentlicht am 7. Mai 1966 in den USA und am 13. Mai 1966 in Großbritannien, die in beiden Ländern den ersten Platz der Charts erreichte. In Deutschland und Österreich kam sie auf Platz zwei. Ein langsamer Soul, der die depressive Stimmung eines Menschen spiegelt, der alles in Schwarz hüllen will.*
- *Das 25. Studioalbum von David Bowie,* Blackstar, *kam kurz vor seinem Tod im Januar 2016 heraus und wurde in Deutschland und Österreich mit einer Goldenen Schallplatte, im Ver-*

einigten Königreich mit einer Platinschallplatte geehrt. Im Februar 2017 erhielt der Künstler in Los Angeles posthum fünf Grammys dafür.

- Blue Bossa *ist eine instrumentale Jazzkomposition von Kenny Dorham, die 1963 auf Joe Hendersons Album* Page One *vorgestellt wurde. Die Mischung aus Hard Bop, Bossa Nova und Disco – seither Jazzstandard – ist vielleicht von Dorhams Besuch des Rio de Janeiro Jazz Festival 1961 inspiriert.*
- Mamy Blue – *noch ohne Sinn für seine Tiefe, liebte ich als junge Frau den Song, französisch getextet von Hubert Giraud, später für Roger Whittaker ins Englische und für Ricky Shayne ins Deutsche übersetzt, der in den Charts lange ganz oben stand.*
- Song Sung Blue – *einer der größten Erfolge von Neil Diamond, inspiriert vom zweiten Satz von Mozarts Klavierkonzert Nr. 21 C-Dur, getextet und vertont 1972; in den 1980ern machte Peter Alexander den* Song in blue *in Deutschland bekannt.*
- Brown Sugar *von Mick Jagger war der erste Titel auf dem Album* Sticky Fingers *(1971) und zählte seither zum Standard-Repertoire der Rolling Stones; 2004 wurde das Lied vom Musikmagazin Rolling Stone in die Liste der 500 besten Songs aller Zeiten gewählt und 2012 unter den Best Movies bei Amazon genannt.*
- Der blaue Planet, *von der Rockgruppe Karat 1982 in Ostberlin bei AMIGA für das gleichnamige Album (zeitgleich in der DDR und der BRD) aufgenommen. Diesen Song von Ulrich Swillms gegen den Kalten Krieg sang Karat damals auch auf Englisch:* The Blue Planet; *er war der erfolgreichste Titel der DDR-Rockgeschichte, wurde millionenfach verkauft und mit*

einer Goldenen Schallplatte geehrt; 2001 kam das Lied noch einmal (im Album 25 Jahre – Das Konzert*) groß heraus.*

- The blue door – *ein trauriges Liebeslied von Angus Stone, erstmals 2012 im Album* Broken Brights.
- Rhapsodie in Blue *von George Gershwin, uraufgeführt 1924 in New York; 1945 titelgebend für die Filmbiografie über ihn, 2013 im Film* The Great Gatsby *eingespielt.*
- The Dream of the Blue Turtles – *nach dem Aus des von ihm 1977 gegründeten Trios The Police, der erfolgreichsten Rockformation der Post-Punk- und New Wave-Bewegung, 1985 erstes Soloalbum von Sting (Gordon Matthew Thomas Sumner).*
- Dunkelgraue Lieder, *erste LP von Ludwig Hirsch (1978) – darin:* I lieg am Rucken / und höre die Würmer kommen –, *für die er zwei Platinschallplatten erhielt.*
- Siggi und der gelbe Hai – *Auftragskomposition von Daniel Glatzel, Hommage an Frank Zappa (20. Todestag) und Richard Wagner (200. Geburtstag) – bezieht sich auf Frank Zappas Orchestersuite* Der gelbe Hai/The Yellow Shark *(Premiere 1992 in Frankfurt, als Album 1993) und auf Siegfried und den Drachen aus Wagners Nibelungen-Zyklus –, aufgeführt vom Berliner Andromeda Mega Express Orchestra am 3. Oktober 2013 im Rahmen der 37. Leipziger Jazztage im Opernhaus Leipzig.*
- Lila Wolken *mit* Rot knallt in das Blau und vergoldet deine Stadt *und* Wir bleiben wach, bis die Wolken wieder lila sind *– Lied des Rappers Marteria (Masimoto), 2012.*
- Die pinkleuchtende Prinzessin und der Troll – *musikalisches Hörspiel von und mit Jochen Sielaff – laut Mitteilung der MZ (29.03.2012, Seite 11) konnte man es vom 3. bis 5. April um*

10.30 und 11.30 Uhr im halleschen Bürgerhaus Alternative anhören.

- Come in, Babe, Across the purple fields – *Verse aus dem Lied* Wunderful Life *in Nick Caves Album* Nocturama *von 2003.*
- Fly to the Rainbow – *1974 zweites Studioalbum der Hard-Rock-Band Scorpions.*
- *Unter dem Titel* Red *kam im Oktober 2012 ein neues Album der amerikanischen Pop-Musikerin Taylor Swift aus Pennsylvania auf den Markt.*
- *In dem alten DDR-Kinderlied* Über allen strahlt die Sonne *lauten die Verse der zweiten Strophe* Froh und glücklich will doch spielen / auf der Erde jedes Kind, / ob nun seine Eltern Schwarze, / Gelbe oder Weiße sind. *(siehe Seite 147)*
- *1988 wurde die LP* Die Farbe meiner Tränen *von Ines Paulke zur Platte des Jahres gekürt.*
- *Drei Jahre danach, 1991, fragte Drafi Deutscher* Welche Farbe hat die Welt? … *War das Lied vom ersten Auftritt der Schweiz beim European Song Contest 1984 inspiriert? Da kam Rainy Day mit der Frage* Welche Farbe hat der Sonnenschein *auf den 16. Platz.*
- Kauf dir einen bunten Luftballon *heißt ein Evergreen von Aldo von Pinello aus dem Revuefilm* Der weiße Traum, *der 1943 in Wien gedreht wurde, damals sang die italienische Opernsängerin Alda Noni das Lied; 1961 entstand als Remake die deutsch-österreichische Musikkomödie* Kauf dir einen bunten Luftballon, *erneut führte der Ungar Géza von Cziffra Regie, Heinz Erhardt agierte als Theaterdirektor Knapp; später gab es Aufnahmen dieses beliebten Schlagers, zum Beispiel mit Marika Rökk, Rex Gildo, Caterina Valente und Lolita … sein*

Text, vor allem in der Neufassung von Paul Kuhn, entsprach wohl dem Zeitgefühl.

- *Das Album* Die Farbe der Liebe *enthielt dieses Lied ebenfalls, außerdem den lange Zeit als Ohrwurm wirkenden Titelsong von Hartmut Eichler, der Frauen empfahl:* Statt weiß trag rot …[291]
- Bunter Hund – *ein Album von Reinhard Mey, 2007 an der Spitze der Charts.*
- My Colouring Book *brachte Agnetha Fältskog von den ABBAs 2004 allein heraus.*

*

NAMEN VON KÜNSTLERN UND BANDS (alphabetisch)

- Black Album – *schon Ende der 1980er Jahre geplant, erschien das Album nach Differenzen zwischen Prince und der Produktionsfirma Warner Bros. Records 1994.*
- Black Field – *2001 gegründete schwedisch-israelische Zweimannband (Aviv Geffen und Steven Wilson), erstes Album 2004, neuer Titel im Sommer 2013* Jupiter.
- Black Keys – *ein 2001 gegründetes US-amerikanisches Bluesrock-Duo, mehrfach* Grammy-*Preisträger.*
- Black Pink – *vierköpfige südkoreanische Girls-Band, deren Gründung unter dem Namen* Pink Punk *bereits 2011 geplant war, doch erst im Sommer 2016 erfolgte.*
- The Black Pony – *2010 in Los Angeles gegründete Poprock-Boy-Group, die vor allem durch den Musiksender VIVA bekannt wurde; 2012 löste sie sich auf.*
- Black Sabbath – *1968 in Birmingham gegründete britische Band, die als Ursprung des Heavy Metal gilt; 1969 wurde*

Ozzy Osbourne der Sänger von Black Sabbath; mit dem letzten Konzert 2017 in Birmingham – The End – schloss sich der Kreis.

- Black Star Riders – *2012 gegründete, US-amerikanische Classic-Rock-Band, die 2014 in Wacken auftrat.*
- Roy Black – *1943 geboren als Gerhard Höllerich; das Pseudonym verweist auf sein schwarzes Haar und auf sein Idol, den amerikanischen Sänger Roy Orbison; sein Durchbruch kam 1966 mit dem Schlager* Ganz in Weiß.
- Roberto Blanco – *der Name ist kein Pseudonym; er ist der in Tunesien geborene, im Libanon und in Spanien aufgewachsene Sohn des kubanischen Varieté-Künstlers Alfonso Zerquera und der kubanischen Tänzerin und Sängerin Mercedes Blanco.*
- Das Blaue Einhorn – *eine wunderbare Band, die seit 1991 bestand und 23 Jahre lang Fans von Klezmer, Romamusik und Fado faszinierte; wir sahen und hörten sie 2011 in Halle und 2013 im Alten Schlachthof in Dresden bei ihrem letzten Konzert.*
- Blaue Sterne – *in Halle und Umgebung bekannte Kultband, die einige der älteren Schüler schon am 18. Juni 2010 bei Brohmers, andere am 1. Mai 2013 im Objekt 5 erlebten, am 30. August spielte sie bei einer Baustellenparty in der Großen Uli.*

▼ LEONIE Die *Blauen Sterne* haben Leo und ich etliche Male im Café Brohmers erlebt; im März spielten sie zur Tanznacht im Objekt 5 ein letztes Mal unter diesem Namen in alter Besetzung, jetzt heißen sie, mit neuen Leuten, *Blue Stars* und gehen, wenn ich das richtig seh, in Richtung New-Orleans-Groove.[292]

Das Blaue Einhorn kennen wir auch und haben zwei ihrer CDs: *Lieder, Chansons u. Tänze zwischen Hinken und Fliegen* und *Vida nocturna*. Ich such sie mal raus und hör mir eine an.

- *Der Gospelchor* Blue Accord *sang zum 111-jährigen Jubiläum der Kirchweihe am 19. September 1901 am 20. September 2012 um 20 Uhr in der Petruskirche; da die Kirche wegen Überfüllung geschlossen war, lauschten wir von draußen.*
- The Blue Angel Lounge – *eine Psychedelic-Rock-Band aus der kleinen Großstadt Hagen in Nordrhein-Westfalen, die um 2004 entstand. Die Sänger Nils Ottensmeyer und Dennis Melster übernahmen den Namen von einem bekannten New Yorker Club der 60er Jahre. The Blue Angel Lounge gastierte 2012 sogar in den USA.*
- *Seit 2003 tritt das Jazz-Duo* Blue Bossa *in Oldenburg, auch in Hamburg, Bremen, Lüneburg und Bad Zwischenahn auf; wir hörten Peter Löffler und Uwe Gast im Juli 2013 in Halle beim FDP-Sommerfest auf der Oberburg Giebichenstein.*
- Blue – *englische Boygroup, 2001 gegründet, 2005 aufgelöst, 2009 neugegründet, 2011 Teilnahme mit* I can *beim Eurovision Song Contest (Platz 11), 2013 das neue Album* Roulette; *das neueste Album* – Colours – *ist für 2015 avisiert.*
- Blue Ivy (Blauer Efeu) *ist die Tochter der afroamerikanischen Pop-Sängerin Beyoncé Knowles und des Rappers Jay-Z; geboren am 7. Januar 2012, stand sie laut US-Weekly in der Internet-Suchmaschine bing.com schon im Mai des gleichen Jahres auf Platz zwei der am meisten gesuchten Promi-Kinder.*
- The Blue Nile – *1981 von drei ehemaligen Schulfreunden in Glasgow gegründete schottische Rockband des New Wave.*

- *Jimi Blue Ochsenknecht – Schauspieler, Sänger, Sohn von Uwe Ochsenknecht; sein erster Vorname bezieht sich auf Jimi Hendrix (ein Synästhesist!). Den zweiten erhielt er nach eigenen Angaben im Krankenhaus bei der Geburt, weil sich die Nabelschnur mehrfach um seinen Hals gewickelt hatte und er blau angelaufen war.*
- Der gelbe Klang – *Album des Jazzposaunisten Conny Bauer aus dem Jahr 2008.*
- Mrs. Greenbird *ist ein deutsches Folk-Duo. Im November 2012 gewann es die dritte Staffel der deutschen Gesangs-Castingshow X Factor. Sängerin Sarah Nücken und Gitarrist Steffen Brückner begegneten sich 2006 im Kölner Club Underground.*
- Green Day – *seit 1989 bestehende (1987 von den 15-jährigen Schulfreunden Billie Joe Armstrong und Mike Dirnt als Sweet Children gegründet) US-amerikanische Punk-Rock-Band, mit der Anfang der 1990er Jahre das Punk-Revival begann.*

▼ LEONIE Einige der Freiwilligen berichteten beim letzten Meeting, sie hätten beim jährlichen Green Day (Informationstag über grüne Berufe an Hochschulen und Universitäten) mehrfach erlebt, dass Coverbands am Abend Green-Day-Titel spielen. Die Veranstaltung gibt es seit 2012, die Band seit 1989! Der Name ist anscheinend ungeschützt.

- Lilabungalow *heißt eine sechsköpfige Erfurter Band; seit 2012 brilliert sie mit einem Mix aus Elektro, Indie-Pop, Disco und Folk, Fans nennen sie die Musketiere der Do-It-Yourself-Generation; schon im Jahr der Gründung agierten sie als Vorband zum Herbert-Grönemeyer-Konzert beim Jazz-Festival in Montreux.*

- *Seit 2004 spielt in Münster eine fünfköpfige Hobby-Band namens* Orange.
- Orange Blue – *seit 1992 die Popmusiker Volkan Baydar und Vince Bahrdt.*
- Pink – *stilisierte Eigenschreibweise:* P!nk –, *geboren am 8. September 1979 als Alecia Beth Moore in Doylestown, Pennsylvania, eine US-amerikanische Pop-Rock-Sängerin, Tänzerin und Songwriterin, ist eine der erfolgreichsten Künstlerinnen der Gegenwart. Der Name geht auf peinliche Erlebnisse in Kindheit und Teenageralter zurück. Als sie später mit Freunden Quentin Tarantinos ersten Kinofilm Reservoir Dogs (Wilde Hunde) ansah, in dem die Akteure eines missglückten Raubüberfalls auf ein Juweliergeschäft alle Alias-Namen tragen – zum Beispiel Mr. Brown, Mr. Blue, Mr. Blonde, Mr. Orange und Mr. White – erinnerte die Figur des Mr. Pink sie an die Vergangenheit; sie erzählte Freunden davon und fortan nannten die sie Pink; sie nahm diesen Namen für sich an und sagte* I've been Pink ever since I was 15.

▼ LEONIE Das kann nicht Tante Almas Stil gewesen sein. Mag sein, sie ist durch die Meldungen über den Unfall der Künstlerin in ihrer Nürnberger Life-Show auf sie aufmerksam geworden, denn ein Zeitungsausriss, in dem berichtet wird, wie Pink am 15. Juni 2010 von den Trapezseilen stürzt und ihren Auftritt abbrechen muss, aber trotzdem am Folgetag in Karlsruhe wieder auf der Bühne steht, lag in der blauen Folie. Ich mochte Pink von jeher gern und hab zwei Alben von ihr.

- Pink *(eigentlich Pinkney)* Anderson *(1900–1974) war ein schwarzer Blues-Musiker.*

- Pink Floyd – *Nach anderen Namen nannte sie Syd Barrett (seit 1965 in der Band)* The Pink Floyd Sound, *nach den Vornamen seiner Lieblings-Bluesmusiker Pink Anderson und Floyd Council, bald auf* The Pink Floyd, *1968 zu* Pink Floyd *verkürzt.*

▼ LEONIE Der Biologe Sammy de Grave von der Universität Oxford hat, las ich kürzlich, eine von ihm entdeckte, vor der Küste Panamas lebende Pistolenkrebsart nach der Rockband Pink Floyd benannt – weil das Tier im Unterschied zu anderen ihrer Art (sie töten Beutefische mit einem lauten Knall, den ihre Scheren erzeugen, daher der Name) eine auffällig pinkfarbene Schere besitzt. (MZ – 15./16.04.2017 [Ostern], Seite 32.) Oder gehört diese Info eher ins Kapitel über Flora und Fauna?

- *Die 1985 in Köln gegründete Rockband* Pink Turns Blue *zählte zum Dark-Wave-Umfeld der späten 1980er und wandte sich Anfang der 1990er dem Indie-Rock zu.*
- Deep Purple – *im April 1968 gegründete englische Rockband; eine der ersten Hard-Rock-Gruppen; sie bestand in der Urbesetzung bis 1976; Nachfolgebands wie Rainbow, Whitesnake und Gillan nahmen das musikalische Erbe auf, so dass es bis zur Wiedervereinigung 1984 lebendig blieb.*

▼ LEONIE Deep Purple gibt es seit 50 Jahren! 2016 wurde die Band endlich mit den ersten drei Bandbesetzungen in die Rock and Roll Hall of Fame in Cleveland (Ohio) aufgenommen. Letztes Jahr im Juni traten sie in Leipzig in der Arena auf – Leo und ich waren dort. Ich glaub, so eine Wahnsinnsstimmung haben wir nie vorher erlebt.

- Red Hot Chilli Pipers, *eine 2002 gegründete schottische Band aus Glasgow. Sie spielen vor allem auf Dudelsäcken, Gitarren, Keyboards und Schlagzeug. Als eine der ersten Bands kombinierten sie folklorische Dudelsackmusik mit Rock 'n' Roll .*
- Red House – *Blues-Rock-Band aus Gelsenkirchen; in den USA, genauer in Seattle, agiert gleichfalls eine Red-House-Band … ob sie einander kennen?*
- Auf der Elbe schwimmt ein rosa Krokodil – *1974 erste LP* (am 5. und 6. März *für das Westberliner Label FMP im Rundfunk der DDR aufgenommen) des ein Jahr zuvor gegründeten Quartetts Synopsis (später in Zentralquartett umbenannt), einer der bekanntesten Bands von Free Jazz und Creative Music in der DDR (mit Conny Bauer an der Posaune), die auch beim Jazz Jamboree in Warschau auftrat.*
- La Rossa *hieß 1980 der Titelsong auf einem Album von Milva, es ist ein passender Beiname für die Sängerin – politisch wie auch wegen ihrer prachtvollen roten Mähne.*
- *Die Gruppe* RotFront *spielte spätabends beim 75. halleschen* Laternenfest *am 27. August 2010 auf der Peißnitz-Bühne Ziegelwiese.*
- Rote Gitarren – *eine Kultband im Osten, die noch lange nach der Wende, 2009, eine neue CD mit 14 Titeln produzierte:* Schwer verliebt und Herz verschenkt, *auch* Rote Rosen *sind dabei. Die erfolgreichste Band in allen sozialistischen Ländern besteht seit 1965 in Polen. Den Namen bekam sie, weil es damals nur rote Gitarren gab! Unter ihren vielen Titeln fielen uns ein* Weißes Boot *und* Purpurrote Segel *auf.*
- *Im Januar 2012 riefen Genossen der Sozialdemokratischen Partei, einen alten Schimpf- und Spottnamen umdeutend, im baden-württembergischen Ortenaukreis den SPD-Chor* die

Roten Socken *ins Leben (*Länderspiegel *des* ZDF, *3. März 2018)*

- *In ihren frühen Jahren trieben die Rolling Stones ganze Säle mit ihrem rubinroten Dienstag zur Exstase:* Ruby Tuesday, *1967 im Album* Between the Buttons.
- Schwarzer Engel – *Dark-Metal-Band, 2007 von Dave Jason begründet; 2010 Apokalypse als Debüt-Album, 2011 das zweite Album* Träume der Nacht, *2013 als drittes* In brennenden Himmeln, *darin der Titel* Schwarze Sonne. *Von Schülern aus der zwölften wissen wir, dass* Schwarzer Engel *2016 beim Wave-Gotik-Treffen in Leipzig auftrat; im Internet fanden wir, dass die Band erstmals 2012 dort war.*
- Schwarze Grütze *heißt seit 1995 ein Musikkabarett – zwei Potsdamer wählten den Namen wegen der Doppelbedeutung von Grütze im Brandenburger Dialekt: Scharfsinn und Blödsinn zugleich. Schwarz kam wegen des schwarzen Humors ihrer Lieder hinzu. Sie treten bundesweit, in der Schweiz und in Österreich auf.*
- Silbermond *heißt seit 1998 eine deutsche Pop-Rock-Band aus Bautzen.*
- Schnaps im Silbersee *nennt sich eine Berliner Band; auf ihrer Website versprechen sie dem Publikum ein* Musiversum aus tiefem Blödsinn und entblößendem Tiefsinn.
- Jack White *(bürgerlicher Name: Horst Nussbaum) – bis 1967 Profi-Fußballer, dann erfolgreicher Musikproduzent, der unter anderem Lieder für Roberto Blanco schrieb.*
- Yellow Umbrella – *Musikgruppe aus Dresden, die auf Initiative des halleschen Kulturvereins am 28. Oktober 2010 im Objekt 5 auftrat.*

- Rainbow/Blackmore's Rainbow *heißt eine 1975 von Ritchie Blackmore gegründete britische Hardrockband; das Debütalbum enthielt den Song* Catch the Rainbow *sowie eine Coverversion von* Black Sheep of the familiy *der Rockband Quatermass.*
- L-Arc-en-Ciel (Der Regenbogen) – *japanische Rock-Band, seit 1991 in Osaka.*
- *Die Rockgruppe* Fehlfarben *klagte schon vor 30 Jahren* Was ich haben will, das krieg ich nicht – und was ich kriegen kann, gefällt mir nicht *(Kultour mdr am 1. April 2010 und Kurzbeitrag in der Rubrik* Ansichtssache – *siehe MZ, 09.08.2011, Seite 1).*

*

KURIOSES UND DER REST

Hier was wir nicht recht zuordnen können und vielleicht am Ende streichen – doch es wäre verfrüht, das ins Altpapier zu tun. Vorerst lassen wir alles ungeordnet wie es ist.

- *Richard Wagner: Rheingold und der Grüne Hügel in Bayreuth; bemerkenswert: Der Meister soll vorzugsweise rosarote Morgenröcke und Samtbarette getragen haben (Maria Böhm:* Mein lieber Schwan – *siehe MZ, 23.02.13, Seite 28).*
- *Seit 2016 existiert in Mittelfranken die Initiative* POP! ROT WEISS *zur Förderung der lokalen Popmusikszene, zum Beispiel mit Musikfestivals.*
- *Beim Eurovision Song Contest (ebenso bei Stefan Raabs Bundesvision Song Contest und anderswo) gibt es einen Green Room oder Greenroom, eine Zone für die Künstler, in der sie*

während der oft langwierigen Abstimmungsphase auf die Bekanntgabe der Platzierungen und des Siegers oder der Siegerin warten. Der englische Ausdruck kommt daher, dass früher Räume, in denen sich noch nicht oder nicht mehr auf der Bühne aktive Darsteller aufhielten, meist grün gestrichen waren.

- Bluegrass – *Musikstil aus den USA, der mit Elementen der afroamerikanischen Tanzmusik und des Gospelgesangs eine eigene Form der Country-Musik kreiert.*
- Blue Wave Festival – *seit 2001 ein internationales Musik-Event in jedem Juni (also nie in den Ferien) in Binz auf Rügen, seit 2005 parallel dazu das* Blue Wave Camp *im Regenbogen Camp Göhren als angesagter Treff für die europäische Blues-Szene.*
- Blue Eyed Soul – *Interpretation von klassischen Soul-Motiven durch Sängerinnen oder Sänger mit blauen Augen; Musik der Schwarzen in der Lesart von Weißen, so mit Amy Jade Whinehouse († 2011) und Adel Laurie Blue Adkins; als Erfinder gelten The Righteous Brothers mit* You've Lost That Lovin' Feelin', *einer Ballade von 1964, die im Original einer der meistgespielten Popsongs aller Zeiten war; eine Vorreiterin in der 60er Jahren war Dusty Springfield, genannt* The White Queen of Soul.
- *CDs von Jürgen Pfaff und Arne Hermann:* Orange Gelb. Sonnenmeditation der Weisheit. Erlebnismeditation zur Quelle der Lebensfreude und der Weisheit mit den Farben Orange und Gelb *(Gelb für Geist und Wissen); der Autor ist Meditationslehrer und Farbberater; außer den genannten CDs und anderen (nicht farbaffinen) gibt es* Grün. Freiheit und Natur. Erlebnismeditation in der Welt der Bäume und Gräser mit der Farbe Grün *und* Blau. Die Friedens-Meditation. Erleb-

nismeditation in eine innere friedvolle Welt mit der Farbe Blau *sowie* Türkis. Die Delfin-Meditation im Meer mit Delfinen und der Farbe Türkis.

- Black Sugar *ist eine Revival Party, für die stets im Mai oder Juni Reklame gemacht wird (im Internet unter Halle-Nightlife.de), in der als Palette bekannten Location, Café & Tanzbar, im Herzen von Halle; gelb-schwarze postkartengroße Flyer werben dafür.*
- *Der hilfreichen Lilafee in Peter Tschaikowskis Ballett Dornröschen, das auf Charles Perraults Märchen* Die schlafende Schöne im Walde (La Belle au bois dormant) *von 1696 zurückgeht steht auch ein Blauer Vogel bei.*

▼ LEONIE Ach, liebe Tante Alma, was hast du uns aufgehalst! Es ist ja spannend und interessant, doch etwas besser hättest du deine konfuse Materialsammlung schon ordnen sollen, ehe du dich aus dem Staub machst. Oder kanntest du mich gut genug, um zu wissen, dass ich es nicht fertigbringe, einfach alles zu entsorgen … Warum hast du uns nie Genaueres erzählt? Leo und ich hätten dir helfen können. Oder sollte geheim bleiben, wer sich hinter dem Wir verbirgt? Ich hab eine Ahnung; ob sie stimmt, erfahren wir vielleicht, wenn deine Schüler und Schülerinnen auf dem Friedhof für dich singen. Wir tun, was wir können, versprechen aber nichts, bevor wir alles durchgesehen haben. Kann ja sein, wir finden noch genauere Pläne zu deinem Projekt oder sogar einen Verlagsvertrag …

Ich pausier ein paar Tage. Wir planen das zweite Halbjahr, der Freiwilligentag im September will auch vorbereitet sein. Das Motto heißt wieder Engel für einen Tag, das kommt gut an und eignet sich als Motivation. Außerdem hab ich einige Ideen für die alten und neuen Neuhallenser. Mir scheint, die Chancen für meine Festanstellung stehn gut – wenn ich das Team überzeugen und in Public Relations punkten kann …

Auch Leo muss nun mit Lars und Timmy durchstarten, der Großauftrag steht! Doch wir bleiben am Ball. Ende der Woche nehm ich mir das Architekturkapitel vor und werd Leo die Malerei zuschieben. Und den Sport.

* * *

▲ LEO Gestern war ich nochmal in der Schule. Leonie hatte mich gebeten, mit dem Direktor zu sprechen; sie musste wegen Problemen mit einer Lieferfirma, bei der was fürs nächste Neuhallenser-Treffen bestellt war, schon früh zu einer Besprechung starten. Wie unkompliziert jetzt alles klappt! Chorsänger und -sängerinnen wollen drei Lieder der Comedian Harmonists einstudieren: *MussI denn zum Städtele hinaus*, *Ein kleiner grüner Kaktus* und *Eine kleine Frühlingsweise.* Die Sekretärin überließ mir – mit Hinweis auf den Datenschutz – eine Liste Namen und Adressen der Kollegen und Kolleginnen, mit denen Tante Alma nach ihrem Abschied vom Schuldienst noch Kontakte pflegte; so können wir sie zur Beisetzung einladen. Der Religionslehrer hatte auch Zeit für ein Gespräch. Am Ende gab er mir eine schmale Mappe und erklärte, er hätte Tante Alma versprochen, etwas beizusteuern über Farben in der Religion, speziell in der christlichen Liturgie. Material zusammenzustellen, sei nicht schwierig gewesen. Nur wie ausführlich es sein sollte, habe er nicht gewusst und sich erst mal knapp gefasst. Auch habe ihm die Muße gefehlt, den Text auszufeilen. Wir könnten die Rohfassung haben und beliebig verwenden, es stände ja fast alles im Internet oder sei schon anderswo gedruckt.[293] Er würde sich sehr freuen, wenn wir den Plan seiner lieben verehrten Kollegin verwirklichen.

Ich weiß nicht, ob ich mir das selber ansehe oder es Leonie gebe. Obwohl ich vor vielen Jahren mal, aus pubertärer Opposition, daran dachte, Theologie zu studieren, habe ich mich nie ernsthaft mit Religion befasst. Wären meine Eltern 150-prozentige gewesen, hätte ich es aus lauter Trotz durchgezogen. Aber sie waren nur überzeugt, Sozialismus und Kommunismus böten das bessere Lebensmodell. Daran hielten sie trotz der Mauer bis zum Ende fest. In der Theorie hatten sie möglicherweise recht … Wie es wohl wäre, als Pfarrer zu leben und zu arbeiten anstatt als Informatiker?

Für Tante Alma war Religion vor allem ein Themenpool für Kunst und Musik, sonst hätte sie ihren Kollegen nicht gebeten, diesen Teil des Buches zu schreiben und ihm angeboten, ihn als Mitautor zu nennen. Ob alle Pfarrer und Religionslehrer an Gott glauben? Selbst wenn nicht, müssen sie so tun als ob. Das wird genauso belastend sein wie der Zwiespalt meiner Eltern, als sie erkannten, dass die Berufskommunisten keinesfalls unfehlbar sind. – Manchmal wüsste ich gern, wen oder was sie bei der Wahl meines Namens im Sinn hatten. Breshnew oder Tolstoi? Oder sie hofften nur, ich möge löwenstark werden, obwohl ich im Sternbild Fische zur Welt kam. Auch Leonie ist keine Löwe-Geborene, sondern ein Skorpion. In China oder Japan wären wir im Jahr der Ratte und des Hahns geboren und würden nicht zueinander passen, weil Menschen aus einem Ratten-Jahr sich Partner aus Jahren des Drachens, des Ochsen oder des Affen suchen sollen, in Hahn-Jahren Geborene unter denen aus Jahren von Drache, Ochse oder Schlange.

Mal sehen, wer sich die Religionsmappe vornimmt. Auf jeden Fall wird das eine Weile dauern. Bei Leonie wartet die Architektur, ich will mich erst mit Malerei und Psychologie beschäftigen. Ein dünner Hefter mit Sport liegt auch noch rum.

Farben in der Malerei

Dieses Kapitel bräuchte eigentlich allein ein vielbändiges Buch – wir aber bieten, wie bei anderen Themen, nur zufällige Impressionen an, Appetitshäppchen für die eigene Fantasie ... die zwar sowieso jedes Mal, wenn man eine Ausstellung besucht oder in einem Bildband blättert, ordentlich zu tun bekommt, doch weitere Anregungen gewiss gern und willig aufnimmt wie durstige Erde den Tau. – Wo fangen wir an?

Am besten in der Kunstgalerie Moritzburg, wo 2013 von April bis Juli die Ausstellung Emil Nolde. Farben heiß und heilig. 100 Jahre Moderne in der Moritzburg *Besucher aller Altersklassen anlockte. Für Kinder gab es eine Einführung in Noldes Farbenwelt unter dem Motto* Wenn Pink und Lila Pingpong spielen!

Als wir in Seebüll waren, jenem Nordseeort, der Jahrzehnte lang Noldes Heimat war. fanden wir Haus und Garten zauberhaft, obwohl Anfang März die Natur noch schlief. Wir kauften seine Autobiografie Jahre der Kämpfe. *Im zweiten Band schrieb Hans Emil Hansen (Nolde ist sein einst deutsches, jetzt dänisches Heimatdorf in Nord-Schleswig, erst seit der Heirat mit Ada 1902 nahm er diesen Namen an):* Der Maler hatte sich gefunden, die Farben waren seine Sprache geworden. *Die Erkenntnis wurzelte wohl in der Teilnahme des Paares an einer Medizinisch-demografischen Expedition nach Deutsch-Neuguinea, da hat er viele exotische Porträts gemalt, so 1913 zwei* Sibirier *(in braun und in olivgrün) sowie* Mutter und Kind *(dunkelgrün), 1914 einen* Männerkopf en face *(gelbe Blüte im Haar). Uns gefiel am besten ein früheres Bild anderer Art:* Blumengarten, Frau im Weißen Kleid en face *von 1908.*

Bleiben wir noch in der Moritzburg, wo man schon früh Bilder aus den seit 1905 resp. 1912 bestehenden expressionistischen Künstlergruppierungen Die Brücke und Der Blaue Reiter sammelte. Seit 2001 stellt die Galerie regelmäßig Werke aus dem reichen Fundus des Würzburger Kunstsammlerehepaars Gerlinger aus.[294] *Das gab Kunstfreunden für viele Jahre die Chance, außer den bekannten Highlights weitere Werke von Ernst Ludwig Kirchner, Karl Schmidt-Rottluff, Erich Heckel und anderen zu sehen, zum Beispiel Kirchners* Das blaue Mädchen in der Sonne, *ein Ölbild in brennendem Gelb, Orange und Rot, leuchtendem Blau, wenig Grau und Schwarz, das schon in der Schau* Fränzi und Marcella – zwei Modelle der Brücke-Künstler *und in der Gerlinger-Ausstellung* Die Brücke-Maler. Gemälde aus sechs Jahrzehnten, *von September 2011 bis Januar 2012 präsent war. Kirchners Bilder tragen häufig Titel, die auf Farben weisen:* Rote Figuren, Schwarze Tänzerin, Zwei Rote Tänzerinnen, Zwei Akte auf blauem Sofa … *1915 malte er den* Roten Turm *auf dem halleschen Markt, ein Bild, auf dem das Bauwerk fast schwarz aussieht und auf dem man den historischen Umbau des Turms gut erkennen kann; heute hängt es im Museum Folkwang in Essen. Mit einem anderen Expressionisten, dem Chemnitzer Karl Schmidt-Rottluff, war Hermann Gerlinger befreundet; es existiert ein Foto, das die beiden zum 80. Geburtstag des Künstlers vor seinem Bild* Die rote Düne *von 1913 zeigt. Nicht lange vorher, 1908, hatte Erich Heckel seine* Roten Häuser *gemalt.*

Von jeher hing in der Moritzburg eins der bekanntesten Ölbilder von Franz Marc, Die weiße Katze *(auch* Kater auf gelbem

Kissen *genannt), zu DDR-Zeiten, neben seinem Tiger, einer der meistverkauften Kunstdrucke – beide von 1912 –, die man in jedem dritten Wohnzimmer hängen sah. Nicht ganz so bekannt waren* Die großen blauen Pferde, Der Turm der blauen Pferde *und* Die gelbe Kuh. *Franz Marc und Wassili Kandinsky waren die Initiatoren der Redaktionsgemeinschaft Der Blaue Reiter, der später auch August Macke und Paul Klee nahestanden. Mit Macke pflegte Marc eine intensive Korrespondenz, in der es um ihr künstlerisches Œvre ging. Marc setzte sich mit Goethes und Philipp Otto Runges Farbentheorien auseinander*[295] *und wollte eine eigene Farblehre schaffen:* Blau ist das männliche Prinzip, herb und geistig. Gelb das weibliche Prinzip, sanft, heiter und sinnlich. Rot die Materie, brutal und schwer und stets die Farbe, die von den anderen beiden bekämpft und überwunden werden muß! Mischst Du z. B. das ernste, geistige Blau mit Rot, dann steigerst Du das Blau bis zur unerträglichen Trauer, und das versöhnende Gelb, die Komplementärfarbe zu Violett, wird unerläßlich. […] Mischst Du Rot und Gelb zu Orange, so gibst Du dem passiven und weiblichen Gelb eine megärenhafte, sinnliche Gewalt, daß das kühle, geistige Blau wiederum unerläßlich wird, der Mann, und zwar stellt sich das Blau sofort und automatisch neben Orange, die Farben lieben sich. Blau und Orange, ein durchaus festlicher Klang. Mischst Du nun aber Blau und Gelb zu Grün, so weckst Du Rot, die Materie, die Erde, zum Leben.[296]

Zur Ausstellung Dialog mit Bildern, Werken von Franz Marc und Paul Klee, *trat die Sprechbühne der Universität mit dem Programm* Mein lieber, lieber blauer Reiter *auf, wir waren im Dezember 2010 mit der Abiturklasse da und hatten viel Diskussionsstoff für den Kunstunterricht am Mittwoch danach – nicht ohne Seitenblicke auf Wassili Kandinsky und sein Bild* Murnau – Landschaft mit grünem Haus *(1909) sowie auf einige Gemälde von Brücke-Malern: Max Pechsteins Momentaufnahmen tanzender Paare und seine* Gelbe Maske *(1910), Heckels* Weißes Haus *(1908) und Schmidt-Rottluffs* Roter Giebel *(1911). Vom Titel her könnte Lyonel Feiningers Radierung* Die grüne Brücke *(1910) ebenfalls im Bezug zur Brücke-Gruppe oder zum Blauen Reiter stehen, doch das ist nicht so; eher wird das Bild als Zäsur für Feiningers Entwicklung vom Zeichner zum Maler interpretiert. Feininger und Halle – das wäre ein Thema für sich: Seine Bilder des Domes, der halleschen Türme oder des Trödels sind immer wieder Hingucker und zeigen, wie sehr er die Stadt liebte … In Farben schwelgen, das tat er aber noch mehr in seinen Meer- und Strandlandschaften, mit bunten Fahnen und Schiffen und einem Himmel, der endlos scheint.*[297]

In den 1920er Jahren kaufte das Kunstmuseum erste Bilder konstruktivistischer und abstrakter Maler, so Walter Dexels Weiße Figurinen mit blauem Halbkreis *und von Erich Buchholz, der gern geometrische Figuren in den dekorativem Schwarz-Weiß-Rot oder Schwarz-Rot-Gold malte,* Gold, vor schwarz, weiß, rot; *auf einer Briefmarke (60 Pfennige) war 1919 das Bild* Drei Goldkreise mit Vollkreis blau *abgebildet.*

Unzählig im wahrsten Wortsinn sind Bilder und Kunstwerke, deren Namen eine Farbe nennt – hier nur ein paar Beispiele (idealerweise mit Abdruck der Bilder):

- L'Odalisque, harmonie bleue – *ein kleines Ölgemälde von 1937 von Henri Matisse, es wurde im November 2007 bei Christie's in New York für 33,6 Mio Dollar verkauft.*

- Blauer Frauenakt – *Matisse malte mehrere Bilder, denen er diesen Namen gab, zuerst nach seiner Algerienreise im Mai 1906, eine Erinnerung an die Oase Biskra; anders sieht der berühmte Scherenschnitt von 1952 aus – der später als Vorlage für eine adäquate Bronzefigur diente, die auf dem Kunstmarkt als* Dame in Blau firmiert.
- Schokko mit rotem Hut – *Frauenporträt, gemalt von Alexej Jawlensky 1909.*
- Kopf in Blau – *Porträt des Tänzers Alexander Sacharoff von 1912, dem Jahr, in dem sich Alexej Jawlensky und seine Lebensgefährtin Marianne Werefkin dem Blauen Reiter anschlossen; 1974 gab es eine 40-Pfennig-Marke mit diesem Bild.*
- Das gelbe Haus – *dieses Ölbild von Vincent van Gogh (im Van-Gogh-Museum in Amsterdam) zeigt den Ort einer prägenden Lebensphase des Künstlers: ein Haus am Place Lamartine 2 in Arles, das der Maler im Mai 1888 mietete und in das auch Paul Gaugin einzog. Nach einem Bombenangriff im Juni 1944 wurde es abgerissen.*[298]
- Rotes Haus *(1927),* Grüner Hügel *(1925) und* Lila Geländer *(1926) – Hermann Hesses Bilder sahen wir 2011 im Malerdorf Kleinsassen bei Fulda (Hesse malte aber nicht den Grünen Hügel mit dem roten Richard-Wagner-Festspielhaus in Bayreuth).*
- Der grüne Geiger *(1924),* The blue circus *(diverse Ausführungen zu verschiedenen Zeiten),* Das blaue Liebespaar *(1914),* The blue House *(1917),* Die weiße Kreuzigung (1937) – *einige von Marc Chagalls Bildern, in deren Titeln Farben benannt sind.*[299]
- *Gerundetes Blau – die sieben Meter hohe Aluminium-Skulptur von Rupprecht Geiger, im Kontrast zum roten Backstein*

des Gebäudes mit blauer Farbe besprüht – schmückt seit 1987 den Vorplatz des Münchner Kulturzentrums Gasteig am Ufer der Isar; 2009 wurde sie zum zweiten Mal (nach der Restaurierung von 1999) mit einem neuen, blau leuchtenden Farbanstrich versehen.

- Schwarzes Rund an Blau und Grün – *Serigrafie von Rupprecht Geiger von 1958.*
- Relief Éponge Bleu *(1960) – aus Schwamm, Stein und blauen Farbpigmenten auf Holz und Leinwand von Yves Klein (im Frankfurter Städel Museum). Er schuf es drei Jahre nach jenem Bündel blauer Luftballons, der ersten Luftplastik in Paris; schon 1959 stattete er das Theater Gelsenkirchen mit monochromen blauen Bildtafeln aus.*
- Chromatische Konstellation – *1961 von Heinz Mack begonnene Werkreihe, in der er virtuos mit Blauverläufen und Regenbogenfarben spielt.*[300]
- 4096 Farben – *zweieinhalb Meter im Quadrat (genau: 254 x 254 cm) Lackfarbe auf Leinwand von Gerhard Richter (aus einer Privatsammlung), gezeigt von Februar bis Mai 2012 zum 80. Geburtstag des Künstlers in der Neuen Nationalgalerie Berlin.*[301]
- Farbraumkörper blau *(1975) – ein Kunstwerk aus Acryl, Perlon und Styropor von Gotthard Graubner (Vertreter des Informell), es war im Sommer 2012 in der Schau* Metamorphosen *im Halleschen Kunstverein Talstraße ausgestellt.*
- Variant/Adobe, 4 Central Warm Colors Surrounded by 2 Blues *(1948)*, Variant/Adobe, Blue Front *und* Variant/Adobe, Orange Front *(1957) – und andere Ölgemälde von Josef Albers, viele im Guggenheim-Museum in New York.*

- Käpt'n Blaubär – *Kunstkenner/innen mögen konsterniert sein, doch der Comic-Held (Lieblingskind von Walter Moers) sei genannt; die Jugend liebt ihn.*
- Rot 2000 – *ein Acrylbild auf Leinwand, 1999 von Rupprecht Geiger gemalt, in einem mit blauen Paneelen ausgekleideten Protokollraum des Reichstags in Berlin.*

▲ LEO Cut! Mindestens doppelt so viele Bilder, aus Zeitschriften und Katalogen ausgeschnitten, und Klebezettel mit Informationen zu Kunstwerken oder Künstlern, enthält die Mappe. Der Packen stammt wohl aus der Phase, als Tante Alma noch an ein farbig illustriertes Buch dachte; das hätte sie nie realisieren können. Kann sein, wir streichen die Passage komplett, deshalb lasse ich jetzt die restlichen Bilder weg.

Auch Kunstgalerien tragen oft Farben im Namen, wie die Blaue Scheune, seit 1922 Galerie des Hiddenseer Künstlerinnenbundes, gegründet von Clara Arnheim (einer der ersten deutschen Berufsmalerinnen, gestorben 1942 in Theresienstadt) und Henni Lehmann,[302] *und die schon genannten Galerien Graubunt und Raum HellRot (wo es 2013 eine Exposition über die Farbe Weiß gab).*[303] *Schloss Friedenstein in Gotha hat eine Braune und eine Schwarze Galerie (mit Porträts von Viktoria I. und Prinzgemahl Albert von Sachsen-Coburg und Gotha); ein Porträt Herzog Ernst II. soll nach der Restaurierung Platz in der Braunen Galerie finden. In der Annenstraße in Graz lädt ein Blaues Atelier zum Schauen ein, Heimstatt zeitgenössischer Kunst, gegründet 2005 von Florinda Ke Sophia, ihre strahlend blauen Bilder sind gewiss Namenspaten. 30 Jahre früher öffnete die gleichfalls auf junge Künstler orientierte Nürnberger Galerie mit der blauen Tür ihre Pforten für Kenner und Liebhaber der Kunst.*[304] *In Wien widmet sich die Galerie am Roten Hof vorwiegend russischer Kunst; vergleichbare Namen von Kunstgalerien gibt es zuhauf.*

Ebenso weisen Titel von Ausstellungen oft auf Farben hin: Im Farbenrausch. Munch, Matisse und die Expressionisten *hieß eine Ausstellung in Essen Ende 2012/Anfang 2013;*[305] Die paradiesischen Farben der Hölle. Neue Malerei aus Haiti: Préféte Duffeaut & Frantz Zéphirin *zeigte das Leipziger Grassi-Museum 2011.*[306] *Die Maler stehen in der Tradition naiver haitischer Malerei, seit Gründung des Centre d'Art in Port-au-Prince 1944 international bekannt, schon von Picasso und den französischen Surrealisten bewundert. Préféte Duffeaut prägte mit phantastischen Landschaften den Jacmel-Stil. Einige seiner Arbeiten hängen im Brooklyn Museum in New York.*

Von Herbstrot bis Nebelgrau *hieß im Herbst 2011 eine Ausstellung mit Collagen, Monotypien und Objekten von Annette Strafhoff in der Galerie Kunst im Keller.*[307] Grün stört. Im Fokus einer Farbe *war der Titel einer Exposition im Sommer 2016 im Museum für Kunst, Architektur und Design Marta Herford.*[308] Meditative Rhythmen von Farben, Flächen, Linien *präsentierte eine Ausstellung mit Werken von Horst Bartnig, einem der wenigen konkreten Künstler der DDR, in Magdeburg.*[309]

Nicht nur bei Kunstausstellungen sind Farben wichtig. Als Essen (neben Pécs und Istanbul) zur Kulturhauptstadt Europas gekürt wurde,[310] *war die Wanderausstellung* graublaugrün – Das Revier atmet auf: Der Emscher Landschaftspark *zu sehen. Im Mai 2015 sprach Winfried Mikolajczyk unter dem Motto* Zitronengelborangerottürkis *in der halleschen Galerie Zaglmaier über Karl-Heinz Köhler und dessen Ausstellung im Juni/Juli 2015; auch ein Video mit Landschaften im Köhler-Blau wurde gezeigt.*

Bei Gerhild Ebel, Buch- und Konzeptkünstlerin aus Halle, deren Arbeiten weltweit gesammelt werden, kann man die Verbindung von Sprache mit Farben erleben. 2005 erschien ihr Buch fine war (Schöner Krieg), *darin ersetzt sie die Buchstaben einer Rede vom 19. März 2005, in der Bush den Irak-Krieg als Sieg der Menschlichkeit deklarierte, durch Farbkuben, die in einer Art Spektrum das vermeintliche Hohelied der Humanität als das charakterisieren, was es bei genauer Betrachtung ist:* schöngefärbte Demagogie. Zeitkritik als Sprachkritik – ganz ohne Worte.[311]

Wollte man überdies alles sammeln, was Maler und andere Künstler über Farben gesagt und geschrieben haben – das Buch würde niemals fertig und seines Umfangs wegen kaum gelesen werden. Deshalb führen wir nur wenige Beispiele an.

Wassili Kandinsky meinte, Farbe ist eine Kraft, die direkt auf unsere Seele wirkt. *Er war 1914 Schöpfer einer prädadaistischen Farboper – praktische Synästhesie! Sie heißt* Violett, *wurde im August 1999 von Studenten der Berliner Hochschule der Künste*[312] *inszeniert und im Mauerpark am Prenzlauer Berg aufgeführt. Mehrere, Kandinskys Ideen von einem neuartigen Theater entsprechende, später als Vorläufer des expressionistischen Dramas geltende Bühnenkompositionen hatte er schon früher verfasst, so 1909* Grüner Klang *und* Gelber Klang, *1912* Schwarze Figur.

Die Farbe ist die Taste, das Auge ist der Hammer, die Seele ist das Klavier mit vielen Saiten, der Künstler ist die Hand, die durch diese oder jene Taste zweckmäßig die menschliche Seele in Vibration bringt *lautete Kandinskys Credo im Traktat* Über das Geistige in der Kunst *von 1911. Drei Jahre später folgte* Über Bühnenkomposition, *da benannte er Farben, die für den Klang bestimmter Musikinstrumente stehen: Hohe Trompetentöne empfand er als hellgelb, Flötentöne als helles Blau, den Ton eines Cellos als dunkles Blau, den des Kontrabasses als tiefer gehendes Blau, die Orgel als tiefes, feierliches Blau.*[313] *2009 ordnete Franz Immoos Farben Musikinstrumenten zu:* Krapplack – mittlere und tiefere Töne des Cello. Violett – Fagott, Schalmei. Gelb – Trompeten oder Fanfarenton. Helles Rot – Trompete. Orange – Kirchenglocke oder tiefe Altstimme. Zinnober – Tuba oder Trommelschläge. Hellblau – Flöte. Dunkelblau – Cello, Bassgeige bis zur tiefen Orgel.[314]

Auch Karl Schawelka, 1993 bis 2010 an der Bauhaus-Universität Weimar und lange Zeit Vorsitzender des Deutschen Farbenzentrums, widmete sich der Synästhesie.[315]

Für Vincent van Gogh war Gelb die Sonne schlechthin. 1914 schrieb Paul Klee nach einer Tunesien-Reise, während der er und August Macke im Künstlerdorf Sidi Bou Saïd am Felsen von Karthago beim Baron Rodolphe d'Erlanger zu Gast waren, Die Farbe hat mich … das ist der glücklichen Stunde Sinn … ich und die Farbe sind eins … ich bin Maler *und* Es genügt zu sagen, daß Schwarz und Weiß auch Farben sind, denn ihr Kontrast ist genauso stark wie der zwischen Rot und Grün *und* Farbe ist der Ort, an dem sich unser Gehirn und das Universum treffen.

Sehr anschaulich Josef Albers' Credo über das Malen: Wenn ich male / sehe und denke ich zunächst – Farbe / Und zumeist Farbe als Bewegung / […] / Und näher betrachtet, / als ein Atem und Pulsieren […]; *1963 veröffentlichte der Bottroper Josef Albers seine* Interaction of Colours. *In Amerika gilt er als einer der einflussreichsten Künstler des 20. Jahrhunderts; dass er 1933 emigrierte, trug zur Verbreitung der Bauhaus-Ideen und -konzepte in den USA bei.*[316] *Bei der Klassenfahrt in den Winterferien 2014 nach München sahen wir neben den üblichen Highlights die Ausstellung* Josef Albers: Farbenlehre *an.*[317] *Sollten wir mal in Bott-*

rop sein, besuchen wir das Josef Albers Museum Quadrat mit der Serie Homage to he Square.[318]

Großes Aufsehen hatte 1961 die Ausstellung eines jungen Franzosen in Krefeld erregt, Monochrome und Feuer, *erste und letzte museale Retrospektive zu Lebzeiten von Yves Klein.*[319] *Doch die Welt scheint noch nicht reif gewesen zu sein für Yves Klein, für seine Pop Art, seinen Nouveau Réalisme, seine avantgardistische Kunst. Ein kritischer Kritiker spottete:* Mit der Monochromie […] will der smarte Klein Frieden und Freiheit ausdrücken. Noch friedlicher und freier erscheint ihm das reine Pigment, ungebundenes Farbpulver, wie es in jedem Malerbedarfsgeschäft zu kaufen ist. Folgerichtig durften denn auch die Besucher der Krefelder Ausstellung unter den Katalognummern 51 und 52, säuberlich in zwei Glasbehältern verstreut, nichts Geringeres als Reines Pigment Blau und Reines Pigment Rosa bestaunen. […] Überdies wollen die geheimnisvoll verrührten und schlicht verpinselten Klein-Farben als hohe Symbole verstanden sein. So wie das Klein-Gold *Gottvater* symbolisiere, bedeute Rosa *das Christentum […], die Liebe und das Fleisch, deswegen Gottsohn*, Blau *das Immaterielle […], Gott Heiliger Geist* und alles zusammen *eine Dreiheit im Sinne theologisch-spekulativer Dreifaltigkeit.*[320]

Und nochmals zu Rupprecht Geiger. Seit den 1950er Jahren kreiste sein Werk vor allem um eine Farbe: Rot. Sie sei für ihn Leben, Energie, Potenz, Macht, Liebe, Wärme, Kraft, *schrieb er 1975 in seinem Konzeptbuch* Farbe ist Element, *auch als* Rotbuch *bekannt. Denn Geiger schuf über Jahrzehnte – seit seinem Engagement in der die westdeutsche Nacvhkriegskunst prägenden Gruppe Zen 49 – ein Porträt der Farbe an sich und widmete sich vor allem der Farbe Rot, daneben Pink …*[321] *Sucht man Vergleichbares, sind da nur die Blau-Variationen von Yves Klein.*[322]

Viel früher, zwischen 1901 und 1904, malte Pablo Picasso Bilder zu existenziellen Themen wie Liebe, Tod und Einsamkeit, die als Blaue Periode (auf die 1905/06 die lebensfrohe Rosa Periode folgte) in die Kunstgeschichte eingegangen sind.[323] *Teils parallel dazu, von den 1890er Jahren bis 1904, durchlief der schwedische Maler Eugène Fredrik Janson eine Blaue Periode, für die Nachtbilder mit sich im Wasser spiegelnden Laternen charakteristisch waren, meist Blicke auf den Riddarfjord oder auf die Altstadt von Stockholm.*

Für den französischen Impressionisten Claude Monet war die Farbe Blau gleichfalls eine besondere, nicht zuletzt weil er nach einer Staroperation an beiden Augen Ultraviolett als Blau- oder Lila-Reflexionen wahrnahm. Nicht mehr richtig sehen zu können, muss für einen Maler das größte Unglück sein. Es traf auch Wilhelm von Kügelgen, geboren 1802 in St. Petersburg, gestorben 1867 in Ballenstedt, Porträt- und Historienmaler, Hofmaler und Kammerherr am herzoglichen Hof von Anhalt Bernburg; er litt im Alter an Sehstörungen und malte schließlich gar nicht mehr; bis heute bekannt ist er als Verfasser der zuerst 1870 in Berlin publizierten und seitdem oft aufgelegten Jugenderinnerungen eines alten Mannes. *Auch Albert Uderzo, der Schöpfer der Comic-Figuren Asterix und Obelix, die ihr Publikum erstmals am 29. Oktober 1959 im französischen Jugendmagazin Pilote begeisterten, leidet an Rot-Grün-Schwäche, ist salopp gesagt farbenblind! Doch nicht nur das Sehvermögen der Künstler ist gefährdet, auch die Farbintensität der Bilder selbst und ihre Strahlkraft sind in Gefahr – sei es, weil ein armer Maler nur minderwertige Farben kaufen konnte, weil seine Werke nicht fachgerecht aufbewahrt oder restauriert wurden oder aus anderen Gründen, denen man erst jetzt auf die Spur zu kommen vermag.*

Van Goghs Blumen ergrauen – *hieß ein Artikel der Chefredakteurin des Magazins scinexx, Nadja Podbregar, über einen nachträglich auf einigen Gemälden aufgebrachten Lacküberzug, der zu dunklen Verfärbungen führte. Mit Bezug auf einen Bericht im Fachmagazin Analytical Chemistry schrieb sie:* Das hat ein internationales Forscherteam mit Hilfe von Röntgenanalysen herausgefunden. Der Firnis reagierte mit der gelben Farbe des Gemäldes und bildete eine undurchsichtige graue Kruste. Die Blumen in dem Bild *Blumen in blauer Vase* erscheinen dadurch statt in leuchtendem Gelb heute nur noch matt orange-grau. Van Gogh selber hatte dieses 1887 in Paris gemalte Bild nicht mit einem Firnis überzogen, aber er hatte das damals relativ neue Pigment Cadmiumgelb verwendet, einen Farbstoff, von dem man heute weiß, dass er im Laufe der Zeit weißlich anläuft, weil die Cadmium-Verbindung mit dem Luftsauerstoff reagiert. Eine Lösung für das Problem hat das Forscherteam um Koen Janssen in Antwerpen, das die Proben aus dem Kröller-Müller-Museum (im niederländischen Otterlo […]) untersuchte, noch nicht parat. Wie die Forscher erklären, wurden viele der Gemälde aus Van Goghs Französischer Periode in der Vergangenheit mit ungeeignetem Firnis versehen. Die Entfernung sei nun eine der Herausforderungen, denen Konservatoren weltweit gegenüberstehen.[324]

In van Goghs Schlafzimmer in Arles *hat sich die ursprüngliche Farbe Lila von Wänden und Fußboden im Lauf der Zeit durch Lichteinwirkung zu (Hell-)Blau gewandelt, fanden Kunstwissenschaftler vom Art Institute in Chicago heraus.*[325]

Solchen Malheuren stehen beabsichtigte Verluste gegenüber: etwa die auf der DOCUMENTA 2012 gezeigten 360 (dem chinesischen Kalender entsprechenden) Gemälde des chinesischen Malers und Performance-Künstlers Van Lei, die nach und nach unwiederbringlich unter verschieden einfarbigen Lackierungen verschwanden.

Am Ende noch ein paar Worte zu einigen Maltechniken:

Rötelzeichnungen, im Barock und Rokoko besonders beliebt, gibt es seit der Renaissance. Eine der schönsten ist Leonardo da Vincis Selbstbildnis von 1512.[326] *(Eisen)Blaudruck oder Cyanotypie heißt ein altes fotografisches Edeldruckverfahren mit typisch cyanblauen Farbtönen, das auch zur Buchillustration verwendet wird.*[327]

Schwarzkunst wird die Tiefdrucktechnik der Radierung genannt – Schwarz-Weiß-Malerei gehört nicht hierher. Indes kommen Volkskunstformen wie die Stickerei der Malerei durchaus nahe: So sind die Hauptfarben in der nordkaschubischen Stickerei Gelb, Orange, Braun und Schwarz; in der kaschubischen Schweiz findet man – das erfuhren wir auf einer Reise nach Danzig – sieben symbolische Farben: Blau für die Seen, Hellblau für den Himmel, Dunkelblau für das Meer, Gelb für Strand und Sonne, Schwarz für harte Arbeit, Rot für die Liebe und Grün bedeutet Hoffnung.

▼ LEONIE Der Freiwillgentag steht, eine andere Lieferfirma ist engagiert, die Neuhallenser können kommen. Wir haben viel geschafft, ich bin zufrieden mit mir. Nach der Zahl der Überstunden müsste ich diesen Monat nichts mehr tun. Ich kann mir wieder Zeit für Tante Alma nehmen, ihre Notizen zum Kapitel Architektur sind an der Reihe. Ich freu ich mich darauf, aber es macht mich auch traurig. Was tät ich heute, hätt ich das Architekturstudium nicht abgebrochen? Mama hatte, solange sie lebte, alles über Architektur, was sie irgendwo fand, ausgeschnitten und aufgeklebt; alle paar Wochen bekam ich einen Hefter mit Bildern und Texten über das Bauhaus, Brasilia, das Burj Al Arab, die hallesche Moritzburg, die Oper in Sidney, über Christo, Daniel Libeskind, Otto Niemeyer, Enrique Sobejano und Fuensanta Nieto … Ich hab die Mappen noch – einzige Ausnahme meines Schnell-Wegwerf-Prinzips …

Haus, Schloss oder Turm – und manchmal ein Eimer 812285

Bilder und Skulpturen brauchen eine Umgebung, um wirken zu können, draußen oder drinnen, meist in Verbindung mit Gebäuden, in einem Innenraum, daneben oder davor. Auch die Bauten selbst, Mauern, Wände, Dächer, Fenster und Türen, weisen Farben auf. Unzählige Bücher, ganze Bibliotheken über Architektur und die Wirkung von Farben gibt es bereits. Damit wollen wir nicht konkurrieren, nur dazu anregen, mit offenen Sinnen das Universum der Farben wahrzunehmen und zu genießen …

Im Kapitel über Malerei nannten wir exemplarisch etliche Bildtitel, in denen Farben vorkamen, so Das Gelbe Haus *von van Gogh. Je nach Fassadenfarbe, Anstrich oder Verputz, tragen auch Gebäude oft einschlägige Namen.*

Weiß ist keine Farbe – und darf doch in einem Buch über Farben nicht fehlen. Einen eigenen Reiz entfaltet es in der Architektur. Wenn es um Solitärbauten geht, denkt man zuerst ans Weiße Haus in Washington, D. C. Die Entscheidung für den District of Columbia als Standort der künftigen Hauptstadt (Vorbilder waren etwa Karlsruhe, Amsterdam und Paris) traf 1791 der erste Präsident der USA George Washington. 1792 wurde der Grundstein gelegt, seit Juni des Jahres 1800 ist das Weiße Haus der Sitz der Präsidenten der Vereinigten Staaten von Amerika.

Offiziell erhielt es den Namen erst 1901 vom 26. Präsidenten der USA Theodore Roosevelt, doch hieß es sicher schon früher Weißes Haus. Wie oft der Anstrich erneuert wurde, ist nicht bekannt – hier kommt der Eimer 812285 ins Spiel: Gibt es nämlich am

Weißen Haus was auszubessern oder ist ein komplett neuer Anstrich fällig, wird die Farbe bei einer kleinen Firma in Schwaben bestellt, die prompt einen Eimer (oder mehrere) Whisper White, Farbnummer 812285, nach Übersee schickt, damit der Bau weiterhin makellos in diesem hellen Elfenbeinton erstrahlen kann.[328]

Auch Halle in Sachsen-Anhalt hat ein Weißes Haus, den einstigen Logenpalast Zu den drei Degen auf dem Jägerberg, wo seit 2012 die Leopoldina logiert, die älteste naturwissenschaftlich-medizinische Gelehrtengesellschaft der Welt, 1652 in Schweinfurt als Academia Naturae Curiosum gegründet, seit 1878 in Halle ansässig und 2008 zur Nationalen Akademie der Wissenschaften gekürt.

Zudem hat jüngst – modernistischer weißer Schmetterling zwischen alten Gebäuden – in den Franckeschen Stiftungen das neue Haus der Bundeskulturstiftung (s)einen Platz gefunden: architektonischer Albino inmitten des bunten Architekturensembles der Franckezeit. Anfangs beäugten ihn Passanten misstrauisch oder mit Neugier, doch er wird heimisch werden und bald dazugehören, als wäre er schon immer da. Am 15. Januar 2012 gab es einen Tag der offenen Tür. Viele Hallenser nutzten ihn, um dem Neuling näher zu kommen. Das Wort Chefetage nimmt dort niemand in den Mund; trotzdem erkennt man im Dachgeschoss sofort, dass sie es ist: in vornehmem Grau, das an graue Eminenz denken lässt – über allem Übrigen platziert und besten Überblick bietend –, Voraussetzung für gerechte Entscheidungen rundum. Drunter, im Zentrum alles Tuns, die Kulturträger in der roten Etage: blutvolles Leben, Aktivität, pulsierendes Herz. Im ersten Obergeschoss die Verwaltungsebene in Vertrauen erweckendem Blau. In allen Etagen laden farblich stimmige Denkzellen Mitarbeiter ein, dem Großraumbüro auf Zeit zu entfliehen, um Telefonate zu führen oder sich auf schwierige Lektüre zu konzentrieren. Für vertrauliche Gespräche gibt es ein rotes Nest, und als Pendant zu diesen Intimbereichen bieten Geselligkeit assoziierende Teeküchen den Blick in die irgendwann einmal grünen Innenhöfe dar.

Vor einigen Jahren kamen wir in Hamburg an einem Weißen Haus vorbei, einem Restaurant am Museumshafen, damals (und noch bis 2012) vom Sternekoch Tim Mälzer geführt und folglich nicht passend zu unserem Budget.

Last but not least: das Weiße Schloss in Heringsdorf, ältester Bau des Ostseebades auf der Insel Usedom. Georg Bernhard von Bülow, ein Vorfahre von Vicco von Bülow (Loriot), ließ 1825 das erste Gästequartier des Ortes von Karl Friedrich Schinkel auf dem Kulm erbauen. Das Bülowsche Logierhaus gehörte ab 1859 dem Reichsgrafen von Stolberg-Wernigerode, 1866 wohnte die preußische Kronprinzessin Viktoria mit ihren drei Söhnen darin. In den 1920er Jahren verbrachte Kurt Tucholsky zweimal seine Ferien dort; seit Beginn der 1990er Jahre steht es unter Denkmalsschutz.

Das weltweit bekannteste Blaue Haus (Casa Azul) steht in Mexiko: Am 6. Juli 1907 kam in der Calle Londres 247 in Coyoacán die mexikanische Malerin mit badischen Wurzeln Frida Kahlo zur Welt; hier lebte und malte sie, litt und stritt mit ihrem Mann Diego Rivera und starb am 13. Juli 1954 in diesem Haus.[329]

Vom Blauen Haus in Münster erzählte uns eine Absolventin des Gymnasiums, die jetzt an der Westfälischen Wilhelms-Universität fürs Lehramt Deutsch und Spanisch studiert. Bis heute lieben Professoren und Studierende die im April 1970 auf dem Höhepunkt der Hippie-Zeit in der Kreuzstraße eröffnete Studentenkneipe, die man in Münster als Akademische Bieranstalt kennt.

Und nun die roten Bauten, Häuser und Türme, häufig Gasthäuser oder Hotels. Zwischen Halle und dem Petersberg gibt es in Nehlitz die Gaststätte Rotes Haus. Auch in Bad Düben sowie an der B2 heißt ein ehemaliger Fuhrmannsgasthof Das Rote Haus. In Leipzig steht ein Rotes Haus am Kulkwitzer See; in Überlingen am Bodensee wirbt ein Bed & Breakfast als Rotes Haus um Gäste. Bad Schandau hat ein Gasthaus mit Pension Zum Roten Haus, Frankfurt am Main ein altes und ein neues Rotes Haus (bereits 1322 nannte eine Urkunde ein Rodinhus; dank des Dom-Römer-Projekts wurden beide seit 2012 originalgetreu wieder aufgebaut) sowie seit dem 17. Jahrhundert das Gasthaus Rotes Haus auf der Zeil. Das 1639 im Stil eines Rheintalhauses neben der Stadtpfarrkirche am Markt im österreichischen Dornbirn erbaute Rote Haus beherbergt eine Gastwirtschaft und ist Wahrzeichen der Stadt. Auch in der Schweiz ist ein Rotes Haus keine Seltenheit: Ein 1448 als Stadthaus erbautes Hotel an der Hauptstraße in Brugg und ein Hotel (Fachwerkbau mit roten Balken) in Landschlacht-Münsterlingen führen diesen Namen. Ein 1750 in Arbon als Handelshaus errichteter Bau sowie ein aus dem Jahr 1622 stammendes und in die Liste der Kulturgüter im Neckertal im Kanton St. Gallen eingetragenes Haus in St. Peterzell werden ebenfalls so genannt. Ein weiteres Rotes Haus steht im nordrhein-westfälischen Monschau; das prächtige Patrizierhaus, heute Museum für bürgerliche Wohnkultur, wurde zwischen 1752 und 1768 als Wohn- und Geschäftshaus der Tuchfabrikanten- und -verlegerdynastie Scheibler erbaut. Malerisch am Hang liegt das Rote Haus im liechtensteinischen Vaduz, ein Treppengiebelhaus mit Wohnturm.

In Freiburg im Breisgau heißt der Gebäudekomplex des Herder-Verlags, für den der Verleger Hermann Herder 1910 den Grundstein legte, Rotes Haus. Doch auch das historische Kaufhaus an der Südseite des Münsterplatzes, dessen Geschichte bis ins 14. Jahrhundert reicht, trüge den Namen zu Recht.[330] *Das aus dem 16. Jahrhundert stammende Alte Rathaus der Stadt heißt zwar offiziell nicht so, hätte aber ob seiner tiefroten Fassadenfarbe den Namen Rotes (Rat)haus absolut verdient. Natürlich muss DAS Rote Rathaus erwähnt sein – doch davon gibt es zwei: Das in Berlin von 1861 bis 1869 errichtete kennen wir; das andere war 1879 fertig und steht in Stettin; wie das Vorbild in der Reichshauptstadt aus roten Klinkersteinen erbaut, wurde es gleichfalls Rotes Rathaus genannt. Und die politische Dimension von Rot? Im Roten Haus von Münster hat die Parteizentrale der örtlichen SPD ihren Sitz.*

Schließlich erliegen Architekten selbst der farbigen Verführung: Am Südrand des Münsterlandes in Lünen kreierte Gernot Schulz die Wohnanlage Rotes Haus auf dem Hügel; Thomas Kröger baute zwei Hotels in der Uckermark: die Rote Scheune und das Schwarze Haus. Auf dem Wiener Nussberg gibt es das Weingut Rotes Haus; von gleichnamigen Etablissements in Friedrichshafen und Osnabrück schweigen wir.

Welche roten Bauwerke existieren außerdem in Deutschland und in der weiten Welt? In Potsdam gibt es die zwischen 1892 und 1895 aus Klinkern erbaute Rote Kaserne, die seit 1999 unter Denkmalsschutz steht; in Erfurt kann man Ausstellungen in der Kunsthalle im Haus Zum Roten Ochsen besuchen; in Halle befindet sich seit 1842 der Gefängniskomplex Roter Ochse, der Name ist seit Ende des 19. Jahrhunderts nachgewiesen, ohne dass man weiß, ob er sich auf Hinrichtungen bezieht oder harmlos, wie anderswo, vom Baumaterial herrührt. Auch Rote Türme kommen öfter vor: Halle hat einen solchen, 1418 bis 1506 als Uhr- und Glockenturm mit einer Höhe von 84 Metern erbaut und zunächst

Neuer Turm genannt, der Name Roter Turm kam erst im 17. Jahrhundert auf – ob wegen der Blutgerichtsbarkeit oder wegen des Kupferdachs oder von Johannes Rode (einem halleschen Patrizier, der Baumeister und Architekt, wohl auch Stifter des Turms war), lässt sich nicht sicher ermitteln. Einen kleinen Bruder gibt es in Pouch bei Bitterfeld: Der dortige Rote Turm wurde im 13. Jahrhundert erbaut und ist 30 Meter hoch.

Auch Chemnitz hat einen Roten Turm, ältestes Bauwerk und Wahrzeichen der Stadt. Ende des 12. Jahrhunderts aus rotem Chemnitzer Porphyrtuff als Bergfried erbaut, war er im 13. Jahrhundert Teil der Stadtbefestigung und wurde später bis etwa 1900 als Gefängnis genutzt; 1965 war er Motiv einer 20-Pfennig-Briefmarke der DDR, 1968 Vorbild für die Form der 500-ml-Flasche des im VEB Fettchemie Karl-Marx-Stadt hergestellten Spülmittels Fit; im April 2000 feierte man daneben die Eröffnung des Einkaufszentrums Galerie Roter Turm; seit 2007 steht der Turm für Chemnitz auf dem Brett der Deutschlandausgabe von Monopoly; 2008 verhüllte die deutsch-ägyptische Künstlerin Andrea Taha den Turm für ein Kunstprojekt mit orientalischen Motiven: Er glich einem überdimensionalen Beduinenzelt. Ein Roter Turm auf dem Burgberg zu Meißen (wo bis 1607 auch ein Weißer Turm stand) war lange die Stätte des Hofgerichts; seit etwa 1500 existiert er nicht mehr, nur im Meißner Stadtwappen lebt die Erinnerung fort. Rote Türme findet man im hessischen Bensheim sowie in Alanya in der Türkei und an anderen Orten der Welt, wie im estnischen Pärnu (deutsch: Pernau): Dort wurde der Rote Turm im 15. Jahrhundert als Gefängnisturm aus Granit erbaut; seinen Namen dankt er den ihn damals innen und außen umhüllenden Ziegelsteinen; später wurde er weiß getüncht und hat nur noch ein rotes Dach. In Winterthur steht seit den 1990er Jahren ein Hoch-

haus namens Roter Turm, in der obersten Etage auf 90 Metern Höhe befindet sich ein Restaurant dieses Namens. Der Darmstädter Hochzeitsturm, 1908 zur Erinnerung an die Hochzeit des Großherzogs Ernst Ludwig Karl Albrecht Wilhelm von Hessen und bei Rhein mit Prinzessin Eleonore zu Solms-Hohensolms-Lich am Lichtmesstag 1905 aus dunkelroten Torfbrandklinkern im Jugendstil erbaut, ist zwar ein roter Turm, heißt aber nicht so.[331] *Auch Rote Tore, als Reste alter Stadtmauern, findet man, zum Beispiel in Stadtroda und Augsburg, in Flensburg nur noch im Wappen der Stadt.*

In den Franckeschen Stiftungen *in Halle wurde 1896 eine Höhere Mädchenschule neu errichtet, die wegen der roten Backsteine von Anfang an Rote Schule hieß (heute Domizil eines wissenschaftlichen Zentrums der Universität). Wahrscheinlich wegen des Anstrichs seiner Fassade erhielt ein Gebäude der Leipziger Universität Mitte des 17. Jahrhunderts den Beinamen Rotes Kolleg. Im Gegensatz dazu war die zu DDR-Zeiten übliche Bezeichnung der Sektion Journalistik an der Alma Mater Lipsiensis klar politisch konnotiert: Rotes Kloster. Es gab und gibt aber auch wahre Rote Klöster: das Červený Kláštor (wegen des roten Daches) nahe beim Grenzfluss Dunajec an der alten Handelsstraße von Polen nach Ungarn in der Slowakei, ein wegen des rotfarbigen Baumaterials so benanntes Rotes Kloster in Oberägypten (in dessen Nähe ein Weißes Kloster steht), das heute auf türkischem Gebiet liegende, im 10. Jahrhundert gegründete armenische Rote Kloster Gamirvank am Südufer des Van-Sees; ein früheres Augustinerkloster in Brüssel (jetzt ein Kunstzentrum) trug wegen der Farbe des verwendeten Mörtels ebenfalls von jeher den Namen Rouge-Cloître oder Roodklooster. In Andalusien zieht die Burg der maurischen Könige von Granada, die von 1213 bis 1338 er-*

baute Alhambra (aus arabisch al-hamrā' = al-qubba al-hamrā' = die rote Burg) Touristen an; ferner lieben Weltenbummler den Jahrhunderte lang als Teil der Verbotenen Stadt und als Mittelpunkt des Himmels geltenden, heute jedermann zugänglichen Purpurroten Palast in Peking.

Außer den roten gibt es andersfarbige Häuser, Schlösser und Türme. Ein Kleinod ist das orangefarbene Schloss im Park von Bad Freienwalde. Friedrich Wilhelm II. ließ es 1798 für Friederike Luise erbauen. 1909 erwarb Walter Rathenau das Schloss, rettete es vor dem Verfall und nutzte es bis zum Tod 1922 als Zweitwohnsitz. Das Architekturdenkmal gehört heute dem Landkreis Märkisch-Oderland; trotz Förderung nicht sinnvoll nutzbar, wurde es auf die Rote Liste gefährdeter Kultureinrichtungen gesetzt.[332] *In München fiel uns der Schwarzes Haus genannte Schreiberbau am Färbergraben, ehemals Verwaltungsgebäude des Süddeutschen Verlages, auf.*

Zu guter Letzt ein Wort zu den schottisch-gälischen oder irischen Black Houses: Bis etwa 1880 gebaut, wurden diese multifunktionalen Häuser auf dem Land für Mensch und Tier und Feuer bis in die 1970er Jahre genutzt; Ende des 19. Jahrhunderts lösten White Houses mit Rauchabzügen sie ab, da waren Mensch und Tier getrennt. Seit einiger Zeit werden immer mehr alte Black Houses restauriert.

Nun die Innenräume: In Schlössern und Bürgervillen sind Säle, Salons oder Zimmer oft nach dominierenden Farben benannt. In Anna Amalias Weimarer Wittumspalais gibt es einen Roten Salon (Herzog Carl Alexander nannte ihn Dichterzimmer), das Wohnzimmer der Herzogin heißt Grüner Salon. 1945 residierte der russische Diktator Stalin im Weißen Salon der Kronprinzessin im Schloss Cecilienhof.

Das Theater der Berliner Volksbühne am Rosa-Luxemburg-Platz bietet verschiedene Veranstaltungsreihen im Roten Salon und im Grünen Salon an. Ebenso gibt es im Kunstforum der Sparkasse in der Bernburger Straße in Halle[333] *einen Grünen und einen Roten Salon, wo Vorträge, Lesungen oder Konzerte auf Gäste warten.*

Seit 2005 bietet eine Buchhandlung im Pforzheimer Ortsteil Dillweißenstein in ihrem Grünen Salon Veranstaltungen an. Der Grüne Salon in Dresden indes ist – anders als das Grüne Gewölbe – bloß eine Kneipe, in der man Billard spielen kann.

Im Schloss Oranienbaum sahen wir in der Ausstellung Holländisches Design *im Sommer 2012 ein grünes und ein rosa Zimmer; im Porzellansaal neben anderen Raritäten ein französisches Service aus dem Besitz König Wilhelms II., die Teile wiesen laut Beschriftung einen Zierrand in hellem Sèvres-Blau auf. Reste von Berliner Blau begegneten uns im Puderzimmer im Schloss Rheinsberg.*[334]

Sophie von la Roche, als Schriftstellerin, Herausgeberin der ersten deutschen Frauenzeitschrift (Pomona für Teutschlands Töchter, nach der römischen Göttin der Baumfrüchte) und Salonnière bekannt, beschrieb 1795 in den Briefen an Lina als Mutter *ihre grüne Stube in Speyer – als Hoffnung und/oder Wunschtraum …*[335]

Am Ende des Streifzugs durch Innenräume sei die Allgäuer Bilderbibel zitiert, zur St.-Rochus-Kapelle in Wangen heißt es: Die Bilderdecke strahlt durch die Farbwahl Wärme aus. Ocker, Zinnober, roter Pflanzenlack, Caput mortuum, Blei-Zinngelb und Grünspan (Malachit wäre wohl zu teuer gewesen) sind beherrschend. Teures Azurit-Blau taucht selten, dort, wo es aus ikonografischen oder heraldischen Gründen nötig ist, auf: beim

Verkündigungsengel, bei Maria, beim Jesusknaben, bei Gottvater in der Dreifaltigkeitstafel und in einigen der Stifterwappen.[336]

Beenden möchten wir den Architektur-Ausflug mit einigen Gedanken zur Farbigkeit resp. Farbwirkung ganzer Ortschaften und Städte. Dabei fiel uns auf, dass ein meist unter südlicher Sonne besonders strahlendes Weiß oft als Charakteristikum wirkt und einem Ort seinen Beinamen gibt.

Die Weiße Stadt von Tel Aviv – ohne die Ideen des Bauhauses, aber auch ohne die Herrschaft der Nationalsozialisten in Deutschland gäbe es sie nicht! 2004 hat die UNESCO sie zum Weltkulturerbe ernannt. Mit 4.000 Gebäuden ist die Weiße Stadt von Tel Aviv – von der Allenby-Allee im Süden bis zum Jarkon-Fluss im Norden, von der Derech-Menachem-Begin-Straße im Osten bis zum Mittelmeer im Westen – so reich an Bauhaus-Architektur wie kein anderer Ort auf der Welt. Von 1931 bis 1956 planten in Europa, meist in Deutschland, im Bauhaus Dessau ausgebildete, nach der Machtergreifung der Nazis nach Palästina emigrierte Architekten dies Bauensemble mit fast ausnahmslos weißen Fassaden. Die meisten waren deutschstämmige Juden, etwa Arieh Sharon, Dov Carmi, Zeev Rechter, Pinchas Hueth, Josef Neufeld, Genia Averbuch, Richard Kauffmann und Erich Mendelsohn. Sie passten ihre Entwürfe dem Klima und seinem kulturellen Umfeld an. Bis heute ist die Weiße Stadt von Tel Aviv ein Mekka für Bauhaus-Fans und Architekten aus der ganzen Welt.

Auch für den brasilianischen Architekten Oscar Niemeyer spielte Weiß eine zentrale Rolle bei seinen architektonischen Kreationen. Viele Bauten in der maßgeblich von ihm geschaffenen Hauptstadt Brasilia leuchten weithin in Weiß – das wie in Tel Aviv umso gleißender wirkt inmitten des subtropischen Grüns. Viele weitere von Niemeyer entworfene und realisierte Gebäude setzen auf ähnliche Effekte, nicht selten mit Schwarz, manchmal mit Spiegelungen in blauem Wasser, immer im Kontrast zum Himmelsblau, so das Verlagshaus Mondadori in Segrate bei Mailand, das Casino des Park-Hotels in Funchal auf Madeira, der Alvorada- und der Planalto-Palast, das Kongressgebäude, der Oberste Gerichtshof und die Kathedrale in Brasilia, das Museum für Zeitgenössische Kunst in Niteroí, einem Vorort von Rio de Janeiro … Selbst die Strandpromenade von Ipanema trägt diese Handschrift: Bis ins Unendliche ziehen sich aus Tausenden kleiner, schwarzer und weißer Mosaiksteine in weiten Schwingungen verlegte Wellen hin …[337] *Zwar teils Oscar Niemeyer zugeschrieben, gestaltete sie eher, wie die in Copacabana, der Landschaftsarchitekt Roberto Burle Marx. Zu Brasilien gehört ein Exkurs zum Schönbrunner Gelb (auch Habsburgergelb oder Kaisergelb, in Nuancen Seitenstetter oder Barockgelb genannt), gegen Ende des Barock Fassadenfarbe repräsentativer Bauten in Österreich. Diese Farbe zeigt auch die brasilianische Nationalflagge, deren Grün nicht für den Urwald, sondern für das Haus Braganza steht, das Gelb hingegen für die Habsburger Dynastie.*

Weitere Weiße Städte sind kleiner. Das schönste deutsche Seebad, Heiligendamm, trägt den Beinamen Weiße Stadt am Meer; nach ihrem Vorbild ließ Fürst Malte von Putbus auf Rügen in seinem Residenzstädtchen 16 schneeweiße Villen im Kreis erbauen, seitdem heißt auch Putbus Weiße Stadt.

In verschiedenen Weltgegenden springt die Kombination von Weiß und Blau ins Auge, so im Künstlerdorf Sidi Bou Saïd nahe Karthago oder in Griechenland, wo weiße Häuser landauf landab mit blauen Dächern und Kuppeln geschmückt sind, und in Portu-

gal, wo blaue Sockel, Fenster- und Türumrahmungen, vor allem aber wunderbare blauweiße Fliesen die Fassaden zieren.

Es gibt Rote Städte: In Marokko heißt wegen der Farbe der Festungsmauern und zahlreicher Lehmhütten in der Medina das fast 1000-jährige Marrakesch so. In Italien ist es die Hauptstadt der Region Emilia Romagna, die man die Rote, die Fette und die Gelehrte nennt: Bologna – la rossa, la grassa, la dotta – hat nicht nur die älteste Universität des Kontinents, dort gibt es fette kulinarische Spezialitäten und viele rote Häuser; *zusätzlich mag die politische Orientierung dazu beigetragen haben, Bologna Rote Stadt zu nennen …*

Im Herzen Frankreichs liegt Toulouse, die nächste Rote oder Rosarote Stadt – im Fall dieser ville rose wird die Fülle der aus roten Ziegelsteinen errichteten Bauwerke, vor allem etlicher Kirchen, als Namensquelle angegeben. Auch das indische Jaipur, Hauptstadt des Bundesstaates Rajasthan, heißt gelegentlich Rote Stadt, doch öfter Pink City, und zwar wegen eines rosa-orangefarbenen Anstrichs, den die meisten Gebäude der Altstadt – und ihr Herzstück, der Rosarote Palast der Winde – 1853 zu Ehren von Prinz Albert, Ehemann von Königin Viktoria und Großvater von Queen Elisabeth, erhielten. Die kleinste Rote Stadt ist gar keine, sondern nur ein kleiner Teil des Münchner Olympiaparks, speziell für Freerunning-Fans. Den Namen bekam sie von Anwohnern wegen der ursprünglich roten Ziegelsteinmauern, die inzwischen unter Unmengen von Graffiti kaum noch zu sehen sind.

Farben in der Architektur, ein weites Feld für Städteplaner und Journalisten, für konkrete Projekte oder Überschriften von Berichten, etwa im Kontext der IBA 2010, als die lokale Koordinatorin der Internationalen Bauausstellung in Abwandlung des Titels eines Fotobandes über Halle bemerkte, Halle habe sich von der Diva in Grau zu einer Diva in Grün gewandelt.[338] *Um die IBA 2010, an der 19 Städte teilnahmen, ging auch es in einem Beitrag der MZ, dem Günter Kowa den Titel* Der Regenbogen hat 19 Farben *gab.*[339] *Etwas Singuläres im Sinn der IBA-Schrumpfungsstrategie hatte Eisleben zu bieten: Rote Türen im Stadtbild als Signal für Bauwillige: Hier ist Platz für Neues! Hier gibt es Freiräume im grünen Altstadtring!*

2012 startete ein Projekt im Areal hinter dem halleschen Hauptbahnhof, zwischen Delitzscher Straße und ehemaligem Schlachthof. Die Lokalzeitung titelte im Vorfeld des Urban Art Festivals Farben in Grau *und berichtete, Teilnehmer aus Italien, den USA, Südkorea, Frankreich und anderswo kämen nach Halle, auch der Street-Art-Künstler Mr. Di Maggio, um hier eine Freiraumgalerie zu schaffen.*[340] *15 Künstler gestalteten im September 2012 an 15 Fassaden mehr als 5000 Quadratmeter Fläche unter dem Motto A. Y. C. P. = All You Can Paint.*

Bunte Straßenfeste, bei denen Farben eine Rolle spielen, gibt es immer und überall. So fand am 4. und 5. September 2015 in Dessau das Bauhausfest Kollektives Blau statt, inspiriert von Wassily Kandinsky, der in einem Dessauer Meisterhaus wohnte und 1924 der Weimarer Ausstellungsgemeinschaft Die Blaue Vier angehörte. Attraktionen waren die Lichtrauminstallation kubik auf dem Markt und die abends romantisch beleuchtete Herde blauer Schafe auf dem Meisterhäuserareal.[341] *Wir sollten auch wieder einmal nach Dessau fahren, vielleicht zum Bauhausjubiläum 2019. Nächstes Jahr im Mai wollen wir zu den Jugendstiltagen in Darmstadt sein, um uns die Künstlerkolonie Mathildenhöhe anzusehen, wo ein Illuminationsfest in Gelb – farbiges Symbol für Weisheit und Lebenslust – das Highlight sein soll.*[342]

Zum Schluss nehmen wir das architektonische Privatleben aufs Korn. Häuslebauer lieben das Besondere und greifen in Sachen Farbe nicht selten daneben. Damit das nicht zu oft geschieht, gibt es den Bundesverband Farbe Gestaltung Bautenschutz in Frankfurt am Main oder das Paint Quality Institute im hessischen Schwalbach. Ob jemand auf poppiges Junges Wohnen oder auf Feng Shui steht – sich von Experten beraten oder bei Fachmessen inspirieren zu lassen, ist immer gut. Im Februar 2012 präsentierte die Branche auf der weltgrößten Konsumgütermesse Ambiente als neuesten Trend den Kindertraum von der Villa Kunterbunt. Die Bildunterschrift lautete Kein Ton passt zum anderen, aber genau deshalb passt es: Eine bunte Einrichtung ist der Trend. Fachleute nennen das Radiant Modernity, was soviel wie freudestrahlende Moderne bedeutet – Farbflash, der ins Auge fallen wird. *Das Lokalblatt zitierte im Bezug auf Trendfarben die Stilanalystin Claudia Herke, sie empfahl* Kobaltblau, Smaragdgrün, Mandarine, ein leuchtendes Gelb, Violett, dunkle Aubergine und ein leuchtendes Rosa, *Farben, deren Idee darin bestehe, eine Schönheit und den Reiz der Disharmonie zu zeigen […] Grund für die Farbexplosion sei ein stärkerer Fokus der Wohnbranche auf Familien mit Kindern.*[343]

Ähnlich kinderfreundlich tritt seit 2015 eine Sangerhäuser Immobilienfirma auf: Sie preist ein grünHAUS-Programm an, das für ökologisch und ökonomisch nachhaltige Häuser aus natürlichen Baumaterialien wirbt. Natürlich (!) werden die nicht billig sein, doch für minderbemittelte Bauherren gab es bereits 1780 hilfreiche Tipps, nämlich vom halleschen Professor Christian Friedrich Prange: Er verfasste einen Ratgeber Von den Mitteln die schweren Unkosten bey dem Bauen zu erleichtern, durch Verfertigung richtiger Bauanschläge, *der noch heute lesenswert ist.*

▼ LEONIE Ob man das so stehen lassen kann? Ich müsst meine Materialien aus dem Studium hervorholen und noch eine Menge lesen, um das Kapitel rund zu machen. Andererseits: Wird nicht gerade das Fragmentarische, das Unfertige dies Buch zu etwas Besonderem machen, indem es die Neugier des Lesers provoziert? Falls Tante Alma schon einen Verlag für ihren Plan interessiert, ein Konzept, ein Exposé oder Probeseiten hingeschickt hat, könnte das nur einer wissen. Leo hat mir die Mappe des Religionslehrers gegeben, die er für Tante Alma zusammengestellt hat. Ich hab das Gefühl, da ist mehr. Ob die beiden nicht nur Kollegen waren? Oder durch gemeinsame Interessen und Ideen auf dem Weg dazu …

Vor ein paar Tagen, mitten im Architektur-Material, fand ich zwei Irrläufer: den Bericht über eine Klassenfahrt nach Dresden (undatiert, doch lässt sich sicher erfahren, wann das war) und einen handgeschriebenen Anfang für das Religionskapitel:

Himmlische Farben – irdisches Glück

In allen Religionen spielen Farben eine Rolle. Wir schauen uns das im Christentum an. Religion und Kirche sind seriöse Angelegenheiten, besonders Katholiken nehmen sie ernst – und freuen sich der schönsten Farben. Warum, wird klar, wenn man bedenkt, dass früher nur wenige des Lesens und Schreibens kundig waren. Ihre Pflichten im Gottesdienst sollten sie trotzdem kennen und wissen, wann da was und warum vor sich ging. Bilder und Skulpturen brachten ihnen biblischen Mythen nahe, Farben dienten als Orientierungshilfe – im Lauf des Kirchenjahres und in der Liturgie.

Warum ist Maria so oft mit blauen Gewändern dargestellt? Hubert und Jan van Eyck malten der Maria auf dem Genter Flügelaltar schon Anfang des 15. Jahrhunderts einen prächtigen blauen Mantel, mit blauen Edelsteinen besetzt, und Mitte des 15. Jahrhunderts trägt die Madonna im Rosenhag *von Stephan Lochner,*[344] *den Albrecht Dürer Meister Stefan nannte, einen Mantel in Ultramarinblau. Dieses aus Lapislazuli gewonnene Blau war kostbar wie keine andere Farbe jener Zeit – für die Muttergottes gerade gut genug. Vorher, seit der Antike, verwendete man oft ein prachtvolles Purpurrot. Zudem galt Blau bereits im Alten Testament als Farbe des Himmels, wie der Saphir. Blau war auch die Farbe des Meeres. Im christlichen Kontext aber stand und steht Blau für Verkettung von Himmlischem (also Göttlichem) mit Irdischem, ist Symbol für Treue und Glauben – umgekehrt galt im Alltag Blau als Sinnbild für Untreue und Betrug, etwa in dem berühmten Redensartenbild von Pieter Breughel dem Älteren von*

1559. Da hängt eine junge Frau ihrem alten Gatten einen blauen Mantel um und gibt so zu erkennen, dass sie ihn betrügt.[345]

Maria trägt ein blaues oder rotes Gewand (oder beides). In der östlichen Tradition ist das Obergewand meist rot und betont, dass sie das göttliche Kind geboren hat, in der westlichen meist blau, was auf den Himmel verweist. Es gibt Darstellungen mit rotem Untergewand (sie trug den Gottessohn im Schoß) und blauem Mantel.

Noldes Gemälde Christus und die Kinder *von 1910 zeigt Jesus im blauen Mantel, der so selbst von hinten als Heiland erkennbar ist – anders als in der Barockmalerei des 17. Jahrhunderts, wo Jesus häufig einen weißen Mantel trug. Die Farbkombination weiß-blau dagegen taucht erst im 19. Jahrhundert auf. Sie weist auf das Dogma von der unbefleckten Empfängnis Mariens und ihre Reinheit hin.*

Nein, ich schreibe nicht weiter, ich weiß zu wenig, und mir fehlt der innere Bezug. Es müsste auch etwas zu den Schwarzen Madonnen gesagt werden. Eine gibt es in der Basilika von Candelaria auf Teneriffa. Doch auch viel näher, nämlich im schlesischen Tschenstochau (Südpolen, 70 Kilometer nördlich von Kattowitz) wird seit dem 15. Jahrhundert im Paulinerkloster Jasna Góra eine Schwarze Madonna als heiligste Reliquie des Landes verehrt. Genau weiß bis heute niemand, wie diese Form der Marienverehrung entstand. Oft wird sie aus einem Vers des Hohenliedes im Buch Tanach abgeleitet: Ich bin schwarz und/aber schön *und der äthiopischen Königin von Saba in den Mund gelegt; vielleicht reicht sie in die Zeit der Kreuzzüge und bis zu den Templern zurück; in Südamerika wird sie gern mit dem schwarzen Bevölkerungsanteil erklärt … wer weiß?*

Ich frage L., ob er einen Beitrag über Farben in der Religion zu dem Buch beisteuern will. Dann könnte es unter unser beider Namen erscheinen, das wäre schön.

▼ LEONIE Hier brechen Tante Almas Notizen zum Thema Religion und Farbe ab. Ich schau mal, was ihr Kollege, dem sie vertraute, zu Papier gebracht hat.

Farbenspiele im christlichen Jahr

Das christliche Kirchenjahr beginnt am ersten Adventssonntag (adventus Domini, Ankunft des Herrn) zwischen 27. November und 3. Dezember. Die vierwöchige Zeitspanne geht auf Papst Gregor den Großen (um 540 bis 12. März 604) zurück,[346] *und endet in evangelischen Kirchen am Totensonntag oder Ewigkeitssonntag, dem Gedenktag für die Verstorbenen am letzten Sonntag vor dem 1. Advent,*[347] *zwischen 20. und 26. November; die römisch-katholische Kirche gedenkt der Verstorbenen am 2. November, einen Tag nach ihrem Hochfest Allerheiligen.*

Wie ein Farbkalender illustriert die liturgische Farbenordnung die Abschnitte des Kirchenjahres: den Weihnachtsfestkreis von Dezember bis Mitte Februar (1. Advent bis 6. Sonntag nach Epiphanias), den Osterfestkreis von Mitte Februar bis Juni und die Trinitatiszeit von Juni bis Ende November. Sichtbar wird sie in den Farben der liturgischen Gewänder, die Kleriker im Gottesdienst tragen (müssen), in Paramenten (oft aufwendig bestickten Gewandteilen und Tüchern) und in Antependien (Behang und Tücher an Altar und Kanzel). Jede Farbe steht für eine bestimmte Botschaft.

Allerdings waren die Farben in Bedeutung und Gebrauch im Mittelalter noch nicht so festgelegt wie heute. Den ersten Versuch eindeutiger Definition unternahm Papst Innozenz III. Ende des 12. Jahrhunderts in seiner Schrift De sacro altaris mysterio, *in der er Regeln zur Verwendung der Farben aufstellte, doch es dauerte noch fast vier Jahrhunderte, bis unter Papst Pius V. im* Missale Romanum, *dem ab 1570 gültigen Messbuch der katholischen Kirche, die liturgischen Farben einheitlich und verbindlich vereinbart wur-*

den. Vorgeschrieben waren Weiß, Rot, Grün, Violett und Schwarz. Weiß, Rot oder Grün durften durch Gold, Weiß auch durch Silber ersetzt werden. Gelb kam in den Liturgie nicht vor; es galt schon in der Antike als Schandfarbe. Daneben waren seit dem 16. Jahrhundert und bis 1970 (nach der Liturgiereform des Zweiten Vatikanischen Konzils) auch Blau, Braun und Grau verpönt. Seit 1970 gilt die Allgemeine Einführung in das Römische Messbuch *für die Farben der liturgischen Kleidung, die den Charakter der jeweils gefeierten Glaubensgeheimnisse und den Weg des christlichen Lebens im Verlauf des Kirchenjahres deutlich machen sollen:*

- **Weiß**: für Stundengebet und Messfeier in der Oster- und Weihnachtszeit; an den Festen und Gedenktagen des Herrn mit Ausnahme solcher seines Leidens; an den Festen und Gedenktagen der Jungfrau Maria, der Engel, der Heiligen, die nicht Märtyrer sind; am Fest Allerheiligen (1. November), Johannes des Täufers (24. Juni), Johannes des Evangelisten (27. Dezember), Kathedra Petri (22. Februar) und Pauli Bekehrung (25. Januar).
- **Rot**: für Palmsonntag und Karfreitag; an Pfingsten, an den Feiern des Leidens Christi, an den Festen der Apostel und Evangelisten und an den Feiern der Märtyrer.
- **Grün**: für Stundengebet und Messfeier in der Zeit im Jahreskreis.
- **Violett**: für Advents- und Fastenzeit. Man kann Violett auch bei der Liturgie für Verstorbene zum Chorgebet und zur Messe verwenden.
- **Schwarz** kann bei der Liturgie für Verstorbene verwendet werden.
- **Rosa** kann an Gaudete (3. Adventssonntag) und Laetare (4. Fastensonntag) verwendet werden.

Darüber hinaus wurde festgelegt:

- Die Bischofskonferenzen können geeignete Änderungen vornehmen, die den Erfordernissen und Bräuchen der einzelnen Völker Rechnung tragen; sie sind dem Apostolischen Stuhl vorzulegen.
- Zu festlichen Anlässen können wertvollere Paramente verwendet werden, auch wenn sie nicht der Tagesfarbe entsprechen.
- Die Messen [...] werden in der zugehörigen oder in weißer oder in festlicher Farbe gehalten, hingegen die Messen für besondere Anliegen in der Farbe des Tages oder der Zeit oder in violetter Farbe [...], die Votivmessen in der Farbe, die der betreffenden Messe entspricht, oder aber in der Farbe des Tages oder der Zeit.

Andere Quellen betonen andere Aspekte – alle indes heben Weiß als Farbe des Lichts hervor, die zu Hochfesten – Weihnachten, Ostern, Epiphanias/Erscheinung des Herrn/Dreikönigstag, Gründonnerstag, Fronleichnam, Allerheiligen, Christkönigsfest – in der römisch-katholischen (und Altkatholischen) Kirche getragen wird; der Sonntag nach Ostern heißt Weißer Sonntag; Silber sei die festliche Variante von Weiß, Gold die göttliche Version. Auch in der lutherischen bzw. evangelischen Kirche werde Weiß für hohe Christusfeste (Weihnachten, Sonntage nach dem Christfest, Epiphanias, Ostern mit Trinitatis, doch ohne Pfingsten) eingesetzt; bei Bestattungen darf der Priester eine weiße Stola tragen. Wird heute bei einer Totenmesse weiße Kleidung statt schwarzer getragen, dann unter der Prämisse spiritueller Wiedergeburt (wie schon bei Konfuzius). Weiß begleitet alle Christusfeste als Farbe der Reinheit, Unschuld, Freude und Vollkommenheit.

Rot als Farbe des Feuers und des Blutes steht für die feurige Herabkunft des Heiligen Geistes zu Pfingsten, doch auch für den Märtyrer- und Aposteltod. Sie begleitet Kirchenfeste wie Reformationstag, Konfirmation, Ordination und Kirchweih. Albanische, armenische und neugriechische Bräute schmücken sich bis heute mit roten Brautschleiern; und in China – fern vom Christentum – tragen Bräute rote Brautkleider und werden in roten Sänften zum Ort der Hochzeit gebracht.

Grün als Zeichen des Lebens, der Hoffnung und der Saat ist die Farbe der festfreien Zeit und Vorpassionszeit, so der Sonntage außerhalb von Weihnachts- und Osterzeit. Der letzte Donnerstag vor Ostern, Tag des letzten Abendmahls Christi mit seinen Jüngern, heißt Gründonnerstag. Warum? Es gibt mehrere Deutungsversuche. Die Bezeichnung könnte auf den Brauch zurückgehen, an dem Tag grünes Gemüse zu essen, was den Fastenregeln entspräche. Möglich ist auch, dass vor dem Missale Romanum *von 1570 die Farbe dieses Tages Grün war (seither Weiß) und folglich grüne Messgewänder getragen wurden. Auch die Anlehnung an den lateinischen dies viridium (Tag der Grünen, der von den Sünden Freigesprochenen und Büßer) ist denkbar, weil Büßer des Aschermittwochs an diesem Tag die Absolution erhielten und wieder grüne Zweige am Weinstock waren (vgl. Lukas 23,31), doch es scheint fragwürdig, da die lateinische Fügung erst seit dem 17. Jahrhundert nachweisbar ist.*

Violett – die Farbe der Reue, Buße und Besinnung – bezeugt die Sehnsucht nach Licht und neuem Leben; sie begleitet die Rüstzeiten vor den großen Festen: Advents- und Passionszeit, Buß- und Fastentage.

Mancherorts wird für Marienfeste das marianische Blau verwendet.

Näheres bei Herbert Vincon: Die Feste des Christentums. Woher sie kommen – wie sie gefeiert werden, Gütersloh 1998, *oder im Internet, zum Beispiel unter:*

- https://de.wikipedia.org/wiki/Liturgische_Farben
- https://www.ministrantenportal.de/wissen/gottesdienst/liturgische-farben.html
- http://www.kathpedia.com/index.php/Liturgische_Farben

Zwar unterscheiden sich die liturgischen Farben von Konfession zu Konfession, teilweise von Gemeinde zu Gemeinde, doch eigentlich reicht zur Übersicht der Link http://www.farbenundleben.de/kultur/religion_kultur.htm im Internet:

Übersicht: Die Farben im Kirchenjahr	
Blau	für Advent
Gold	für Heiligabend und den 1. Weihnachtstag
Weiß	für den Rest der Weihnachtszeit und Epiphanias
Lila/Violett	für die Fastenzeit von Aschermittwoch bis zum Tag vor Palmsonntag
Blutrot	für den Zeitraum Palmsonntag bis Gründonnerstag
Schwarz	für Karfreitag und Ostersamstag
Gold	für Ostersonntag
Weiß	für den Rest der Osterzeit bis Pfingsten
Feuerrot	für Pfingstsonntag
Grün	für alle anderen Tage im Jahr

Überlegenswert: die traditionellen Farben der sieben Erzengel einbeziehen! Allerdings sind es teils unsichere (Internet-)Quellen, die farbaffine Informationen dazu (neben dem jeweiligen Symbol des Engels oft auch Aussagen zu seiner Aura und zu den für ihn typischen Kristallen*) bereithalten. In der Bibel tauchen vorrangig drei Erzengel auf: Gabriel, Michael und Raphael; auch Uriel, Chamuel, Metatron (er soll der Patron der Indigokinder und der Kristallkinder sein) und Zadkiel werden häufig genannt, in anderen Quellen gibt es noch Barachiel, Jehudiel, Raguel, Remiel, Sariel und Sealtiel; insbesondere im Islam nimmt – neben den drei Erstgenannten – der Engel des Todes Azrael eine herausragende Position ein.*

Am besten lassen sich auch diese Angaben in einer Tabelle zeigen:

	Aura	***Kristall***	***Symbol***
Gabriel	*Weiß, Gold, Orange*	*Diamant, Bergkristall, Quarz*	*u. a. Weiß*
Michael	*Blau und Rot*	*Saphir*	*Blauer Lichtstrahl*
Raphael	*Grün, Türkis, Silber*	*grüner Malachit, Smaragd*	*Grüner Lichtstrahl*
Uriel	*Rot, Orange*	*Karneol, Jaspis, Bernstein, Granat*	*Roter Blitz*
Chamuel	*Pastellgrün, Zartrosa*	*Rosenquarz, Fluorit, Turmalin*	*Rosa Lichtstrahl*
Metatron	*Violett, Pink, Weißgold*	*Wassermelonen-Turmalin*	*Lichtstab*
Zadkiel	*Lila, Dunkelblau*	*Lapislazuli*	*Violette Flamme*

▼ LEONIE Das war weniger als gedacht. Die beiden können sich noch nicht darüber ausgetauscht haben, sonst wäre das Material schon bei Tante Alma gewesen. Und bestimmt hätte sie ihn gebeten, ebenso zu anderen großen Religionen zum Islam, zu Hinduismus, Buddhismus und Judentum – etwas zusammenzustellen. Ob er das nun für uns tun würde? Ich werde ihn fragen. – Ja, und auch was Tante Alma über den Dresdenbesuch notierte, find ich lesenswert, obwohl es noch keine Überschrift hat:

Schülerexkursion nach Dresden mit einem Besuch in der deutschlandweit einmaligen Farbstoffsammlung an der TU. Professor Horst Hartmann, seit 2002 Emeritus der Technischen Universität Dresden, bei Kennern als Herr der Farben bekannt, führte uns durch sein Reich und präsentierte seine Schätze.

Die ältesten Exponate stammen aus den 30er Jahren des 19. Jahrhunderts. Seither trugen Gelehrte, Techniker und Praktiker rund 500 Naturfarbstoffproben, fast 10.000 Handelsmuster synthetischer Farbstoffe (meist in Originalflaschen und -dosen aufbewahrt) und 800 Musterbücher und -karten (mit Textilien, Knöpfen, Seife, Garn etc. pp.) zusammen. Stolz und Leidenschaft für sein Fach sah man dem Chemiker deutlich an, als er mit wissendem Lächeln die Türen der alten Holzschränke öffnete und die Ahs und Ohs seiner Gäste wie eine Huldigung entgegennahm. Jedes Fläschchen, jedes Döschen, jedes Pröbchen und jedes Glas schien er persönlich zu kennen und eine Geschichte dazu. Was bekamen wir nicht alles zu sehen und zu hören! Zum Beispiel über das Schweinfurter Grün und über das vor über 200 Jahren erstmals von dem Berliner Farbfabrikanten Johann Jacob Diesbach hergestellte lichtechte Berliner Blau, das unter einem Dutzend weiterer Namen bekannt ist,[348] *oder über Indischgelb, von dem es heißt, man habe das Farbpigment bis Ende des 19. Jahrhunderts in Indien aus dem Urin von Kühen, die mit Mangoblättern gefüttert wurden, extrahiert.*[349]

Wir sahen ein vielfarbiges Indigomolekülmodell, blaue Lapislazulisteine[350] *aus Afghanistan, säuberlich beschriftete Gläser mit S(ch)malte,*[351] *Rotholz, Gelbholz, Blauholz, leere Gehäuse von Purpurschnecken, Färberwaid und Krapp, getrocknete Safran- und Kurkumapflanzen und zahllose andere Raritäten.*

Wir erfuhren, dass Friedrich August Köttig, Erfinder und Arkanist an der Königlichen Porzellanmanufaktur in Meißen, 1828 das Meißner Lasursteinblau erfand; das ab 1845 der Apotheker Wilhelm Ludwig Büchner in seiner Ultramarinfabrik in Pfungstadt produzierte. Schon 1838 begann Johannes Zeltner (der später, am 2. Juli 1877, als erstes deutsches Patent ein Verfahren zur Herstellung einer rothen Ultramarinfarbe *anmeldete), in seiner Ultramarinfabrik in Nürnberg mit der Produktion. Am Ende wussten wir auch, warum Ultramarin, ein schwefelhaltiges Aluminiumsilikat, so sündhaft teuer ist: Aus Lapislazuli hergestellt, wurde es auf dem Seeweg – daher der italienische Name azurro ultramarine – über Venedig nach Europa gebracht und in der Malerei nur sehr sparsam, so bei biblischen Darstellungen von Jesus Christus oder der Jungfrau Maria, eingesetzt. Nach einem Florentiner Rennaissancemaler heißt es auch Fra Angelico Blau. Das Farbpigment war so kostbar, dass Albrecht Dürer es mit Gold aufwog! Farb(stoff)namen wie Anilinviolett, Bismarckbraun, Fuchsin, Krapprot, Mauvein, Methylorange, Sepia, Ultramarin oder Zinnober hörten wir … und nahmen uns vor, das ein oder andere zu Hause zu googeln …*

Dann die Blausteine von Stonehenge! Das vulkanische Gestein aus Dolerit und Rhyolit kommt in der Nähe des Steinkreises nicht vor. Erst vor wenigen Jahren entdeckten Wissenschaftler vom University College London rund 200 Kilometer entfernt in Wales an der Nordseite der Preseli Hills an der Küste von Pembrokeshire zwei Steinbrüche, wo die Erbauer von Stonehenge die Blausteine brachen.

Seit 1926 in einem alten Backsteinbau untergebracht, wird die Dresdner Sammlung bis heute von der Forschung genutzt und interessierten Studenten oder Schülern gezeigt. Zudem gibt es wissenschaftliche Arbeiten (so die Dissertation des späteren Institutsdirektors Walter König aus dem Jahr 1904), Präparate aus 100 Jahren (1880 bis 1980) und vieles andere mehr. Wir wären gern länger geblieben, doch schon stand die nächste Führung – im Deutschen Hygiene-Museum – auf dem Plan.

▲ LEO Die Psycho-Notizen, ein irrer Wust! Und das meiste per Hand! Ehe ich da Ordnung reinbringe und einen lesbaren Text draus mache, das dauert. Es würde wenig nützen, sich ab und zu eine Stunde ranzusetzen, das braucht Zeit, um sich richtig darin zu vertiefen. Bestimmt muss ich viel nachschlagen, damit ich verstehe, worum es geht. Ich lege das erst mal zur Seite und mache mich über den Sport her, der scheint Tante Alma nicht so sehr interessiert zu haben, das Papierhäuflein ist überschaubar. Da fällt es mir leicht, noch eigene Gedanken einzubauen.

Königsblaue sind keine Adligen – die Greenfee wohnt nicht im Wald

Unsere Sportbegeisterung hält sich in Grenzen und zeigt sich im wirklichen Leben kaum, höchstens mal bei einer Fernsehsendung. Die betreffenden Zeitungsseiten überschlagen wir, falls nicht gerade eine Weltmeisterschaft ansteht, trotzdem ahnen wir: Über Farben schreiben wollen und dabei den Sport ignorieren, geht gar nicht. Also erkunden wir das unvertraute Terrain.

Manchmal springt uns allein bei flüchtigem Blättern eine Überschrift an, die eine deutliche Farbaffinität der Sportfans verrät. Mehrmals widerfuhr uns das während der Fußball-WM 2010. Am witzigsten fanden wir einen Bericht über das Vorrundenspiel England–USA am 13. Juni im Bafokeng-Stadion im südafrikanischen Rustenburg: Dem englischen Torwart Robert Green war es in der 40. Minute nicht gelungen, den Ausgleichstreffer von Clint Dempsey für die USA zum 1:1 zu verhindern, der Titel lautete Das grüne Grauen auf der Torlinie.[352] *Nach dem WM-Aus der Franzosen am 22. Juni 1:2 gegen Südafrika frotzelten viele französische Zeitungen am Tag danach* Allez le Bleus![353] *Aber gab es für die Gallier überhaupt eine Chance auf den Sieg? Welche Farbe hatten die Trikots der Gastgeber in diesem Match? Wir wissen es nicht, doch kann es immens wichtig gewesen sein – das wurde uns zwei Jahre später klar. Bei einer Sendung des TV-Morgenmagazins ging es um die Farbenlehre des Fußballs, exemplarisch dargelegt anhand des Dauerduells Frankreich–England. Nicht nur Platon, Newton und Goethe sowie viele andere befassten sich mit Farben und wollten ihre Wirkungen erforschen;*

auch Sportler und ihre Fans sind bewusst oder unbewusst Opfer des jeweiligen mehr oder weniger zufälligen Farbenspiels.[354] *Unsere Aufmerksamkeit für das Thema war geweckt, und bei der Klassenfahrt nach Görlitz – letzten Sommer, zur Zeit der Fußball-Europameisterschaft – fiel uns in der Herberge ein Artikel im Görlitzer Anzeiger auf, der das Problem analysierte. Er hieß* Farbenlehre auf dem Fußballfeld: Was Trikots dem Unterbewusstsein vermitteln[355] *und erklärte, dass England, Portugal, Spanien und die Türkei bei internationalen Treffen traditionell in Rot auflaufen – was der Gegner als bedrohlich wahrnehmen kann. Eine Studie an der Universität Durham stellte fest, die das einschüchternde Signal von Aggressivität aussendende Trikotfarbe verspräche am meisten Erfolg. Ergebnisse der englischen Fußballliga seit dem Zweiten Weltkrieg wären ein zweifelsfreier Beleg dafür; am schlechtesten abgeschnitten hätten Teams in orangefarbenen oder gelben Trikots. Das könnte auch für den FC München gelten, bei Borussia Dortmund wirkt eher das aus der Natur bekannte Hornissenprinzip. Eine andere Studie an der Universität Chichester untersuchte, ob beim Elfmeterschießen die Farbe des Torwarttrikots Einfluss auf die Treffsicherheit hat.*

Fußball, manchmal auch der amerikanische Football (ein Team trägt den Namen Green Bay Packers),[356] *wird jeden Montag im Lehrerzimmer diskutiert, sobald eine Pause oder Leerstunde gefüllt werden muss. Die wie wir gelangweilt sind, bilden eine Minderheit. Es muss aber mehr dran sein als nur die Maxime Brot und Spiele, denn zu den Stadiongängern und Sportschauguckern gehören auch kluge Zeitgenossen. Sollte man in Abwandlung von Marx sagen* Fußball wird zur spielerischen Gewalt, wenn er die Fans mitreißt? *Verbale Farbspielereien nehmen kein Ende, wenn* es um die Neuverteilung der Chancen auf dem Rasen nach dem Wochenende geht.

Bei dem Buch über Farben den Sport beiseite zu lassen, schien uns eine Zeitlang geraten – doch dann obsiegte die Realität über die eigene Befindlichkeit. Man stößt auf interessante Details, von denen Nicht-Sportfans keine Ahnung haben! Oder wissen Sie, woher die Redewendung von der Arschkarte kommt, die man in fast allen Lebensbereichen ziehen kann? Sie geht auf vorsintflutliche Zeiten zurück – ohne Farbfernsehen. Den Zuschauern sollte trotzdem sofort klar sein, ob der Schiri einem Übeltäter auf dem Feld für sein Foul die gelbe oder die rote Karte zeigte, deshalb zog er die harmlose gelbe oben links aus der Tasche seines Poloshirts, die katastrophale rote aus der Gesäßtasche rechts.

Die Trikotfarben der Mannschaften – meist zwei, auch drei oder vier – haben oft eine lange Tradition, die nicht selten im Vereinsnamen wiederkehrt. Auf den Sportseiten der Zeitungen oder im Fernsehen sieht und hört man nach Fußball-Wochenenden Formulierungen wie Königsblauer Jubel (falls Schalke 04 gewinnt) oder Schwarz-gelbes Debakel (wenn Borussia Dortmund verliert). Im April 2011 wurde der Sieg von Schalke 04 gegen Mailand im Halbfinale der Champions League als weißblauer Wahnsinn apostrophiert.[357] Die sensationelle Niederlage – 0:7 – von Werder Bremen gegen FC Bayern stufte die MZ als Ratlosigkeit in Grün-Weiß ein.[358]

Wie gesagt, viele (nicht alle) Fußballclubs tragen ihre Vereinsfarben im Namen, so Rot-Weiß Erfurt, Rot-Weiß Essen, Rot-Weiß Darmstadt und Rot-Weiß Koblenz. Auch der Topfavorit der Bundesliga Bayern München spielt in Rot-Weiß, ohne jedoch die Farbkombination im Namen zu führen; denn bei der Gründung im Jahr 1900 liefen die Herren noch in den bayerischen Na-

tionalfarben Blau-Weiß auf. Erst 1906, nach der Fusion mit dem Münchner Sportclub (MSC), übernahmen sie deren rot-weiße Trikots. – In den gleichen Farben spielt der Drittligist Hallescher Fußballclub HFC, sein Dauerrivale, der 1. FC Magdeburg, in Blau-Weiß; seit der Jahrtausendwende besteht unter dem Namen Blue Generation ein Ultrafanclub in Magdeburg.

Ein anderes Beispiel für rote Fußballclubs ist Red Bull Salzburg; in unserer Gegend wäre Roter Stern Leipzig '99 e. V. (RSL) zu nennen, ein 1999 von 20 alternativen Fußballfans im Leipziger Stadtteil Connewitz gegründeter Sportverein, ebenso die Roten Bullen, der Fußballverein RB Leipzig.

Nicht nur Trikots, auch Logos von Fußballclubs sind mit Farben verbunden und spiegeln häufig die Farben ihrer Stadt. Bemerkenswert: Nicht immer stimmen Logo und Trikot farblich überein, Hannover 96 mit dem schwarz-weiß-grünen Logo spielt zu Hause in Rot, auswärts in Schwarz. Warum? Hannover 96 war ursprünglich ein Arbeiterclub, die spielten in Deutschland alle in roten Trikots – während die Mehrzahl der Kaufsmannsclubs (zum Beispiel Arminia Bielefeld) in Blau antrat.

Wir haben mal die Logofarben der deutschen Bundesliga gegoogelt und bemerkt, etliche Farbkombinationen sind mehrfach anzutreffen. Beispiele: Blau-Weiß steht für den VfL Bochum (das Kürzel bedeutet Verein für Leibesübungen 1848), Hertha BSC und FC Schalke 04 (auch die Trikots sind blau), Blau-Weiß-Schwarz für Arminia Bielefeld und den Hamburger SV, Rot-Weiß für Energie Cottbus, den FSV Mainz und den 1. FC Nürnberg, Rot-Gelb-Weiß-Schwarz für Bayer Leverkusen, Rot-Weiß-Schwarz-Gelb für den VFB Stuttgart, Rot-Schwarz-Weiß für Eintracht Frankfurt (Trikots zu Hause Rot-Schwarz, auswärts Rot-Weiß), Schwarz-Gelb für Alemannia Aachen und Borussia Dortmund (beide fighten auch in schwarz-gelben Trikots), Schwarz-Weiß für Borussia Mönchen-Gladbach, Weiß-Grün für den SV Werder Bremen und den VfL Wolfsburg, Schwarz-Weiß-Grün für Hannover 96 (siehe oben).

Bei Europa- oder Weltmeisterschaften sind die Trikotfarben nicht vorher festgelegt, ebenso wenig bei nationalen oder internationalen Pokal-Derbys. So orakelte man im April 2012 im Morgenmagazin unter dem Motto Blau, Pink, Orange *über die Farben der Saison, in denen die deutsche Nationalmannschaft im Juli in London starten wird.*[359] *Später trat die DFB-Auswahl zu ersten Testspielen in grünen Trikots an, zur Europameisterschaft in London aber doch klassisch Schwarz-Weiß. Das Letzte, was uns auf dem Feld Fußball auffiel, ist ein Spitzname: Samurai Blue wird die japanische Fußballnationalmannschaft genannt, seit sie 1992 erstmals (weitere Male 2000, 2004 und 2011) die Asienmeisterschaft gewann.*

Neben Fußballclubs tragen Sportvereinigungen und Vereine anderer Sportarten ihre Farben vor sich her, an denen sie einander (er)kennen und bei Wettkämpfen auf dem Platz, in der Halle oder im Stadion leidenschaftlich oder friedvoll Farbe bekennen. Ein Sportverein mit über 100-jähriger Geschichte, der mehrere Um- und Neugründungen erlebte, ist der VfK Blau-Weiß Leipzig 1892 e. V.; VfK = Verein für Körperkultur; in der gegenwärtigen Form besteht er seit 1990 und bietet außer Fußball Schwimmen, Handball, Aerobic und Kraftsport an. Auch Tanz(sport)clubs sind, vor allem bei Wettkämpfen, an den Farben zu erkennen: Blau-Weiß in Berlin, Schwarz-Weiß in Nürnberg, Schwarz-Silber und Rot-Gold in Halle, Blau-Gold in Darmstadt und Leipzig, Rot-Weiß in Leipzig, Grün-Gold in Bremen, Erfurt, Görlitz und Heidelberg.

Weiß-Rot Nürnberg 1975 e. V. ist ein Schützenverein, Rot-Weiß Köln ein Tennis- und Hockeyverein; der ESV Blaue Teufel in Niederalbertsdorf e. V., Dorfteichliga Sachsen, spielt Eishockey, die Tennisfreunde Grün Weiß Fürth e. V. ... Doch auch die Fürther Fußballer vom SpVgg Greuther Fürth strahlen Grün-Weiß; als sie am 28. April 2012 (nach 854 Spielen in der unteren Liga) aus der zweiten in die Bundesliga aufstiegen, verkündete das TV-Morgenmagazin am Tag danach Die ganze Stadt feiert Grün-Weiß!

Die Zukunft in den Farben Grün und Weiß *überschrieb Gottfried Schalow im Oktober 2011 seinen Artikel über die geplante Fusion des halleschen Sportvereins (SV) mit dem Universitätssportverein (USV) zum Sportclub (SC) Halle in der Mitteldeutschen Zeitung und betonte, der neue Sportclub werde eine alte Tradition fortführen. Bereits am 30. Juni 1958 hatte es eine Fusion in der halleschen Sportlandschaft gegeben: Damals entstand aus dem SC Wissenschaft Halle und dem SC Chemie Halle-Leuna der Sportclub Chemie Halle mit den Vereinsfarben Grün und Weiß ...*[360]

Sportbegeisterte Hallenser sind auch die Radler, darum möchten wir ein paar Worte zu zwei internationalen Radsportevents verlieren: zur Tour de France, dem seit 1903 jährlich stattfindenden (unterbrochen nur 1915–1918 und 1940–1946), berühmtesten Radrennen der Welt, und zum Course de la Paix, der jedes Jahr im Mai ausgetragenen Internationale Friedensfahrt, von 1948 resp. 1952 bis 1989/90 das bedeutendste Amateurradrennen der Welt, das bis 2006 fortbestand, dann mangels Sponsoren entfiel. Bei beiden wurden täglich bestimmte Trikots vergeben, die den Zuschauern an der Strecke und im Fernsehen signalisierten, wer die Besten waren. Bei der Tour de France trägt der Führende *in der Gesamtwertung stets ein Gelbes Trikot (maillot jaune), den punktbesten Fahrer markiert (Neuerung 1953) ein Grünes Trikot (maillot vert), der bei Bergwertungen Beste erhält seit 1975 ein Gepunktetes Trikot (maillot á pois rouge) mit roten Punkten auf weißem Grund, der beste Jungprofi (< 25 Jahre) ein Weißes Trikot (maillot blanc). Bei der Friedensfahrt wurden grüne, gelbe, blaue, rosa, violette, weiße und gepunktete Trikots für Einzel-, Mannschafts- und Bergwertungen, für Vielseitigkeit, Sprints usw. usf. vergeben, allerdings nicht alle zu jeder Zeit.*[361]

Schwul-lesbische Sportvereine setzen gern auf Regenbogenfarben, die Saaleperlen aus Halle (einziger Verein dieser Art in Sachsen-Anhalt) seit Pfingsten 2010.[362]

Ein kleiner Blick über den Großen Teich zeigt: In der Eastern Division der American League spielen die Boston Red Sox aus Massachusetts, eine Mannschaft aus der wirtschaftlich stärksten Profiliga, der US-amerikanischen Major-League-Baseball (MBL). Auch im Golfsport gibt es eine Major-League: Jährlich werden vier Majors ausgetragen, eins in Großbritannien, drei in den USA. Das älteste ist seit 1860 The Open Championship oder British Open, das jüngste seit 1934 das US Masters des Augusta National Golf Clubs in Georgia. Wer nicht dem ausrichtenden Club angehört und dabei sein will, muss eine Extra-Gebühr entrichten, die (anders als der reguläre Golfclubmitgliedsbeitrag Range Fee) Greenfee heißt. Seit 1949 erhält der Sieger ein Green Jacket – in der Farbe Masters Green – und lebenslanges Teilnahmerecht.[363]

▲ LEO Das ging schneller als ich dachte. Da sie schon bei Vereinsfarben war, hätte Tante Alma auch Studenten einbeziehen können, deren Erkennungszeichen in erster Linie in den Farben der einzelnen Verbindungen besteht. Nach der Wende hat das

Corpswesen in den neuen Ländern, wo man vorher kaum wusste, was das ist, wieder Fuß gefasst. Mich hat das nie interessiert, doch ich weiß, auch an unserer Fakultät gab es Corpsstudenten. Ein Mitglied im Corps Palaiomarchia, das seit 1844 besteht, wollte mir das mal näher erläutern. Ich sagte ihm gleich, dass er an der falschen Adresse ist, habe mich aber doch ein bisschen schlau gemacht und staunte, wie viele Studentenverbindungen, jede mit eigenen Farben, allein in Halle existieren – deutschlandweit sind sie nicht zu zählen. Bänder und Mützen der Palaiomarchia sind orange-weiß-schwarz, die des älteren Corps Borussia Halle (seit 1836) schwarz-weiß-schwarz und die der 1789 gegründeten Guestphalia Halle grün-weiß-schwarz. Alle drei sind schlagende Verbindungen: Ihre Mitglieder finden es toll, wenn einer den anderen blutig haut. Ein nichtschlagendes Corps ist der Hallenser Wingolf, genauso alt wie die Palaiomarchia. Ich habe das alles mal gegoogelt und bin dabei auf so komische Sachen gestoßen wie die Bier-, Wein-, Sekt- und Schnapszipfel, die in sind als Freundschaftssymbol, Geschenk oder Tauschobjekt.[364] Studentische Korporationen sind (fast) nur Männersache, da ist es klar, dass wir bei Tante Alma dazu nichts fanden, ebenso wenig wie zu den Farben von Freimaurerlogen und Schlaraffenreichen in aller Welt.

Aber die für einzelne Fakultäten typischen universitären Farben hätte sie aufnehmen sollen. Zu Tante Almas Studienzeit war seit der sogenannten III. Hochschulreform 1968 das Tragen der Talare und Barette aus Samt und feinem Tuch, teils mit Brokat bestickt oder mit Hermelin besetzt, verboten und als bürgerliches Relikt diffamiert. Erst nach der Wende wurde die akademische Tradition an ostdeutschen Unis wieder up to date. Nach der seit dem Mittelalter de facto an allen Universitäten geltenden akademischen Kleiderordnung sind die Farben: Schwarz für Theologen, Scharlachrot für Juristen, Purpurrot für Mediziner, Violett für Philosophen;[365] später kamen, variierend von Universität zu Universität, mit der Gründung neuer Fakultäten neue Farben hinzu, in Halle Grün für Landwirte und Blau für Naturwissenschaftler, in Göttingen Gelbbraun für Mathematiker und Naturwissenschaftler, Königsblau für Wirtschafts- und Sozialwissenschaftler, Grün für Forstwirte und -wissenschaftler, für Landwirte Grau. Geblieben ist, dass man Talare nur zu besonderen Anlässen wie Investitur oder Universitätsjubiläen oder am Reformationstag trägt. Vor zwei oder drei Jahren waren wir zum Reformationstag mit Freunden in Wittenberg. Ein Höhepunkt des Spektakels war der von Rektor und Kustos angeführte Marsch des Senats der Universität Halle-Wittenberg in historischen Talaren vom Rathaus bis zur Leucorea. Man fühlte sich in vergangene Zeiten versetzt, zumal auf dem Markt mittelalterliches Treiben herrschte; herrlichster Sonnenschein ließ uns kaum glauben, dass es der letzte Oktobertag war. Der Festzug macht jedem Karnevalszug Konkurrenz (auch das wäre ein Thema, doch es reicht auch so). Ich sehe lieber schnell die Psycho-Blätter durch, vielleicht schaffe ich das, bis Leonie nach Hause kommt.

Naive Farbauswahl oder Psychoterror pur? oder: Zwischen Selbstbestimmung und Manipulation

Fast jeder Mensch hat Lieblingsfarben und solche, die er weniger oder gar nicht mag. Ob er drüber nachdenkt oder nicht, sein Bauchgefühl (oft wird es ignoriert) schert sich um Modetrends und Expertenmeinungen nicht. Daran ist häufig und mit Absicht die Modebranche Schuld. Das allein erklärt indes nicht alles – sonst gäbe es keine Unmengen von Farbfachbüchern und Ratgeberliteratur, die uns belehren wollen, welche Farben wir mögen oder meiden sollen, wie sie wirken und warum, was wir, wenn andere sie tragen, daran erkennen können, wie sie unsere Umgebung oder die Wahrnehmung derselben beeinflussen, weshalb sie für vieles verantwortlich sind. Ebenso macht sich die Medizin Farbempfindungen und -wirkungen zunutze, obgleich es kein komplexes Farbheilsystem gibt. Interessantes zur Chromotherapie bietet der Link www.paradisi.de/Wellness/Entspannung/Farbtherapie/. Von Werbung blieben wir auch da nicht verschont, einiges kam uns sogar alltagstauglich vor.

Was die Farbpräferenzen der Deutschen angeht, zeigen Erhebungen des Instituts für Demoskopie Allensbach: Blau ist unschlagbar! Für 40 Prozent der Befragten war die Lieblingsfarbe Blau; es folgten Rot mit 19, Grün mit 18 und Schwarz mit 16 Prozent. Abgeschlagen Gelb mit elf und Weiß mit acht Prozent. Orange, Braun und Lila kommen nur auf sechs Prozent.[366] *Zwar schwankt die Beliebtheit der Farben temporär und regional, doch gewisse Grundtendenzen bleiben gleich. Blau nimmt selbst in China, wo Rot, Gelb und Grün als Glücksfarben gelten, den Spit-*

zenplatz ein. In der Kleidung wird weltweit Schwarz präferiert. Bei einem Farbkongress 1998 in Oslo waren wie auf Verabredung alle Personen auf dem Podium schwarz gekleidet – von Schwarz als Stammestracht der Intellektuellen ist die Rede.[367] *Hauptmotive dürften die Ideen von Abgrenzung, Verweigerung und Anti-Mode sein: An die Stelle kurzlebiger Farben der Saison tritt zeitlos-ewiges Schwarz. Die Vorliebe für Schwarz, in der Tat vor allem bei Intellektuellen, reicht bis ins 19. Jahrhunderts zurück, und vermutlich beeinflusste das Schwarz der Kleriker den Trend zum elitären Schwarz – bereits bei den Mönchsorden galt jedwede Form von Bunt als innerweltlicher Weg ohne höheres Ziel, die Abkehr von der Buntheit alles Weltlichen dagegen beförderte die Spiritualität. Somit stellt Schwarz eine Absage an persönlichen Luxus dar – an seine Stelle tritt Schlichtheit, Disziplin, Strenge, Würde und Intellekt, je nach Kontext auch Trauer, Verlust, Widerstand oder Protest. Zudem verleiht es Sicherheit: Wer Schwarz trägt, läuft kaum Gefahr, zurückgewiesen zu werden.*

Unter der Überschrift Unbewusst wählen wir die richtige Farbe. Wie Farben wirken *fasste Eva Schiwarth für lifeline DAS GESUNDHEITSPORTAL einige Grundsätze für den Umgang mit Farben zusammen, die unter dem Link https://www.lifeline.de/leben-und-familie/life-balance/wie-farben-wirken-id32470.html nachzulesen sind. Vieles wussten wir, anderes war uns neu oder weckte Widerspruch, zum Beispiel, dass Gelb gute Laune macht und ideal für Büros oder Arbeitszimmer sei. Bei der Aussage, Grün eigne sich als Erste Hilfe gegen Stress, gehen wir mit. Lebendige Pflanzen empfinden wir als angenehm. Auffallend ist, dass die Autorin neben Schwarz und Weiß Silber in ihre Skala der Farbwirkungen einbezieht, Gold nicht. Was unter dem Slogan* Der erste Eindruck zählt *in punkto Kleidung vermittelt wird, er-*

innerte uns an Zeitungshoroskope: Ein bisschen was Wahres ist immer dran …

Eine Fülle mehr oder minder zutreffender Informationen zum Umgang mit Farben und ihren Wirkungen – Stichworte: Kleidung, Esotherik, Kultur & Religion, Lust & Liebe, Blumen & Garten, Webdesign und Feng Shui – fanden wir unter dem Link http://www.farbenundleben.de/kultur/religion_kultur.htm.

Einer, der sich früh für Farben und Farbmischungen interessierte, war Aristoteles: mit einer linearen Farbskala, die (Tageszeiten zugeordnet) die Farben Weiß, Gelb, Rot, Violett, Grün, Blau und Schwarz enthielt – und, ohne Violett, mit der Basispalette von Leonardo da Vinci (der als Erster den Unterschied zwischen primären Grundfarben und sekundären Farben erkannte) identisch ist. Bestimmt gab es damals schon alles, was heute als Alabasterweiß, Albinoweiß, Altweiß, Aluminiumweiß, Atlasweiß, Birkenweiß, Bleiweiß, Blütenweiß, Brillantweiß, Chinesischweiß, Cremeweiß, Ecru, Eierschale, Flüsterweiß, Griechischweiß, Kalkweiß, Käseweiß, Kreideweiß, Marmorweiß, Milchweiß, Naturweiß, Navajoweiß, Neonweiß, Perl(mutt)weiß, Pergamentweiß, Puderweiß, Reinweiß, Rutilweiß, Schlohweiß, Schneeweiß, Silberweiß, Wachsweiß, Wollweiß oder Zartweiß, als Beige, Göttergelb, Honiggelb, Quittegelb, Safrangelb, Saharagelb, Sandfarben, Senffarben oder Sonnengelb, als Kohl(Raben)schwarz, Pech- oder Tiefschwarz bezeichnet wird, doch keiner kam auf die Idee, die Farben so zu nennen. Hier eine Auswahl von Gelehrten, die das Phänomen Farbe und seine Wirkungen ergründen wollten.[368]

- ***Athanasius Kirchner*** *(1602–1680), Jesuit aus Geisa nahe bei Fulda, lebte und lehrte am Collegium Romanum in Rom. In* Ars magna lucis et umbrae *griff er 1646 unter anderem Fra-*

gen aus Botanik und Zoologie, Astronomie und Astrologie, aus der Medizin und aus der Farbenlehre auf. Er erläuterte sein Farbspektrum, das außer Schwarz und Weiß meist nur Gelb, Rot und Blau enthielt, anhand geometrischer Figuren von eigenartiger Schönheit und Eleganz.

- ***Sir Isaac Newton** (1642–1726), einer der berühmtesten englischen Naturforscher, veröffentlichte in der zweitältesten Fachzeitschrift der Welt, den 1665 begründeten Philosophical Transactions of the Royal Society, 1672 seine* New Theory about Light and Colours, *eine Theorie über Licht und Farbe. Sein Hauptwerk –* Opticks or a treatise of the reflections, refractions, inflections and colours of light (Optik oder eine Abhandlung über die Reflexion, Brechung, Krümmung und die Farben des Lichtes) *– erschien 1704. Die sieben Spektralfarben sah er analog zu den sieben hörbaren Tönen der dorischen Tonleiter und ordnete sie als Erster kreisförmig an.*
- ***Richard Waller** (um 1650–1715), englischer Naturforscher, Mitglied der Royal Society, lange ihr Sekretär und Ratsmitglied, publizierte in den Philosophical Transactions of the Royal Society 1685 einen neunseitigen* Katalog der einfachen und gemischten Farben (A Catalogue of Simple and Mixt Colours, with a Specimen of Each Colour Prefixt to Its Proper Name) *mit seinem Farbquadrat aus den Farben Gelb, Rot, Blau und Grün.*
- ***Louis-Betrand Castel** (1688–1757), französischer Jesuit und Mathematiker, seit 1730 Mitglied der Londoner Royal Society, brachte 1740* L'Optique des Couleurs *heraus; 1747 erschien das Werk in Halle auf Deutsch:* Die auf lauter Erfahrung gegründete Farben-Optik. *Darin stellte er seinen zwölfteiligen Farbenkreis und das ab 1725 theoretisch entwickelte Augen-*

klavier vor; Castel kombinierte optische mit akustischen Effekten; jeder Note der chromatischen Tonleiter ordnete er eine Farbe zu: Do = blau; Do# = hellgrün; Ré = grün; Ré# = oliv; Mi = gelb; Fa = fauve; Fa# = inkarnat; Sol = rot; Sol# = rosa; La = violett; La# = achat (braun); Si = grau; Do = blau. Er war der erste Synästhesist, Vorläufer des Prometheus *von Alexander Skrjabin, von Kandinskys Bühnenkompositionen und der Farboper* Violett, *von Versuchen weiterer Künstler und der 2010 bei einer Konferenz im halleschen Volkspark vorgestellten Farb-Licht-Klaviatur sowie dem 2015 zum Internationalen Jahr des Lichts präsentierten Farblichtflügel.*[369]

- ***Tobias Mayer** (1723–1762), als Astronom, Geograph, Kartograph, Mathematiker und Physiker anerkannter Gelehrter seiner Zeit, war Autodidakt. Sein Farbendreieck mit den Grundfarben Zinnober, Königsgelb und Bergblau wurde erst posthum 1775 von Georg Christoph Lichtenberg in Göttingen publiziert. Mayer hatte schon 1758 versucht, die Zahl der Farben, die das menschliche Auge unterscheiden kann, zu bestimmen; Weiß und Schwarz benannte er als Vertreter von Licht und Finsternis.*
- ***Johann Heinrich Lambert** (1728–1777), Schweizer Mathematiker aus dem Elsass, Physiker, Philosoph der Aufklärungszeit, Mitglied der Göttinger Gesellschaft der Wissenschaften, entwickelte als Erster ein dreidimensionales Farbsystem, das später Lambertsche Farbenpyramide hieß.*[370] *107 Farben ordnete er in einer siebenstufigen Pyramide an, Weiß an ihrer Spitze, die Unterkante zeigte zum Vergleich zwölf häufig gebrauchte Malerfarben, denen Lambert folgende Namen gab: Neapolitanisches Gelb, Königsgelb/Aurum, Rauchgelb, Bergblau, S(ch)malte, Indigo, Lampenschwarz, Saftgrün, Berg-*

grün, Grünspan, Zinnober und Florentinerlack. Der Sinn: Die praxisorientierte Pyramide sollte (Textil-)Händlern, Färbern, Malern, Druckern und Kunden den Umgang mit Farben und die Farbauswahl erleichtern. 1772 veröffentlichte Lambert seine Erkenntnisse in Berlin, als Beschreibung einer mit Calauischem Wachse ausgemalten Farben-Pyramide, wo die Mischung jeder Farbe aus weiß und drey Grundfarben angeordnet, dargelegt und derselben Berechnung und vielfacher Gebrauch gewiesen wird.

- ***Johann Ignaz Schiffermüller*** *(1727–1806), österreichischer Theologe, Professor für Zivil- und Militärarchitektur, Schmetterlingskundler und Zoologe, publizierte 1772 in Wien den* Versuch eines Farbsystems. *Auf 82 Seiten stellte er einen Farbenkreis vor, der von den Farben Rot, Blau, Grün und Gelb ausgeht und in drei mal vier, mithin zwölf Segmente eingeteilt ist. Unter den Nebenfarben fehlen Orange und Violett, die Schiffermüller nicht kräftig genug erschienen. Sein Farbenkreis ist mit zum Teil phantasievollen Namen versehen: Blau, Meergrün, Grün, Olivengrün, Gelb, Oraniengelb, Feuerroth, Roth, Karmasinroth, Veilenroth, Veilenblau und Feuerblau.*
- ***Johann Wolfgang Goethe*** *(1749–1832) arbeitete seit 1791 fast zwei Jahrzehnte lang an seiner Farbenlehre – die ihm (trotz mancher, ihm nicht bewusster Irrtümer) im Alter wichtiger schien als sein dichterisches Werk! Neben Wissenschaft und Historie – so Darlegungen, die sich explizit gegen Newtons Farbenlehre richteten*[371] *– spielt eine emotionale Komponente mit, wie schon seine Notizen Ende 1777 zeigen:* Auf einer Harzreise im Winter stieg ich gegen Abend vom Brocken herunter, die weiten Flächen auf- und abwärts waren beschneit, die Heide von Schnee bedeckt, alle zerstreut stehenden Bäume und

vorragenden Klippen, auch alle Baum- und Felsenmassen völlig bereift, die Sonne senkte sich eben gegen die Oderteiche hinunter. / Waren den Tag über, bei dem gelblichen Ton des Schnees, schon leise violette Schatten bemerklich gewesen, so mußte man sie nun für hochblau ansprechen, als ein gesteigertes Gelb von den beleuchteten Teilen widerschien. Als aber die Sonne sich endlich ihrem Niedergang näherte und ihr durch die stärkeren Dünste höchst gemäßigter Strahl die ganze, mich umgebende Welt mit der schönsten Purpurfarbe überzog, da verwandelte sich die Schattenfarbe in ein Grün, das nach seiner Klarheit einem Meergrün, nach seiner Schönheit einem Smaragdgrün verglichen werden konnte.[372]

1810 erschien, mit 17 Farbtafeln, sein Werk Zur Farbenlehre. *Dem Dichter, der als Erster zwischen warmen und kalten (und lauen) Farben unterschied, waren auch Peter Paul Rubens' Illustrationen zum Lehrbuch der physiologischen Optik (mit Passagen zur Farbenlehre) vertraut, das der belgische Jesuit, Mathematiker und Physiker Franciscus Aguilonius 1613 verfasst hatte; er kannte die Farbenkugel von Philipp Otto Runge – sah aber die Ähnlichkeiten zwischen beiden nicht. Zum Runge'schen System notierte er* Ganz neuerlich hat Philipp Otto Runge […] die Abstufung der Farben und ihr Abschattieren gegen Hell und Dunkel auf einer Kugel dargestellt, und wie wir glauben, diese Art von Bemühung völlig abgeschlossen.[373] *Goethes eigene* Tafeln zur Farbenlehre und deren Erklärungen *erschienen fast 200 Jahre später als Sonderausgabe im Inselverlag mit Jürgen Tellers Nachwort:* Der Weg zur Unendlichkeit der Farben in den Grenzen der exakten sinnlichen Phantasie.

- ***Philipp Otto Runge*** *(1777–1810) zählt wie Caspar David Friedrich (1774–1640) zu den bedeutendsten Malern der Frühromantik. Eins seiner schönsten Bilder heißt* Pauline im grünen Kleid: *1805 hatte er seine Frau Pauline Susanna gemalt. Runges Geburtshaus in Wolgast*[374] *ist ein Museum. Er war Maler und Dichter. Außer Versen schrieb er zwei Märchen in Plattdeutsch für die Sammlung der Gebrüder Grimm:* Van den Machandelboom *und* Van den Fischer un siine Fru. *Günter Grass wurde davon zum Roman* Der Butt[375] *inspiriert, einer kaschubischen Menschheitsgeschichte vom Neolithikum bis kurz vor Solidarnošč, in der die gierige Fischersfrau Ilsebill als Köchin eine ganz andere Bewertung als im Märchen erfährt. Im Museum gibt es eine virtuell begehbare Computerinstallation von Runges Farbenkugel, seinem synästhetischen Traum vom Gesamtkunstwerk aus Malerei, Musik, Dichtung und Architektur. Das dazu 1810 in Hamburg erschienene Werk nannte er in extenso:* Farben-Kugel; oder, Construction des Verhältnisses aller Mischungen der Farben zu einander, und ihrer vollständigen Affinität, mit angehängtem Versuch einer Ableitung der Harmonie in den Zusammenstellungen der Farben. Nebst einer Abhandlung über die Bedeutung der Farben in der Natur, von Hrn. Prof. Henrik Steffens in Halle.
- ***Christian Friedrich Prange*** *(1752–1836), Philosoph, Jurist, Experte für bildende Künste, wirkte von 1787 bis 1836 an der Alma Mater Halensis als Professor der Weltweisheit (Philosophie) und der zeichnenden Künste. Er war Gründer und Leiter einer 1791 in Halle errichteten Königlichen Provinzial-Kunstschule und seit 1786 Ehrenmitglied der Preußischen Akademie der Künste in Berlin. Seine publizistischen Aktivitäten waren immens. 1782 erschien in zweiter Auflage*

Die Schule der Mahlerey … Nebst einem Anhang Von der Kunst in drey Stunden ein Mahler zu werden, und die Werke der berühmtesten Meister in Farben zu setzen, ohne die Zeichnungskunst erlernt zu haben *und im gleichen Jahr sein zweibändiges Farblexikon* Christian Friedrich Prangens der Weltweisheit und freyen Künste Magister Farbenlexicon, worin die möglichsten Farben der Natur nicht nur nach ihren Eigenschaften, Benennungen, Verhältnissen und Zusammensetzungen, sondern auch durch die wirkliche Ausmahlung enthalten sind. Zum Gebrauch für Naturforscher, Mahler, Fabrikanten, Künstler und übrigen Handwerker, welche mit Farben umgehen. Mit 48 illuminirten Tafeln und einer großen Landschaft. *Er wollte eine umfassende Farbenmustercharte und ein standardisiertes Referenzsystem schaffen, indem er alle Farbtöne der Natur mit individuellen Nummern und Namen versah und für jede der 4608 Nuancen*[376] *das Mischverhältnis der empfohlenen Farbpigmente und einen deutschen Namen angab. Viele seiner Farbbenennungen waren allgemein bekannt, so Colombin- und Incarnatfarbe, Seladongrün, Mordore-, Tombak- und Zimmtbraun. Andere – wie Ameisenfarbig, Atlasroth, Ligustergrün, Tiegergelb, Tompfaffenroth, Wanzenbraun – waren selten oder wurden lediglich von ihm gebraucht.*

- ***Wilhelm Maximilian Wundt** (1832–1920), Gründer des weltweit ersten Instituts für experimentelle Psychologie an der Alma Mater Lipsiensis, befasste sich mit Wahrnehmungsforschung und ordnete Lichtempfindungen (inkl. Farbensehen) den psychischen Elementen zu. Er entwickelte zwei verschiedene Farbsysteme – 1874 die Farbenkugel, 1893 den Farbenkegel – und stellte sie in seinen Vorlesungen vor.*

- ***Hermann Ebbinghaus** (1850–1909) beschäftigte sich als Psychologe intensiv mit Gedächtnisforschung; schon vor über 100 Jahren untersuchte er, welche Faktoren Lernerfolge von Schülern beeinflussen können. Auf der Basis der Farbenlehre von Ewald Hering erstellte er 1902 ein Doppelpyramiden-Farbsystem; nach Professuren in Berlin und Breslau lehrte er ab 1905 an der Alma Mater Halensis.*
- ***Wilhelm Ostwald** (1853–1932), deutsch-baltischer Chemiker und Begründer der Physikalischen Chemie, war Professor am Polytechnikum Riga, ehe er 1887 dem Ruf an die Universität Leipzig folgte, 1909 erhielt er den Nobelpreis für Chemie; er war als Maler tätig und erdachte eine im Gegensatz zur traditionellen Ästhetik stehende Schönheitslehre, die er nach der griechischen Wortwurzel Kálik nannte; 1917 veröffentlichte er* Die Farbfibel. Mit 10 Zeichnungen und 252 Farben *(bis 1930 in 14 Auflagen), 1918* Die Farbenlehre. Erstes Buch: Mathematische Farbenlehre *und 1919* Die Farbenlehre. Zweites Buch: Physikalische Farbenlehre. *Ziel seiner Farbforschungen war, neben dem Nutzen für die Praxis, Harmonie; Modell seiner Farbsystematik war der aus einem Farbenkreis erwachsende Ostwald'sche Doppelkegel. Dieser Farbkreis ist in 24 Segmente (Vollfarben) eingeteilt, die aus den vier Urfarben Gelb, Rot, Blau und Seegrün entspringen, so dass der Doppelkegel insgesamt 680 Farbmuster umfasst.*[377] *1921 trat Ostwald am letzten Kongresstag der 9. Jahresversammlung des Deutschen Werkbunds (zugleich der Erste Deutsche Farbentag), in Stuttgart mit dem umstrittenen Vortrag* Die Grundlagen der Farbkunde und der Farbkunst *auf. Ein Jahr später stimmte der Erste Deutsche Lehrer-Farbentag in Dresden der Ostwald'schen Farbnormung vorbehaltlos zu.*

▲ LEO: Wilhelm Ostwald! Großbothen! Das ist verrückt! Wenn Leonie kommt, muss ich es ihr gleich erzählen! Ohne diesen Leipziger Professor wären wir jetzt nicht hier. Es war nämlich ein Symposium in Großbothen, wo wir uns kennenlernten: Leonie als Architekturstudentin, ich mitten im Informatikstudium. Hier wie da hatten wir die Info am Schwarzen Brett gesehen und gedacht, das ist interessant … Doch von den wissenschaftlichen Vorträgen kriegten wir nur wenig mit, in der ersten Kaffeepause traf uns der Blitz! Und dann war der Park viel verlockender als der Sitzungssaal …

* * *

▼ LEONIE: Das ist unglaublich! Eben rief Leo an: Im Psycho-Kapitel ist er auf Wilhelm Ostwald und seine Farbenlehre gestoßen! Da hätt ich gleich Lust, am Wochenende hinzufahren und den Park im Frühling zu erleben. Damals war Herbst und ein wunderschöner Tag. Nicht auszudenken, wenn einer von uns beiden nicht dort gewesen wäre! Drei Wochen später hatten wir überlegt, zur *FARBINFO '03* in Mannheim zu fahren, um das in Großbothen mit Freuden Versäumte nachzuholen … Den Zufall wollen wir feiern. Ich glaub, im Kühlschrank ist noch eine Miniflasche Sekt.

Wir könnten viele weitere aufzählen, die das Phänomen Farbe erforscht und ihre Erkenntnisse publik gemacht haben, etwa Hermann von Helmholtz' gebogenes Spektralfarbendiagramm, James Clerck Maxwell und sein Farbmischungsdreieck, Ewald Herings antagonistische Lichtarten oder Alfred Hickethier mit seinem Würfel der 1.000 Farben. Auch ein prominenter Vertreter des

Bauhauses in Weimar, Johannes Itten, entwickelte eine Farbtypenlehre und bezog sie in Vorlesungen und Praktika ein. Erstes Ergebnis war 1921 die Publikation seines Vorkurses zur Analyse alter Maler; 40 Jahre später erschien seine Kunst der Farbe, in der es um die Zuordnung von Farben zu Formen (und umgekehrt) geht[378] und um seine Theorie der Farbkontraste.[379] Ittens zwölfteiliger Farbkreis enthält drei Grundfarben – Blau, Gelb und Rot –, die er Farben erster Ordnung nennt, und drei Mischfarben – Grün, Orange und Violett –, seine Farben zweiter Ordnung. Werden je zwei Farben erster und zweiter Ordnung gemischt, ergibt das sechs Farben dritter Ordnung.

Auffällig ist, dass es häufig Psychologen sind, die Farben analysieren, so auch der Schweizer Psychoanalytiker Ernst Aeppli (1892–1952), ein Schüler von Carl Gustav Jung, der sich mit der Bedeutung von Farben und Symbolen im Traum befasst hat.[380] Der Kulturwissenschaftler und Farbpsychologe Harald Braem schrieb viele Bücher; das bekannteste ist sein Standardwerk Die Macht der Farben, das man lesen muss, wenn man über Farben mitreden will. Zum Beispiel erfährt man: Grün ist die erste Farbe der Welt! und Affen sehen so wie wir: Rot bedeutet Gefahr, Blut und Gewalt.

Der Psychologe Karl Ryberg, der Lichtbiologie in England und Russland studierte, gründete in Stockholm ein Institut für Farbtherapie und arbeitet seit 30 Jahren mit Lichttherapie. An Schulen und in Unternehmen bietet er Kurse an; er schrieb Bücher über gesundes Licht und ist ein anerkannter Referent. Er weiß, dass Farbtherapie in der Wiege beginnt: Hellblau beruhigt, Rosa stimuliert.

Die Farbenlehre des Dozenten und Grafikers Harald Liebedank Küppers (Gegner von Ittens Farbtypenlehre) widerspricht *teils der gängigen Meinung der Wissenschaft. Seit 1972 brachte er knapp ein Dutzend Fach- und Sachbücher zum Thema Farbe heraus. Er teilt die Welt der Farben in drei Urfarben ein: Orangerot, Grün, Violettblau, die auf den Empfindungskräften des Sehorgans basieren. Daraus ergeben sich acht nicht durch Mischung herstellbare Grundfarben: Weiß, Gelb, Magentarot, Cyanblau, Orangerot, Grün, Violettblau und Schwarz. Durch Mischung könne aus den sechs bunten Grundfarben und den unbunten Grundfarben Schwarz und Weiß jeder beliebige Farbton entstehen. Ein Rhomboeder symbolisiert sein Farbsystem.*

In diese unvollständige Reihe gehört auch der Psychotherapeut Max Lüscher aus der Schweiz. Mit der Arbeit Die Farbe als psychodiagnostisches Hilfsmittel *wurde er 1949 an der Universität Basel promoviert. Schon 1947 entwickelte er einen farbbasierten Persönlichkeitstest und stellte auf dem Weltkongress für Psychologie in Lausanne dessen Grundidee vor: Relevante Charaktereigenschaften der Probanden lassen sich aus der Vorliebe für bestimmte Farben ableiten. Im Internet bietet er einen Selbsttest an: http://www.colourtest.ue-foundation.org/kolory/kolor-index-d.php.*

▲ LEO: Ich habe das eben gemacht, aber nicht meine Lieblingsfarben eingegeben, sondern Leonies Favoriten: in der ersten Reihe Terrakotta, Orange und Rot, in der zweiten Türkis, Violett und Dunkelblau. Das Resultat war seltsam: *Steht in letzter Zeit unter dem Druck von Hindernissen und unzumutbaren Belastungen. Möchte keine weiteren Herausforderungen mehr verkraften müssen [...] Sehnt sich nach friedlicher, erholsamer Behaglichkeit und braucht schonungsvolle Rücksichtnahme [...] Möchte Gefühle der eigenen Isoliertheit und Einsamkeit vermeiden. Wünscht sich zu den Menschen, die als Partner wichtig sind, anregende, aber sorgenfreie und konfliktlose Beziehungen. Möchte jetzt von Belastungen verschont bleiben, die bei einer starken Bindung und eigenen Abhängigkeit entstehen würden …* Mehr war da nicht zu erfahren, dann kam der Werbeblock: *Wenn Sie nun die vollständige Lüscher Farb-Diagnostik mit einer 5-seitigen genauen persönlichen Auswertung durch Prof. Max Lüscher selbst erwerben wollen, gehen Sie bitte auf unsere Einkaufsseite mit Produkten für das Wohlbefinden, um dort Ihre BESTELLUNG für die LÜSCHER FARB-DIAGNOSTIK aufzugeben; Sie können die US $ 60.00 mit Kreditkarte bezahlen […] Bitte klicken Sie […] und kaufen Sie die Vollversion des Farb-Tests.*

Ob Tante Alma das probiert hat? Eher nicht, sonst würden die teuren Blätter mit Professor Lüschers Auswertung in ihrer Mappe liegen.

Neben dem klinischen Lüscher-Test mit sieben Farbtafeln und 73 Farbfeldern aus 25 Farben mit 43 Wahloptionen gibt es den kleinen Lüscher-Test, der mit acht Farben auskommt. Obwohl das von vier Denktypen ausgehende Verfahren in fast allen europäischen und einigen südamerikanischen Ländern sowie in den USA angewandt wird (das Buch wurde in 30 Sprachen übersetzt) – in Psychiatrie und Strafjustiz wie im Personalwesen bei der Auswahl von Bewerbern –, bleibt es umstritten.[381] *Interessant ist die Idee vom Vier-Farben-Menschen. Rot, Grün, Blau und Gelb stehen für die vier Selbstwertgefühle des Menschen: Selbstvertrauen, Selbstachtung, Zufriedenheit und innere Freiheit. Wir wissen zu wenig, um einschätzen zu können, inwieweit das der Realität entspricht oder in Richtung Scharlatanerie tendiert.*

Erstaunlich ist die bis heute wirkende Rezeption der Farben (Hell)blau und Rosa/Pink im familiären Kontext. Noch immer werden Babysachen in diesen Farben gekauft und verschenkt, sobald man weiß, ob das Kind ein Junge oder Mädchen wird. Was das mit Kindern und Eltern macht, ist nicht nur für Psychologen spannend; es ruft auch Feministinnen und Sexismusgegner auf den Plan, denn letztlich ist das eine Form nahezu unumkehrbarer Stigmatisierung! In Großbritannien gibt es seit 2008 die Gegenbewegung Pinkstinks (Rosa stinkt); gegen Sexismus in Medien und Werbung gerichtet, hat sie auch in Deutschland Fuß gefasst. Auslöser sollen rosa Überraschungseier gewesen sein: Sie enthielten Schönheitsaccessoires in Pink. Schon 2003 entstand auf der britischen Isle of Wight das kuriose Projekt Pink Peril: Unter diesem Namen wurde ein rosafarbener Schulbus für randalierende Schüler eingeführt. Weil die sich schämten, in einem Bus mit dieser uncoolen Farbe zu fahren, ging das Gewaltpotenzial deutlich zurück!

Aber, was kaum jemand weiß: Früher war Blau den Mädchen vorbehalten! Noch im 19. Jahrhundert war das so. Blau galt als Mädchenfarbe, weil auf Gemälden für Marias Gewand traditionell Blau verwendet wurde. Rosa und Rottöne indes nahm man als aggressiv wahr und kleidete Jungen so ein. Alles war mal ganz anders, doch warum es sich änderte, ist bis heute nicht restlos geklärt. Sicher ist nur: Einst galt Rosa als das kleine Rot! In einem Beitrag zu der im Mai 2013 in Berlin eröffneten Barbie-Ausstellung zitierte Anne-Catherine Simon eine Handelszeitschrift von 1918. Über Kinderkleidung war da zu lesen: Die allgemein akzeptierte Regel ist Rosa für Buben und Blau für Mädchen. Der Grund dafür ist, dass Rosa eine entschlossenere, stärkere Farbe ist und daher passender für den Buben, während Blau, das zarter und anmutiger ist, hübscher an Mädchen ist.[382]

Doch inzwischen hat sich das Rosa (oder vornehm: Rosé) von der Zuordnung als typischer Mädchenton – böse Zungen sprachen von der Tussifarbe – befreit, man denkt nicht mehr an Barbie oder Cindy von Marzahn, die den Farbton auf der Bühne der Lächerlichkeit preisgab. Nicht nur bei Kleidungsstücken und Accessoires, selbst bei Möbeln und dekorativen Accessoirs begegnen wir, befördert auch vom Vintage-Hype, dem Rosa immer öfter und finden es schön.[383]

Feststeht: Kinder lieben Grundfarben, wie der Farbpsychologe Harald Braem – der mit der lila Milka-Kuh – zu berichten weiß.[384] *Lila (letzter Versuch – Sprachforscher sollten einmal der Frage nachgehen, seit wann es den Ausspruch gibt) kommt alle paar Jahre wieder in Mode. Die Wirkung von Violett war schon Goethe bewusst, bei ihm hieß es* Blauroth, *und er schrieb* Deswegen es auch, wenn es als Kleidung, Band oder sonstiger Zierrath vorkommt, sehr verdünnt und hell angewendet wird, da es denn seiner bezeichneten Natur nach einen ganz besondern Reiz ausübt.[385]

Andererseits: Müssen wir immer und überall in jeder irgendwie benannten Farbe einen tieferen Sinn vermuten und ihn analysieren wollen? Farben in Familiennamen zum Beispiel – bedeuten heute gar nichts! In grauer Vorzeit war da mal was, das bewirkte, einem Urururur…ahnen eben diesen Namen zu geben, ähnlich wie bei den Indianern, aber jetzt? Es ist nicht zu erklären, warum ein Renaissancemaler Matthias Grünewald, ein italienischer Barockkomponist Claudio Zuan Antonio Monteverdi, ein Philosoph und Reformator Philipp Schwarzerdt (i. e. Melanchthon) oder der Gründer des Illuminatenordens Johann Adam Weißhaupt hieß und eine weltweit agierende Bankiersdynastie den Namen Rothschild trägt. Anders liegt die Sache beim deutsch-amerikanischen

Pionier des Motorflugs, der sich in den USA Gustave Whitehead nannte – die Wurzeln von Gustav Albin Weiskopf im heimatlichen Bayern bleiben dennoch rätselhaft. Einzige echte Ausnahme dürfte Kaiser Barbarossa sein.

▲ LEO Ja, doch ob dem sein roter Bart und der Spitzname gefallen haben, weiß man nicht. Ansonsten scheint mir das Kapitel ausbaufähig. Das macht gar nicht so viel Arbeit, wenn man die angegebenen Web-Links konsultiert und in einige der genannten Bücher schaut. Ich inspiziere erst mal den Kühlschrank. Eine Miniflasche Sekt müsste noch da sein, mit dem wir auf den guten Wilhelm Ostwald und den Urknall von Großbothen anstoßen können … Leonie kommt bestimmt bald, ich fange aber schon mit den *Aufzeichnungen aus dem FF* an – so nannte Tante Alma das Kapitel über Flora und Fauna zuerst. Später strich sie diese Überschrift und schrieb eine andre drüber, die viel besser passt.

Was haben Blaumeisen mit Schwarzwurzeln zu tun?

Auf den ersten Blick nichts, auf den zweiten sehen wir, dass es um Pflanzen und Tiere geht. Viele Namen weisen auf ihr Äußeres hin, etwa der Knollenblätterpilz, die Orchideenart Frauenschuh oder der Langschwanz-Chinchilla und der afrikanische Kurzkopffrosch. Oft kommt ihre Färbung ins Spiel. Jedem fallen sofort Beispiele ein: Blaualgen, Blaufichte, Blautanne, Grauerle, Rotahorn, Rotbuche, Rotdorn, Rotfichte, Rote Beete, Schwarzerle oder Albino, Blaufuchs, Blauwal, Blaue Widder, Blaue Wiener,[386] *Braunbär, Buntbarsch, Gelbbauchunke, Feuersalamander, Goldadler, Goldhamster, Graureiher, Grünspecht, Regenbogenforelle, Rotbarsch, Rotfuchs, Rotfeder, Rotkehlchen, Schwarzdrossel, Schwarzkehlchen, Schwarzkittel, Schwarzstorch, Weißfisch, Weißfuchs … Gärtner schwärmen von blauen Blumen, Sträuchern und Bäumen, zu denen der Blaue Natternkopf (oder Blaue Heinrich*[387]*), Iris, Jacaranda, Kornrade, Rittersporn, Veilchen, Vergissmeinnicht und 100 andere gehören, wie die Großblumige Elfenblume Lilafee*[388] *und ein Rhododendron namens Blaubart. In Japan sollen Gentechniker daran arbeiten, Chrysanthemen (das alte Symbol des japanischen Kaiserhauses) mit blauen Blüten zu züchten.*[389] *Die grüne Gladiole Greenstar dagegen ist schon lange bekannt.*

In den Listen der Pflanzen und Tiere des Jahres fanden wir 2012 die Blaugrüne Mosaikjungfer (eine Libelle) und 2013 den Braungrünen Zärtling (einen Pilz).[390]

Beliebte Kartoffelsorten firmieren als Blauer Schwede, Blue Christie, Odenwälder und Vogtländische Blaue, als Schwarze

Ungarin und Shetland Black. Weitere Nutz- und Speisepflanzen warten mit Farbpaletten auf, zum Beispiel Bohnen: Blaue, grüne, lila, rote und weiße Bohnen entfalten ihren je eigenen Geschmack.

Im Jahr 800 erließ Kaiser Karl der Große die Hofgüterordnung Capitulare de villis, *die neben Kräutern und Gemüsearten Färberpflanzen wie Krapp (Färberröte) erwähnt.*

Farbenprächtige Tiere sind die Blauflügelprachtlibelle, die Braune Mosaikjungfer, der Südliche Blaupfeil und ein Nachtfalter namens Purpurbär. Vom Aussterben bedroht ist das Rote Ordensband, der Schmetterling des Jahres 2015, Insekt des Jahres war der Silbergrüne Bläuling. Auch ein Himmelblauer Bläuling – wie Heckenbraunelle und Rothuhn im portugiesischen Nationalpark PENEDA GERES *heimisch – existiert.*

Da wir bei Insekten sind: In früheren Zeiten waren unglaubliche Mengen der in Südamerika beheimateten Cochenilleschildläuse zum Färben von Textilien nötig, vor allem für die Talare katholischer Kardinäle; den Farbstoff Karmin gewann man aus den weiblichen Tieren. Bereits die Phönizier kannten Purpurschnecken (die sie nicht töteten, sondern nur molken) als Quelle roten Farbstoffs; im alten Rom trugen die Kaiser purpurrote Togen, die Senatoren purpurrote Schärpen. Um eine einzige Toga zu färben, waren zwischen 10.000 und 250.000 Schnecken erforderlich!

Nun aber tauchen wir ab ins Meer. Bei der Goldmakrele halten wir uns nicht auf, doch der Rote Thunfisch (zugleich auch Blauflossen-Thunfisch genannt) weckt unser Interesse: Obwohl er auf der Roten Liste vom Aussterben bedrohter Arten geführt wird, wurde auf dem Tsukiji-Fischmarkt in Tokyo ein 222 kg schweres Exemplar für 155,4 Millionen Yen (= 1,3 Millionen Euro) an eine Sushi-Restaurantkette versteigert – jammerschade, dass diese

Knochenfische keine Gräten haben, den gewissenlosen Gourmets sollten die im Halse stecken bleiben![391]

Einmal im Wasser zugange, wollen wir noch zwei Kuriosa erwähnen: Haie, stellten australische Forscher bei Untersuchungen der Netzhaut von 17 verschiedenen Arten fest, sehen keine Farben; sie nehmen nur Kontraste wahr.[392] *Frösche indes sehen Farben auch nachts! Dass Motten und Geckos bei schlechtem Licht besser sehen als Menschen, stellten Forscher der Universität Lund schon früher fest; jetzt fanden sie heraus, dass Frösche Farben sogar im Dunkeln sehen können und führen das auf besondere Sehzellen der Tiere zurück.*[393]

Die Vierbeiner fehlen noch. Das Scottish Blackface ist die verbreitetste Schafrasse auf den britischen Inseln, den Schwarzen Panther trifft man fast nur noch im Zoo. In den südwestlichen Regionen des Schwarzen Kontinents lebt die Schwarzfußkatze, kleinste und seltenste Katze in Afrika; der Name ist irreführend, denn nur Ballen und Unterseite der Pfoten sind schwarz. Aus Russland kommt die Katzenrasse Russisch Blau, die schon am Zarenhof beliebt war; um 1900 wurde ihr Name festgelegt, in Frankreich heißt sie seither Bleu Russe und in Großbritannien Blue Russian Cat. Vielerorts, besonders in China, gelten dreifarbige Katzen als Glücksbringer – warum? Weil man solche Tiere nicht züchten kann, sie entstehen nur selten (von allein); und darum schreibt man ihnen die Fähigkeit, Glück zu bringen, zu.

Katzen sind nicht weit weg von wilden Tieren, so passt hierher eine Info zum Leben der Wildtiere, vor allem nahe großer Straßen und Autobahnen: An der B 181 und an der Landstraße 183 nach Lochau wurden im Herbst 2013, um die Sicherheit des Wilds zu erhöhen, 250 Wildwarnreflektoren installiert. Jäger wissen: Blau, das in ihrem natürlichen Lebensraum kaum vorkommt, ist eine

Schreckfarbe für Wild und wird als fremd und gefährlich gesehen; Wildtiere nehmen nur Grün und Blau, alle anderen Farben ebenfalls als Grüntöne wahr.[394]

Abzuschrecken ist eins der häufigen Ziele von Farben oder Färbungen bei Tieren, so die Vielzahl der Augen im Pfauengefieder, gelbe und schwarze Streifen bei Hummeln etc. pp.; andererseits kann der Sinn darin liegen, sich verbergen zu wollen (wenn die Farbe der Umgebung angeglichen wird); oder es darum geht (in der Balzzeit bei Vögeln), das andere Geschlecht anzulocken. In der Tierwelt mögen die Weibchen die Männer bunt … Eine tierische Farbe gibt auch einem Naturphänomen den Namen: Touristen erleben es jährlich im April und im Spätsommer zwischen Rosenkranz in Nordfriesland und Ruttebüll in Dänemark: Hunderttausende Stare sammeln sich vor ihrem Flug in den Süden oder bei der Heimkehr – und führen das Schauspiel Schwarze Sonne (dänisch Sort Sol) auf.

Schließlich sei eine eigenartige Farbe erwähnt, die einigen Tieren zugeschrieben wird: Isabellfarben. Es gibt isabellfarbene Pferde, die Fellzeichnung bestimmter Hunderassen und die Federzeichnung einiger Vogelarten wird so genannt. Zur Herkunft des Farbnamens gibt es zwei Erklärungen, die beide auf spanische Herrscherinnen namens Isabella zurück gehen. Diese wechselten erst nach lange ersehnten militärischen Erfolgen ihrer Gatten das Hemd …[395] *Apropos: Isabellfarbe wird beschrieben als schmutziges Gelb oder Weiß oder Ecru. Viele Farbbezeichnungen beziehen sich auf die Ähnlichkeit konkreter Farben mit Pflanzen oder Tieren oder anderen Naturerscheinungen: Birkenweiß, Blütenweiß, Bunaringelb,*[396] *Aubergine, Erdbeerrot, Flachsblond, Fliederfarben, Grasgrün, Himbeerrot, Honiggelb, Mahagonifarben, Malvenfarben, Mohnrot, Kasta-*

nienbraun, Kirschrot, Quittegelb, Rosenrot, Safrangelb, Senffarben, Weinrot und Weizenblond, Albinoweiß, Fuchsrot, Krebsrot, Mausgrau, Rabenschwarz, Rehbraun und Taubenblau, ferner: Alabasterweiß, Aluminiumweiß, Bleiweiß, Eierschale, Feuerrot, Goldgelb, Kalkweiß, Käseweiß, Kreideweiß, Marmorweiß, Meergrün, Milchweiß, Nachtblau oder -schwarz, Naturweiß, Perl(mutt)weiß, Schiefergrau und Silberweiß.

▼ LEONIE Vor zwei Wochen leerten wir ein Glas auf unseren Beginn in Ostwalds Großbothen – heute soll es eine Flasche auf die Zukunft sein! Ab 1. Juli bin ich bei der Freiwilligenagentur fest angestellt! Eine meiner ersten Aufgaben wird ein Konzept für einen Besuchsdienst für Ältere sein, salopp gesagt, ein Rezept gegen Einsamkeit. Tante Alma hätte so etwas bestimmt nie genutzt, aber viele brauchen das. Ich hab schon Ideen, wie wir das organisieren, und denke über Namen nach. Vielleicht *Ruf-* oder *Klingelzeichen* oder *Bei Anruf Geselligkeit*.

Der Beisetzungstermin steht nun fest: Es wird der Johannistag sein, der in diesem Jahr auf einen Samstag fällt. Tante Almas Wohnung ist so gut wie leer, die Möbel sind weg, alle Kartons mit Papieren durchgesehen, die Bücher (außer denen, die wir behalten) abholbereit sortiert. Nur auf dem Wohnzimmertisch, den niemand haben will, liegt noch Einiges, wovon ich nicht weiß, was damit werden soll. Meiner Tante hat das alles etwas bedeutet, sonst wär es nicht mehr da. Oder irr ich mich? Sammelt sich im Lauf des Lebens einfach so viel an, weil keiner drüber nachdenkt, was man wirklich braucht und was überflüssig ist? Wie ist das bei uns?

Die Bilder und Fotos, die sie für die Illustration aufgehoben hat, werf ich noch nicht weg … Und die alte Zuckertüte kommt bestimmt nicht in den Müll. Sie ist rundum, weil ganz früher mal das Schuljahr zu Ostern begann, mit bunten Osterhasen bemalt! Tante Alma bekam sie von ihrer Mutter – meiner Oma, die ich als kleines Kind noch kennenlernte – als etwas ganz Besonderes … und wurde am ersten Schultag von den andern ausgelacht. Von da an stand für sie fest: *Wenn ich groß bin, werde ich Lehrerin, damit kein Kind mehr ausgelacht wird!* Was aber wollen wir mit dieser Zuckertüte tun? Ist sie als Osterdeko gut? Oder fürs Stadtmuseum interessant? Für ein Schulmuseum? Oder was sonst? Jedenfalls kann Leo die Wohnung streichen, am Wochenende verschick ich die Trauerkarten und bestell den Blumenschmuck.

Heute kam eine frühere Schülerin von Tante Alma ins Büro. Nach einem sozialen Jahr als Au pair in Frankreich wartet sie jetzt auf ihren Studienplatz in Halle. Als sie hörte, dass Tante Alma tot ist, wollte sie es nicht glauben. Kurz vor dem Abi hätte sie mal mit Tante Alma ein langes, gutes Gespräch gehabt über die Wahl des Studiums und dabei kapiert, dass nicht die Verdienstchancen das Wichtigste im Leben sind.

* * *

▲ LEO Ende März kam mir, was vor uns lag, endlos vor! Wie mich Leonies Plan, den gesamten Papierkram von Tante Alma zu sichten und zu sortieren, vor einem Vierteljahr erschreckt hat! Das schien mir unmöglich – nun liegt es hinter uns und bekommt im Nachhinein Sinn. Denn gestern, zwei Tage vor der Beisetzung, lag in Tante Almas Briefkasten die Zusage des Verlags – samt der Bitte um Verständnisfür die Verzögerung, und sie möge bitte binnen vier Wochen ein detailliertes Exposé schicken … Das Buch muss nun geschrieben werden, obwohl wir jetzt beide weniger Freizeit haben als je zuvor. In einer Woche beginnt Leonies Job in der Agentur, dann wird sie täglich dort sein, nicht mehr nur ab und zu. Ich will mich genauso intensiv in die Arbeit stürzen wie Timmy und Lars. Aber irgendwie schaffen wir das.

***

▼ LEONIE Ich bin nicht sicher, ob es zu dem Anlass passt; ich hab ein Farbmärchen geschrieben, das ich morgen, wenn wir nach der Begräbniszeremonie zusammen sind, um an Tante Alma zu denken, vorlesen will. Ich denk, auch ihr hätt es gefallen:

Regenbogenschatz

Der Frühling war ausgebrochen – um nichts in der Welt ließ er sich wieder einfangen! Eine uralte Stadt, die mitten in einem weißen Fleck auf der Landkarte lag, atmete mit all ihren Grünen Lungen die frische Luft ein und zog entschlossen den Grüngürtel straff, damit die letzten grauen Häuser, die noch nicht mit hellen Farben frisch verputzt waren, in den Falten der Straßen verschwanden. Mit einem Mal tauchte das Morgenrot alles in rosiges Licht, und bald spiegelte sich die gelbe Sonne golden in den blanken Fensterscheiben.

Aus der kunterbunten Villa am Park stürmten zwei Jungs und liefen um die Wette bis zum Spielplatz neben dem Pavillon mit dem glänzenden Schieferdach, auf dem ein schwarzer Rabe, eine weiße Taube und ein roter Hahn umherstolzierten. Wie zur Probe hoben sie die Flügel und sahen neugierig auf die Morgenspaziergänger herab.

Die Kinder, das waren nicht der große und der kleine Klaus, sondern der Schwarze Peter und Hans im Glück. Nur wenige Tage fehlten bis zum Osterfest, doch das war für die beiden nicht das Gelbe vom Ei. Sie wollten ihre Ferien nutzen, um Abenteuer zu erleben!

Am Abend zuvor hatten sie einen Regenbogen gesehen und sich ausgemalt, wie es wäre, da hinauf zu klettern. Ob der Regenbogen auch nachts leuchtete? Dann könnten sie von oben in unendlicher Ferne weiße Zwerge und rote Riesen sehen, und vielleicht so ein unheimlich gefräßiges schwarzes Loch …

Aber ehe sie dahin kamen, wo der Regenbogen begann, war er verschwunden. Pech gehabt, *sagte der Schwarze Peter, doch Hans im Glück wartete gleich mit einer neuen Idee auf. Er hatte mal gelesen, dass in grauer Vorzeit ein Kobold am Fuß des Regenbogens einen Schatz vergraben haben soll, den noch niemand gefunden hat.*

Sie liefen los. Hans im Glück steckte sich noch schnell ein vierblättriges Kleeblatt an die Mütze, und der Schwarze Peter bedauerte zum tausendsten Mal, dass er kein Blauer Peter war … da hätten sie nämlich keinen Schatz gebraucht, weil sie auf einem Schiff gewesen und über die Ozeane gefahren wären. So aber konnten sie vom Gelben, vom Roten, vom Schwarzen und von Weißen Meer nur träumen, denn sie waren auf graustaubigen Straßen zu Fuß unterwegs. Zwar war der Himmel über ihnen strahlend blau, ein blaues Gewässer indes war weit und breit nicht zu sehen. An roten Ampeln und auch, als ein Polizeiauto mit Blaulicht an ihnen vorbeisauste, machten sie kurz Pause. Endlich langten sie bei der Stelle an, die sie sich am Vorabend gemerkt hatten. – Doch da war nichts. Überhaupt nichts. Nur ein paar grüne Grashalme lugten aus dem gräulichen Asphalt hervor. Enttäuscht wendete der Schwarze Peter sich ab. Hans im Glück aber freute sich: Kann doch sein, bisher hat bloß niemand richtig hingesehen – in Wahrheit ist das der Schatz.

* * *

▲ LEO Es ging feierlich und würdevoll auf dem Friedhof zu. Leonie war glücklich, dass der Schulchor so schön sang und viele Lehrer und Lehrerinnen dabei waren. Der Trauerredner sprach gut und einfühlsam, es konnte nichts falsch sein, denn er hatte ja, was wichtig war, von uns erfahren. Eigentlich hätte Leonie das alles selber sagen können, aber sie hatte Angst, den Faden zu verlieren oder dass sie weinen müsste. Ohne sie über den grünen Klee zu loben,[397] sprach der Direktor über Tante Almas Arbeit am Gymnasium, davon wie alle sie schätzten und warum er mit dem Chor gekommen war und die scheinbar dem Anlass so gar nicht angemessenen Lieder sang. Der Religionslehrer blieb im Hintergrund; dass er das Unwiderrufliche noch immer nicht glauben mochte, sah man ihm an.

Jetzt kommen die meisten mit ins Gasthaus Zum Mohr, Leonie hat einen Imbiss im kleinen Saal bestellt. Sie hätte auch eine Überraschung, sagte sie, ich bin gespannt. Hoffentlich ist es drinnen kühler. Wir haben erst Juni, doch es ist heiß wie im August.

Und meine Löwin sieht umwerfend aus: im kleinen Schwarzen, mit einem leuchtend roten Seidentuch, das super zu ihrem Nagellack passt. Selbst die Zehennägel, die aus den schmalen Riemchen der Sandaletten hervorschauen, sind mohnrot lackiert.

Noch etwas fällt mir auf: Im Profil sieht es aus, als wäre er ein bisschen runder geworden, Leonies Bauch.

* * *

… und niemals ist am Ende wirklich Schluss!

Mit dem Erscheinen des Buches hat es länger gedauert als geplant, und so sei am Ende das Allerneueste zum werbewirksamen Einsatz der Farbe Rot erwähnt: Wie 2017 das iPhone 7 kann man nun das iPhone 8 mit knallrotem Gehäuse kaufen – mehr als ein Gag für modebewusste Nutzer! Ein großer Teil der Einnahmen aus der Special Edition (Red) des Apple-Konzerns (der schon rote iPod-Modelle und -hüllen, Kopfhörer und Watch-Armbänder anbot) fließt zum zweiten Mal in die internationale Anti-AIDS-Stiftung Global Fund to Fight AIDS von Bono Vox, der eng mit dem Firmenmitbegründer Steve Jobs befreundet war.[398]

Und etwas sehr Anrührendes, das ins Kunstkapitel oder zur Architektur gepasst hätte, erfuhren wir, kurz bevor *Das kleine Schwarze* in Druck ging, aus den Medien. 2006 begründete die Jewish Academy San Diego in den USA das Butterfly-Projekt. In San Diego leben Nachfahren von Alfred Schindler, der in Cottbus zur Schule ging, als zehnjähriges Kind 1938 von der Gestapo verhaftet wurde und doch den Holocaust überlebte. 70 Jahre danach schließt sich die jetzt in dem Haus untergebrachte Bewegte Grundschule dem Projekt an, das auch in Tansania, Polen, Marokko und Kanada agiert. Die Initiative ging von der Begegnung einer Cottbusserin mit Schindlers Söhnen Steven und Max aus. Nun haben Kinder der fünften und sechsten Klassen dieser Schule Keramik-Schmetterlinge bunt bemalt, die wurden am 25. Januar 2019 an der Außenfront des Schulhauses angebracht – jeder einzelne erinnert an ein ermordetes jüdisches Kind …

Wenn Sie allerdings lieber ein richtiges Sachbuch als das von Tante Alma abgeguckte Sammelsurium lesen wollen, hier ein paar (chronologisch geordnete) Tipps:

- Max Lüscher: *Der 4-Farben-Mensch. Wege zum inneren Gleichgewicht*, Berlin 1977
- Harald Braem: *Die Macht der Farben. Bedeutung und Symbolik*, München 1985
- Karl Ryberg: *Farbtherapie. Die Wirkung der Farben auf Körper und Seele. Ein praktischer Ratgeber*, München 1992
- Margarete Bruns: *Das Rätsel Farbe. Materie und Mythos*, Ditzingen 1997
- Ingrid Riedel: *Farben. In Religion, Gesellschaft, Kunst und Psychotherapie*, Freiburg im Breisgau 1999
- Eva Heller: *Wie Farben wirken: Farbpsychologie – Farbsymbolik – Kreative Farbgestaltung*, Berlin 2004
- Victoria Finlay: *Das Geheimnis der Farben: Eine Kulturgeschichte*, Berlin 2005
- Karl Schawelka: *Farbe. Warum wir sie sehen, wie wir sie sehen*, Weimar 2007
- John Gage: *Kulturgeschichte der Farben. Von der Antike bis zur Gegenwart*, Leipzig 2009
- Franz Immoos: *Farbe. Energie der Farbe*, Amsterdam 2009
- Johannes Itten: *Kunst der Farbe: subjektives Erleben und objektives Erkennen als Wege zur Kunst*, Freiburg im Breisgau 2010

- Franz Immoos: *Die neun Farben. Texte, Farbtafeln, Installationen*, Amsterdam 2013
- Klausbernd Vollmar: *Das große Handbuch der Farben. Symbolik – Wirkung – Deutung*, Königsfurth 2017
- Harald L. Küppers: *Einführung in die Farbenlehre*, Köln 2017
- Victoria Finlay: *Colours: Die Geschichte der Farben*, 2018

Sie meinen, da fehlt noch was? Ja, richtig: das umstrittene Duo Schwarz und Weiß. Neben anderen schrieb Klausbernd Vollmar zwei Bücher dazu: *Das Geheimnis der Farbe Schwarz. Psychologie, Mythos, Symbolik* (1988) und *Das Geheimnis der Farbe Weiß. Unschuld und Verführung* (1989).[399]

Viel Vergnügen beim Lesen wünschen Ihnen Leo und Leonie!

ENDE

Anmerkungen

(für Neugierige, die alles ganz genau wissen wollen)

1 *Farbe macht glücklich!* konstatierte eine Werbe-Anzeige mit dem Bild eines gelben Opel Corsa mit schwarzem Dach – Mitteldeutsche Zeitung (künftig: MZ), 30.08.2011, Seite 7.
Falls Sie an einer Fuß- und/oder Endnotenallergie leiden – ignorieren Sie sämtliche Anmerkungen; das Buch liest sich ohne Zusatzinformationen ebenso gut.

2 Das kleine Schwarze kam 1926 als petite robe noir aus Frankreich zu uns; Gabrielle Coco Chanel hatte das erste Modell des multifunktionalen klassisch elegant geschnittenen Kleides kreiert.

3 Daniel Twardowski: *Das blaue Siegel. Der zweite Fall von John Gowers*, 2. Band einer Trilogie von Christoph Becker (Teil 1: *Tod auf Northumberland*, Teil 3: *Fluch des Südens*).

4 Zu diesem Phänomen: *Rosa Waschmaschinen für China* – DER SPIEGEL 25/2003, 22.06.2003.

5 Kofi Atta Annan, Friedensnobelpreisträger und bis 2006 Generalsekretär der Vereinten Nationen, und der Fußballprofi Gerald Asamoah gehören zu diesem Volk.

6 Museum für Sepulkralkultur, Weinbergstraße 25, 34117 Kassel, außer am Montag täglich geöffnet.

7 Sabine Schonert-Hirz: *Grün für Geist und Seele* – prisma-TV-Programm Nr. 30/2012 (28.7.–3.8.12).

8 Die Kennzeichnung mit dem Grünen Punkt in der Verpackungsindustrie wurde 1990 in Deutschland eingeführt, später europaweit. Um Kindern das Thema nahezubringen, produzierte das Puppentheater Dieter Kussani ab 1993 die Serie *Der Müllberg ruft – Geschichten aus dem Tonnental*, 20 vierminütige Staffeln, in denen die

Trickfilmfiguren Hugo und Egon für Mülltrennung werben. Vielleicht hilft das mit, nicht nur die gelben, sondern auch die blauen, braunen und grauen Tonnen artgerecht zu befüllen.

9 Laut Umfrage des Portals Autoscout24 unter 37.068 Männer und Frauen in sieben Ländern trifft ein Drittel der Frauen die Farbwahl, *ohne die Meinung des Partners einzuholen*; Männer handeln analog bei der Auswahl von Navi, ESP, Klimaanlage und Airbag - MZ, 04.12.2010, Auto & Verkehr, Seite 1.

10 Lutz Würbach: *Buntes Blech. Faded Denim und andere unvorstellbare Farbangebote für Autos* - MZ, 17.10.2011, Seite 1.

11 Christian Eger: *Es grünt so grün* - MZ, 18.03.2011, Seite 3.

12 Hier und im Folgenden werden oft Informationen mitgeteilt, die wir durch Internetrecherchen - bei Google, Wikipedia etc. pp. - fanden: Sie werden nicht extra ausgewiesen, da sie bei Eingabe des Suchbegriffs allgemein zugänglich sind. So erfährt man über Russischgrün, es heißt auch Wolkonskoit und ist ein grünes Mineral, das nur in Sibirien und in Südafrika vorkommt; in Sibirien wurde es 1830 entdeckt; sein Name geht vermutlich auf den Dekabristen Sergej Wolkonsky zurück.

13 Steffen Könau: *Kotze, Kafka, Kokosnüsse* - MZ, 16.06.2012, Seite 28.

14 Hauptinitiatorin des Projekts ist Regina Radlbeck-Ossmann, Professorin für Katholische Didaktik an der Martin-Luther-Universität Halle-Wittenberg.

15 Ein solches Fahrzeug aus dem Jahr 1927 sieht man heute noch in der Berliner Polizeihistorischen Sammlung, Platz der Luftbrücke, 12096 Berlin. Allerdings ist es in modernem Polizeigrün lackiert - während die Originalfarbe eher ein Dunkelgrün war.

16 Den Grundstein für seine Polizeihistorische Sammlung legte Siegfried Paul in den 1970er Jahren (mit Polizeiabzeichen) in seiner Privatwohnung, später zog die Sammlung um ins Polizeipräsidium Hamm, wo man sie nach Vereinbarung (Telefon: 02381 25083) noch immer besichtigen kann.

17 Seit 2010 ist die gängige Polizeifarbe in Deutschland (wie europaweit) wieder Blau. Das war ungewohnt und nicht billig – allein in Sachsen-Anhalt kostete die Umstellung 4 bis 5 Millionen Euro.

18 *Nachhall*, in: Reiner Kunze: *Die wunderbaren Jahre*, Frankfurt am Main 1985, Seite 42.

19 Paddy ist eine scherzhafte bis abwertende Bezeichnung für Iren, die man oft für Gauner hielt.

20 Hansjörg Kühn: *Masken und Menschen* (1965, Seite 113), Wolf Biermann: *Wie man Verse macht und Lieder* (1997, Seite 144), Margarete Mehlhemmer: *Überleben in zwei Diktaturen* (2000, Seite 120), Günter Heinisch, Klaus-Dieter Müller: *Solange du lebst, lebt auch die Hoffnung noch* (2000, Seite 19), Monica Rüthers, Carmen Scheide (Hg.): *Moskau: Menschen, Mythen, Orte* (2003, Seite 215), *Heimatbuch der Deutschen aus Russland 2003* (2003, Seite 222); von Ivan Rebroff muss es einen Song mit dem Titel *Tschorny Woron* gegeben haben – er ist leider nicht auffindbar.

21 Thomas Magenheim-Hörmann: *Spielwarenmesse: Grüner Anstrich für Kinder* – MZ, 03.02.2011, Seite 19.

22 Markus Decker: *Grün war gestern* – MZ, 02.12.2011, Seite 17.

23 Wangari Maathai wurde 1940 im Dorf Ihithi etwa 100 km nördlich der Hauptstadt Kenias geboren und starb 2011 in Nairobi. Ihr Ehemann und Vater ihrer drei Kinder ließ sich 1979 von ihr scheiden – weil sie *zu gebildet, zu stark, zu erfolgreich, zu eigensinnig und zu schwer zu kontrollieren* sei.

24 Die Studie *comdirekt Städtereport Deutschland* vom Februar 2012 verlieh Halle an der Saale das Prädikat als grünste deutsche Großstadt. Die soziodemografische Analyse untersuchte die 50 größten Städte, u. a. bzgl. des Grünflächenanteils an der Gesamtfläche: an fünfter Stelle München mit 11 %, auf den Plätzen vier, drei und zwei Berlin mit 12 %, Magdeburg mit 13,5 % und Hannover mit 14 %, auf Platz eins Halle mit 15,9 %! – Foto: Günter Bauer, siehe MZ, 30.03.2012, Seite 7.

25 *Das grüne Wunder – unser Wald* von Jan und Melanie Haft, Uraufführung im September 2012; *Grünes Wunder: Wälder in Deutschland* von Uta Henschel und Thomas Stephan, erschien 2012.

26 Von August 2000 bis Dezember 2004 beantragten 17.931 ausländische Interessent(inn)en diese spezielle Form einer Arbeitsgenehmigung in Deutschland – 13.041 wurde die *Greencard* gewährt.

27 *Grüne Karte gilt als Versicherungsausweis* – MZ, 26.07.2010, Seite 19.

28 Das letzte Exemplar der Baureihe steht im Dänischen Eisenbahnmuseum in Odense auf der Insel Fünen; das Museum liegt hinter dem Bahnhof der Stadt und ist täglich von 10 bis 16 Uhr geöffnet.

29 Erstmals verwendet wurde er in der Ausgabe 25 des Jahres 1951 der Zeitschrift *Das Motorrad.*

30 Der Schweizer Johann Rudolf Huber (1668–1748) malte nach den Friedensverhandlungen von Baden im Aargau 1714 (die zum Ende des Spanischen Erbfolgekrieges führten) das Ölgemälde *Abgeordnete des Badener Friedenkongresses 1714*, das heute im Schloss Versailles zu sehen ist.

31 Reinhold Weinzierl nannte die Website *Der andere Planet* und bot *Mein Portal zu der Geschichte unseres Planeten* unter *www.reiniswelten.de* an (Link nicht mehr erreichbar am 18.06.2020).

32 Das Kapitel beginnt auf Seite 47 des Buches.

33 Seit Beginn des 17. Jahrhunderts stellten Mönche der Großen Kartause bei Grenoble Kräuterlikör unter dem Namen Chartreuse Verte her. 1764 exportierten sie ihn nach England, wo er Green Chartreuse hieß – so entstand der Farbname Chartreuse für einen Farbton zwischen Gelb und Grün.

34 Der Blaue Brief geht auf das 18. Jahrhundert zurück; damals wurden königliche Anordnungen in blickdichte Kuverts gesteckt und versiegelt. Das Umschlagpapier wurde oft billig aus Uniformlumpen (Preußisch Blau) hergestellt; es ging um offizielle Post. Heute sind die (nicht mehr blauen) Blauen Briefe in Deutschland Mitteilungen der Schule an die Eltern über die Versetzungsgefahr ihres

Kindes (in Österreich nur dies) oder Kündigungsschreiben des Arbeitgebers (in der Schweiz nur das).

35 Steffen Könau – MZ, 03.08.2012, Seite 1.

36 Zitiert in Simone Andrea Mayer: *Himmel oder Erde. Wohnraum: Neben Blau bewirbt sich Grün um den Titel Trendfarbe der Saison.* – MZ. 09.02.2013, RAM 5.

37 Mehr dazu in den Büchern von Dirk Maxeiner und Michael Miersch: *Alles grün und gut? Eine Bilanz des ökologischen Denkens*, Alexander Wendt: *Der grüne Blackout: Warum die Energiewende nicht funktionieren kann* (beide 2014) und Kathrin Hartmann *Die grüne Lüge*, das Anfang 2018 zu dem von ihr und Werner Boote produzierten Film *The green Lie* erschien – nach der Lektüre schaut man wohl weniger unkritisch auf euphorische Meldungen wie die über den grünen Wasserstoff als Energieträger der Zukunft (grün, weil er statt aus Erdgas umweltfreundlich mittels Strom aus erneuerbarer Energie hergestellt werden soll) – Christian Schafmeister: *Grün statt Grau* – MZ, 27.11.2014, Seite 3.

38 Stil – Das Wohnmagazin, MZ, 27./28.04.2013, Seite 11.

39 Simone Andrea Mayer: *Dieses Jahr können wir uns grün freuen. Gelbliches Grasgrün soll mächtig in Mode sein* – MZ, 25./26.03.2017, Seite 25.

40 MZ, 31.05./01.06.2014, Seite RAM 4.

41 Christian Bos: *Die Zukunft ist lila. Ultra Violet soll laut Expertenprognose die Farbe des Jahres 2018 werden* – MZ (Blick), 5./6. Januar 2018, Seite 5. Der Beitrag referiert die Prognose des Pantone Color Institute, das seit 2000 die Trendfarbe des kommenden Jahres kürt: 2016 das kühlblaue Serenity und der warme Roséton Rose Quartz, 2017 das gelbgrüne Greenery, nun eine Referenz an Prince, David Bowie und Jimi Hendrix … (Ultra Violet ist ein dunkler Lilaton mit blauer Basis, Nummer 18-3838).

42 MZ, 24.03.2012, Seite 25.

43 MZ, 19.03.2011, Seite 26.

44 MZ, 11.10.2011, Seite 19.

45 MZ, 14.04.2012, Seite 25.

46 AHA, August 2010, Seite 29.

47 Textilwirtschaft 27/2011, zitiert in der MZ vom 12. Juli 2011, Seite 19.

48 Elisabeth Schlumpf: *Wenn ich einst alt bin, trage ich Mohn-Rot. Neue Freiheiten genießen*, München 2003.

49 Die Galerie Moritzburg zeigte von März bis Mai 2015 *nickolas muray. double exposure.*

50 *Mit Foto!* – MZ, 13.04.2012, Seite 24.

51 MZ, 28.08.2010, Auto & Verkehr, Seite 4.

52 *Verschiedene Arten von Weiß – Eskimo is not dead. Ausstellung zwischen Kunst und Ethnologie*, Raum HELLROT, Fotos, Videos und Installationen internationaler Künstler im Mai und Juni 2013.

53 Detlef Färber: *Jarausch im Farbrausch* – MZ, 07.10.2011, Seite 11.

54 Zum 50. Geburtstag des halleschen Malers Moritz Götze wurden am 25. September 2014 im Kunstmuseum Moritzburg und im Kunstforum die Expositionen *Götzes Hallesches Heilthum* und *Hallesche Hängung* eröffnet – Motto *Götzes Pop*.

55 MZ, 13.08.2012, Seite 5.

56 Auch im benachbarten Polen, in Posen, existiert ein lokaler Privatradiosender Radio Blue FM.

57 Das optische Speichermedium Blu-Ray-Disc ist seit 2002 die Nachfolgerin herkömmlicher DVDs; entwickelt wurde es von der Blu-Ray-Group. Schon den 1990er Jahren existiert das Bluetooth-System. Unter Blueprint (auch Cyanotypie genannt) versteht man eine fotografische Kopiermethode. Der Begriff taucht 1999 sogar als Romantitel auf, und 2003 wurde Charlotte Kerners *Blueprint* – eine kritische Auseinandersetzung mit der Klontechnologie – mit Franka Potente in der Hauptrolle der Iris/Siri Sellin verfilmt. Die deutsche Rockband *Rainbirds* brachte 1995 eine Single *Blueprint* heraus.

58 Wer ein Auto zu kaufen will, wird leicht anfällig für so etwas wie den Skoda Octavia Greenline – das klingt nach Zukunft und Nachhaltigkeit, man könnte glauben, per Autoerwerb Gutes zu tun …

59 Siehe: https://de.wikipedia.org/wiki/Allianz_Umweltstiftung#Aktion_Blauer_Adler (letzter Zugriff am 18.06.2020).

60 Seit 1992 bringt der Verlag *grünes herz* im thüringischen Ilmenau Reiseführer und Landkarten, vor allem Wander- und Fahrradkarten heraus.

61 MZ, 13.08.2010, Seite 19.

62 prisma. TV-Programm Nr. 29/2012 (21.7.–27.7.), Seite 6.

63 MZ, 24.06.2010, Seite 3.

64 Ekkehart Eichler: *Ton in tausend Tönen* – MZ, 27.04.2012, Seite 19.

65 Julia Klabuhn: *Der grüne Urknall* – MZ, 17.02.2012, Seite 1.

66 Helga Paris: *Diva in Grau. Häuser und Gesichter in Halle*, Halle 2006.

67 Genaueres siehe Anmerkung 24.

68 Steffen Höhne: *Grünstrom treibt Karussel an* – MZ, 20.05.2011, Seite 18.

69 Diese Grüne Linie entspricht den Waffenstillstandslinien von 1949 und war bis zum Sechstagekrieg 1967 Teil der Außengrenzen Israels; dann wurde sie zur Demarkationslinie zwischen Israel und den eroberten Gebieten: dem Westjordanland, dem Gazastreifen und den Golanhöhen. Soll es je Frieden zwischen Israelis und Palästinensern geben, muss die Grüne Linie die Grundlage der künftigen Grenze zwischen einem Staat Palästina und Israel sein.

70 Werbespot der Firma *Schüco* International KG in der ARD, u. a. am 08.12.2010, 19.58 Uhr.

71 MZ, 28.01.2011, Seite 19.

72 MZ, 26.07.2010, Seite 9.

73 MZ, 11.02.2012, Seite 27.

74 Das Haus hat nach wie vor die Anschrift Johannisstraße 11, Hendrik Weithase richtete darin ein Pfeil- und Bogenmuseum – das erste seiner Art in Deutschland – ein. Eröffnet am 4. April 2014, zog es 2015 um in den örtlichen Bismarck-Turm, wo man es zwischen April bis Oktober besuchen kann – wenn eine weißgrüne Fahne vom Turm weht.

75 Details über Wirtshausnamen im Beitrag von Gunther Schunk: *Gasthäuser – Namen mit Schall und Rauch. Geschichten rund um Wirtshausnamen*, Sprachdienst 3–4/10, Seiten 80–86.

76 Johann Wolfgang Goethe: *Faust I*, in Faustens Studierzimmer erwidert der tumbe Schüler auf die hinterlistigen mephistophelischen Ratschläge: *Das sollt Ihr mir nicht zweimal sagen / Ich denke mir, wie viel es nützt / Denn, was man schwarz auf weiß besitzt, / Kann man getrost nach hause tragen.*

77 Jochem Kahl: *Die Farbgebung in der frühen Hieroglyphenschrift*, in: Zeitschrift für Ägyptische Sprache und Altertumskunde, Band 124, Heft 1, 1997, Seiten 44–56.

78 ZDF, 11.07.12, ab 22.45 Uhr.

79 MZ, 14.12.12, Seite 9.

80 TV 3 sat, 19.05.2012, 20.00 Uhr.

81 Siehe Anmerkung 10.

82 Der vollständige Text steht auf Seite 23 f. in diesem Buch.

83 Siehe: http://www.zeit.de/news/2017-03/07/wissenschaft-beeinflusst-die-autofarbe-das-unfallrisiko-07132206 (letzter Zugriff am 30.06.2020); DPA-Meldung: *Forscher: Gelbe Taxis sind sicherer* – MZ, 14.03.2017, Seite 21.

84 Seit 2014 veranstalten viele Warenhäuser der Galeria-Kaufhof-Kette die Aktion Grüne Nacht.

85 MZ, 23.03.2015, Seite 23 oder www.andreasrose.com (letzter Zugriff am 18.06.2020).

86 Studie von britischen und spanischen Wissenschaftlern der Universität Oxford und der Polytechnischen Universität in Valencia, zitiert in MZ, 12.01.2013, Seite 19.

87 Frank-Thomas Wenzel: *Noch trägt der Kranich rot* – MZ, 03.05.2013, Seite 17.

88 Sandy Schulze: Alle Farben. GREENBOMB. Lars Losse und Holger Wach über die Entstehung ihres Modelabels [...] – MZ, 19.04.2017, Seite 12.

89 Die Vorfrühlingsofferte setzte sich fort: ... *wir läuten den Frühling ein: [...]. Rot und Blau sind dabei ein perfektes Team und sorgen für einen stylischen Start in die wärmere Jahreszeit.* Ende des Monats wurde auf gleichem Weg die ganz unerwartete Botschaft nachgelegt: *Jetzt wird's grün!*

90 MZ, 13.11.2015, Seite 28.

91 Margarete Wein: *Kein Kick vom* Roten Libanesen*!* Nach dem Kolloquium *Illegale Drogen in den neuen Bundesländern* am Institut für Klinische Chemie und Pathobiologie der Medizinischen Fakultät der Martin-Luther-Universität – Universitätszeitung *scientia halensis*, 28.04.1995, Seite 8.

92 Info der Drogenberatungsstelle drops in Halle – MZ, 22.11.2010, Seite 25.

93 Wolf H. Wagner: Der Fluch des blauen „C" – MZ, 01.03.2012, Seite 4.

94 Damit ist nicht die Grüne Börse im Frankfurter Palmengarten gemeint, sondern die 2012 nach Verabschiedung eines neuen Waldgesetzes in Brasilien eingerichtete Spezialbörse für Gutschriften, mit denen Landbesitzer die Zerstörung der Umwelt legalisieren können – anschaulich dokumentiert wird das u. a. im Film *The green Lie* von Werner Boote und Kathrin Hartmann sowie im Buch zum Film *Die grüne Lüge. Weltrettung als profitables Geschäftsmodell.*

95 Bei der seriellen Kampagne des Deutschen Roten Kreuzes unter dem Motto Zeichen setzen, die Leo Burnett 2015 mit gezielten Einzelaktionen ins Leben rief, ist es diese Farbe, die an das DRK-Logo angelehnt Interesse weckt – jüngst (seit Mai 2016) als Deutsches Rotes Dach zugunsten der Flüchtlingshilfe, zuvor mit den Aktionen Deutsches Rotes Flugzeug (zur Unterstützung von Krisengebieten) und Deutscher Roter Luftballon (für Kinder), es gab Deutsche Rote Helfer, Deutsche Rote Lebensretter, die Deutsche Rote Suche, das Deutsche Rote Team, den Deutschen Roten Hund sowie Aktionen mit Ehrenamt, Freizeit, Gabel, Kaffee, Pflaster, Suche, Vielfalt und Wasserhahn.

96 Seit 12. Februar 2002 wird jedes Jahr der mit der UN-Kinderrechtskonvention korrespondierende und von Organisationen wie dem Internationalen Roten Kreuz und dem Roten Halbmond unterstützte Red hand day als weltweiter Gedenktag gegen der Einsatz von Kindersoldaten begangen.

97 *Mit Foto!* – MZ, 28.04.2017, Seite 24.

98 Auch der baden-württembergische Privatsender Radio Regenbogen sei erwähnt; er sendet seit 1988 und gründete 1996 die Stiftung Kinder unterm Regenbogen, die bedürftige Kinder und Familien sowie seit dem Jahr 2000 auch die internationale Hilfsorganisation Innocence in Danger mit Spenden unterstützt; zudem richtete Radio Regenbogen im Juli 2006, 2007, 2009 und 2011 die Arena of Pop im Mannheimer Schloss aus – bis die Finanzbeteiligung durch das Land Baden-Württemberg wegfiel.

99 MZ, 02.11.2012, Seite 16.

100 Das Grüne Band Deutschland ist Teil des vom Eismeer in Nordnorwegen bis zum Schwarzen Meer und zur Türkei durch 24 Staaten verlaufenden Grünen Bandes Europa (European Green Belt) – mit 600 bedrohten Arten in 150 Naturschutzgebieten, dem größten Biotopverbund Deutschlands.

101 Etliche Orte sind nicht mehr selbständig, sondern von großen Kommunen eingemeindet: Carlsgrün (heute Ortsteil von Bad Steben) oder Froschgrün, Lippertsgrün und Marxgrün, die zu Naila gehören.

102 So gibt es Straßen namens Schwarzer Weg in Ballenstedt, Darmstadt, Düsseldorf-Vennhausen, Halle, Hamburg, Köln, Leipzig und Zinnowitz; eine Grüne Straße weisen die Stadtpläne von Berlin, Frankfurt am Main, Ilsenburg, Prerow, Schwerin und Wernigerode aus; die frühere Grünstraße in Halle an der Saale wurde 1965 nach einem halleschen Mediziner in Ernst-Kromayer-Straße umbenannt.

103 Eine regelrechte Liebesschloss-Industrie soll sich dort angesiedelt haben – mit Verkauf.

104 Der Caño Cristales – nach der Regenzeit wirkt er durch blühende Algen rot.

105 Der Betsiboka – in der Regenzeit färbt er sich durch eingeschwemmte rostbraune Erde blutrot.

106 Der Kisilirmak – dieser Fluss führt eisenhaltige Tonerde mit sich, davon sieht er rot aus.

107 Bekannt sind die Kapverdischen Inseln seit Mitte des 15. Jahrhunderts; das Grüne Kap an der westafrikanischen Küste hielten die portugiesischen Entdecker lange für die Südspitze des Kontinents.

108 Patricia Schultz: *1000 Places to see before you die – Die neue Lebensliste für den Weltreisenden*, Potsdam 2012.

109 Seit 1992 gilt die EU-Richtlinie 92/43 zur Erhaltung der natürlichen Lebensräume sowie der wildlebenden Tiere und Pflanzen, die zur Bildung des Netzes europäischer Schutzgebiete NATURA 2000 führte – das Schwarze Wasser gehört dazu.

110 Der Name rührt wohl von den Schieferdächern der Türme her, die womöglich mit Rechter Blaustein gedeckt sind, einem belgischen Schiefergestein (im Gegensatz zum viel jüngeren Aachener Blaustein, aus dem Hohen Venn, in der Gegend häufig für Türschwellen, Treppen und Grabmale verwendet und bei der Ausstattung von Kirchen, zum Beispiel für den Sockel der Chorhalle im Aachener Dom.

111 Das Rote Schloss in Weimar wurde 1574 bis 1576 als Witwensitz für Herzogin Dorothea Susanne erbaut, das Gelbe Schloss ließ sich 1702 bis 1704 die verwitwete Herzogin Charlotte Dorothea Sophie errichten, das Grüne Schloss, erbaut 1562 bis 1569, 200 Jahre später zur Bibliothek umgebaut, diente seit 1766 als Domizil der Herzogin Anna Amalia. Die Namen der ersten zwei beziehen sich auf die Fassadenfarbe, beim Grünen Schloss nahm man lange an, der Name käme vom Kupferdach her – jetzt fanden Denkmalschützer heraus, dass es früher grüne Fliesen im Eingangsbereich gab.

112 Sogar ein Gedenkstein wurde am 27. Oktober 2013 dort enthüllt – MZ, 23.10.2013, Seite 13.

113 chrismon 11/2011, Seite 40.

114 MZ, 03.02.2017, Seite19.

115 Die Jamaika-Koalition – die Verbindung von FDP, CDU/CSU und Grünen –, war einst als Schwarze Ampel bekannt. Daraus leitete der Münchner Unternehmensberater Hans Burlach die Empfehlung für seine Ideen in einer Fernsehshow am 1. Mai 2012 ab: *Ich bin die Ampel am schwarzen Mast!*

116 Der Orden Arme Ritterschaft Christi und des salomonischen Tempels zu Jerusalem wurde nach dem ersten Kreuzzug im Jahr 1118 gegründet und bestand bis zur Auflösung durch Papst Clemens V. auf dem Konzil in Vienne am 22. März 1312, zwei Jahre vor dem Tod auf dem Scheiterhaufen des letzten Großmeisters. Das Wappen der Templer war ein rotes Tatzenkreuz auf weißem Grund. – Am 6. Dezember 1745 (nach julianischem Kalender) fiel erstmals das später im ganzen angelsächsischen Raum übliche Wort Black Friday: weil der zuvor im französischen Exil lebende Thronprätendent aus dem Hause Stuart, Charles Edward Louis Philip Casimir Stuart, nach der Landung in Schottland bis Derby vorgedrungen war. – Am 11. Mai 1866 (nach nun auch im Vereinigten Königreich geltendem gregorianischen Kalender ein Freitag) löste der Bankrott der Londoner Diskontbank Overend Gurney and Co. Panik und eine Krise des britischen Finanzwesens aus. – Eine Woche nach Eröffnung der fünften Weltausstellung in Wien am 1. Mai 1873 kam es (infolge von Spekulationen) zum berüchtigten Gründerkrach, der die Gründerzeit in Österreich-Ungarn abrupt enden ließ. – Nach dem Absturz des Dow Jones Index am Vortag (dem Schwarzen Donnerstag) bewirkte der Crash der Aktienkurse an der Wall Street am Freitag, dem 25. Oktober 1929, den Beginn der Weltwirtschaftskrise.

117 Das Adjektiv blümerant brachten die Hugenotten aus Frankreich mit, es kommt von bleu mourant = blassblau oder sterbend blau und meint, dass einem übel oder flau im Magen ist. Blackout bedeutete zuerst ein abruptes Verlöschen der Scheinwerfer im Theater oder eine gefährliche Begleiterscheinung bei Sturzflugmanövern in der Luftfahrt (da auch Greyout genannt); jetzt fast nur noch im übertragenen Sinn als temporärer Gedächtnisverlust gebräuchlich; daneben gibt es den Brownout in der Elektrizität, den Whiteout in der Meteorologie und den Redout, der Piloten bei Kunstflugfiguren widerfahren kann.

118 Foto: Jürgen Lukaschek – MZ, 21.03.2017, Seite 2.

119 *Dessau-Roßlau hüllt sich zum Farbfest in Grün* – MZ, 29.07.2010, Seite 7, und *Aus Rot wird Grün* – MZ, 02.09.2010, Seite 23.

120 MZ, 01.09.2011, Seite 21; die Motti der Bauhausfeste rufen teils konkrete Farben, teils Farbigkeit/Buntheit allgemein oder nichts davon auf. 2013: Bunt gewürfelt, 2014: Glocke und Spirale – verdrehte Welt, 2015: Kollektives Blau – collective blue, 2016: Zirkus, Zirkus – Von Schwarz nach Weiß, 2017: Bunt! Material Illusion, 2018: Gelb gewinkelt, 2019: Modell und Ruine, 2020: Die Welt neu denken.

121 MZ, 14.03.2017, Seite 24.

122 2009 stand das sagenhafte grüne Sofa im Haus der Geschichte in Bonn; seit 2011 ziert es das Foyer des Senders Bremen. Vor dem Funkhaus in Bremen-Mitte lädt seit dem 10. November 2013 – dem 90. Geburtstag des 2011 verstorbenen Künstlers – Herbert Rauers Loriot-Sofa mit Mops in Bronze Einheimische wie Touristen zu vergnügtem Erinnern ein.

123 Am 27. Januar 2017 fand bei DAS! im NDR das Gespräch zwischen Dr. Diaby und Sandra Wiener statt; am 2. März 2017 kritisierte Karamba Diaby bei Markus Lanz die Rechten und Donald Trump.

124 Lyrikabend mit Pia Monika Nittke am 23. September 2011 in der Grünen Zitadelle in Magdeburg.

125 Mehr zum Buntbuch-Verlag: Seiten 108 und 207 in diesem Buch.

126 *Hassel in Farbe* – MZ, 07.08.2012, Seite 2.

127 Frank Hörnigk: *Auf Brechts Spur* – Berliner Zeitung, 9./10. Juni 2012, Seite 13.

128 Will Taylor: *Wohnen macht glücklich: Bring Farbe in Dein Leben*, München 2014.

129 So in einer aktuellpolitischen Sondersendung der ARD mit einem ehemalige Europaabgeordneten: *Farbe bekennen mit Martin Schulz*, Sonntag, 19.03.2017, 18.30 Uhr.

130 Elke Richter: *Die mit den Farben* – MZ, 15.10.2011, Seite 23.

131 DPA: *Hingucker aus Rot und Grün* – MZ, 10.11.2012, Seite 25.

132 Antonie Städter: *Körperschmuck: Unter die Haut* – MZ, 02.04.2012, Seite 3.

133 Katharina Oguntoye/May Opitz/Dagmar Schultz (Hg.): *Farbe bekennen. Afro-deutsche Frauen auf den Spuren ihrer Geschichte*, Berlin 1986, 2. Auflage (nun als May Ayim) 1991. Verse aus Gedichten von May Ayim wie geplant zu zitieren, genehmigte der Orlanda Verlag leider nicht. Das Titelgedicht des Lyrikbandes *Blues in Schwarzweiß* findet sich unter dem Link https://www.baustein.dgb-bwt.de/PDF/C3-Blues.pdf. Den vollen Wortlaut von *grenzenlos und unverschämt* kann man nachlesen unter https://ecoleusti.wordpress.com/2013/08/09/may-ayim/ (letzte Zugriffe am 30.06.2020).

134 Seine Häftlingskleidung markierte ein braunes, auf der Spitze stehendes Dreieck.

135 Gert Schramm: *Wer hat Angst vorm schwarzen Mann. Mein Leben in Deutschland*, Aufbau-Verlag Berlin 2011. – Nicht identisch mit einem esoterischen Buch von Jan van Helsing (und Jan Udo Holey): *Wer hat Angst vor'm schwarzen Mann …?* (2005)! Auch dieser Autor nutzt die attraktive Wirkung von Farben; zwei andere Bücher von ihm heißen Die innere Welt. *Das Geheimnis der Schwarzen Sonne* (1998) und *Die Kinder des neuen Jahrtausends: Das Geheimnis der Indigo-Kinder* (2001).

136 Das waren die Farben der Nationalflagge des deutschen Kaiserreichs (1871–1918), die ihrerseits auf die Flagge des Norddeutschen Bundes (1867–1871) zurückging und 1918 (bis 1933) von der revolutionären schwarz-rot-goldenenTrikolore der Weimarer Republik abgelöst worden war.

137 Das später auch offiziell Braunhemd genannte Parteihemd ist ein Werk des Zufalls: Ein Ende 1923 nach Österreich geflohene Freikorps- und SA-Führer erwarb einen größeren Posten brauner Hemden, die ursprünglich für die deutsche Schutztruppe für Ost-Afrika bestimmt waren. Ab 1924 trug man sie, komplettiert mit braunen Bindern, Breeches-Hosen, Stiefeln und Mützen, als Lettow-(Vorbeck-)Hemd.

138 2014 erschien Georg Hösler-Weiß' *Brauner Filz im schwarzen Schafspelz. Die braunen Schafe der schwarzen Szene*, eine Analyse völkischer Tendenzen der rechten Rock- und Metalmusik.

139 *Bunt statt braun* – forderten Transparente bei einer Demo gegen rechts am 16. April 2011 in Plauen. *Bunt gegen Braun* war der Bericht über den Neonazi-Aufmarsch in Dresden am 13. Dezember 2012 und Tausende Gegendemonstranten (unter ihnen SPD-Vizepräsident des Bundestages Wolfgang Thierse) überschrieben. Bunt, weil sich diesmal Parteien, Verbände und Kirchen aller Couleur (!) beteiligten. Das Motto der von Pfarrer Frank Richter (angesehener 89er Revolutionär) initiierten Gegendemo hieß: *Mit Mut und Toleranz – Dresden bekennt Farbe* – Bernhard Honnigfort: *Bunt gegen Braun* – MZ, 14.02.2012, Seite 3.

140 Ein Vierteljahrhundert später – nach dem Überfall Nazi-Deutschlands auf die Sowjetunion im Zweiten Weltkrieg – wurde Rote Armee zum Synonym der für das Sowjetreich kämpfenden Soldaten.

141 Rudolf Schricker: *Rotmord über München*, Berlin 1934.

142 1957 schuf der Leipziger Künstler Werner Tübke die Druckgrafik *Weißer Terror in Ungarn.*

143 Max Hoelz: *Vom Weißen Kreuz zur Roten Fahne. Jugend-, Kampf- und Zuchthauserlebnisse*, Berlin 1928.

144 DER SPIEGEL 9/1978, 27.02.1978.

145 Es gibt auch Wechselfarben, zum Beispiel Grau, das sich ursprünglich auf Italien bezog, später jedoch symbolisch für die Besetzung der Azoren verwendet wurde.

146 Der Plan enthielt eine Reihe von Unterplänen (mit Unterfarben): Das Vereinigte Königreich selbst war Rot, Kanada Crimson (Karm[es]inrot), Indien Ruby (Rubinrot), Australien Scarlet (Scharlachrot) und Neuseeland Granatrot; Irland, damals freier Staat im britischen Empire, firmierte unter Smaragd.

147 2010 war ein Porträt der neunjährigen Nguyen Thi Ly, Opfer der Giftgasangriffe auf Da Nang, das UNICEF-Foto des Jahres – MZ, 18.12.2010, Seite 5.

148 Schon Adolf Hitler verfügte im Führerbunker über ein rotes Telefon, mittels dessen er in den letzten zwei Kriegsjahren die meisten seiner Befehle ausgegeben haben soll.

149 Das Black Book ist ein Verzeichnis aller jeweils verfügbaren nuklearen und nicht-nuklearen Angriffspläne; die Gold Codes identifizieren den Präsidenten als Oberbefehlshaber der Streitkräfte.

150 Macróns Bild erschien quasi 1:1 als Motto der zweiteiligen Info-Veranstaltung *Unterrichten im Ausland* an der halleschen Uni am 18. und 25. April 2018: *Keine roten Linien, nur Horizonte.*

151 Außerdem kann man in Hannover einem Blauen Faden folgen, der den zweitältesten Stadtteil, die Calenberger Neustadt, erschließt und 38 sehenswerte Punkte berührt – allerdings besteht dieser Weg nicht aus einer Linie zu Füßen, sondern aus Hinweisschildern in Augenhöhe.

152 Ralf Böhme – MZ, 10.10.2011, Seite 3; ebenfalls auf den Kreuzzügen basiert das Computerspiel World of Warcraft, in dem die Eliteeinheit Purpurrote Liga des Scharlachroten Kreuzzugs in der scharlachroten Bastion der heiß umkämpften Stadt Stratholme ihre Gegner niederringt.

153 1927 vom Französischen Bergwandervereins und dem Bergwandervereins der Vogesen initiiert und 1940 von den Deutschen zerstört. Im Oktober 1960 stellte es der Bildhauer Bouret wieder her.

154 *Livre brun sur l'incendie du Reichstag et la terreur hitlérienne*, Éditions du Carrefour, Paris 1933.

155 Die 1958 im Westen publizierte Dokumentation *Ehemalige Nationalsozialisten in Pankows Diensten* listete 75 ehemalige NSDAP-Mitglieder in hohen Funktionen in Ostdeutschland auf. Bis 1965 erschienen fünf erweiterte Auflagen. Die Rechercheure müssen Verbindungen zum US-amerikanisch verwalteten Berlin Document Center und zu Informanten in der DDR gehabt haben. Auf der Gegenseite erschien 1965 das *Braunbuch: Kriegs- und Naziverbrecher in der Bundesrepublik. Staat, Wirtschaft, Armee, Verwaltung, Justiz, Wissenschaft*, herausgegeben vom Nationalrat der Nationalen Front des Demokratischen Deutschland [und dem] Dokumentationszentrum der Staatlichen Archivverwaltung der DDR; weitere Auflagen gab es 1967, 1968 und 2002. Das von Olaf Kappelt 1981 vorgelegte *Braunbuch DDR. Nazis in der DDR* enthielt 876 Namen,

die Neuauflage 2009 Angaben zu über 1000 NS-belasteten Personen in gesellschaftlich einflussreichen Positionen der DDR.

156 Stéphane Courtois (Hg.): *Das Schwarzbuch des Kommunismus – Unterdrückung, Verbrechen und Terror*, München 2004.

157 Mehr zu R. Geiger auf den Seiten 121, 253 ff. und 259 in diesem Buch.

158 Das neue Schwarzbuch wurde am 19. September 2012 in Berlin vorgestellt; es enthält über 100 Beispiele von Vergeudung von Steuergeldern, davon vier aus Sachsen-Anhalt (die Bodetal-Therme, die Schule Droyßig, das Haus des Kindes Völpke und die Salzlandkliniken) – MZ, 20.09.2012, Seite 2.

159 Das Auswärtige Amt des Dritten Reiches gab acht Weißbücher heraus: *Weissbuch Nr. 1: Urkunden Zur letzten Phase Der Deutsch-Polnischen Krise* (1939); *Weissbuch Nr. 2: Dokumente Zur Vorgeschichte Des Krieges* (1939); *Weissbuch Nr. 3: Polnische Dokumente Zur Vorgeschichte Des Krieges* (1940); *Weissbuch Nr. 4: Dokumente Zur Englisch-Franzoesischen Politik Der Kriegsausweitung* (1940); *Weissbuch Nr. 5: Weitere Dokumente Zur Kriegsausweitungspolitik Der Westmaechte* (1940); *Weissbuch Nr. 6: Die Geheimakten Des Franzoesischen Generalstabes* (1941); *Weissbuch Nr. 7: Dokumente Zum Konflikt Mit Jugoslawien Und Griechenland* (1941); *Weissbuch Nr. 8: Dokumente Über Die Alleinschuld Englands Am Bombenkrieg Gegen Die Zivilbevoelkerung* (1943). – 1995 druckte das Archiv Edition in der Reihe *Kriegsursachenforschung* das *Weissbuch Nr. 2* nach.

160 Eine neue Ausgabe war laut damaliger Verteidigungsministerin Ursula von der Leyen für 2016 geplant. Dieses Weißbuch trägt den Untertitel *Zur Sicherheitspolitik und zur Zukunft der Bundeswehr.*

161 Paul Raabe: *Kulturelle Leuchttürme: Brandenburg, Mecklenburg-Vorpommern, Sachsen, Sachsen-Anhalt, Thüringen [ein Blaubuch nationaler Kultureinrichtungen in der Bundesrepublik Deutschland], mit einem Anhang Kulturelle Gedächtnisorte*, Leipzig 2002; Paul Raabe, Manfred Ackermann: *Blaubuch 2006. Kulturelle Leuchttürme in Brandenburg, Mecklenburg-Vorpommern, Sachsen, Sachsen-Anhalt und Thüringen. Mit einem Anhang Kulturelle Gedächtnisorte*, Berlin 2006.

162 Nicht nur zu den englischen Blaubüchern findet man viel in Internet, auch zu diversen anderen Farb- oder Buntbüchern, die alle bestimmte Absichten resp. Zugehörigkeiten im politischen Spektrum signalisieren; so lohnt sich der Link https://de.wikipedia.org/wiki/Farbbuch (letzter Zugriff am 18.06.2020).

163 DAPD (Berlin): *Kulturrat startet* Rote Liste Kultur – MZ 04.07.2012, Seite 30; während der Arbeit am Buchmanuskript war im Februar 2018 zu erfahren: Das seit 1936 bestehende Millowitsch-Theater in Köln wurde auf die Rote Liste bedrohter Kultureinrichtungen in Deutschland gesetzt, der letzte Vorhang fiel am 25. März 2018.

164 Wettbewerb für bedrohte Wörter – MZ, 19.12.2006, Seite 26.

165 Bericht von Axel Eger – Thüringer Allgemeine/Gothaer Allgemeine, TA GO 1, 19. Juni 2012.

166 Das Moment der Solidarität nimmt auch die Mitte 2012 im rheinischen Braunkohlerevier gestartete Aktion *Das gelbe Band* auf, die ein Zeichen der Verbundenheit mit den Grubenranddörfern setzen soll.

167 Diese Schleife, im Jahr 2013 von Freiwilligen aus ganz Deutschland und sogar aus Griechenland gestrickt, war 1,5 Kilometer lang. Schon bevor die Rote Schleife diese spezielle Bedeutung erhielt, gab es sie, so seit 1985 in Mexiko, wo sie zum Gedenken an den ermordeten Drogenfahnder Enrique Camarena getragen wurde und danach zum Sinnbild der stets Ende Oktober zelebrierten Red Ribbon Week avancierte, daraus erwuchs 1988 die durch den US-Kongress und Präsident Ronald Reagan ausgerufene Drug Free America Week.

168 Auf die Absage an Gewalt zielten auch, etwa seit 2003, Aktionen gegen den Irakkrieg: Tausende Menschen trugen ein Weißes Band.

169 Türkis mit weißen Punkten, die sogenannte Lymph-Schleife für lymphologische Erkrankungen; rote, gelbe, hell- und dunkelblaue Puzzleteile zieren eine (umstrittene) Schleife, die Autisten kenntlich machen soll; Anhänger/innen der Polyamorie outen sich mit blau-rot-schwarzen Schleifen (oder der Kombination eines roten Herzens mit dem blauen Unendlichkeitssymbol); eine meergrüne

Schleife steht seit 2009 für den seit 1998 am 22. Oktober begangenen Welttag der Stotterer; gelegentlich versinnbildlicht eine blaue Schleife den Kampf um Meinungsfreiheit, gegen Stalking und Mobbing; lokal begrenzt auf das Bundesland Hessen sind blaue, weiße und rote Schleifen zu sehen – für die Solidarität mit Einsatzkräften von Polizei, Feuerwehr und Rettungsdienst.

170 Katrin Löwe: *Spur der Hoffnung* – MZ, 18.11.2011, Seite 3.

171 Der Terminus Grüne Revolution taucht noch anderweitig auf: für die seit Beginn der 1960er Jahre initiierte Entwicklung moderner landwirtschaftlicher Hochleistungs- bzw. Hochertragssorten, die sehr schnell in vielen Entwicklungsländern, vor allem in Asien erfolgreich verbreitet wurde. Als Erster nannte 1961 der Geschäftsführer der United States Agency for International Development (Behörde der Vereinigten Staaten für internationale Entwicklung) William Gaud diesen Trend Grüne Revolution und meinte die mit neuen Anbaumethoden erzielten Rekorderträge. Optimisten sahen – weil sie den Hunger in der Welt einzudämmen versprach – in der Grünen Revolution ein präventives Instrument gegen gewaltsame Revolutionen. Die Folgen werden international unterschiedlich bewertet.

172 Aus dem Stamm der Quraisch – auch Koreischiten genannt – stammt der Prophet Mohammed. Der Quraisch-Falke ist das Wappentier mehrerer arabischer Staaten (so Kuweit und Dubai); er konkurriert mit Saladins Adler, der u. a. für Ägypten steht.

173 Blauhelme ist der umgangssprachliche Name für die UN-Friedenstruppen, die seit 1948 in vielen Ländern im Einsatz sind und 1988 mit dem Friedensnobelpreis geehrt wurden. Nach den ersten, noch unbewaffneten Einsätzen auf dem Balkan und in Palästina entsandten die Vereinten Nationen 1956 während des Suez-Konflikts erstmals bewaffnete Truppen in eine Krisenregion. Als 1969 UN-Soldaten in den Kongo geschickt wurden, schlug UN-Generalsekretär Dag Hammarskjöld vor, sie mit blauen Helmen mit der Aufschrift UN auszurüsten und ihre Fahrzeuge ebenso zu kennzeichnen.

174 Zitiert aus August Heinrich Hoffmann von Fallersleben: *Deutsche Salonlieder*, 1843, Seite 5.

175 Im Volksmund nur Die Fäuste: 1969 geschaffen, 1970 aufgestellt und 1971 eingeweiht, staubgraue monumentale Betonplastik von Heinz Beberniß, Gerhard Lichtenfeld und Sigbert Fliegel am damaligen Ernst-Thälmann-Platz, der seit 1991 wieder nach Carl Adolf Riebeck (wie 1891 bis 1945) Riebeck-Platz heißt. Im September 2003 riss man es auf Beschluss der halleschen Stadtversammlung ab.

176 Christine Schmidt: *Auf Spurensuche. GESCHICHTE. Am Hansering in Halle wird die friedliche Revolution lebendig* – MZ, 03.04.2017, Seite 10.

177 Lange Zeit glaubten Initiatoren und Aktivisten der Bewegung, dass die Devise Black is Beautiful auf eine 1858 gehaltene Rede des afroamerikanischen Lehrers, Arztes und Rechtsanwalts John Stewart Rock zurückginge; das haben Historiker widerlegt.

178 Die marxistisch-leninistisch orientierte Black Panther Party bestand von 1966 bis 1982, die radikale Black Liberation Army von 1970 bis 1981.

179 Winfried Kretschmann (Jahrgang 1948) ist der erste grüne Ministerpräsident in Deutschland, der seit 2011 zuerst eine grün-rote, seit 2016 eine grün-schwarze Regierung in Baden-Württemberg anführt. Die Partei Bündnis 90/Die Grünen ist in verschiedenen Konstellationen – u. a. in Jamaika- oder Kenia-Koalitionen – in 14 von 16 deutschen Landtagen vertreten.

180 Ursprünglich war der gelbe Hut vor allem für aschkenasische Juden selbstverständlicher (nicht diskriminierender) Teil ihrer Tracht; erst Papst Innozenz III. legte auf dem Laterankonzil von 1215 fest, dass der Judenhut zur Unterscheidung seiner Träger von anderen religiösen Gruppen zu tragen sei.

181 Das Pendant: Im Gelobten Land, so in Akko, wurden Christen mit einem blauen Fleck stigmatisiert.

182 Seit der Gründung des Staates Israel im Jahr 1948 ist der blaue Davidstern auf weißem Grund dessen Nationalflagge und Symbol, weil Blau und Weiß die traditionellen jüdischen Ritualfarben sind.

183 MZ – 09.03.2013, Seite 5.

184 *Big Bird Bibo* – MZ 10.10.12, Seite 4.

185 Einzige Ausnahme ist die seit dem Jahr 2000 in Kanada bestehende, unbedeutende Marijuana-Party. In Deutschland werden infolge ihrer politischen Orientierung rechtsextreme Parteien wie NPD, DVU oder Republikaner mit Braun assoziiert, obwohl sie selbst die Farbe nicht verwenden.

186 Deshalb dominiert wohl auch bei Großveranstaltungen der CSU oft das bayerische Blau(-Weiß).

187 Bernhard Honnigfort: *Blauer Brief für Schwarz-Grün* – MZ, 17.07.2010, Seite 4.

188 Als Jamaika-Koalition wird eine Koalition zwischen den Unionsparteien, der Freien Demokratischen Partei und Bündnis 90/Die Grünen bezeichnet, denn die Farben der jamaikanischen Nationalflagge sind Schwarz, Gelb und Grün; Hans-Jürgen Greye: *Farbspiele* – MZ, 03.01.2011, Seite 4. Im April 2016 entstand mit Einzug der AfD in den Landtag nach den Landtagswahlen in Sachsen-Anhalt eine Kenia-Koalition: Die Farben der kenianischen Nationalflagge Schwarz, Rot und Grün signalisieren die Unionsparteien, die SPD und Bündnis 90/Die Grünen. Neu ist seit Herbst 2018 die Papaya-Koalition in Bayern: CSU und Freie Wähler bildeten eine Landesregierung in Schwarz-Orange.

189 Christian Eger: *Vom Harz bis zum Fläming* – MZ-Beilage *1212–2012 Anhalt 800*, 3.2.2012, Seite 2.

190 Nico Fried von der SZ im Gespräch mit Dunja Hayali in der Presseschau des ZDF-Morgenmagazins am 18.04.2012, 7.20 Uhr.

191 Die französische Trikolore tauchte erstmals 1790 in der Revolutionszeit auf und wurde bis 1794 als Seekriegsflagge benutzt, aber mit Rot an der Mastseite. Sie stellte eine Kombination aus den Farben des Wappens von Paris (Rot und Blau) und der Farbe des Königs (Weiß) dar. Die Anordnung der Farben stammt ebenfalls

aus dieser Zeit und zeigt die durch das Volk (die Farben von Paris) eingeschränkte Macht des Königs. Andere Quellen sehen das Rot als Symbol der Oriflamme (die vom 12. bis zum Anfang des 15. Jahrhunderts geführte Reichs- und Kriegsfahne der französischen Könige, rot und meist mit goldener Sonne), des Banners von Saint Denis de Paris, des Schutzheiligen des französischen Kaiserreiches, im Blau sehen sie den Mantel des französischen Königs. Mit der Abschaffung der Monarchie am 21. September 1792 wurde diese Interpretation hinfällig, doch die Trikolore blieb weiterhin Symbol der Revolution. Mit der bis heute gültigen Farbreihenfolge wurde sie am 15. Februar 1794 zur offiziellen Nationalflagge der Ersten Republik erklärt. Später wurden die drei Farben als Sinnbild für den Wahlspruch Freiheit, Gleichheit, Brüderlichkeit (liberté, égalité, fraternité) umgedeutet: Blau für die Freiheit, Weiß für die Gleichheit und Rot für die brüderliche Liebe. Rot-Weiß-Blau soll übrigens die weltweit am häufigsten gewählte Farbkombination bei Nationalflaggen sein; in vielen Fällen wird sie, wie das Vorbild aus Frankreich, Trikolore genannt und gilt als Freiheitssymbol.

192 DPA-Foto des irisch-grün gefärbten Chicago-River – MZ, 18./19.03. 2017, Seite 20.

193 dpa – MZ, 02.01.2015, Seite 24.

194 dpa – MZ, 17.08.2010, Seite 21; siehe auch www.pinklake.at (letzter Zugriff am 18.06.2020).

195 Christian Heinrich Wunderlich (Foto) bei der Präsentation des Topfes. Foto: dpa – MZ, 18.10.2010, Seite 2.

196 Mehr dazu auf Seite 285 f. und in Anmerkung 180 in diesem Buch.

197 MZ, 24.12.2010, BLICK, Seite 1.

198 Heiner Lück, im *Handwörterbuch zur deutschen Rechtsgeschichte*, 2. Auflage, Band I, Lieferung 7, Spalte 1507–1513.

199 Details zur langen Geschichte der Feuerwehr in Hamburg in einem Beitrag des Vereins der Hamburger Feuerwehr-Historiker unter http://www.feuerwehrhistoriker.de/download/wittkit.pdf (letzter Zugriff am 18.06.2020).

200 Iris Stein: *Geliebter Ärger* – MZ Halle, 27.02.2010, Seite 29; Copyright: Mitteldeutsche Zeitung | Text: Iris Stein.

201 Nach dem gleichnamigen Computer im 1979 erschienenen Roman *Per Anhalter durch die Galaxis* von Douglas Adams.

202 Henry Markram ist ein israelischer Hirnforscher südafrikanischer Herkunft; seine wissenschaftliche Arbeit hat, da einer seiner Söhne Autist ist, auch einen privaten Hintergrund. Der Name Blue Brain soll assoziieren, dass da quasi eine Blaupause des Gehirns entsteht.

203 Rubiks buntes Spielzeug hatte Vorgänger: Bereits 1957 entwickelte der US-amerikanische Chemiker Larry D. Nichols einen ähnlichen Würfel, der aus 2 x 2 x 2 Teilen bestand, die durch Magnete zusammengehalten wurden, und den er sich 1972 patentieren ließ. Daraus folgte in den 1980er Jahren ein Patentstreit in den USA. – Auf der CeBIT in Hannover wurde 2009 eine mit LED-Chips und Touchscreens ausgestattete Version des Würfels vorgestellt.

204 Zur Bluestocking Society: https://de.wikipedia.org/wiki/Blaustrumpf. Das Blau-Museum – mit Kuriositäten wie Blauem Purpur und Banalem wie Bluejeans – wurde im September 2017 eröffnet.

205 Als Blaues Wunder ist vor allem die nach ihrem ersten hellblauen Anstrich so benannte, von 1891 bis 1893 errichtete Brücke über die Elbe zur Verbindung der Dresdner Villenviertel Blasewitz und Loschwitz bekannt. Unklar ist die Herkunft der Redewendung, jemand werde sein blaues Wunder erleben, womit ein (meist negatives) unerwartetes Ereignis gemeint ist; vielleicht bezieht sich das auf eine früher übliche Bedeutung der Farbe Blau: Sie konnte auch für Lüge und Täuschung stehen. Näheres hätte man bei einem Vortrag im Novalis-Schloss Oberwiederstedt erfahren können, denn da sprach Helmut Gebelein am 23. August 2014 zum Thema *Das blaue Wunder erleben. Bemerkungen zur Farbe Blau* (MZ, 16./17.08.2014, Seite 28). Die Werbung greift das Bild gleichfalls gern auf, so die Firma Biotherm mit ihrer BLUE-THERAPIE-Produktlinie, die sie in Werbeflyern Blaues Wunder nennt; auch für einen Überraschungseffekt wird das Bild genutzt: Der Link www.push-green.de (am 18.06.2020 nur noch über Facebook erreichbar) führt zum grünen

Wunder der Solarenergie, oder Die Rheinpfalz verspricht in einem Zeitungsartikel über die Aktion MYZEL der Künstlerwerkgemeinschaft Kaiserslautern, er werde sein grünes Wunder erleben …

206 Blau machen wird in Verbindung gebracht mit dem Blauen Montag, einem Tag, an dem man nicht arbeitet – wofür es verschiedene Erklärungen gibt: Die Benennung geht vielleicht auf den arbeitsfreien Fastenmontag zurück, an dem die obligatorische liturgische Farbe das Blau ist. Oder sie basiert darauf, dass die Handwerker im Mittelalter an Sonn- und Feiertagen blaue Kleidung trugen und das gern auf den Montag ausdehnten. Schließlich ist die Herleitung aus dem Färbergewerbe plausibel: Wenn Wolle mit Waid blau gefärbt wurde, geschah das am Sonntag, und am Montag musste sie an der Luft trocknen, die Färbergesellen hatten nichts zu tun.

207 Blauäugig sein meint naiv sein und beruht darauf, dass hellhäutige Babies zuerst immer blaue Augen haben.

208 Gedanken zur Fahrt ins Blaue finden sich auf den Seiten 61 und 85; der blauen Blume, blauen Stunden und dem Ritter Blaubart begegnen wir im Kapitel über Farben in der Literatur ab Seite 165, besonders auf den Seiten 175, 194 f. und 192.

209 Ernst Bromeis schrieb: *Während ich diese Zeilen schreibe, kämpfen Milliarden Menschen um das Recht auf Wasser. Es ist aber kein politischer Kampf um das Recht auf Wasser, sie kämpfen schlicht um ihr Überleben. Für viele endet der Kampf tödlich […]. Meine Expedition im Rhein […] ist nicht einfach ein persönlicher Egotrip. Ich will nicht einfach erfahren, wie es ist, wochenlang im Wasser zu leben. Ich will vor allem dem Menschenrecht auf Wasser Gehör und Aufmerksamkeit verschaffen.* – Von der Rheinquelle am Lago di Dentro bis nach Hoek van Holland an der Nordsee brauchte er 44 Tage, eine Stunde und 55 Minuten, am 20. August 2014 hatte er sein Ziel erreicht.

210 Der endgültige Abriss des vor fast einem halben Jahrhundert in der damals hochmodernen Schalenbauweise errichteten DDR-Relikts geschah im Mai 2018.

211 Vergleiche Wikipedia-Einträge zu Berliner Blau, Methylenblau und Königsblau (letzter Zugriff am 16.06.2020).

212 *Brockhaus' Konversationslexikon*, Autorenkollektiv, F. A. Brockhaus in Leipzig, Berlin und Wien, 14. Auflage, 1894–1896.

213 Ekkehart Eichler: *Ton in tausend Tönen* – MZ, 27.04.2012, Seite 19.

214 Mehr als ein halbes Jahrhundert später, im Jahr 1967, wurde die Lovestory mit Conny Froboess verfilmt – auch dazu gibt es Exponate im Kurt-Tucholsky-Literatur-Museum im Schloss Rheinsberg.

215 Newton entdeckte 1671 die Lichtbrechung und die Ursache des Regenbogens. Indigo definierte er als eine der Farben des optischen Spektrums: Rot, Orange, Gelb, Grün, Blau, Indigo und Violett.

216 Die Entdeckungsgeschichte des Maya-Blaus reicht über hundert Jahre zurück: Bereits Anfang des 20. Jahrhunderts hatten Forscher in der Ruinenstätte Chichén Itzá auf der mexikanischen Halbinsel Yucatán am Grund eines natürlichen Brunnenbeckens eine mehrere Meter dicke Schicht blaugefärbter Ablagerungen entdeckt, darunter Reste von Keramik, Schmuckstücken und die Skelette von mehr als hundert Menschen: Überreste derer, die an diesem Kultplatz geopfert worden waren. Auch fanden die Forscher in Chichén Itzá einen blau eingefärbten Altar – vergleiche *Das rätselhafte Blau der Maya*, in: Farbimpulse. Das Onlinemagazin für Farbe in Wissenschaft und Praxis, 05.03.2018.

217 Die Internationale Vereinigung der Farben (AIC) ist eine 1967 in Washington gegründete gelehrte Gesellschaft mit dem Ziel, die Forschung in allen Bereichen der Farbe zu fördern und das gewonnene Wissen zu verbreiten.

218 Siehe http://www.colour.education/farbe-in-der-bildung-rueckschau-zur-konferenz-in-halle-2010/ und www.deutsches-farbzentrum.de (letzte Zugriffe am 16.06.2020).

219 dpa – MZ, 21.03.2017, Seite 22; am 28 November 2018 wurde, diesem Antrag folgend, bei der Sitzung des UNESCO-Ausschusses zum Immateriellen Kulturerbe in Port Louis (Mauritius) das Blaudruckverfahren der UNESCO-Liste des immateriellen Kulturerbes der Menschheit hinzugefügt.

220 Ulrich Bachmann: *Farbe und Licht / Color and Light*, 2011 im Schweizer Verlag Niggli AG; Christiane Wanzeck: *Zur Etymologie*

lexikalisierter Farbwortverbindungen: Untersuchungen anhand der Farben Rot, Gelb, Grün und Blau, in: *Amsterdamer Publikationen zur Sprache und Literatur*, Band 149, Edition Rodopi, Amsterdam/ New York 2003.

221 Blauer Montag = ein offener Gesprächskreis ohne Thema (mit Frühstück), Treff: jeden 1. Montag im Monat, 9:30 Uhr; Orangener Montag = ein offener Bibelkreis Treff: jeden 2. Montag im Monat, 9:45 Uhr; Heller Mittwoch = jeden 1. Mittwoch im Monat mit Vorträgen, Lesungen u. ä. und Kaffeetrinken.

222 Bücher, deren Titel Farben enthalten und damit besondere Wirkung erzielen: Tomi Ungerer: *Die blaue Wolke* (2000), Anna Seghers: *Das wirkliche Blau* (1967), Nicci French: *Blauer Montag* (2012), Bernhard Kellermann: *Das blaue Band* (1938), Estelle W. Stead: *Die blaue Insel. Ein Blick in das Leben im Jenseits* (1980), Fritz Grasshoff: *Der blaue Heinrich* (1980), Ernst Augustin: *Robinsons blaues Haus* (2012), Else Lasker-Schüler: *Das blaue Klavier* (1937), Erwin Strittmatter: *Die blaue Nachtigall oder Der Anfang von etwas* (1972), Hanns Cibulka: *Die blaue Farbe des Windes* (2005), Edwin Kratschmer: *Blaurausch. Erzählungen* (2008), Clemens J. Setz: *Indigo* (2012), Yrsa Sigurdardóttir: *Die eisblaue Spur* (2009), Theresia Enzensberger: *Blaupause* (2017), Adaobi Tricia Nwaubani: *Die meerblauen Schuhe meines Onkels Cash Daddy: Roman* (2013), Reiner Kunze: *das blaue komma* (1970), Reiner Kunze: *brief mit blauem siegel* (1973), Barbara Krause: *Der blaue Vogel auf meiner Hand: Marianne Werefkin und Alexej Jawlensky* (1998), Erich Kästner: *Das blaue Buch. Kriegstagebuch und Romannotizen* (2006), Erich Kästner: *Das blaue Buch. Geheimes Kriegstagebuch 1941–1945* (2018), Friedrich Naumann: *Das blaue Buch von Vaterland und Freiheit* (1913), Antoine Buéno: *Das kleine blaue Buch. Eine kritische und politische Analyse der Schlumpfgesellschaft* (2011), Hans Peschel: *Der Ball mit den blauen Punkten* (2010), Franz Fühmann: *Kabelkran und Blauer Peter* (1979), Daphne du Maurier: *Die blauen Gläser* (deutsch erstmals 1959 in Ganymed), Urs Widmer: *Der blaue Siphon* (1992), Susan Hastings: *Blauer Staub* (2010), Charles

Bukowski: *The Bluebird* (1992 in der Anthologie *The Last Night of the Earth. Poems; There's a bluebird in my heart, that wants to get out*, deutsch 1996, in: *Auf dem Stahlross ins Nirwana. Gedichte 1988–1992*), Thomas Hardy: *A Pair of Blue Eyes* (1873), Karl May: *Der blaurote Methusalem* (1888/89), Daniel Metcalfe: *Blaue Dahlie, schwarzes Gold: Eine Reise durch Angola* (DuMont Reiseabenteuer, 2015), Gottfried Keller: *Der grüne Heinrich* (vier Bände, 1854/55), Carl Ehrenfried Dreysig: *Reisen des grünen Mannes durch Deutschland und Ungarn* (Teil 1, Halle 1787), Brigitte Reimann: *Das grüne Licht der Steppen, Tagebuch einer Sibirienreise* (1965), Erwin Strittmatter: *Grüner Juni. Eine Nachtigall-Geschichte* (1985), Tana French: *Grabesgrün* (200/2008), Thomas Hardy: *Am grünen Rand der Welt* (1874), Hans Peschel: *Das grüne Gespenst* (Kinderbuch, 2003), Louis Sachar: *Löcher – Die Geheimnisse von Green Lake* (1998/2000), Victor Hugo *Green: The Negro Motorist Green Book* (1936, 1941, 1966), Peter Lenzyn: *Im grünen Raum von Saint-Leu* (2017), *Sir Gawain and the Green Knight* (von einem unbekannten Verfasser im 14. Jahrhundert), Heinz Ohff: *Der grüne Fürst: Das abenteuerliche Leben des Hermann Pückler-Muskau* (2007), Edna Annie Proulx: *Das grüne Akkordeon* (1996), Fannie Flagg: *Grüne Tomaten* (1987), Mario Vargas Llosa: *Das grüne Haus* (1960er Jahre), Stephen King: *The Green Mile* (1996), Heinz G. Konsalik: *Der Fluch der grünen Steine* (1979), Miguel Angel Asturias: *Der grüne Papst* (1954), Werner Schreyer: *Der grüne Papst* (1959), Katherine Pancol: *Die gelben Augen der Krokodile* (2006), Martin Amis: *Yellow Dog* (2003), Liam O'Flaherty: *Das braune Segel* (1942), Liam O'Flaherty: *Das schwarze Tal* (1952), Liam O'Flaherty: *Zornige grüne Insel* (1987), Martin Suter: *Lila Lila* (2004), Lisa Tetzner: *Die schwarzen Brüder* (1941), Walter Scott: *Der schwarze Zwerg* (1816), Oliver Pötzsch: *Die Henkerstocher und der schwarze Mönch* (2009), Susan Hastings: *Der schwarze Magier* (2001), Karl May: *Der Waldschwarze und andere Erzählungen* (1921), Susan Hill: *Der Seele schwarzer Grund* (2008), Petra Hammesfahr: *Der Engel mit den schwarzen Flügeln* (1992), Thomas B. Costain: *Die schwarze Rose* (1950), Robert L. Stephenson: *Der schwarze Pfeil* (1888), Christian Jacq: *Der schwarze Pharao* (2000), Louis Guilloux: *Das schwarze Blut* (1935), Jean-Christophe Grangé: *Das schwarze Blut* (2004), Hoyce Carol Oates: *Schwarzes Wasser* (1993), Bernhard Kleinschmidt und Dean Koontz: *Schwarze Fluten* (2013), Katharina Franck: *Schwarzes Feuer* (2011), Felicitas Mayall († 2016): *Schwarze Katzen* (2014), Kathrin Schmidt: *Seebergs schwarze Katzen* (2007), Menena Cottin und Rosana Faría: *Das schwarze Buch der Farben* (2008), Heinrich Böll: *Schwarze Schafe* (1951), Ernst Meister: *Unterm schwarzen Schafspelz* (1953), Nassim Nicholas Taleb: *Der schwarze Schwan* (2007), Horst Eckert: *Schwarzer Schwan* (2011), Boris Sawinkow: *Das schwarze Pferd* (2017), Peter Schwindt: *Schwarzfall* (2010), Federico García Lorca: *Schwarzer Regenbogen* (1978), Martin Walker und Michael Windgassen: *Schwarze Diamanten* (2011), James Ellroy: *Die schwarze Dahlie* (1987), Elizabeth Peters: *Der Herr vom schwarzen Turm* (1966/71), E. R. Carmin: *Das schwarze Reich* (1997), Andreas H. Apelt: *Schwarzer Herbst* (2010), Johnny Cash: *Man in White* (1986), Lothar Müller: *Weiße Magie. Die Epoche des Papiers* (2012), Ansha: *Weiße Magie. Das große Praxisbuch* (2006), Claire: *Basiswissen Weiße Magie: Das Einmaleins der Hexenkunst* (2010), Steve Hockensmith: *Weiße Magie mordsgünstig* (2015), Steve Hockensmith: *Weiße Magie Vorsicht Stufe!* (2017), Steve Hockensmith: *Weiße Magie direkt ins Schwarze* (2018), Det Morson: *Zur Praxis der Schwarzen und Weißen Magie* (1997/1999), Rafael Horzon: *Das weiße Buch* (2011), Ulf Erdmann Ziegler: *Nichts Weißes* (2012), Reiner Kunze: *Das weiße Gedicht, Essays* (1989), Javier Marías: *Mein Herz so weiß* (1992), Wilkie Collins: *Die Frau in Weiß* (1860/1862), Corinne Hofmann: *Die weiße Massai* (1998), Hennig Mankell: *Die weiße Löwin* (1993), Don De Lillo: *Weißes Rauschen* (original: *White Noise*, 1985), Liza Marklund: *Weißer Tod* (2012), Henry James: *The Golden Bowl* (1904), Tim Herden: *Gellengold* (2010), Richard Wilhelm/Carl Gustav Jung: *Geheimnis der Goldenen Blüte. Das Buch von Bewusstsein und Leben* (2005), Richard Wilhelm/Carl Gustav Jung: *Das Geheimnis der Goldenen Blüte. Ein chinesisches*

Lebensbuch (1992), Thomas Cleary: *Das Geheimnis der Goldenen Blüte. Das Meditationshandbuch des Taoismus* (2011), Tai I Gin Hua Dsung Dschi: *Das Geheimnis der Goldenen Blüte* (2013), Konstantin Paustowski: *Die goldene Rose* (1958), Herta Vogel-Voll: *Die silberne Brücke* (1949/50), Franz Fühmann: *Die Suche nach dem wunderbunten Vögelchen* (1960).

223 Vorgestellt von Christian Bos – MZ, 06.08.2011, Seite 25.

224 Vorgestellt von Steffen Könau – MZ, 17.07.10, Seite 28.

225 Zitiert aus dem Nachwort von Carlos Rincón.

226 Vom gleichen Autor erschien 2017 *Weiße Magie. Vorsicht Stufe!* Und fürs nächste Jahr ist als dritter Titel angekündigt *Weiße Magie direkt ins Schwarze.*

227 Es gibt sogar einen Asteroiden, der *Lilith* heißt. Der Astronom Benjamin Jekhowsky entdeckte am 11. Februar 1927 in Algier den Asteroiden Nr. 1181. Den Namen wählte er zu Ehren der französischen Komponistin Lili Boulanger (1893–1918) – mit der mythologischen Lilith hat das nichts zu tun.

228 Näheres zu den Filmen siehe Seite 216 in diesem Buch.

229 *Ein weiteres Weißes Rauschen oder Die sieben Tage von Bardorf* gab es 2017 in einem Gegenwartsroman von Uli Wittstock.

230 Richard Wilhelm/Carl Gustav Jung: *Geheimnis der Goldenen Blüte. Das Buch von Bewusstsein und Leben*, 2005 (Einführung in den Taoismus in: *Dietrichs Gelbe Reihe*, Band 64); 2011: Thomas Cleary: Das Geheimnis der Goldenen Blüte. Das Meditationshandbuch des Taoismus (Aurinia-Verlag); 2013: Tai I Gin Hua Dsung Dschi: Das Geheimnis der Goldenen Blüte (Hofenberg-Verlag).

231 Er wurde 1999 mit Hilfe von Mitarbeitern des Botanischen Gartens der halleschen Universität gestaltet und zieht zwischen März und Herbst mit seinen blauen Blüten unzählige Besucher an.

232 Es gibt zwei Blaue Koffer zum Thema Farbe und Licht, einen für Kitas und Grundschulen, den zweiten für die Sekundarstufe I. In dem für die Älteren werden den Kindern die Farbtheorien von Goethe und Philipp Otto Runge, einem Zeitgenossen des Dichterfürsten, erläutert; sie werden mit der Wirkweise von Prismen, Linsen und

Lichtfiltern vertraut gemacht, auch optische Täuschungen werden demonstriert – http://www.novalis-gesellschaft.de/index.php/lehrlinge-der-akademie/blauekoffer (letzter Zugriff am 16.06.2020).

233 John Ronald Reuel Tolkien: *Über Märchen*, in: J. R. R. Tolkien: *Baum und Blatt*, Klett-Cotta im Ullstein Taschenbuch, Nr. 39039, Dt. Erstausgabe Frankfurt/Main, Berlin, Wien 1982, Seiten 28/29; und er fährt fort: *Daraus folgt nicht, daß wir in irgendeiner Hinsicht von dieser Kraft einen guten Gebrauch machen werden. Wir können leichenhaftes Grün auf das Gesicht eines Menschen legen und ein Schreckgespenst erschaffen; wir können den seltenen und furchtbaren blauen Mond scheinen lassen; oder wir lassen Wälder mit silbernem Laub und Widder mit goldenem Vlies aufwachsen und entfachen das heiße Feuer im Bauch des kalten Lindwurms. Doch in einer solchen Phantasie, wie man dies nennt, wird neue Form geschaffen; das Feienwerk beginnt …*

234 Die Wahrnehmung von Rot als Warnfarbe kann auch tragisch enden: Als in der Silvesternacht 2008/2009 in der Diskothek Santika in Bangkok ein Feuer ausbrach, kamen über 60 Menschen um, viele wohl abgeschreckt vom roten Anstrich der Fluchttüren (statt weiß mit grünen Piktogramm).

235 Zu Roten Listen: Seiten 125 f., 272 und 324 und Anmerkung 163, zum Rotbuch: Seite 121.

236 Vergleiche https://www.socialnet.de/rezensionen/9218.php (letzter Zugriff am 16.06.2020).

237 Im neunten Band der *Auserlesenen Bibliothek der neuesten deutschen Litteratur* (Meyersche Buchhandlung in Lemgo und Detmold 1776), heißt es auf Seite 292 zu Gleims *Halladat*: *Wenige Leser werden den arabischen Titel dieses Buchs verstehn. Nach der eignen Erklärung des Verf. S. 28 ist Halladat, ein rothes Buch, in welchem der Weise seine besten und freiesten Gedanken niederschreibt, und in seinem tieffsten Gewährsam aufbehält, bis er einen Weisen findet, dem er alles ohne Sorgen offenbaren darf.*

238 *Der rote Gott* hieß eine Sonderausstellung über Stalin und die Deutschen, die im ersten Halbjahr 2018 in der Gedenkstätte Berlin-

Hohenschönhausen gezeigt wurde. Darin gab es einen Roten Raum zur Chronologie des Stalinkults und einen Schwarzen über die Gulags, besonders das von Workuta.

239 Ângela Nunes, Cornelia Sieber & Yvonne Hendrich (Hg.): *Von Weiß bis Schwarz. Erzählungen portugiesischer Erzählerinnen der Gegenwart*, 2017.

240 Diese Verse werden zum Beispiel zitiert in https://www.rosadora.de/blog/?p=1496 (letzter Zugriff am 16.06.2020).

241 *Roter Hut Deutschland* hat bisher Filialen in Saarbrücken und Essen; Mitglieder der Unorganisation können nur Frauen sein; sie wollen nichts als Spaß haben und ihr Leben genießen; über 50-Jährige kommen zu den Treffen in lila Kleidung und mit roten Hüten, jüngere kleiden sich lavendelfarben und tragen Hüte in Rosa oder Pink.

242 Allein Scharlachrot erzielt bei Google rund 370.000 Treffer, kombiniert mit ... Blume/Ernte/Königin/Enklave/Kaiserin, ... Kloster/Siegel//Orakel/Blümchen/Kleid/Todesstreitross, ... Buchstabe/Pirat/Schlüssel/Engel/Kreuzzug/Rächer. Der Farbname Pompejanisch Rot entstand nach Entdeckung der Wandmalereien in Pompeji im 18. Jahrhundert. Man glaubte, die Wände seien mit diesem Rotton bemalt worden – bis Archäologen erkannten: Die gelben Pigmente der dafür verwendeten Terra di Siena natur waren durch die Hitze des Vulkanausbruchs zu Rot mutiert.

243 John McCrae: *In Flanders Fields*; geschrieben am 3. Mai 1915, zuerst gedruckt im Dezember 1915 im britischen Satiremagazin Punch. In vielen Ländern wird der 11. November nicht nur Remembrance Day, sondern nach dem englischen Wort für Klatschmohn auch Poppy Day genannt. – Hundert Jahre nach Ende des Ersten Weltkriegs am 11. November 2018 plant der Aktionskünstler Walter Kuhn auf dem Münchner Königsplatz die Installation von 3000 riesige Mohnblüten aus roter Seide, die unter dem Motto *Never again* auf den Grünflächen zwischen Antikensammlung und Glyptothek an alle Opfer aller Kriege aller Zeiten erinnern sollen – www.niemalswieder.com (letzter Zugriff am 18.06.2020).

244 Thomas Altmann: *Der Weltgeist auf Rollschuhen* – MZ, 29.04.2013, Seite 26.

245 Bücher, in deren Titel die Farbe Rot (oder Variationen) vorkommt: Carl Gustav Jung: *Das Rote Buch* (2009), Mao Tse Tung: *Das kleine Rote Buch* (1964), Sam Eastland: *Der rote Sarg* (2011/2013), Sam Eastland: *Roter Zar* (2012/2014), Sam Eastland: *Sibirisch Rot* (2012/2014), Sam Eastland: *Roter Schmetterling* (2013/2015), Sam Eastland: *Roter Zorn* (2014/2016), Kurt Hiller: *Rote Ritter. Erlebnisse mit Kommunisten* (1951), Ladislav Mnacko: *Der rote Foltergarten. Verbotene Reportagen* (1963), Gerd Koenen: *Die Farbe Rot. Ursprünge und Geschichte des Kommunismus* (2017), Irvin D. Yalom: *Die rote Couch* (1998), Elisabeth Schlumpf: *Wenn ich einst alt bin, trage ich Mohnrot* (2003), Linda Jarosch: *Ab morgen trage ich Rot. Frauen entdecken ihre Freiheit* (2008), Alfred Andersch: *Die Rote* (2006), Inez Corbi: *Das Lied der roten Erde* (2010), Di Morrissey: *Im Tal der roten Zedern* (2006), Claire Bouvier: *Im Land des roten Ahorns* (2011), Christiane Gohl: *Die Insel der roten Mangroven* (2012), Henning Mankell: *Die rote Antilope* (2000), Iny Lorentz: *Der Rote Himmel* (2016), Mária Szepes: *Der rote Löwe* (1946/1984), Adolf Muschg: *Der Rote Ritter. Eine Geschichte von Parzifal* (1993), David Pfeifer: *Die rote Wand* (2015), Kurt Kläber: *Die rote Zora und ihre Bande* (1941), Christine Nöstlinger: *Die feuerrote Friederike* (1970), Tess Gerritsen: *Roter Engel* (1997), Miles (Christian) Cameron: *Der rote Krieger* (2012), Charles Todd: *Die rote Tür* (2012), Mo Yan: *Das rote Kornfeld* (1987), Katherine Scholes: *Roter Hibiskus* (2009), Hedwig Courths-Mahler: *Durch Liebe erlöst. Das Geheimnis des Roten Hauses* (1915), Richard Skowronnek: *Das rote Haus* (1903), Laure Wyss: *Das rote Haus* (1982), Christina López Barrio: *Das Geheimnis der roten Villa* (2010), Jeaniene Frost: *Blutrote Küsse* (2007), Sina Beerwald: *Das blutrote Parfüm* (2010), Mark T. Sullivan: *Unter blutrotem Himmel* (2017), Nathaniel Hawthorne: *Der scharlachrote Buchstabe* (1850), Joan Ohanneson: *Der scharlachrote Klang* (1998), Phyllis A. Whitney: *Der scharlachrote Geist* (1976), Carlo Lucarelli: *Der rote Sonntag* (2002), Michael Koglin: *Rot ist die*

Liebe, rot ist der Tod (2004), Sabine Raczkowski: *Die rote Schatulle* (2010), Nicci French: *Das rote Zimmer* (2001/2004), August Strindberg: *Das rote Zimmer* (1879), Jostein Gaarder: *Die Frau mit dem roten Tuch* (2008), Wilkie Collins: *Der rote Schal* (1866), Federica de Cesco: *Der rote Seidenschal* (1957), Jean-Christophe Rufin: *Das rote Halsband* (2014), Laila El Omari: *Der Purpurhimmel* (2011), Jean-Christophe Grangé: *Die purpurnen Flüsse* (1997), Sean o'Casey: *Purpurstaub* (1940/1945), Carla Federici: *Im Land der Feuerblume* (2010), Udo Wieczorek: *Flieg, mein roter Adler* (2015), Gustav Büchsenschütz: *Steige hoch, du roter Adler* (1923), François Coppée: *Le cahier rouge* (1874), Benjamin Constant: *Le cahier rouge de Benjamin Constant* (1807), Claire Mazard: *Le cahier rouge* (2000), Stendhal: *Rot und Schwarz* (1830), Barbara Wood: *Rote Sonne, schwarzes Land* (1988/1989), Wladislaw Hedeler/Horst Hennig: *Schwarze Pyramiden, rote Sklaven. Der Streik in Workuta im Sommer 1953* (2007), Morgan Callan Rogers: *Rubinrotes Herz, eisblaue See* (2011).

246 Margriet de Moor: *Erst grau dann weiß dann blau*, 1993, Seite 51.

247 Ebenda, Seite 91.

248 Ebenda, Seite 189.

249 Ebenda, Seite 164.

250 Martin Dehlen im *Literaturmagazin* der MZ, Ausgabe Frühjahr 2011.

251 Bei Google erscheinen zum Stichwort *Blaukäppchen* binnen 38 Sekunden 27.900 Fundstellen! Aber es geht nicht nur um die Märchenvariation, sondern auch um eine gleichnamige Papageienart.

252 Milan Kundera: *Die Unsterblichkeit*, 1990, Seite 266.

253 Bei Google ergab die Eingabe des Autors Wilhelm Bartsch in Kombination mit den drei genannten Farbbezeichnungen im Juni 2020 keinen einzigen Treffer.

254 Henry James: *Was Maisie wusste*, 1955, Seite 208.

255 *Histoires ou contes du temps passé, avec des moralités: contes de ma Mère l'Oye* (deutsch: *Geschichten oder Märchen aus vergangener Zeit einschließlich Moral: Märchen meiner Mutter Gans*), Paris 1697; Jakob und Wilhelm Grimm: *Die Kinder- und Hausmärchen der*

Gebrüder Grimm, Berlin 1812; Ludwig Bechstein: *Deutsches Märchenbuch*, Leipzig 1845; Ernst Meier: *Deutsche Volksmärchen aus Schwaben*, Stuttgart 1852.

256 Uraufführung am 24. Mai 1918 im Königlichen Opernhaus in Budapest, deutsche Erstaufführung am 13. Mai 1922 in Frankfurt am Main. Im Januar 2017 stand Béla Bartóks *Blaubart* zusammen mit *La voix humaine* (Text: Jean Cocteau, Musik: Francis Poulenc) im Kölner Opernhaus auf dem Programm.

257 Philipp Hübl: *Folge dem weißen Kaninchen … in die Welt der Philosophie*, 2012.

258 Wsewolod Garschin: *Die rote Blume. Dem Andenken Iwan Turgenews gewidmet.* In: Wsewolod Michailowitsch Garschin: *Die Erzählungen*, Leipzig 1956, Seiten 279–299.

259 *Blau, die himmlische Farbe* = Insel-Bücherei Nr. 1361, ursprünglich Insel Verlag Frankfurt am Main und Leipzig 2001, dann Sonderausgabe 2012: 100 Jahre Insel-Bücherei, mit Texten und Bildern, Auswahl und Nachwort von Gisela Linder († 2016). 2003 und 2008 publizierte die Kulturredakteurin der Schwäbischen Zeitung im Insel-Verlag *Rot – Farbe der Liebe* und *Grün – Farbe des Lebens.*

260 Das ganze Gedicht findet man zum Beispiel unter dem Link http://www.lyrik-projekt.de/gedichtbeispiele/die_visite.htm (letzter Zugriff am 16.06.2020).

261 Wolfgang Koeppen: *Tauben im Gras*, 1951; William Boyd: *Die Blaue Stunde*, 1993; Joan Didion: *Die blauen Stunden*, 2012.

262 Die Bezeichnung entstand im 17. Jahrhundert und geht auf den Beinamen des Beichtvaters und engen Beraters von Kardinal Richelieu, den Kapuziner Père Joseph (François Leclerc du Tremblay) zurück. Der Kardinal war die Eminenz, der einflussreiche Mönch im Hintergrund wurde wegen seines graubraunen Habits eben graue Eminenz genannt.

263 Theaterstück von Terence Rattigan aus dem Jahr 1952 über Hester Collyers Selbstmordversuch, 2011 in der Regie von Terence Davies verfilmt; der Titel geht auf ein fatalistisches Sprichwort zurück.

264 *Schwarze Klarheit (lang nach Beckett)* überschrieb Wolfgang Held sein Nachwort zum 2003 erschienenen Inselband 1246 *Samuel Beckett: Lang nach Chamfort. Acht Maximen*, Seiten 141 ff.

265 *Schillerndes Dunkel* = Nachschlagewerk zum Festival der Schwarzen Szene, dem Wave-Gothik-Treffen, Plöttner-Verlag Leipzig 2010, erwähnt in: *Halle liest. Literatur für und aus Halle.* Kostenfreies Lesermagazin Nr. 25, Herausgeber: Projekte-Verlag Cornelius, Sonderausgabe zum Welttag des Buches 23.04.12, April/Mai 2012.

266 Seit 2017 ist dort das Literaturhaus Halle zu finden, und den Grünen Salon gibt es immer noch.

267 Auch in Berlin, Greifswald und Husum lebten Franziskaner in einem Grauen Kloster/Graukloster.

268 Im Herbst 2016 wurde im Grauen Hof Eva Mahns Exposition *Paradies: ROT* mit ihren Fotografien, die der Hasenverlag schon 2015 als Fotobuch publizierte, gezeigt – siehe auch: www.grauerhof.de (letzter Zugriff am 18.06.2020).

269 Als Erstausgaben erschienen in den weißen Blättern u. a. 1913/14 Gustav Meyrinks *Der Golem* als Fortsetzungsroman, im Oktober 1915 Franz Kafkas *Die Verwandlung* und Heinrich Manns Essay *Zola*.

270 1976 bis 1992 gab der Rotbuch-Verlag die Zeitschrift PROKLA heraus, 1996 bis 2001 die Kulturzeitschrift Zibaldone; der *Rote Kalender gegen den grauen Alltag* wurde ab 2007 von der Eulenspiegel Verlagsgruppe neu aufgelegt und weitergeführt.

271 Der Verlag wurde 1976 auf Beschluss der Parteileitung der Progressiven Organisationen der Schweiz (POCH) als Genossenschaft Rotpunkt Verlag (RPV) gegründet; damals bestand seine primäre Aufgabe in der Förderung und Verbreitung sozialistischer Literatur. Die erste Veröffentlichung waren Fidel Castros *Ausgewählte Reden zur internationalen Politik 1965–1976*.

272 Vergleiche Simone Barck/Siegfried Lokatis (Hg.): *Fenster zur Welt. Eine Geschichte des DDR Verlages Volk & Welt*, Ch. Links Verlag ^{2}2005.

273 1985 bis 1989 wurden die Bände im Greno-Verlag Nürtingen verlegt, bis 2011 im Eichbornverlag, seit 2012 bis heute im innerhalb der Aufbau-Gruppe eigenständigen Verlag AB – Die Andere Bibliothek GmbH & Co. KG. In den ersten drei Jahren hatten die Bücher ein rotes Schild und einen Lederschuber; 1988 bis 1990 waren sie in olivgrünes Leder gebunden und mit grünem Schild versehen, 1991 bis 1993 zierten lila Schildchen den bordeauxroten Ledereinband, 1994 bis 1996 schwarze Schildchen den kobaltblauen Ledereinband; seit Band 274 im Jahr 1997 sind die Titelschilder wieder rot; inzwischen sind mehr als 400 Bände erschienen.

274 Die ersten Bände der Blauen Bibliothek erschienen 1790 (1–6) und 1791 (7–9) in der Ettingerschen Buchhandlung in Gotha, die letzten 1796 (10), 1797 (11) und 1800 (12) im Verlag des Industrie-Comptoirs in Weimar. Alle Bände trugen auf dem Einband ein Zitat des Fabeldichters Jean de La Fontaine – *Si Peau d'Ane m'étoit conté / J'y prendrois un plaisir extrème* –, bezogen auf das zuerst 1694 von Charles Perraults in Versform veröffentlichte Märchen von der Eselshaut.

275 Auch ein Titel des DDR-Kinderbuchautors Uwe Kant – *der kleine zauberer und die große 5* – wurde 1982 als rororo-Rotfuchs-Buch publiziert.

276 Zuerst wurde dieses sozialistische Magazin von Karl Liebknecht und Rosa Luxemburg gegründet; die Neugründung 1992 als Organ der sogenannten KPD-Ost (seit 2000 nur noch im Internet) besorgte der Berliner Publizist Stephan Steins.

277 Die Tapferkeitsmedaille Pour de Mérite (Für das Verdienst, ab 1916 Blauer Max genannt), geht zurück auf den 1667 vom späteren Friedrich I. (Vater des Soldatenkönigs) gestifteten Ordre de la Générosité (Für Edelmut); es gab ihn, gestiftet von Friedrich dem Großen (Sohn des Soldatenkönigs) ab 1740; als militärischer Orden existierte er bis 1918, in der 1842 von Alexander von Humboldt angeregten Friedensklasse (für Geisteswissenschaften, Naturwissenschaften, Medizin und Schöne Künste) wird er bis heute verliehen; Emil Nolde erhielt ihn 1952.

278 *White Collar* wurde zuerst in sechs Staffeln mit je sechs bis 16 Episoden (insgesamt 81) zwischen Oktober 2009 und Juli 2015 im Kabelsender USA Network gesendet. Im deutschen Fernsehen, meist auf RTL Crime oder bei Disney, laufen die Staffeln seit September 2011; es gibt sie auch als DVD.

279 Die Serie *Orange is the New Black* – basierend auf dem autobiografisch gefärbten Roman *Orange Is the New Black: My Year in a Woman's Prison* (2010) von Piper Eressea Kerman – ist in den USA seit Juli 2013, in Deutschland seit September 2014 per Streaming abrufbar.

280 Nach der ersten Staffel kamen 1990/91 die zweite als *The New Adventures of Black Beauty* in England und Neuseeland und die dritte als *Black Beauty* in Australien gedrehte 1991/92 hinzu.

281 *Superheld mit grauem Fell* stand über der Kurzinfo zum Film über Finn, der als *attraktiver Weimaraner mit grauem Fell und sportlicher Figur* beschrieben wurde – MZ, 27/28.04.2013, Seite 31.

282 Er geht auf die britische Geschichte zurück: Am 20. Juni 1756 eroberten bengalische Truppen das Fort William von der East India Company und sperrten 64 Briten in ein 4,30 x 5,50 Meter großes Verlies – das schwarze Loch von Kalkutta; nur 21 der Gefangenen überlebte die erste Nacht.

283 Zu den Preisträger(inne)n gehörten Senta Berger und Herbert Knaup (2010), Iris Berben (2011), Matthias Brandt und Harald Lesch (2012), Ruth Maria Kubitschek und Nadja Uhl (2013), Julia Koschitz und Christian Berkel (2014), Helene Fischer und erneut Matthias Brandt (2015), Antonia Rados und Maike Conway (2016).

284 Seit 1944 verleiht die Hollywood Foreign Press Association (HFPA) für Kinofilme und Fernsehsendungen Golden Globe Awards. Bei der 75. Verleihung am 7. Januar 2018 kleideten sich die meisten Akteure aus Protest schwarz.

285 Das Deutsche Kinder-Medien-Festival Goldener Spatz findet in Gera und seit 2003 auch in Erfurt statt. Erstmals gab es das Kinderfilmfestival 1977 in Gera; 1979 erhielt es den Titel *Nationales Festival „Goldener Spatz" für Kinderfilme der DDR in Kino und Fern-*

sehen. Schon damals gab es auch eine Kinderjury, die Ehren- und Sonderpreise vergab. 1991 stand das Festival wegen Geldmangels vor dem Aus und konnte nur durch Mittel des Landes Thüringen, des Bundes, der öffentlich-rechtlichen Fernsehsender und einige Geraer Firmen weiterfinanziert werden. 1993 gründeten die Stadt Gera und die Fernsehsender ARD, ZDF und RTL die Stiftung Goldener Spatz.

286 So führte die Augsburger Puppenkiste 1986 das Marionettenspiel *Schlupp vom grünen Stern* auf, im März 2011 hieß ein Abendprogramm der Impro-Theatergruppe Kaltstart in Halle *Der rote Faden.*

287 Mathias Schulze – MZ, 03.12.12, Seite 27.

288 Die Initiative Anglizismus des Jahres gibt es seit 2010; Näheres dazu in: *Die Schwarzmaler. ‚Blackfacing' ist der ‚Anglizismus des Jahres'* 2014 – MZ, 28.01.2015, Seite 28; im Deutschlandradio Kultur stellte Joachim Dicks in einem philosophischen Wochenkommentar mit dem Titel *Die rassistische Fratze hinter der Sprachmaske* bedenkenswerte Überlegungen zu diesem Thema an.

289 Volker Lange: *Synästhetiker: Farben hören, Töne sehen* – DIE ZEIT, 24. Mai 1996; darin wird über Untersuchungen des amerikanischen Neurologen Richard E. Cytowic berichtet, der 1995 Erkenntnisse zum Phänomen der Synästhesie in dem Buch *Farben hören, Töne schmecken* publizierte. Ein andrer Amerikaner, der Neurowissenschaftler Christof Koch (1982 in Tübingen promoviert), stellte bei neurophysiologischen Forschungen in Pasadena fest, dass es – wenn auch selten – Menschen gibt, die mit der Wahrnehmung von Zahlen zugleich automatisch Farben verbinden: 2 = blau; 3 = grün …

290 Olivier Messiaen (1908–1992) äußerte sich 1944 über seine synästhetischen Sinneserfahrungen in *Technique de mon Langage musical* (*Die Technik meiner musikalischen Sprache*).

291 Alma in ihrer liebenswerten Naivität hatte die letzten drei Liedtexte in voller Länge zitiert – das passte zwar wunderbar in den Kontext, hätte aber (wegen des Urheberrechts) ziemlich teuer werden können. So mag, wer will, sich Texte und Musik selbst im Internet anschauen oder -hören. *Drafi Deutscher: Welche Farbe hat die Welt?*

ergibt ca. 19.700 Treffer, an erster Stelle ein Musikvideo, dann den kompletten Text; auch bei *Paul Kuhn: Kauf dir einen bunten Luftballon!* – mit ca. 30.100 Treffern – folgt der musikalischen Version der Text; *Hartmut Eichler: Statt Weiß trag Rot* (ca. 13.200 Treffer) führt nur zum Musikvideo, den Liedtext kann man nachlesen unter https://www.lyrix.at/t/hartmut-eichler-statt-rot-trag-weiss-86c. Alle drei Videos finden sich unter www.youtube.com (letzte Zugriffe am 07.07 2020).

292 Katja Pausch: *Blaue Sterne funkeln wieder* – MZ, 11./12.03.2017, Seite 16. Außerdem gibt es ein Leipziger Jazz-Quartett mit Namen *Das blaue Pony*. Die spielen nicht sehr oft und meist im Osten, sie waren schon auf der Insel Hiddensee, in Halle und im Ruhrgebiet.

293 Siehe Seiten 285 ff. in diesem Buch.

294 Die in 50 Jahren gewachsene Sammlung mit Werken der Brücke-Künstler von Hermann Lorenz und Hertha Gerlinger war 2001 bis 2017 als Dauerleihgabe in der halleschen Gemäldegalerie Moritzburg zu sehen. Dann zog sie um ins Museum der Phantasie (Buchheim-Museum) in Bernried am Starnberger See.

295 Johann Wolfgang von Goethe: *Zur Farbenlehre*, 1810; Philipp Otto Runge: *Farbenkugel*, 1810; beeinflusst von Goethes Farbentheorie (und mit dem Dichter im Gedankenaustausch) entwickelte Runge seinen Farbenglobus, der vielen als erstes dreidimensionales Farbsystem gilt.

296 Franz Marc an August Macke am 12. Dezember 1910.

297 Schön bunt waren auch Lyonel Feiningers Comics; diese farbigen Grafiken zeichnete er 1906 als *The Kin-der-Kids* und *Wee Willie Winkie's World* ein halbes Jahr lang für die Chicago Sunday Tribune.

298 In Los Angeles wartet ein Yellow-House-Café auf Gäste, in Nürnberg die Cocktailbar Gelbes Haus und in der hessischen Wein- und Rosenstadt Eltville eine Weinstube gleichen Namens; überdies befindet sich an der B 79 kurz vor Harsleben nahe Halberstadt ein Gebäude mit der weithin sichtbaren Aufschrift YELLOW HOUSE – bei Google erfährt man: Das ist ein Bordell.

299 *Die weiße Kreuzigung*, ein Lieblingsbild von Papst Franziskus, wird als Chagalls Antwort auf Picassos Monumentalgemälde *Guernica*, das für die Weltausstellung 1937 in Paris entstand, interpretiert. Eine Romanbiografie von Barbara Krause aus dem Jahr 2002 heißt *Marc Chagall – die Farben des verlorenen Paradieses.*

300 Die für das 20. Jahrhundert revolutionäre Bewegung ZERO gründeten Heinz Mack und Otto Piene 1957; auch Yves Klein und Günther Uecker gehörten ihr an.

301 Die Ausstellung enthielt auch 196 Tafeln, die vorgeblich *4900 Farben* zeigen; in Wirklichkeit sind es nur zwei Dutzend, per Los gezogen und in Karos verteilt; siehe Günter Kowa: *Vergeistigt und sinnlich* – MZ, 17.02.2012, Seite 22.

302 MZ, 15.07.2011, Seite 19.

303 *Verschiedene Arten Weiß – Eskimo is not dead. Ausstellung zwischen Kunst und Ethnologie* hieß die Gastausstellung vom 6. Mai bis 15. Juni 2013.

304 Kein Ausstellungsort ist die Blaue Galerie in den Neuen Kammern im Park Sanssouci – sie bietet Heiratswilligen ein stilechtes Ambiente an; auch ein Blaues Haus in Naumburg gehört nicht so ganz hierher, allenfalls in die Kategorie Kunst und Krempel passt das plüschig-hübsche Ladengeschäft.

305 Im Museum Folkwang, Museumsplatz 1, vom 29. September 2012 bis zum 13. Januar 2013 – www.folkwang-im-farbenrausch.de (am 18.06.2020 wird diese Domain zum Kauf angeboten).

306 Im GRASSI Museum für Angewandte Kunst zu Leipzig, vom 9. September 2011 bis 19. Februar 2012.

307 Halle, Ludwig-Wucherer-Straße 36, bis 16.11.2011 – MZ, 11.11.2011, Seite 12.

308 *Grün stört …* – vom 22. Mai bis 14. August 2016 im Marta Herford Museum für Kunst, Architektur, Design zu sehen; der Weimarer Bauhaus-Universitätsprofessor Karl Schawelka schrieb eine Einführung zum Ausstellungskatalog und als Gastautor am 28. Juni 2016 einen Beitrag im Marta Blog.

309 Sie fand vom 21. Februar bis 7. Mai 2017 im Kloster Unser Lieben Frauen in Magdeburg statt.

310 Stellvertretend für das Ruhrgebiet stand die Bewerbung der Stadt Essen unter dem Motto *Wandel durch Kultur – Kultur durch Wandel.*

311 Kai Agthe: *Schüsse auf Papier. KUNST* – MZ, 18.04.2017, Seite 22.

312 Seit 2001 Universität der Künste Berlin. Zurückgehend auf die 1696 von Friedrich III. gestiftete Kurfürstliche Academie der Mahler-, Bildhauer- und Architectur-Kunst ist sie zugleich eine der ältesten Lehranstalten dieser Art weltweit und die größte Kunsthochschule Europas.

313 Wassili Kandinsky: *Über Bühnenkomposition*, in *Der blaue Reiter*, München 1914, Seiten 103–113.

314 Franz Immoos: *Farbe. Energie der Farbe*, Amsterdam 2009, Seite 10 f.

315 Karl Schawelka: *Quasi una musica. Untersuchungen zum Ideal des Musikalischen in der Malerei ab 1800*, Habilitationsschrift TU München 1989, publiziert 1993 im Mäander-Verlag Falkenberg.

316 Beginnend 1949, schuf Josef Albers in einem Zeitraum von über 20 Jahren Hunderte Bilder und Drucke, wo sich drei oder vier unterschiedlich große quadratische homogene Farbfelder überlagern – so erforschte der Künstler interaktives Verhalten von Farben mit- und zueinander und deren Wirkung. Die eingangs zitierten Verse stammen aus einem Prosagedicht in der 1968 in Starnberg erschienenen Albers-Monographie von Eugen Gomringer, ausführlicher in https://westfalium.de/2014/12/23/bottrop-dem-quadrat-zu-ehren/ (letzter Zugriff am 18. Juni 2020).

317 Die Ausstellung war vom 29. Januar bis 8. März 2014 in der Galerie Braun-Falco im Medizinischen Zentrum des Dermatologen Otto Braun-Falco in der Nymphenburger Straße 22 in München zu sehen.

318 Eins der Bilder von 1957 – *ein rotes Quadrat auf Violett und Blau* – erzielte im Herbst 2017 im Auktionshaus Sotherbys einen Preis von zweieinhalb Millionen Euro.

319 *Monochrome und Feuer*, dominiert von blauen, rosa und goldenen Quadraten, waren vom 14. Januar bis 26. Februar 1961 im Haus Lange Museum zu sehen.

320 Yves Klein. *Schwamm drüber* – DER SPIEGEL 11/1961, 08.03.1961.

321 Das zum 90. Geburtstag des Künstlers als Faksimile neu aufgelegte Künstlerbuch *Rupprecht Geiger. Rotbuch* wird im Internet für 940 Euro zum Kauf angeboten. – Das Museum Gunzenhauser in Chemnitz zeigte von Oktober 2018 bis März 2019, fast ein Vierteljahrhundert nach der Ausstellung in der Galerie Neue Meister der Staatlichen Kunstsammlungen zu Dresden 1995, unter dem Motto *Pinc kommt!* erstmals wieder eine Einzelschau mit über hundert Werken des Künstlers in Ostdeutschland.

322 Siehe Seiten 158, 254 und 259 f. in diesem Buch.

323 Das erste Bild dieser Schaffenszeit heißt *Evokation – Das Begräbnis Casagemas*. Picasso malte es nach dem Suizid seines Freundes Carlo Casagemas im Jahr 1901.

324 Nadja Podbregar: *Van Goghs Blumen ergrauen* – MZ, 15.09.2012, Seite 32.

325 dpa: *Erst lila, dann blau* – MZ, 20./21.02.2016, Seite 24.

326 Rötel, auch Roter Ocker oder Rote Erde genannt, ist eine aus Ton, Kreide und Hämatit gemischte Mineralfarbe, seit Zehntausenden Jahren von Menschen für Körperbemalungen und Höhlenmalereien benutzt – so für die erst 1879 entdeckten Tierzeichnungen (zum Beispiel Hirsche, Pferde und das vor 11.000 Jahren ausgestorbene Steppenbison) im spanischen Altamira.

327 Das am 28. November 2018 von der UNESCO zum immateriellen Kulturerbe der Menschheit erklärte Blaudruckverfahren bezieht sich auf eine alte Methode der Stoffveredlung durch Blaufärben.

328 Lieferant der patentierten Silikatfarben ist eine 1878 von Adolf Wilhelm Keim, der im Auftrag von König Ludwig I. besonders haltbare Farben entwickeln sollte, in Diedorf bei Augsburg gegründete Firma (heute Keimfarben GmbH), zu deren Kunden auch der Kensington Palace in London, die Oper Sydney und das Berliner Kanzleramt zählen.

329 In Berlin gibt es die deutsch-portugiesische Kindertagesstätte Casa Azul – Blaues Haus e. V.

330 Dieser Prachtbau erschien am 25. Januar 2019 als Motiv der neuesten Ausgabe des Null-Euro-Scheins (auf einer Geschäftsidee von 1996 des Franzosen Richard Faille basierender Werbeartikel).

331 Unter dem Link https://de.wikipedia.org/wiki/Roter_Turm (letzter Zugriff am 18.06.2020) bietet Wikipedia eine vielleicht komplette Übersicht geografischer Objekte (auch zwei Berge in Tirol sind dabei), die als Roter Turm, ggf. in anderer Schreibweise, bekannt sind. Restaurants, die so heißen (etwa in Baden im Kanton Aargau und in der Kantonskapitale Solothurn), enthält sie nicht.

332 Vergleiche Kapitel *Farben in Geschichte und Politik*, dort Seite 125 und Anmerkung 163, außerdem Jeanette Bederke: *Haus ohne Hüter. Auf der Roten Liste: Zukunft von Schloss Freienwalde ist offen.* – MZ, 29.12.2016, Seite 26.

333 Eine prachtvolle Jugendstilvilla, in der seit 2018 das von Alexander Suckel geleitete Literaturhaus Halle (https://literaturhaus-halle.de, letzter Zugriff am 18.06.2020) residiert.

334 Vergleiche Seiten 154 und 291.

335 Zitiert nach Heinrich Dilly und Christiane Holm (Hg.): *Innenseiten des Gartenreichs. Die Wörlitzer Interieurs im englisch-deutschen Kulturvergleich*, Halle 2011, Seiten 67–69.

336 Allgäuer Bilderbibel, *So sehr hat Gott die Welt geliebt*, St.-Rochus-Kapelle Wangen, Lindenberg im Allgäu 2007, Seite 9.

337 Ein Stück jenes Calçadão ist im Wohnzimmer von Heloísa Eneida Pinheiro, der Muse des Bossa Nova, in Ipanema zu bewundern. Sie ging 1962 als 17-jährige die Promenade entlang und inspirierte Antonio Carlos Jobim und Vinícius de Morães zur Erfindung des Bossa Nova: Das Lied *Garota de Ipanema* (*The Girl from Ipanema*) war 1963 ein Welthit.

338 Unter der Überschrift *Perspektiven für die Doppelstadt* ging es am 18.02.2010 auf Seite 13 der MZ um das letzte Themenjahr der Franckeschen Stiftungen – *Halle verändert* –, das sich auf die IBA und erlebbare Veränderungen mittels Gartenspaziergängen durch die

Stadt bezog. Der Satz von der Diva in Grün korrespondierte mit Helga Paris' erstmals 1992 im Mitteldeutschen Verlag erschienenen Text-Bild-Band *Diva in Grau* mit Schwarz-Weiß-Fotos der Stadt Halle, wie sie zu DDR-Zeiten aussah.

339 Plakate für die IBA 2010 zeigten einen Regenbogen mit Haus, dazu Günter Kowa: *Um die Farben wirken zu lassen, stehen sie als Block auf einem lichtgrauen Grund.* – MZ, 07.04.2010, Seite 6.

340 Michael Falgowski: *Farben in Grau* – MZ, 27.03.2012, Seite 9.

341 Die aus 120 Wassertanks bestehende Raumbühne kubik wurde von der Berliner Künstlergruppe Balestra auf dem Dessauer Marktplatz installiert; die blauen Schafe stammen von Rainer Bonk und Bertamaria Reetz: *Alles blau. Bauhausfest. Dessau wird zur Bühne für Installationen, Musik und Theater* – MZ, 03.09.2015, Seite 24.

342 2017 fanden die Darmstädter Jugendstiltage vom 18. bis zum 20. Mai statt; 2018 fielen sie wegen Bauarbeiten aus.

343 Simone Andrea Mayer: *Willkommen im Haus Kunterbunt* – MZ, 18.02.2012, Seite 25.

344 Stefan Lochner wurde zwischen 1400 und 1410 in Meersburg am Bodensee geboren und starb 1451, wohl an der Pest, in Köln. Neben der *Madonna im Rosenhag* (zu sehen im Wallraf-Richartz-Museum in Köln) ist vor allem sein Altar der Stadtpatrone im Kölner Dom bekannt.

345 Einst soll es in Frankreich so gewesen sein, dass der blaue Mantel dazu diente, den betrogenen Teil eines Paares zu kennzeichnen, in den Niederlanden dagegen wurde damit der Betrüger oder die Betrügerin gebrandmarkt, doch scheint es da Irrtümer und Verwechslungen gegeben zu haben.

346 Die vier Sonntage standen symbolisch für die 4.000 Jahre, in denen die Menschen nach dem Sündenfall auf den Erlöser warten mussten.

347 Er geht auf eine Kabinettsorder König Friedrich Wilhelm III. von Preußen aus dem Jahr 1816 zurück, im Gedenken an die Gefallenen der Befreiungskriege 1813–1815.

348 Wikipedia nennt Preußischblau, Pariser Blau, Französischblau, Eisencyanblau, Turnbulls Blau, Bronzeblau, Pottascheblau, Chinesischblau, Miloriblau, Stahlblau, Tintenblau sowie Tonerblau und erläutert Details zum historisch bedeutsamen Zusammenhang der Bildung von Eisenblau aus der in Zyklon B – einem 1922 als Schädlingsbekämpfungsmittel entwickelten Giftgas – enthaltenen Blausäure; der rätselhafte Name Miloriblau geht auf die Firma *A. Milori Co. of France* zurück.

349 Ende des 19. Jahrhunderts wurde dies Verfahren verboten. Andere Quellen bezweifeln, dass es je so war, und vermuten, der Naturfarbstoff werde direkt aus den Fasern des Mangostrauchs gewonnen. Das echte Indischgelb, in Form der Piuri-Kugeln, ist ein Calcium-Magnesiumsalz der Euxanthinsäure und wurde jahrhundertelang in der Malerei – vor allem in Südasien, auch in Holland – verwendet.

350 Schon im Alten Ägypten war der tiefblaue Schmuckstein bekannt; den Assyrern war er heilig, weil er das göttliche Himmelslicht zur Erde brachte; Sumerer und Mesopotamier kannten das mineralische Gestein; im Gilgamesch-Epos wird Lapislazuli erwähnt; außer in Afghanistan kommt es in China, Persien und Tibet vor; selbst Katharina die Große interessierte sich dafür.

351 Smalte (auch: Schmalte) ist gepulvertes Kobaltglas, das man jahrhundertelang in Blaufarben-Werken (zuerst zwischen 1568 und 1580 im sächsischen Schneeberg, später auch in Annaberg, Bad Liebenstein und Hasserode) herstellte und zum Beispiel im Barock gern für Himmelsdarstellungen verwendete; die Smalte ist feuerfest, ebenso für Keramik geeignet und preisgünstiger als Ultramarin.

352 Christian Löer: *Das grüne Grauen auf der Torlinie* – MZ, 14.06.2010, Seite 18.

353 Zitiert in der MZ – 24.06.2010, Seite 3.

354 Morgenmagazin von ARD/ZDF, Sportnachrichten kurz vor halber/voller Stunde – am 11.06.2012.

355 Görlitzer Anzeiger, 14.06.2016.

356 Die Green Bay Packers sind ein American-Football-Team der National Football League aus Green Bay, Wisconsin. Die 1919 gegründete Mannschaft, die 1921 der American Professional Football Association (später NFL) beitrat, spielt in der National Football Conference in der Northern Division.

357 Andererseits war nach der Steuerhinterziehungsaffäre um Uli Hoeneß in den Medien mit Blick auf die Verstrickungen mit dem bayerischen Staat die Rede vom blau-weißen Filz.

358 MZ – 20.12.2013, Seite 13.

359 Blau, Pink, Orange – ARD-Morgenmagazin, 25.04.2012, ca. 6.20 Uhr.

360 Die avisierte Fusion scheint nicht stattgefunden zu haben, googelt man heute die angegebenen Begriffe, findet man nur einen SC Halle in Westfalen und den 1990 wiedergegründeten halleschen Sportverein, ferner einen Stadtsportbund; anstelle des USV nur noch ein Universitätssportzentrum.

361 Siehe http://friedensfahrt-info.de/ff_trikots.html (letzter Zugriff am 18.06.2020).

362 Heidi Jürgens: *Sport und Party in Regenbogenfarben* – MZ, 25.05.2010, Seite 13.

363 Zwischen 1966 und 2007 existierte in der britischen Armee ein aus sechs Bataillonen bestehendes Infanterieregiment mit dem Namen Royal Green Jackets; es wurde vielfach bei internationalen Aktionen eingesetzt, zuletzt 2006/07 bei der Operation TELIC IX in Basra im Irak.

364 Das können zum Beispiel die rot-weiß-roten breiten Bierzipfel der Turnerschaft Saxo-Thuringia zu Halle, die dunkelbau-weiß-hellblauen ebenfalls breiten Bierzipfel der TS Rhenoplatia zu Heidelberg oder die schmalen Weinzipel der Turnerschaft Salia zu Jena in Rot-Gold-Blau sein.

365 Im Gründungsjahr 1694 schenkte Kurfürst Friedrich III. der Alma Mater Halensis die ersten Talare – die nicht mehr existieren; derzeit stammen die ältesten von 1854, der aktuelle Rektortalar wurde 1903 geschneidert; die Farbe der Mediziner heißt in Halle (nur hier!) Colombinfarben oder Fleischrot.

366 Fanny Jimenez: *Lieblingsfarbe der Deutschen war eine Mädchenfarbe*, unter https://www.welt.de/gesundheit/psychologie/article127132166/Lieblingsfarbe-der-Deutschen-war-eine-Maedchenfarbe.html (letzter Zugriff am 18.06.2020) seit 20. April 2014 im Internet.

367 Unter diesem Motto hielt Karl Schawelka einen Vortrag auf dem Jahreskongress des Deutschen Farbenzentrums e. V. in Stuttgart im September 2007, später im Begleitbuch zur Ausstellung *rot. grün. blau. Experiment* in *Farbe & Licht* 2008 in Ilmenau unter dem Titel *Fragmentarische Überlegungen zum Thema „Schwarz als Stammestracht der Intellektuellen"* publiziert.

368 Aus diversen Büchern, Zeitschriften, Radio- und Fernsehsendungen, auch aus dem Internet, zum Beispiel über einen Link zu Farbsystemen in Kunst und Wissenschaft: www.colorsystem.com/?page_id=551 oder www.farben-welten.de (letzte Zugriffe am 18.06.2020).

369 1909/10 komponierte Alexander Skrjabin die Sinfonische Dichtung *Prométhée. Le Poème de la feu*, in der neben Orchester, Klavier, Orgel und Chor ein Farbenklavier spielt. Zu Wassili Kandinskys synästhetischen Kompositionen siehe Seiten 229, 257 f., zur Konferenz *Farbe in der Bildung* Seite 159 f. im vorliegenden Buch.

370 Ob Lambert wirklich der Erste war, lässt sich schwer beweisen. Auch Aron Sigfrid Forsius (1669–1624), ein finnischer Priester und Astronom könnte es gewesen sein; er veröffentlichte 1611 das erste gezeichnete, aus 16 Farben bestehende Farbsystem mit den Grundfarben Rot, Gelb, Grün und Blau, das ebenfalls als Kugel gedeutet wird. Auch die Farbenkugel des Malers Philipp Otto Runge gilt oft als erstes dreidimensionales Ordnungsprinzip; vgl. Seite 312 in diesem Buch und Anmerkung 373.

371 Die unterschiedlichen Sichtweisen aus ihrer Zeit heraus zu erklären, unternahm Rudolf Kötter, Wissenschafts- und Erkenntnistheoretiker an der Universität Erlangen-Nürnberg, im Beitrag *Newton und Goethe zur Farbenlehre*, in Deutsche Zeitschrift für Philosophie 46 (1998), Seiten 585–600.

372 Johann Wolfgang Goethe: *Zur Farbenlehre*, Band I, Tübingen 1810, Seite 32.

373 Johann Wolfgang Goethe: *Materialien zur Geschichte der Farbenlehre*, Band VI, in: *Die Schriften zur Naturwissenschaft*, Weimar 1957, Seite 356.

374 Seit dem 23. Juli 1997 ist das Museum von April bis Oktober Dienstag bis Freitag von 10 bis 18 Uhr, Samstag und Sonntag von 10 bis 16 Uhr geöffnet, jährlich werden rund 10.000 Gäste gezählt.

375 Der erste Satz in Günter Grass' 1979 erschienenem Roman – *Ilsebill salzte nach.* – wurde im Jahr 2007 bei einem Wettbewerb der Initiative Deutsche Sprache und der Stiftung Lesen unter 17.000 Vorschlägen aus 60 Ländern zum schönsten ersten Satz in der deutschen Literatur gekürt.

376 Da jede der 48 Farbtafeln 96 handgemalte Farbenmuster zeigte, erfasste Pranges System 4.608 Farbnuancen; Näheres unter https://de.wikipedia.org/wiki/Christian_Friedrich_Prange (letzter Zugriff am 18.06.2020).

377 Die Lage einer beliebigen Farbe war mit der Nummer der Vollfarbe und zwei Buchstaben für den Schwarz- und Weißanteil bestimmt. Ostwald verwendete dafür den Begriff Farbnorm, und er stellte mehrere sogenannte Farborgeln her. Die größte bestand aus 2.520 gemessenen Farben.

378 Anders als zur Zeit Leonardo da Vincis, als man vier Grundfarben vier Grundformen zuordnete (Kreis: Grün, Dreieck: Rot, Quadrat: Gelb, Oktagon: Blau), wurde der Zusammenhang von Farben und Formen, basierend auf Ideen von Wassili Kandinsky und Johannes Itten, am Dessauer Bauhaus gelehrt: Quadrat: Rot, Kreis: Blau, gleichseitiges Dreieck: Gelb, regelmäßiges Fünfeck: Orange, regelmäßiges Viereck mit runder Seite unten: Grün, halbes Quadrat plus halber Kreis: Violett.

379 Johannes Ittens Vorkurs zur *Analyse alter Meister* und die F*arbenkugel in 12 Tönen und 7 Lichtstufen* erschienen 1921 in der Weimarer Bauhaus-Publikation Utopia; sein Klassiker der Kunsttheorie *Kunst der Farbe* wurde nach dem ersten Erscheinen 1961 unzählige Male aufgelegt.

380 Ernst Aeppli: *Der Traum und seine Deutung. Mit 500 Traumsymbolen*, 1943 (in Deutschland neu aufgelegt 1984 und 2010).

381 Max Lüscher unterschied vier farblich definierte Denktypen, die den Farben Gelb (rezeptiv), Blau (reflexiv), Grün (objektiv) und Rot (provokativ) zugeordnet sind. Er war überzeugt, jeder Mensch bevorzuge nur *eine* Art zu denken, und diese präge sein Verhalten (http://www.farbenundleben.de/titel/denktypen.htm, letzter Zugriff am 18.06.2020). Erfahrungsgemäß kombiniert man aber meist je nach Anforderung und Situation alle vier Denktypen, erst so ergibt sich ein Ganzes. Lüschers bekannteste Publikationen: *Der 4-Farben-Mensch: der Weg zum inneren Gleichgewicht*, 1977; *Der Lüscher-Test. Persönlichkeitsbeurteilung durch Farbwahl*, 1985; *Der Lüscher-Würfel. Zur Selbsterfahrung und Persönlichkeitsbeurteilung*, 1991; *Die Farben der Liebe: Verliebtheit und echte Liebe; mit neuem Farbtest zur Beurteilung des erotischen Erlebens*, 1995.

382 Anne-Catherine Simon in: *Die Presse*, Online-Ausgabe vom 22. Mai 2013; siehe auch: https://diepresse.com/home/kultur/literatur/1408595/Farbgeschichte_Rosa-die-umstrittenste-Farbe-der-Welt (letzter Zugriff am 18.06.2020).

383 Antonie Städter: *Rosige Zeiten* – MZ, Ostern 2014 (18.–21.04.), Seite 3.

384 Eindeutig ist der Begriff Grundfarbe aber nicht, das wurde schon deutlich. Bei der amerikanischen Firma Pantone ging man anfangs von 15 Grundfarben (inkl. Schwarz und Weiß) aus, die zu etwa 1000 Abstufungen führten, teils mit so kuriosen Namen wie wood violet, moss tone oder sulphur spring; jetzt erhalten die Pantonefarben keine Namen mehr, so werden die Definitionen universell nutzbar.

385 Johann Wolfgang von Goethe: *Zur Farbenlehre*, Band I, Tübingen 1810, Seite 297.

386 Der Blaue Widder ist ein Wildkaninchen, der Blaue Wiener dagegen ist – wie seine Verwandten, die Blaugrauen, die Grauen, die Schwarzen und die Weißen Wiener – als Hauskaninchen sehr beliebt.

387 Blauer Heinrich heißt auch ein 1889 von Peter Dettweiler unter der Nummer 51691 als Deutsches Reichspatent angemeldeter Spucknapf aus blauem Kobaltglas für Tubelkulosekranke mit der Gravour Taschenflasche für Hustende, außerdem (im Volksmund) eine dicke Graupensuppe; auch ein Roman mit dem Titel *Der blaue Heinrich* existiert – siehe Seite 167 und Anmerkung 222.

388 Pflegeleichte Staude mit mehrfarbigem Laub und grazilen kleinen Blüten an langen Blütenstielen.

389 Im Sommer 2017 wurde bekannt, dass es Forschern der Universität Tsukuba bei Tokyo gelang, mittels zweier Enzyme gefärbte blaue Chrysanthemen zu züchten; Prisma: *Ternatin C5 macht Chrysanthemen blau* – Deutsche Apothekerzeitung, 10.08.2017, Seite 8.

390 Der kleine, nicht essbare Wiesenpilz entoloma incanum, der auf Magerwiesen wächst und streng nach Mäusekot riecht, wurde am 4. Oktober 2012 auf einer internationalen Pilzkundetagung im Kloster Drübeck vorgestellt.

391 MZ, 07.01.2013, Seite 24.

392 MZ, 19.01.2011, Seite 28.

393 DPA-Meldung – MZ, 18./19.03.2017, Seite 19.

394 MZ, 07.10.2013, Seite 13.

395 Zunächst soll Königin Isabella von Kastilien (1451–1504) im Jahr 1482 gelobt haben, erst dann ein frisches Hemd anziehen zu wollen, wenn die Stadt Granada von den Mauren befreit sei. Die Befreiung gelang den christlichen Heeren jedoch erst 1492 … Über hundert Jahre danach schwor die Infantin Isabella Clara Eugenia (1566–1633), Tochter Philipps II. (als Brautschatz hatte sie die Spanischen Niederlande mit in die Ehe gebracht), im Achtzigjährigen Krieg, ihr weißes Hemd nicht zu wechseln, bevor Ostende gefallen und Erzherzog Albrecht VII. zu ihr zurückgekehrt sei. Die Belagerung dauerte drei Jahre, drei Monate und drei Tage – von 1601 bis 1604.

396 *Bei Google ist Bunarin lediglich als Benennung von [Buchen-]Wäldern in hochgelegenen Gegenden Ostjapans zu finden*, notierte Alma am 11.02.2017; später tauchte der Begriff, auch als Bunarina, nur

noch als Name von Restaurants, zum Beispiel in Japan und Kroatien auf (letzter Zugriff am 07.07.2020).

397 Früher wurde auf Friedhöfen viel Klee gepflanzt und über Tote soll man nichts Schlechtes sagen.

398 *Jetzt kommt das iPhone in rot* – MZ, 14./15.04.2018, Seite 26; die Product Red-Idee, die prinzipiell Gelder für einen guten Zweck einwirbt, entstand 2006. Seither beteiligten sich unter anderem Coca Cola, Starbucks und Electronic Arts daran – stets mit Produkten in Knallrot.

399 Die genannten Bücher fanden sich in Almas Nachlass – gelesen hat sie sicher viel mehr, denn beim Thema Farben war sie ganz und gar in ihrem Element.

FSC
www.fsc.org
MIX
Papier | Fördert gute Waldnutzung
FSC® C083411

Zeitfracht Medien GmbH
Ferdinand-Jühlke-Straße 7
99095 Erfurt, Deutschland
produktsicherheit@kolibri360.de

Druck:
CPI Druckdienstleistungen GmbH
im Auftrag der
Zeitfracht Medien GmbH
Ein Unternehmen der Zeitfracht - Gruppe
Ferdinand-Jühlke-Str. 7
99095 Erfurt